HARUKI MURAKAMI

DIE ERMORDUNG DES COMMENDATORE

Band 2: EINE METAPHER WANDELT SICH

Roman

Aus dem Japanischen
von Ursula Gräfe

btb

Die japanische Originalausgabe erschien 2017
unter dem Titel »Kishidanchō goroshi. Killing Commendatore«
bei Shinchōsa, Tokio.

MIX
Papier | Fördert gute Waldnutzung
FSC® C014496
FSC www.fsc.org

Penguin Random House Verlagsgruppe FSC® N001967

4. Auflage
Genehmigte Taschenbuchausgabe Januar 2020,
btb Verlag in der Penguin Random House Verlagsgruppe GmbH,
Neumarkter Straße 28, 81673 München
produktsicherheit@penguinrandomhouse.de
(Vorstehende Angaben sind zugleich
Pflichtinformationen nach GPSR.)

Umschlaggestaltung: semper smile, München,
nach einem Entwurf von Lübbeke Naumann Thoben, Köln
Umschlagmotiv: © plainpicture / Bob Olsson –
aus der Kollektion Rauschen
Druck und Einband: GGP Media GmbH, Pößneck
SL · Herstellung: sc
Printed in Germany
ISBN 978-3-442-71880-1

www.btb-verlag.de
www.facebook.com/penguinbuecher

DIE ERMORDUNG DES COMMENDATORE

Band 2:

EINE METAPHER WANDELT SICH

33 SICHTBARES UND UNSICHTBARES

Auch am Sonntag war herrliches Wetter. Es wehte ein leichter, kaum spürbarer Wind, und die herbstliche Sonne brachte das Laub, das die Berghänge in den verschiedensten Farben sprenkelte, wunderschön zum Leuchten. Kleine weißbrüstige Vögel huschten von Ast zu Ast und pickten munter nach den roten Beeren. Ich saß auf der Terrasse und konnte mich an diesem Anblick nicht sattsehen. Die Schönheit der Natur existiert für Reiche und Arme gleichermaßen. Ebenso wie die Zeit … Nein, Zeit ist Geld. Also können Wohlhabende sich ein Mehr an Zeit erkaufen.

Pünktlich um zehn kam der hellblaue Toyota Prius den Hang hinauf. Shoko Akikawa trug einen dünnen beigen Rollkragenpullover und eine schmal geschnittene hellgrüne Baumwollhose. Die goldene Gliederkette um ihren Hals schimmerte dezent. Wie beim ersten Mal war sie nahezu perfekt frisiert. Ihre schwingenden Haare gaben einen Blick auf ihren hübschen Nacken frei. Statt einer Handtasche trug sie heute eine Umhängetasche aus Wildleder über der Schulter und dazu braune Deckschuhe. Ein lässiges, unprätentiöses, doch bis in jedes Detail geschmackvoll zusammengestelltes Outfit. Und ihr Busen hatte wirklich eine schöne Form. Den internen Informationen ihrer Nichte zufolge stopfte sie den BH auch nicht aus. Ich fühlte mich – wenn auch vor allem in ästhetischer Hinsicht – ein wenig zu diesem Busen hingezogen.

Anders als beim letzten Mal war Marie in ihren verwaschenen Bluejeans und den weißen Turnschuhen von Kompass alltäglich gekleidet. Ihre Jeans hatten an einigen Stellen Risse, die natürlich absichtlich dort platziert waren. Sie trug eine dünne graue Sweatjacke und ein dickes Holzfällerhemd, unter dem sich nach wie vor gar nichts wölbte. Und wieder machte sie ein eingeschnapptes Gesicht, wie eine Katze, der man ihr Futter weggenommen hat.

Wie beim ersten Mal goss ich in der Küche schwarzen Tee auf und brachte ihn ins Wohnzimmer. Anschließend zeigte ich den beiden die drei Zeichnungen, die ich in der vergangenen Woche angefertigt hatte. Shoko Akikawa schienen sie zu gefallen. »Sehr lebensecht. Eigentlich werden sie Maries Persönlichkeit besser gerecht als jedes Foto.«

»Kann ich die haben?«, fragte Marie.

»Ja, natürlich«, sagte ich. »Sobald ich das Bild fertig habe, ja? Bis dahin brauche ich sie.«

»Das ist sehr nett von Ihnen … aber macht es Ihnen wirklich nichts aus?«, fragte die Tante mich besorgt.

»Nein«, sagte ich. »Wenn das Gemälde einmal fertig ist, habe ich keine Verwendung mehr dafür.«

»Nach welcher von den dreien werden Sie es malen?«, fragte Marie.

Ich schüttelte den Kopf. »Nach keiner. Diese drei Zeichnungen dienen mir vor allem dazu, ein plastisches Verständnis von dir zu bekommen. Auf der Leinwand werde ich dich vermutlich ganz anders malen.«

»Haben Sie schon eine konkrete Vorstellung?«

Ich schüttelte den Kopf. »Nein, noch nicht. Wir beide werden jetzt gemeinsam darüber nachdenken.«

»Über das plastische Verständnis von mir?«, fragte Marie.

»Genau«, sagte ich. »Geometrisch gesehen, ist eine Leinwand nur eine Fläche, aber ein Porträt muss schließlich dreidimensional wirken. Verstehst du?«

Marie runzelte missvergnügt die Stirn. Vielleicht musste sie bei dem Wort »dreidimensional« an ihren nicht vorhandenen Busen denken. Tatsächlich warf sie einen kurzen Blick auf die schön geformten, wohlgerundeten Brüste ihrer Tante unter dem dünnen Pullover und sah erst dann wieder zu mir.

»Wie kommt es, dass Sie das so gut können?«

»Meinst du die Zeichnungen?«

Marie Akikawa nickte. »Ja, zeichnen und skizzieren und so.«

»Durch Übung. Wer viel übt, wird mit der Zeit immer besser.«

»Aber es gibt doch auch Leute, die nicht gut werden, egal, wie viel sie üben.«

Sie hatte natürlich recht. Ich hatte auf der Kunsthochschule eine Menge Kommilitonen gekannt, die so viel üben konnten, wie sie wollten, ohne ein anständiges Bild zustande zu bringen. Vieles hing doch von einer angeborenen Neigung ab, da konnte sich einer abzappeln, so viel er wollte. Hätte ich das jedoch gesagt, hätte das Gespräch sich in eine gänzlich andere Richtung entwickelt.

»Trotzdem geht es ohne Üben nicht. Wenn man nicht übt, kommen auch Begabung und Fähigkeiten nicht richtig heraus.«

Shoko Akikawa pflichtete mir mit einem nachdrücklichen Nicken bei. Marie schürzte nur ein wenig die Lippen, als zweifelte sie an dieser Aussage.

»Du würdest gern gut zeichnen können, nicht?«, fragte ich sie.

Marie nickte. »Mir gefällt Sichtbares genauso wie Unsichtbares.«

In ihren Augen leuchtete ein eigentümliches Licht auf. Ich verstand, was sie sagen wollte. Aber es waren weniger ihre Worte, die mich interessierten, als vielmehr dieses Licht.

»Das ist eine sehr sonderbare Ansicht, nicht?«, sagte Shoko Akikawa. »Du sprichst in Rätseln.«

Marie blickte auf ihre Hände, ohne zu antworten. Als sie kurz darauf wieder aufsah, war das eigentümliche Licht aus ihren Augen verschwunden. Es hatte sich nur einen Moment lang dort gehalten.

Marie und ich gingen ins Atelier. Wie in der letzten Woche nahm Shoko Akikawa ein dickes Buch – dem Aussehen nach vermutlich dasselbe wie zuvor – aus ihrer Tasche, setzte sich aufs Sofa und begann zu lesen. Sie schien völlig vertieft. Diesmal war ich noch neugieriger auf das Buch, aber ich hielt mich zurück.

Der Abstand zwischen Marie und mir betrug auch heute etwa zwei Meter. Nur dass ich diesmal vor der Staffelei mit der Leinwand saß. Aber noch nahm ich Pinsel und Farben nicht zur Hand, sondern schaute zwischen Marie und der leeren Leinwand hin und her. Meine Gedanken kreisten um die Frage, wie ich sie möglichst »plastisch« auf die Leinwand bannen sollte. Ich brauchte eine Art von Geschichte. Ich konnte sie ja nicht einfach so abmalen, wie sie war. So käme kein Werk zustande. Mein wichtigster Ansatzpunkt war, *eine Geschichte zu entdecken, die es wert war, gemalt zu werden.*

Lange betrachtete ich von meinem Hocker aus das Gesicht Marie Akikawas, die mir gegenüber auf dem Küchenstuhl saß. Sie wich meinem Blick nicht aus und sah mir, fast ohne zu blinzeln, direkt in die Augen. Es war kein herausforderndes Starren, aber es lag so etwas wie der Entschluss darin, nicht nachzugeben. Durch ihr puppenhaftes Aussehen erweckte sie vielleicht einen falschen Eindruck, denn in Wahrheit besaß dieses Kind einen harten Kern. Sie hatte ihre eigene unerschütterliche Art zu handeln. Hatte sie einmal für sich eine gerade Linie gezogen, wich sie nicht so leicht davon ab.

Bei genauem Hinsehen erinnerte mich etwas in Marie Akikawas Augen an Menshiki. Mir war das schon früher aufgefallen, aber nun erstaunte mich diese Gemeinsamkeit aufs Neue. Es war ein eigentümliches Leuchten, das einer momentan zu Eis erstarrten Flamme glich. Mit seinem kalten Feuer ließ es an einen besonderen Edelstein denken, der im Inneren eine Lichtquelle barg. Zwei widerstreitende Kräfte fochten darin einen Kampf aus – ein nach außen gerichtetes freimütiges Wollen und ein nach innen gewandtes Streben nach Vollendung.

Doch vielleicht rührten meine Empfindungen auch daher, dass Menshiki mir anvertraut hatte, Marie Akikawa sei eventuell seine leibliche Tochter, und ich deshalb unbewusst nach Ähnlichkeiten suchte.

Jedenfalls musste mein Bild dieses *eigentümliche* Licht in ihren Augen einfangen, es als ein Element darstellen, das den Kern ihres Ausdrucks ausmachte. Das die Anmut ihrer Gesichtszüge durchkreuzte und erschütterte. Aber ich vermochte keinen Rahmen innerhalb meines Bildes zu finden, in den es sich eingefügt hätte. Wenn ich ungeschickt vorging, würde ich höchstens die Wirkung eines kalten, leblosen Edelsteins erzielen. Woher stammte die Wärmequelle im Inneren dieses Lichts, und wohin wollte sie? Das musste ich herausfinden.

Nachdem ich ungefähr fünfzehn Minuten zwischen ihrem Gesicht und der Leinwand hin und her geschaut hatte, gab ich auf. Ich schob die Staffelei beiseite und atmete mehrmals tief durch. »Lass uns reden«, sagte ich.

»Gut«, antwortete Marie. »Worüber?«

»Ich möchte noch etwas mehr über dich wissen, wenn es dir recht ist.«

»Was zum Beispiel?«

»Zum Beispiel, was dein Vater für ein Mensch ist.«

Marie verzog ein wenig die Lippen. »Ich kenne ihn nicht sehr gut.«

»Redest du nicht mit ihm?«

»Nein, ich sehe ihn ja auch kaum.«

»Dein Vater ist wohl beruflich sehr eingespannt?«

»Keine Ahnung, was mit seiner Arbeit ist«, sagte Marie. »Aber für mich interessiert er sich ja wohl nicht besonders.«

»Wie meinst du das?«

»Na ja, warum lässt er mich sonst die ganze Zeit bei meiner Tante?«

Dazu konnte und wollte ich mich nicht äußern. »Kannst du dich an deine Mutter erinnern? Du warst sechs, als sie starb, nicht?«

»Ich kann mich daran nur lückenhaft erinnern.«

»Inwiefern lückenhaft?«

»Für mich war meine Mutter auf einmal verschwunden. Damals verstand ich noch nicht, was es bedeutet, wenn ein Mensch stirbt. Also war es für mich, als wäre meine Mutter einfach *nicht mehr da.* Als wäre sie wie Rauch in irgendeinen Spalt gesogen worden.« Nach kurzem Schweigen fuhr sie fort. »Und wegen dieses abrupten, unerklärlichen Verschwindens kann ich mich nicht erinnern, was vor und was nach ihrem Tod war.«

»Du musst sehr verstört gewesen sein.«

»Die Zeit, in der meine Mutter noch da war, und die, als sie nicht mehr da war, sind wie durch eine hohe Mauer getrennt. Ich kann den Übergang nicht nachvollziehen.« Sie schwieg einen Moment lang und biss sich auf die Lippen. »Verstehen Sie, was ich meine?«

»Ich glaube schon«, sagte ich. »Ich hatte dir doch erzählt, dass meine jüngere Schwester mit zwölf Jahren gestorben ist?«

Marie nickte.

»Sie litt an einem angeborenen Herzfehler. Sie hatte eine große Operation, durch die alles gut werden sollte, aber aus irgendeinem Grund blieb ein Problem bestehen. Sie lebte sozusagen mit einer Zeitbombe in ihrem Körper, weshalb wir täglich mit dem Schlimmsten rechneten. Aber wenn jemand, wie es bei deiner Mutter war, plötzlich an Wespenstichen stirbt, ist das wie ein Blitzschlag aus heiterem Himmel.«

»Ein Blitzschlag ...«

»Das sagt man so«, erklärte ich. »Wenn etwas völlig unerwartet geschieht. Jemand wird vom Blitz getroffen, obwohl der Himmel blau ist.«

»Gibt es das wirklich?«

»Ehrlich gesagt, habe ich keine Ahnung. Aber wenn du es wissen möchtest, kannst du es ja zu Hause mal nachschauen.«

»Ein Blitzschlag aus heiterem Himmel«, wiederholte sie, als würde sie diese Redensart in einer Schublade ihres Gedächtnisses ablegen.

»Jedenfalls war der Tod meiner Schwester einigermaßen erwartbar. Doch dann bekam sie ganz plötzlich einen schweren Anfall. Und als sie an dem Tag starb, nützte es uns überhaupt nichts, dass wir eigentlich damit gerechnet hatten. Mich traf buchstäblich fast der Schlag. Und nicht nur mich, der ganzen Familie ging es so.«

»Und hat sich im Vergleich zu vorher etwas in Ihnen verändert?«

»Ja, alles Mögliche in mir und außerhalb veränderte sich vollkommen. Selbst die Art, wie die Zeit verstrich, war ganz anders. So wie du war ich nicht imstande, Vorher und Nachher in Einklang zu bringen.«

Marie sah mich ungefähr zehn Sekunden lang an. »Ihre Schwester war Ihnen sehr wichtig, oder?«

Ich nickte. »Ja, sehr wichtig.«

Marie Akikawa senkte den Blick und dachte intensiv nach. Dann schaute sie wieder auf. »Durch die Kluft, die mit ihrem plötzlichen Tod entstand, kann ich mich nicht mehr richtig an meine Mutter erinnern. Ich weiß nicht, was für ein Mensch sie war, wie sie aussah oder was sie zu mir gesagt hat. Außerdem spricht mein Vater überhaupt nicht von ihr.«

Alles, was ich über Marie Akikawas Mutter wusste, war der Ablauf ihres letzten Geschlechtsverkehrs mit Menshiki, den er mir ziemlich ausführlich geschildert hatte. Er hatte auf dem Sofa in seinem Büro stattgefunden – vermutlich war Marie sogar damals gezeugt worden – und war sehr leidenschaftlich gewesen. Aber das konnte ich ihr natürlich nicht erzählen. »Hast du denn wirklich gar keine Erinnerung an deine Mutter? Immerhin hast du bis zu deinem sechsten Lebensjahr mit ihr zusammengelebt.«

»Nur an den Geruch«, sagte Marie.

»Du erinnerst dich an den Geruch deiner Mutter?«

»Nein, an den Geruch von Regen.«

»Wie das?«

»An dem Tag regnete es. So stark, dass es laut prasselte. Aber meine Mutter machte trotzdem einen Spaziergang mit mir. Hand in Hand und ohne Schirm gingen wir durch den Regen. Ich glaube, es war Sommer.«

»Ein Sommerregen am Nachmittag?«

»Wahrscheinlich. Weil es so stark roch, als der Regen auf den von der Sonne erhitzten Asphalt traf. Ich erinnere mich noch genau an den Geruch. Wir gingen zu einer Art Aussichtsplattform auf einem Berg. Und meine Mutter sang ein Lied.«

»Was für ein Lied?«

»An die Melodie kann ich mich nicht erinnern. Aber an den Text. Er handelte von grünen Feldern, die sich am anderen Ufer eines Flusses erstrecken … Kennen Sie so ein Lied?«

»Nein, ich glaube nicht.« Ich konnte mich nicht erinnern, ein solches Lied schon einmal gehört zu haben.

Marie Akikawa machte eine Bewegung, als würde sie leicht mit den Schultern zucken. »Ich habe schon so viele Leute gefragt, aber niemand scheint dieses Lied zu kennen. Wie kommt das wohl? Ob ich es mir ausgedacht habe?«

»Oder deine Mutter hat es damals erfunden. Für dich.«

Marie sah zu mir auf und lächelte. »Daran habe ich noch gar nicht gedacht, aber es wäre schön, wenn es so wäre.«

Es war das erste Mal, dass ich sie lächeln sah. Es war, als ob eine dichte Wolkendecke aufreißen und ein Sonnenstrahl hell und warm auf ein auserwähltes Fleckchen Erde fallen würde.

»Würdest du dich an die Stelle erinnern? Wenn du noch einmal zu diesem Aussichtspunkt auf dem Berg kämest?«

»Vielleicht«, sagte Marie. »Aber so sicher bin ich mir da nicht.«

»Wie schön, dass du diese Szene in dir bewahren konntest«, sagte ich.

Marie nickte nur.

Anschließend lauschten Marie Akikawa und ich eine Zeit lang dem Gezwitscher der Vögel. Vor dem Fenster erstreckte sich ein herrlich klarer Herbsthimmel. Keine Wolke war zu sehen. Stumm hingen wir unseren Gedanken nach.

»Was ist denn das für ein Bild? Das umgedrehte dort«, fragte Marie ein wenig später.

Es war das Ölbild des Mannes mit dem weißen Subaru Forester, das ich gemalt hatte (oder zu malen versucht hatte). Es stand mit dem Gesicht zur Wand, damit man es nicht sah.

»Ein Bild, das ich angefangen habe. Ich will einen bestimmten Mann malen. Aber ich habe mittendrin aufgehört.«

»Kann ich es sehen?«

»Meinetwegen. Aber es ist noch nicht viel mehr als ein Entwurf.«

Ich drehte die Leinwand um und stellte sie auf die Staffelei. Marie erhob sich von ihrem Küchenstuhl, ging auf die Staffelei zu und betrachtete das Bild mit verschränkten Armen. Wieder erschien dieses durchdringende Leuchten in ihren Augen. Ihre Lippen hatte sie fest aufeinandergepresst.

Das Gemälde bestand lediglich aus den Farben Rot, Grün und Schwarz, und der Mann, den es darstellen sollte, hatte keine deutlichen Umrisse. Die Kohlezeichnung, die ich von seinem Gesicht angefertigt hatte, war bereits von den Farben verdeckt. Darüber hinaus verweigerte sich das Bild jeglicher Ausarbeitung. Aber ich wusste, dass der Mann sich dort verbarg. Ich hatte den Kern seines Wesens erfasst, hatte ihn wie einen unsichtbaren Fisch mit einem Fischernetz gefangen und eine Methode entdeckt, es einzuholen, aber mein Gegenüber wollte mich an diesem Versuch hindern. Und dieses Gezerre hatte einen Stillstand herbeigeführt.

»Haben Sie hier aufgehört?«, fragte Marie.

»Genau. In dieser Phase des Entwurfs bin ich einfach nicht weitergekommen.«

»Aber es sieht aus, als wäre es fertig«, sagte Marie leise.

Neben ihr stehend, betrachtete ich das Bild aus ihrem Blickwinkel. Hatten ihre Augen den Umriss des Mannes, der sich in der Dunkelheit verbarg, erkannt? »Du meinst, ich bräuchte diesem Bild nichts mehr hinzuzufügen?«, fragte ich.

»Ja, ich glaube, Sie können es so lassen.«

Ich musste schlucken. Denn was sie sagte, entsprach in etwa

den Worten des Mannes in dem weißen Subaru Forester. *Finger weg von mir. So lassen und nichts mehr hinzufügen.*

»Und warum glaubst du das?«, fragte ich weiter.

Sie antwortete nicht gleich. Nachdem sie das Bild noch eine Zeit lang konzentriert gemustert hatte, löste sie die Verschränkung ihrer Arme und legte die Hände an die Wangen, wie um sie zu kühlen. »Es hat so schon genügend Kraft.«

»Was meinst du mit *genügend Kraft*?«

»Ich habe einfach das Gefühl.«

»Ist es eine *ungute Art* von Kraft?«

Marie antwortete nicht darauf. Ihre Hände lagen noch immer an ihren Wangen. »Kennen Sie den Mann auf dem Bild gut?«

Ich schüttelte den Kopf. »Nein. Offen gesagt, kenne ich ihn gar nicht. Ich bin ihm vor Kurzem zufällig auf einer längeren Reise begegnet. Ziemlich weit weg von hier. Geredet habe ich nicht mit ihm. Ich weiß nicht einmal seinen Namen.«

»Ich kann nicht sagen, ob das Bild eine gute oder weniger gute Kraft hat. Vielleicht ist sie mal gut und mal schlecht. Sie scheint sich je nach Blickwinkel zu verändern.«

»Aber du hältst es für besser, dem keine bildliche Form zu geben?«

Sie sah mir in die Augen. »Wenn Sie ihm eine Form geben und etwas *Ungutes* entsteht daraus, was machen Sie dann? Wenn es nach Ihnen greift?«

Sie hat recht, dachte ich. Wenn etwas *Ungutes* oder sogar *Schlechtes* dabei herauskäme und nach mir griffe, was sollte ich dann tun?

Ich nahm das Bild von der Staffelei, drehte es um und stellte es an seinen vorherigen Platz zurück. Kaum war es aus meinem Blickfeld verschwunden, spürte ich, wie die Anspannung nachließ, die bis dahin im Atelier geherrscht hatte.

Ich überlegte, ob ich das Bild vielleicht einpacken und auf dem Dachboden verstauen sollte. Ebenso wie Tomohiko Amada *Die Ermordung des Commendatore* dort vor den Blicken anderer verborgen hatte.

»Und was hältst du davon?« Ich deutete auf das an der Wand hängende Bild.

»Es gefällt mir«, erwiderte Marie Akikawa ohne Zögern. »Wer hat es gemalt?«

»Tomohiko Amada. Der Besitzer dieses Hauses.«

»Es hat etwas Drängendes. Es kommt mir vor wie ein Vogel, der aus einem Käfig in die Welt hinausmöchte.«

Ich sah sie an. »Ein Vogel? Was für ein Vogel soll das sein?«

»Ich weiß nicht, was für ein Vogel oder was für ein Käfig. Ich kann das nicht richtig beschreiben. Es ist nur so ein Gefühl. Vielleicht ist dieses Bild zu schwierig für mich.«

»Nicht nur für dich. Für mich vermutlich auch. Aber es ist, wie du sagst, der Künstler will dem Betrachter irgendetwas nahebringen, und dieses starke Bedürfnis hat er dem Bild anvertraut. Ich spüre das auch. Aber ich weiß nicht, was er uns mitteilen will.«

»Jemand tötet einen anderen. Mit einem starken Gefühl.«

»Genau. Der junge Mann sticht seinem Gegner aus innerster Überzeugung in die Brust. Derjenige, der getötet wird, scheint auf der anderen Seite völlig überrascht zu sein. Den Leuten um sie herum stockt vor Schreck der Atem.«

»Ist der Mord gerechtfertigt?«

Ich überlegte. »Das weiß ich nicht. Denn was richtig oder falsch ist, hängt von einer vereinbarten Norm ab. Zum Beispiel gibt es eine Menge Leute auf der Welt, die die Todesstrafe für gerechtfertigt halten.« *Oder ein Attentat*, führte ich den Gedanken fort.

Marie machte eine kleine Pause, bevor sie weitersprach. »Allerdings wirkt dieses Bild nicht bedrückend, obwohl ein Mensch getötet wird und ziemlich viel Blut fließt. Es will mich an einen anderen Ort versetzen. An einen Ort jenseits dieser Normen von Richtig und Falsch.«

An diesem Tag ließ ich den Pinsel ruhen. Marie und ich saßen die ganze Zeit im hellen Licht des Ateliers und unterhielten uns. Dabei speicherte ich jede Veränderung ihrer Mimik und ihre verschiedenen Gesten in meinem Hinterkopf. Ich schuf mir einen Vorrat an Erinnerungen, die sozusagen zu Fleisch und Blut des geplanten Gemäldes werden sollten.

»Jetzt haben Sie heute gar nicht gemalt«, sagte Marie.

»Auch solche Tage gibt es«, erwiderte ich. »Manches ist zeitraubend, manches spart Zeit. Wichtig ist vor allem, die Zeit zu seiner Verbündeten zu machen.«

Sie sah mir wortlos in die Augen, als würde sie durch ein Fenster in das Innere eines Hauses spähen. Sie dachte über die Bedeutung der Zeit nach.

Als um zwölf Uhr der übliche Glockenschlag ertönte, verließen Marie und ich das Atelier, um ins Wohnzimmer zurückzukehren. Shoko Akikawa saß noch immer auf dem Sofa, ihre schwarze Brille auf der Nase, und las in ihrem dicken Taschenbuch. So konzentriert, dass man es sogar an ihrer Atmung merkte.

»Was lesen Sie denn da?«, konnte ich mich nicht beherrschen zu fragen.

»Um ehrlich zu sein, lastet in dieser Beziehung eine Art Fluch auf mir.« Sie lachte verschmitzt, legte ein Lesezeichen in das Buch und klappte es zu. »Wenn ich jemandem den Titel des Buches verrate, das ich gerade lese, schaffe ich es aus irgendeinem Grund nie, es auszulesen. Meist kommt dann etwas Unvorhergesehenes dazwischen, und ich bleibe mittendrin auf der Strecke.

Rätselhaft, aber so ist es. Also habe ich beschlossen, niemandem mehr zu verraten, was ich gerade lese. Sobald ich damit fertig bin, sage ich es Ihnen gern.«

»Das genügt mir natürlich. Ich war nur neugierig, weil Sie so vertieft wirkten.«

»Es ist sehr spannend. Wenn man es einmal aufgeschlagen hat, kann man nicht mehr aufhören. Also habe ich beschlossen, nur darin zu lesen, wenn wir zu Ihnen kommen. So vergehen die zwei Stunden wie im Flug.«

»Meine Tante liest sehr viel«, sagte Marie.

»Sonst habe ich ja auch nur wenig zu tun, und Lesen ist im Augenblick meine Hauptbeschäftigung«, sagte die Tante.

»Sie sind nicht berufstätig?«, fragte ich.

Sie nahm die Brille ab und glättete mit den Fingern die Falte zwischen ihren Augenbrauen. »Ich arbeite einmal in der Woche ehrenamtlich in der hiesigen Stadtbibliothek«, sagte sie. »Früher war ich Chefsekretärin an einer privaten medizinischen Hochschule in der Stadt. Aber als ich hierherzog, habe ich gekündigt.«

»Sie sind hierhergezogen, als Maries Mutter starb, nicht wahr?«

»Damals hatte ich die Absicht, nur für eine gewisse Zeit bei den beiden zu wohnen. Bis alles geregelt wäre. Doch als ich wirklich hier mit Marie zusammenlebte, konnte ich nicht mehr gehen. Also wohne ich jetzt dauerhaft hier. Aber sollte mein Bruder wieder heiraten, würde ich natürlich sofort nach Tokio zurückziehen.«

»Und ich würde mitkommen«, sagte Marie.

Shoko Akikawa lächelte nur freundlich und ließ die Bemerkung unkommentiert.

»Wenn es Ihnen recht ist, könnten wir noch zusammen essen«, schlug ich vor. »Ich kann eine Kleinigkeit zubereiten, einen Salat oder eine Pasta.«

Shoko Akikawa zierte sich natürlich, aber Marie schien begeistert von dem Vorschlag. »Ach bitte! Wenn wir jetzt nach Hause fahren, ist Papa doch sowieso nicht da.«

»Es geht auch ganz schnell. Ich habe jede Menge Soße vorgekocht, es macht keinen Unterschied, ob ich sie für einen oder für drei heiß mache«, sagte ich.

»Können wir das wirklich annehmen?«, fragte Shoko Akikawa zweifelnd.

»Natürlich. Machen Sie sich keine Gedanken. Ich esse doch sonst immer allein. Alle drei Mahlzeiten am Tag. Da sehne ich mich manchmal nach ein bisschen Gesellschaft.«

Marie sah ihre Tante an.

»Dann nehme ich Ihr Angebot gerne an«, sagte Shoko Akikawa. »Aber nur, wenn wir Ihnen wirklich nicht zu viel Mühe machen.«

»Überhaupt nicht«, sagte ich. »Fühlen Sie sich wie zu Hause.«

Damit gingen wir zu dritt ins Esszimmer. Die beiden setzten sich an den Tisch, während ich in der Küche Wasser aufsetzte, die Soße mit Spargel und Bacon in einer Kasserolle erhitzte und aus Eisbergsalat, Tomaten, Zwiebeln und Paprika einen Salat bereitete. Als das Wasser kochte, gab ich die Nudeln hinein und hackte, während sie garten, etwas Petersilie. Ich nahm Eistee aus dem Kühlschrank und schenkte jedem von uns ein Glas ein. Meine beiden Gäste beobachteten erstaunt, wie emsig ich in der Küche herumwirtschaftete. Shoko Akikawa fragte, ob sie mir helfen könne. Es gebe nichts zu helfen, sie sollten nur brav sitzen bleiben, entgegnete ich.

»Sie sind sehr routiniert darin, nicht wahr?«, sagte sie, offenkundig beeindruckt.

»Ich mache das ja jeden Tag.«

Kochen bereitete mir keine Mühe. Ich hatte das schon immer gern getan. Leichte handwerkliche Tätigkeiten wie das Kochen,

Fahrradreparaturen und Gartenarbeit lagen mir. Meine Schwäche war das abstrakte und mathematische Denken. Intellektuelle Spiele wie Shogi, Schach oder Puzzles überforderten mein schlichtes Gemüt.

Es wurde ein gemütliches Mittagessen an diesem schönen, klaren Herbstsonntag. Shoko Akikawa erwies sich als perfekter Gast. Die Gesprächsthemen gingen ihr nie aus, sie hatte Humor, war intelligent und interessiert. Ihre Tischmanieren waren untadelig, aber in keiner Weise affektiert. Ihr Verhalten entsprach ganz dem einer Dame aus gutem Hause, die kostspielige Schulen besucht hatte. Marie indessen sagte fast nichts. Sie überließ das Reden ihrer Tante und konzentrierte sich aufs Essen. Zum Schluss ließ Shoko Akikawa sich noch das Rezept für die Soße geben.

Als wir beinahe fertig waren, klingelte es an der Tür. Für mich war es nicht sonderlich schwer zu erraten, wer da klingelte. Kurz zuvor war mir gewesen, als hätte ich das tiefe Brummen des Jaguars – auf meiner Geräuscheskala am entgegengesetzten Ende des leisen Toyota-Prius-Motors – irgendwo auf dem schmalen Grat zwischen bewusst und unbewusst wahrgenommen. Deshalb kam das Läuten für mich keineswegs »aus heiterem Himmel«.

»Entschuldigen Sie mich.« Ich stand auf, legte die Serviette ab und ließ die beiden am Tisch zurück, um zur Tür zu gehen, nicht ahnend, was mich noch erwarten würde.

34 ÜBRIGENS HABE ICH DEN REIFENDRUCK SCHON LÄNGER NICHT GEMESSEN

Als ich die Haustür öffnete, stand Menshiki vor mir.

Er trug eine Wollweste mit einem feinen, eleganten Muster über einem weißen, durchgeknöpften Hemd und ein graues, ins Bläuliche spielendes Tweed-Jackett. Dazu blass senffarbene Chinos und braune Wildlederschuhe. Wie üblich wirkte seine gesamte Garderobe leger und wie für ihn gemacht. Sein volles weißes Haar glänzte in der herbstlichen Sonne vor dem Hintergrund seines silbern schimmernden Jaguars, der nun neben dem blauen Prius parkte. Der Anblick der beiden Wagen nebeneinander rief einen ähnlichen Eindruck hervor wie ein Mensch mit schlechten Zähnen, der beim Lachen den Mund aufreißt.

Wortlos bat ich Menshiki ins Haus. Sein Gesicht wirkte vor lauter Anspannung wie erstarrt und erinnerte mich irgendwie an eine frisch verputzte, noch nicht ganz trockene Wand. Es war das erste Mal, dass ich ihn so sah. Sonst bewahrte er stets kühle Gelassenheit und bemühte sich, seine Gefühle nicht zu zeigen. Nicht einmal nachdem er sich eine Stunde lang in der stockdunklen Steinkammer aufgehalten hatte, war ihm etwas anzumerken gewesen. Aber jetzt war sein Gesicht geradezu kreidebleich.

»Darf ich reinkommen?«, fragte er.

»Natürlich«, sagte ich. »Wir sind gerade beim Essen, aber fast fertig. Bitte, treten Sie näher.«

»Ich will Sie aber auf keinen Fall beim Essen stören«, sagte er. Fast reflexartig sah er auf seine Armbanduhr und starrte unsinnig lange auf das Zifferblatt. Als wäre er nicht einverstanden mit der Art, wie sich die Zeiger bewegten.

»Wir sind gleich fertig. Es war nur ein Imbiss. Trinken Sie doch anschließend Kaffee mit uns. Gehen Sie bitte schon mal ins Wohnzimmer. Ich stelle Ihnen die beiden Damen gleich vor.«

Menshiki schüttelte den Kopf. »Nein, nein, dafür ist es noch zu früh. Ich dachte, sie wären schon gegangen, und wollte Sie besuchen. Ich bin nicht gekommen, um vorgestellt zu werden. Dann sah ich den unbekannten Wagen vor Ihrem Haus und wusste nicht, was ich tun sollte –«

»Die Gelegenheit ist genau richtig«, unterbrach ich seinen Wortschwall. »Wir machen das ganz unverkrampft. Überlassen Sie nur alles mir.«

Menshiki nickte und begann, seine Schuhe auszuziehen, schien aber aus irgendeinem Grund vergessen zu haben, wie das ging. Ich wartete, bis er es geschafft hatte, und führte ihn dann ins Wohnzimmer. Obwohl er schon mehrmals dort gewesen war, schaute er sich neugierig um, als sähe er den Raum zum ersten Mal.

Ich legte ihm sanft die Hand auf die Schulter. »Setzen Sie sich und machen Sie es sich bequem. Wir brauchen höchstens noch zehn Minuten.«

Mit einem etwas mulmigen Gefühl ließ ich Menshiki allein und kehrte ins Esszimmer zurück. Die beiden hatten in meiner Abwesenheit zu Ende gegessen. Die Gabeln lagen auf den Tellern.

»Kommt Ihr Besuch nicht zu uns herein?«, fragte Shoko Akikawa besorgt.

»Nein, aber das ist schon in Ordnung. Ein Nachbar, mit dem ich gut bekannt bin, wollte nur kurz vorbeischauen. Er wartet im Wohnzimmer. Machen Sie sich keine Gedanken. Er ist völlig unkompliziert. Ich kann in Ruhe zu Ende essen.«

Ich aß den spärlichen Rest meines Mittagessens auf, und während die beiden den Tisch abräumten, schaltete ich die Kaffeemaschine ein.

»Wollen wir ins Wohnzimmer umziehen und noch zusammen Kaffee trinken?«, wandte ich mich an Shoko Akikawa.

»Aber Sie haben doch Besuch. Wir wollen nicht stören.«

»Sie stören überhaupt nicht. Es trifft sich sogar gut, so kann ich Sie bekannt machen. Ich sagte zwar, er sei mein Nachbar, aber er wohnt auf der anderen Seite des Tals, also könnte es sein, dass Sie ihn gar nicht kennen.«

»Wie heißt er denn?«

»Menshiki. *Men* wie in ›vermeiden‹ und *shiki* wie ›Farbe‹. ›Farbvermeider‹ sozusagen.«

»Was für ein ungewöhnlicher Name«, sagte Shoko Akikawa. »Ich höre ihn zum ersten Mal. Sie haben recht, sobald jemand auf der anderen Seite des Tals wohnt, begegnet man sich kaum, obwohl es nicht weit ist.«

Wir stellten Kaffeetassen für vier, Zucker und Milch auf ein Tablett und brachten es ins Wohnzimmer. Doch zu meinem großen Erstaunen fehlte von Menshiki jede Spur. Das Zimmer war leer. Auch auf der Terrasse und im Bad war nichts von ihm zu sehen.

»Aber wo ist er denn?«, sagte ich zu niemand Bestimmtem.

»War er hier?«, fragte Shoko Akikawa.

»Ja, gerade eben noch.«

Ich ging in den Flur, aber Menshikis Wildlederschuhe waren nicht mehr da. In Hausschuhen trat ich vor die Tür, um nachzusehen. Der silberne Jaguar stand noch an derselben Stelle. Nach Hause gefahren war er also nicht. Die Sonne spiegelte sich in den Fenstern und blendete mich, sodass ich nicht erkennen konnte, ob jemand im Wagen saß. Als ich näher heranging, sah ich, dass Menshiki auf dem Fahrersitz saß und offenbar nach etwas suchte. Ich klopfte leicht gegen die Scheibe. Menshiki ließ sie herunter und blickte mit verzweifelter Miene zu mir auf.

»Was ist denn los, Herr Menshiki?«

»Ich wollte den Reifendruck messen, aber aus irgendeinem Grund kann ich das Messgerät nicht finden. Dabei habe ich es doch immer im Handschuhfach.«

»Ist das denn jetzt so eilig?«

»Nein, eigentlich nicht. Aber als ich auf dem Sofa saß, fiel mir plötzlich ein, dass ich den Reifendruck schon länger nicht gemessen habe.«

»Haben Sie denn etwas Ungewöhnliches an Ihren Reifen festgestellt?«

»Nein, nichts. Die Reifen sind in Ordnung.«

»Dann könnten Sie das mit dem Reifendruck doch vorläufig lassen und wieder ins Wohnzimmer kommen? Ich habe Kaffee gemacht. Die beiden warten.«

»Sie warten?«, krächzte Menshiki. »Auf mich?«

»Ja, ich habe gesagt, dass ich Sie miteinander bekannt machen würde.«

»Ach du meine Güte.«

»Was ist denn?«

»Ich bin darauf gar nicht vorbereitet. Innerlich, meine ich.«

Er machte ein so angstvolles, ja panisches Gesicht wie jemand, der gerade erfahren hat, dass er aus dem sechzehnten Stock eines brennenden Gebäudes in ein Sprungtuch von der Größe eines Bierdeckels springen soll.

»Kommen Sie jetzt«, sagte ich kurz und bestimmend. »Es ist nichts dabei.«

Menshiki nickte stumm, erhob sich aus dem Sitz, stieg aus und schloss die Wagentür. Er wollte sie abschließen, doch dann fiel ihm ein, dass das nicht nötig war (niemand kam je hier herauf), und er steckte den Schlüssel in die Hosentasche.

Shoko und Marie Akikawa erwarteten uns bereits auf dem Sofa. Als wir den Raum betraten, erhoben sie sich höflich. Ich stellte ihnen Menshiki kurz vor. Ein ganz normaler, alltäglicher Vorgang.

»Herr Menshiki war ebenfalls so freundlich, mir Modell zu sitzen. Er hat sich von mir porträtieren lassen. Da er zufällig in der Nachbarschaft wohnt, sind wir seither miteinander bekannt.«

»Wie ich gehört habe, wohnen Sie am gegenüberliegenden Berghang«, sagte Shoko Akikawa.

Als die Rede auf sein Haus kam, erbleichte Menshiki noch mehr.

»Ja, ich lebe seit einigen Jahren dort. Wie viele sind es jetzt? Also, ich glaube, drei. Oder sind es schon vier?«

Er sah mich fragend an, aber ich schwieg.

»Kann man Ihr Haus von hier sehen?«, fragte Shoko Akikawa.

»Ja«, sagte Menshiki und fügte gleich hinzu, es sei nichts Besonderes. »Es ist ausgesprochen unpraktisch dort oben auf dem Berg.«

»Das ist bei uns genauso«, pflichtete Shoko Akikawa ihm liebenswürdig bei. »Das Einkaufen ist beschwerlich. Der Handyempfang ist schlecht, und auch die Radiosender kommen nicht richtig herein. Und wenn es schneit, ist das Autofahren zu gefährlich, weil es so steil ist. Aber glücklicherweise hat es nur vor fünf Jahren einmal stärker geschneit.«

»Ja, in dieser Gegend schneit es kaum«, sagte Menshiki. »Das liegt an den milden Winden vom Meer. Das Meer hat einen sehr starken Einfluss. Es ist nämlich so, dass –«

»Jedenfalls ist es erfreulich, dass es im Winter nicht schneit«, unterbrach ich ihn notgedrungen, denn ich befürchtete, wenn ich ihn ließe, würde er die Auswirkungen der warmen pazifischen Meeresströmungen in aller Ausführlichkeit erläutern.

Marie Akikawa sah zwischen ihrer Tante und Menshiki hin und her. Letzterer schien keinen großen Eindruck auf sie zu machen. Er starrte der Tante ins Gesicht, als würde er persönlich heftig davon angezogen, ohne Marie auch nur eines Blickes zu würdigen.

»Wissen Sie, im Augenblick habe ich nämlich das Vergnügen, Marie zu malen. Ich hatte sie gebeten, mir Modell zu sitzen«, sagte ich an Menshiki gewandt.

»Und ich fahre sie jeden Sonntagmorgen mit dem Wagen her«, fügte Shoko Akikawa hinzu. »Obwohl wir nur einen Katzensprung entfernt wohnen, muss man wegen der Straßenführung einen ziemlichen Umweg machen.«

Endlich sah Menshiki auch Marie an. Doch da sein Blick anscheinend nirgendwo in ihrem Gesicht Halt fand, huschte er hilflos umher wie eine aufgescheuchte Fliege im Winter.

Um ihn aus dieser Lage zu befreien, holte ich mein Skizzenbuch und zeigte es ihm. »Das sind die Zeichnungen, die ich bisher von ihr gemacht habe. Ich bin noch in der Phase des Vorzeichnens und habe noch nicht angefangen zu malen.«

Menshiki betrachtete die drei Zeichnungen so lange, als wollte er sie auswendig lernen. Und als wäre es ihm weit wichtiger, Zeichnungen von Marie anzusehen als sie selbst. Natürlich konnte das nicht sein. Er war einfach nur nicht imstande, sie direkt anzusehen. Die Zeichnungen waren letztlich nicht mehr als Stellvertreter. Da er sich zum ersten Mal in derartiger Nähe zu Marie befand, gelang es ihm wohl nicht, seine Gefühle im Zaum zu halten. Marie folgte den unaufhörlichen Bewegungen in Menshikis Gesicht, als würde sie ein seltenes Tier beobachten.

»Wunderbar«, sagte Menshiki und wandte sich an Shoko Akikawa. »Die Zeichnungen sind sehr lebensecht. Die Ausstrahlung ist hervorragend getroffen.«

»Ja, das finde ich auch.« Maries Tante lächelte.

»Aber Marie ist ein äußerst schwieriges Modell«, sagte ich zu Menshiki. »Sie zu malen ist nicht einfach. Da ihre Mimik ständig wechselt, braucht man Zeit, um zu erfassen, was den Kern ausmacht. Deshalb konnte ich auch noch nicht mit dem Gemälde anfangen.«

»Wieso schwierig?«, fragte Menshiki. Wie geblendet kniff er die Augen zusammen und sah noch einmal in Maries Gesicht.

»Jede dieser drei Zeichnungen gibt einen völlig anderen Aspekt wieder. Jeder winzige Wechsel im Ausdruck verändert komplett ihre Ausstrahlung.«

»Ich verstehe«, sagte Menshiki ergriffen und blickte immer wieder zwischen den drei Zeichnungen und Maries Gesicht hin und her. Währenddessen rötete sich sein bis dahin so blasses Gesicht. Anfangs nur ein kleiner Punkt, erlangte die Röte allmählich die Größe eines Tischtennisballs, dann die eines Baseballs und breitete sich schließlich über das ganze Gesicht aus. Marie beobachtete diesen Wechsel seiner Gesichtsfarbe interessiert. Shoko Akikawa wandte ihren Blick ab, um nicht unhöflich zu sein, während ich nach der Kaffeekanne griff und mir noch einmal einschenkte.

»Ich habe vor, nächste Woche richtig mit dem Bild anzufangen. Das heißt, mit Farbe auf Leinwand zu arbeiten«, sagte ich zu niemand Speziellem, um die Stille zu füllen.

»Haben Sie schon ein bestimmtes Konzept?«, fragte die Tante.

Ich schüttelte den Kopf. »Nein, noch nicht. Wenn ich nicht vor einer echten Leinwand stehe und einen echten Pinsel in der Hand halte, fällt mir nichts Konkretes ein.«

»Sie haben also auch Herrn Menshiki porträtiert, nicht wahr?«, fragte Shoko Akikawa.

»Ja, im vergangenen Monat«, erwiderte ich.

»Es ist ein wunderbares Porträt«, schwärmte Menshiki. »Da die Farben noch trocknen müssen, ist es noch nicht gerahmt, aber es hängt bereits an der Wand meines Arbeitszimmers. Aber das Porträt gibt keinen bestimmten Ausdruck wieder. Ich bin es, aber ich bin es auch nicht. Ich kann es nicht gut beschreiben, aber es ist ein sehr *tiefgründiges* Bild. Mitunter kann ich meinen Blick gar nicht davon losreißen.«

»Sie sind es, aber Sie sind es auch nicht?«, fragte Shoko Akikawa.

»Es ist eigentlich kein Porträt im *landläufigen Sinn*, sondern ein Gemälde, das weit mehr innere Tiefe besitzt.«

»Ich würde es gern sehen«, sagte Marie. Es war das erste Mal, dass sie sprach, seit wir ins Wohnzimmer umgezogen waren.

»Marie! Also wirklich! Du kannst dich doch nicht einfach bei jemandem –«

»Das macht überhaupt nichts«, schnitt Menshiki ihr das Wort ab, als würde er es mit einer Axt abhacken. Bei seinem scharfen Tonfall hielten alle einen Moment lang den Atem an.

Nach einer kurzen Pause fuhr er fort. »Besonders, wo wir doch Nachbarn sind. Sie müssen unbedingt vorbeikommen und sich das Bild anschauen. Da ich allein lebe, brauchen Sie nicht zu fürchten, jemanden zu stören. Sie beide sind jederzeit willkommen.«

Menshikis Gesicht war noch röter geworden. Wahrscheinlich hatte er die übermäßige Schärfe in seinem Ton selbst bemerkt.

»Sie interessieren sich für Malerei, Marie?«, wandte er sich jetzt an das junge Mädchen. Seine Stimme klang wieder normal.

Marie nickte stumm.

»Wenn dem nichts entgegensteht, würde ich Sie am nächsten Sonntag um die gleiche Zeit wie jetzt hier abholen. Dann fahren wir zu mir und ich zeige Ihnen das Porträt, einverstanden?«

»Das sind doch viel zu viele Umstände …«, sagte Shoko Akikawa.

»Aber ich will das Bild sehen«, bestimmte jetzt Marie in einem Ton, der keinen Widerspruch duldete.

Am Ende wurde beschlossen, dass Menshiki die beiden am nächsten Sonntag um die Mittagszeit bei mir abholen würde. Auch ich wurde eingeladen, mitzukommen, lehnte aber höflich ab, indem ich eine Verpflichtung am Nachmittag vorschützte. Ich wollte nicht noch tiefer in diese Sache verwickelt werden. Alles Weitere sollte sich selbst regeln; ich würde mich heraushalten, so gut es ging. Ich vermittelte nur zwischen den Parteien, obwohl ich das ursprünglich gar nicht vorgehabt hatte.

Wie es sich gehörte, begleiteten Menshiki und ich die schöne Tante und ihre Nichte nach draußen. Shoko Akikawa betrachtete interessiert Menshikis neben ihrem Prius parkenden Jaguar, wie eine Hundebesitzerin den Hund einer anderen Person begutachtet.

»Das ist das neueste Modell, nicht wahr?«, fragte sie.

»Ja, Sie haben recht«, sagte Menshiki. »Es ist das neueste Coupé von Jaguar. Kennen Sie sich mit Autos aus?«

»Nein, eigentlich nicht. Allerdings fuhr mein verstorbener Vater früher eine Jaguar-Limousine. Er hat mich häufig darin mitgenommen und mich gelegentlich auch ans Steuer gelassen. Deshalb erfüllt mich der Anblick der Kühlerfigur immer mit Wehmut.

Es war ein XJ6 mit doppelten Rundscheinwerfern. Ein 4,2-Liter-Sechszylinder.«

»Serie III, nicht wahr? Ein sehr schönes Modell.«

»Meinem Vater schien der Wagen jedenfalls besonders zu gefallen, denn er fuhr ihn ziemlich lange, auch wenn er den hohen Kraftstoffverbrauch und die Vielzahl der kleinen Reparaturen manchmal satthatte.«

»Ja, das Modell hatte einen zu hohen Verbrauch. Wahrscheinlich gab es auch einige Mängel an der Elektronik. Die ist bei Jaguar traditionell nicht sehr robust. Aber wenn er ohne größere Pannen läuft und einem der Benzinpreis nichts ausmacht, ist es noch immer ein wunderschönes Automobil. Auch Handhabung und Fahrkomfort sind unübertrefflich, da kann kaum ein anderer Wagen mithalten. Aber ein zu hoher Kraftstoffverbrauch und große Pannenanfälligkeit stören die meisten Menschen, weshalb sich auch der Toyota Prius so gut verkauft.«

»Den hat mein Bruder für mich gekauft. Ich hätte ihn nicht genommen«, sagte Shoko Akikawa und deutete beinahe entschuldigend auf den Toyota. »Aber er fährt sich leicht, ist sicher und außerdem gut für die Umwelt.«

»Der Prius ist ein exzellenter Wagen«, sagte Menshiki. »Tatsächlich habe ich selbst schon einmal ernsthaft erwogen, mir einen zu kaufen.«

Ob das stimmte? Insgeheim bezweifelte ich es. Ich konnte mir Menshiki partout nicht in einem Prius vorstellen, ebenso wenig wie ich mir vorstellen konnte, dass ein Leopard in einem Restaurant einen Salad Niçoise bestellte.

Shoko Akikawa spähte ins Innere des Jaguars. »Ich habe eine ziemlich zudringliche Bitte. Dürfte ich mich einmal für einen Moment in Ihren Wagen setzen? Ich würde gern den Fahrersitz ausprobieren.«

»Aber selbstverständlich«, sagte Menshiki und räusperte sich ein wenig, um seiner Stimme einen festen Ton zu geben. »So lange Sie möchten. Wenn Sie Lust haben, können Sie auch eine Runde drehen.«

Shoko Akikawas großes Interesse an Menshikis Jaguar schien mir ungewöhnlich. Mit ihrem sanften und adretten Auftreten wirkte sie überhaupt nicht wie der Typ, der sich für Autos interessiert. Dennoch stieg sie mit glänzenden Augen in den Jaguar, rückte sich den mit cremefarbenem Leder bezogenen Sitz zurecht, betrachtete das Armaturenbrett eingehend und legte beide Hände auf das Lenkrad. Dann umfasste sie mit der Linken den Schaltknüppel. Menshiki zog den Wagenschlüssel aus der Hosentasche und reichte ihn ihr. »Lassen Sie doch mal den Motor an.«

Shoko Akikawa nahm den Schlüssel wortlos entgegen, steckte ihn in das Zündschloss neben dem Lenkrad und drehte ihn im Uhrzeigersinn. Die große Raubkatze erwachte sofort, und Shoko lauschte eine Zeit lang verzückt ihrem tiefen Grollen.

»Ich erinnere mich genau an das Geräusch dieses Motors«, sagte sie.

»Ein 4,2-Liter-V8-Motor. Der XJ6, den Ihr Herr Vater fuhr, war ein Sechszylinder, das heißt, Umdrehungszahl und Verdichtungsverhältnis sind verschieden, aber er klang wahrscheinlich ganz ähnlich. Was die bedenkenlose und verschwenderische Verbrennung von fossilen Brennstoffen angeht, handelte es sich damals wie heute um ein sündhaftes Vergnügen.«

Shoko Akikawa schob den Blinkerhebel nach oben und blinkte rechts. Das charakteristische, fröhliche Klacken ertönte. »Klingt nostalgisch.«

Menshiki lächelte. »So klingt es bei keinem anderen Wagen.«

»Als ich jung war, habe ich heimlich mit dem XJ6 für den Führerschein geübt«, sagte sie. »Die Handbremse ist etwas anders als normal, deshalb fand ich sie nicht, als ich das erste Mal einen anderen Wagen fuhr. Ich wusste gar nicht, was ich machen sollte.«

»Ich verstehe, was Sie meinen«, sagte Menshiki und lächelte. »Die Engländer sind in manchen Dingen recht eigen.«

»Aber in Ihrem Wagen riecht es anders als in dem meines Vaters.«

»Ja, bedauerlicherweise. Offenbar kann man aus verschiedenen Gründen nicht mehr die gleichen Materialien für das Interieur verwenden wie früher. Besonders seit die Firma Connolly 2002 in Konkurs gegangen ist und das Leder nicht mehr von ihr kommt, hat sich der Geruch im Wageninneren völlig verändert.«

»Wie schade. Ich mochte diesen Geruch sehr. Er gehört zu den Erinnerungen an meinen Vater.«

»Offen gesagt, habe ich noch einen anderen alten Jaguar«, sagte Menshiki, als fiele es ihm schwer. »Es könnte sein, dass er den gleichen Geruch verströmt wie der Wagen Ihres Herrn Vaters.«

»Sie haben einen XJ6?«

»Nein, einen E-Type.«

»Ist es ein offener Wagen?«

»Genau. Es ist der Roadster der Serie I. Er wurde Mitte der 1960er gebaut, zieht aber noch hervorragend. Er hat auch einen Sechszylinder-4,2-Liter-Motor. Ein Original-Zweisitzer. Allerdings ist das Verdeck neu, weshalb man ihn nicht im eigentlichen Sinn als Original bezeichnen kann.«

Da ich keine Ahnung von Autos hatte, verstand ich so gut wie nichts von dem Gesagten, aber Shoko Akikawa schien diese Mitteilung sehr zu beeindrucken. Ungemein erleichternd fand ich jedoch die Entdeckung, dass die beiden ein gemeinsames Interesse an Fahrzeugen der Marke Jaguar hatten, auch wenn das ein ziemlich eingeschränktes Gebiet war. Wenigstens musste ich mir keine Gesprächsthemen für diese erste Begegnung aus den Fingern saugen. Marie schien noch weniger Interesse an Autos zu haben als ich und hörte dem Gespräch mit einem Ausdruck äußerster Langeweile zu.

Shoko Akikawa stieg aus dem Wagen, schlug die Tür zu und gab Menshiki den Schlüssel zurück. Menshiki nahm ihn und steckte ihn wieder in die Hosentasche. Daraufhin setzten Marie und ihre Tante sich in den blauen Prius, und Menshiki schloss die Tür hinter Marie. Wieder beeindruckte es mich, wie sehr sich das Geräusch des Zuschnappens von dem des Jaguars unterschied. Ein Beispiel dafür, wie viele unterschiedliche Geräusche es auf der Welt gab. So wie es bei Charlie Mingus und Ray Brown vollkommen verschieden klingt, wenn sie nur einmal die gleiche Leersaite beim Kontrabass anschlagen.

»Also dann bis nächsten Sonntag«, sagte Menshiki.

Shoko Akikawa lächelte ihm zu, umfasste das Steuer und fuhr los. Als das Heck des etwas plumpen Prius nicht mehr zu sehen war, gingen Menshiki und ich ins Haus zurück, um im Wohnzimmer unseren inzwischen ziemlich abgekühlten Kaffee zu trinken. Eine Zeit lang sagten wir nichts. Alle Kraft schien aus Menshikis Körper gewichen zu sein wie bei einem Läufer, der nach einem kräftezehrenden Langstreckenlauf durchs Ziel gegangen ist.

»Sie ist hübsch, nicht?«, sagte ich wenig später. »Marie Akikawa, meine ich.«

»Ja, das ist sie, nicht wahr? Wenn sie erwachsen ist, wird sie noch hübscher sein«, sagte Menshiki, obwohl er an etwas ganz anderes zu denken schien.

»Wie haben Sie sich gefühlt, als Sie sie so aus der Nähe sahen?«, fragte ich.

Menshiki lächelte unbehaglich. »Ehrlich gesagt, habe ich sie gar nicht richtig gesehen. Weil ich so aufgeregt war.«

»Aber ein bisschen konnten Sie sie doch betrachten, oder?«

Menshiki nickte. »Ja, natürlich.« Wieder schwieg er, bedachte mich aber plötzlich mit einem sehr ernsthaften Blick. »Und was denken Sie?«

»Was denke ich worüber?«

Menshiki errötete erneut. »Gibt es eine Ähnlichkeit zwischen ihr und mir? Sie sind Maler, Porträtieren ist nicht erst seit gestern Ihr Beruf, da müssen Sie so etwas doch erkennen.«

Ich schüttelte den Kopf. »Ja, sicher bin ich darin geübt, Übereinstimmungen in Gesichtern ziemlich schnell zu erfassen. Aber deshalb kann ich noch lange nicht analysieren, wer ein Kind von wem ist. Es gibt Eltern und Kinder, die sich nicht im Geringsten ähneln, aber völlig Fremden geradezu aus dem Gesicht geschnitten sind.«

Menshiki stieß einen tiefen, sich scheinbar seinem ganzen Körper entringenden Seufzer aus und rieb die Handflächen aneinander. »Ich bitte Sie doch nur um eine Einschätzung, um Ihren *persönlichen Eindruck*. Er kann ruhig oberflächlich sein. Bitte sagen Sie es mir, falls Ihnen etwas aufgefallen ist.«

Ich überlegte. »Zwischen Ihren Gesichtszügen besteht keine konkrete Ähnlichkeit, so viel kann ich Ihnen sagen. Allerdings hatte ich hin und wieder den Eindruck einer gewissen Gemeinsamkeit im Ausdruck Ihrer Augen.«

Er presste die Lippen zusammen und sah mich an. »Zwischen unseren Augen gibt es also eine Gemeinsamkeit?«

»Bei Ihnen zeigen sich die Gefühle vor allem im Blick. Verschiedene Regungen wie Neugier, Begeisterung, Erstaunen, Zweifel, Widerstand und so weiter bilden sich in Ihren Augen ab. Ihre Mimik an sich ist nicht ausdrucksvoll, stattdessen fungieren die

Augen als eine Art Fenster zur Seele. Anders, als das normalerweise der Fall ist. Bei den meisten Menschen sind die Augen nicht so lebendig, auch wenn die Mimik sehr ausgeprägt ist.«

Menshiki wirkte erstaunt. »Man sieht mir Dinge also an den Augen an?«

Ich nickte.

»Das war mir nicht bewusst.«

»So etwas kann man nicht kontrollieren, selbst wenn man es wollte. Je bewusster jemand seinen Ausdruck zu beherrschen versucht, desto stärker konzentrieren sich die Empfindungen auf die Augen. Aber das erkennt man nur bei sehr aufmerksamer Beobachtung. Für gewöhnlich bemerkt das vermutlich niemand.«

»Aber Sie haben es bemerkt.«

»Den Ausdruck von Menschen zu erfassen ist sozusagen mein Metier.«

Menshiki dachte einen Augenblick lang nach. »Marie und ich gleichen uns also in diesem Punkt, und dennoch weist das für Sie nicht unbedingt auf eine Blutsverwandtschaft hin?«

»Wenn ich mir einen Menschen ansehe, habe ich stets einige Eindrücke, die im Hinblick auf sein Porträt besonders wichtig für mich sind. Aber Eindrücke und objektive Tatsachen sind etwas sehr Verschiedenes. Eindrücke beweisen gar nichts. Sie haben keinen praktischen Nutzen, wie zarte Schmetterlinge im Wind. Und Sie? Haben Sie bei Ihrer Begegnung mit Marie etwas Besonderes empfunden?«

Er schüttelte den Kopf. »Aus einer so kurzen Begegnung lässt sich nichts schließen. Ich brauche viel mehr Zeit. Ich muss mich an das Zusammensein mit dem jungen Mädchen gewöhnen …«

Er schüttelte noch einmal langsam den Kopf, steckte beide Hände wie suchend in die Taschen seines Jacketts und zog sie wieder heraus, als hätte er vergessen, was er überhaupt gesucht hatte.

»Oder nein, wahrscheinlich ist es keine Frage der Häufigkeit«, fuhr er fort. »Je öfter ich sie sehen würde, desto größer würde meine Verwirrung, sodass ich zu überhaupt keinem Schluss gelangen könnte. *Möglicherweise* ist sie meine leibliche Tochter, möglicherweise auch nicht. Im Grunde spielt das keine Rolle. Allein wenn ich beim Anblick dieses jungen Mädchens an die Möglichkeit denke, sie in meiner Vorstellung mit dem Finger berühre, ist es, als könnte ich dadurch frisches Blut durch meinen ganzen Körper pumpen. Vielleicht hatte ich bisher den Sinn des Lebens nicht richtig verstanden.«

Ich hielt den Mund. Zu den Regungen von Menshikis Herzen oder seiner Definition von Leben hatte ich nicht ein Wort zu sagen. Er warf einen Blick auf seine schmale, teuer aussehende Uhr und rappelte sich ungelenk vom Sofa hoch.

»Ich muss Ihnen danken. Hätten Sie mir nicht den Rücken gestärkt, wäre ich aufgeschmissen gewesen.«

Mehr sagte er nicht, bevor er mit steifen Schritten in den Flur stakste, sich langsam die Schuhe anzog, sie zuschnürte und hinausging. Ich beobachtete vom Eingang aus, wie er in sein Auto stieg und davonfuhr. Als der Jaguar verschwunden war, kehrte wieder sonntägliche Stille ein.

Es war kurz nach zwei Uhr nachmittags. Ich war ziemlich erledigt, also holte ich mir eine alte Wolldecke aus dem Schrank, wickelte mich darin ein, legte mich aufs Sofa und schlief ein Weilchen. Es war erst kurz nach drei, als ich aufwachte. Das Sonnenlicht, das ins Zimmer fiel, war kaum gewandert. Was für ein sonderbarer Tag. Ich konnte nicht entscheiden, ob ich mich vor- oder zurückbewegt oder ein und dieselbe Stelle umkreist hatte. Mein Orientierungssinn war völlig durcheinander. Marie und Shoko Akikawa und Menshiki. Von den dreien beziehungsweise von jedem einzelnen der drei ging eine magnetische Anziehungskraft aus. Ich stand umgeben von ihnen in der Mitte. Ohne jegliche Anziehungskraft.

Doch ungeachtet meiner Müdigkeit war dieser Sonntag noch nicht zu Ende. Es war ja erst drei Uhr nachmittags, und die Sonne ging noch längst nicht unter. Es würde noch dauern, bis morgen ein neuer Tag anbräche und dieser Sonntag Vergangenheit sein würde. Dennoch konnte ich mich zu nichts aufraffen. Auch nach meinem kurzen Mittagsschlaf fühlte ich mich noch benommen. Als wäre ich ein altes Wollknäuel, das jemand mit Gewalt in eine zu flache Schreibtischschublade gestopft hatte, die deshalb nicht richtig schloss. Vielleicht sollte ich heute einmal meinen Reifendruck prüfen. Wenn der Mensch sich zu nichts aufraffen kann, sollte er wenigstens den Reifendruck überprüfen. Doch genau besehen, hatte ich diese Aufgabe noch kein einziges Mal in meinem Leben selbst übernommen. Mitunter wies ein Tankwart mich darauf hin, dann ließ ich ihn messen. Natürlich war ich auch nicht im Besitz eines Reifendruckmessers. Ich wusste nicht einmal, wie ein solches Gerät aussah. Aber besonders groß konnte es nicht sein, da es offenbar in ein Handschuhfach passte. Und wahrscheinlich auch nicht so teuer, dass man einen Ratenkauf hätte in Erwägung ziehen müssen. Also nahm ich mir vor, demnächst eines zu erwerben.

Als es dunkel wurde, ging ich in die Küche und machte mir etwas zu essen. Dabei trank ich ein Dosenbier. Ich grillte mir eine in Sake-Treber eingelegte japanische Bernsteinmakrele, hackte etwas eingelegtes Gemüse und machte dazu einen Gurken- und Wakame-Salat in Vinaigrette und eine Miso-Suppe mit Rettich und gebratenem Tofu. Schweigend aß ich. Es war ja auch niemand da, mit dem ich hätte reden können, und mir wäre ohnehin kein Gesprächsthema eingefallen. Ich hatte mein einsames, stummes Mahl noch nicht beendet, als es klingelte. Fast so, als hätte der Besucher eigens abgewartet, bis ich beim Essen war.

Der Tag ist noch nicht vorbei, dachte ich. Aber ich hatte ja damit gerechnet, dass es ein langer Sonntag werden würde. Ich erhob mich vom Tisch und ging langsam zur Tür.

35 MAN HÄTTE BESSER ALLES SO GELASSEN, WIE ES WAR

Ich schritt also zur Tür, ohne die geringste Ahnung zu haben, wer da läutete. Es war auch kein Wagen vorgefahren, das hätte ich gehört. Das Esszimmer lag zwar nach hinten, doch es war ein sehr ruhiger Abend, und das Knirschen von Reifen und ein Motor wären auf jeden Fall zu hören gewesen, selbst wenn es sich um den wegen seiner geringen Geräuschentwicklung vielgepriesenen Hybridmotor des Toyota Prius gehandelt hätte. Aber ich hatte nichts dergleichen vernommen.

Und wer sollte schon nach Sonnenuntergang zu Fuß hier heraufsteigen? Der Weg war lang und steil. Auf der so gut wie unbeleuchteten Straße war es viel zu dunkel, und niemand war unterwegs. Und da die Häuser in großen Abständen an die einsamen Hänge gebaut waren, hatte ich natürlich auch keine direkten Nachbarn.

Wer konnte es also sein? Vielleicht der Commendatore? Aber der kam eigentlich nicht infrage. Schließlich konnte er jetzt jederzeit und von überall ins Haus gelangen, ohne eigens an der Tür klingeln zu müssen. Ich öffnete.

Marie Akikawa stand davor. Sie sah genauso aus wie am Vormittag, trug jedoch eine dunkelblaue, dünne Daunenjacke über ihrer anderen. Nach Sonnenuntergang kühlte es hier merklich ab. Sie hatte eine Baseballkappe mit einem Emblem der Cleveland Indians auf dem Kopf (warum eigentlich Cleveland?) und hielt in der Rechten eine große Taschenlampe.

»Darf ich reinkommen?«, fragte sie, ohne mir einen guten Abend zu wünschen oder sich für ihr plötzliches Auftauchen zu entschuldigen.

»Natürlich. Komm rein«, sagte ich nur, denn die Schublade in meinem Kopf klemmte noch immer wegen des Wollknäuels.

Ich führte sie ins Esszimmer. »Ich war gerade beim Essen. Macht es dir etwas aus, wenn ich zu Ende esse?«

Sie schüttelte den Kopf. Offenbar hatte dieses junge Mädchen keinen Begriff von den allgemein üblichen Umgangsformen.

»Möchtest du einen Tee?«, fragte ich.

Sie nickte, natürlich stumm. Sie zog die Daunenjacke aus, nahm die Baseballmütze ab und ordnete ihr Haar. Ich schaltete den Wasserkocher ein und gab Teeblätter in eine kleine Kanne. Ich hatte ohnehin Tee trinken wollen.

Marie saß mit aufgestützten Ellbogen am Tisch und beobachtete, wie ich meine eingelegte Bernsteinmakrele, den Reis und die Miso-Suppe aß, als hätte sie so etwas noch nie gesehen. Als wäre sie bei einem Dschungelspaziergang auf einen Riesenpython gestoßen, der einen jungen Dachs verschlang, und hätte es sich auf einem Felsen in der Nähe bequem gemacht, um den Vorgang zu beobachten.

»Die Bernsteinmakrele habe ich selbst gemacht«, erklärte ich, um das abgrundtiefe Schweigen zu füllen. »Wenn man sie in Sake-Treber einlegt, hält sie sehr lange.«

Sie zeigte keinerlei Reaktion. Ich war nicht einmal sicher, ob meine Erklärung bei ihr angekommen war.

»Immanuel Kant führte ein extrem streng geregeltes Leben. So geregelt, dass die Menschen ihre Uhr danach stellen konnten, wann er spazieren ging«, probierte ich es weiter.

Natürlich war das sinnloses Gerede, das die Stille um uns herum nur vertiefte. Immanuel Kant hatte jeden Tag schweigend dieselben Straßen in Königsberg durchquert. Und seine letzten Worte hatten gelautet: »Es ist gut.«

Als ich zu Ende gegessen hatte, stellte ich das benutzte Geschirr in die Spüle. Anschließend goss ich den Tee auf, holte zwei Teeschalen und ging zum Tisch zurück. Marie Akikawa blieb sitzen und folgte jeder meiner Bewegungen mit aufmerksamen Blicken, wie eine Historikerin bei der genauen Überprüfung der Fußnoten in einem Aufsatz.

»Du bist nicht mit dem Auto gekommen?«, fragte ich.

»Nein, zu Fuß.« Endlich machte sie einmal den Mund auf.

»Du bist ganz allein von zu Hause hierhergelaufen?«

»Ja.«

Ich schwieg und wartete darauf, dass sie weitersprach. Aber Marie schwieg ebenfalls. Zwischen uns dehnte sich ein langes Schweigen aus. Doch Schweigen war auch meine Stärke. Immerhin lebte ich allein auf einem Bergkamm.

»Es gibt einen geheimen Weg«, sagte Marie irgendwann. »Die Fahrt mit dem Auto dauert ziemlich lange, aber zu Fuß ist es ganz nah.«

»Ich gehe auch viel hier in der Gegend spazieren, aber diese Abkürzung habe ich noch nicht entdeckt.«

»Weil Sie nicht richtig suchen«, sagte das junge Mädchen ohne Umschweife. »Wer einfach so normal rumläuft und normal guckt, findet den Pfad nicht. Er ist gut versteckt.«

»Du hast ihn versteckt, nicht?«

Sie nickte. »Wir sind kurz nach meiner Geburt hergezogen,

und ich bin hier aufgewachsen. Der Wald war immer mein Spielplatz. Schon als ich noch ganz klein war. Ich kenne hier jeden Winkel.«

»Und dieser Pfad ist raffiniert versteckt?«

Wieder nickte sie.

»Und auf ihm bist du hergekommen?«

»Genau.«

Ich seufzte. »Hast du schon gegessen?«

»Ja, vorhin.«

»Und was?«

»Meine Tante kann nicht besonders gut kochen«, sagte Marie. Das war zwar keine Antwort auf meine Frage, aber ich traute mich nicht, weiter nachzuhaken. Vielleicht hatte sie keine Lust, sich an ihre jüngste Mahlzeit zu erinnern.

»Weiß deine Tante, dass du allein hierhergekommen bist?«

Darauf antwortete Marie nun überhaupt nicht und presste nur die Lippen aufeinander. Also beschloss ich, mir die Antwort selbst zu geben. »Natürlich weiß sie es nicht. Kein verantwortungsbewusster Erwachsener würde erlauben, dass ein dreizehnjähriges Mädchen nach Einbruch der Dunkelheit hier allein durch den Wald stromert. Habe ich recht?«

Wieder Schweigen.

»Und von dem geheimen Pfad weiß sie auch nichts?«

Marie schüttelte nachdrücklich den Kopf.

»Wie dem auch sei«, sagte ich. »Irgendwo auf der Strecke von deinem Haus hierher kommst du doch bestimmt durch das Wäldchen mit dem alten Schrein?«

Marie nickte. »Den Schrein kenne ich gut. Ich weiß auch, dass der Steinhaufen dahinter kürzlich mit einem Bagger weggeräumt wurde.«

»Hast du das beobachtet?«

Marie schüttelte den Kopf. »Nein, an dem Tag war ich in der Schule. Aber es waren eine Menge Spuren und Erde da, die der Bagger hinterlassen hat. Warum haben Sie das gemacht?«

»Aus verschiedenen Gründen.«

»Und aus welchen?«

»Es würde zu lange dauern, dir das alles von Anfang an zu erklären.« Ich wollte ihr möglichst nicht sagen, dass Menshiki an der Sache beteiligt gewesen war.

»Man hätte die Stelle nicht freilegen sollen«, sagte Marie abrupt.

»Wieso meinst du das?«

Sie machte eine Bewegung, die wie ein Schulterzucken aussah. »Man hätte die Stelle so lassen sollen, wie sie war. Alle haben es so gemacht.«

»Wer, alle?«

»Ich meine, das war doch alles schon ewig so.«

Wahrscheinlich hatte das junge Mädchen recht. Wir hätten diesen Platz in Ruhe lassen sollen. So wie es bisher *alle* getan hatten. Doch nun war es zu spät. Die Steine waren beiseitegeschafft, die Gruft war geöffnet und der Commendatore befreit worden.

»Du hast die Bretter angehoben, stimmt's?«, fragte ich Marie. »Du hast in die Kammer geschaut, sie wieder abgedeckt und die Bretter mit Steinen beschwert.«

Marie hob den Blick und sah mir mitten ins Gesicht, wie um zu fragen, woher ich das wisse.

»Die Anordnung der Steine war ein bisschen anders. Ich hatte schon immer ein gutes visuelles Gedächtnis. Solche kleinen Unterschiede erkenne ich auf den ersten Blick.«

»Aha«, sagte sie erstaunt.

»Aber die Kammer ist leer. Außer Dunkelheit und feuchter Luft ist da nichts. Richtig?«

»Da stand noch eine Leiter.«

»Aber du bist nicht hinuntergestiegen, oder?«

Marie schüttelte heftig den Kopf, wie um zu sagen, dass sie das niemals tun würde.

»Und mit welchem Anliegen bist du heute Abend um diese Uhrzeit gekommen?«, fragte ich. »Oder wolltest du mir nur einen Höflichkeitsbesuch abstatten?«

»Höflichkeitsbesuch?«

»Wie Nachbarn das gelegentlich tun.«

Nach kurzem Überlegen schüttelte sie leicht den Kopf. »Nein, keinen Höflichkeitsbesuch.«

»Welche Art von Besuch ist es dann?«, fragte ich. »Natürlich freue ich mich, dass du eigens vorbeikommst, aber deine Tante und dein Vater könnten das falsch auffassen, wenn sie davon erfahren würden. Es könnte zu Missverständnissen führen.«

»Zu was für Missverständnissen?«

»Es gibt alle möglichen Arten von Missverständnissen«, sagte ich. »Auch solche, die wir uns gar nicht vorstellen können. Womöglich würden sie dir nicht mehr erlauben, mir Modell zu sitzen. Das wäre mir sehr unangenehm. Dir etwa nicht?«

»Meine Tante kriegt nichts raus«, sagte Marie kurz angebunden. »Wenn ich nach dem Abendessen in mein Zimmer gehe, kommt sie nicht mehr rein. Das haben wir so abgemacht. Deshalb bekommt sie gar nicht mit, wenn ich heimlich durch das Fenster abhaue. Sie hat das noch kein einziges Mal gemerkt.«

»Läufst du öfter nachts im Wald herum?« Marie nickte. »Hast du keine Angst, so allein nachts im Wald?«

»Es gibt andere Dinge, vor denen ich mehr Angst habe.«

»Zum Beispiel?« Marie zuckte nur wieder leicht mit den Schultern, ohne zu antworten. »Was machen deine Tante und dein Vater?«

»Mein Vater ist noch nicht zu Hause.«

»Obwohl Sonntag ist?«

Darauf ging Marie nicht ein. Offenbar wollte sie nicht über ihren Vater sprechen. »Jedenfalls brauchen Sie sich keine Sorgen zu machen«, sagte sie stattdessen. »Es weiß ja niemand, dass ich abends allein aus dem Haus gehe. Und selbst wenn jemand davon erfahren würde, würde ich Ihren Namen niemals preisgeben.«

»Gut, eine Sorge weniger«, sagte ich. »Und weshalb bist du heute Abend hier?«

»Weil ich Ihnen etwas erzählen will.«

»Was denn?«

Marie Akikawa nahm in aller Ruhe einen Schluck von ihrem heißen Tee und sah sich dann mit einem scharfen Blick um, als wollte sie sich vergewissern, dass niemand zuhörte. Natürlich war außer uns niemand im Raum, vorausgesetzt, der Commendatore war nicht zurückgekehrt und belauschte uns nicht von irgendwoher. Auch ich blickte mich um, aber es war nichts von ihm zu sehen. Allerdings war er ja auch für niemanden sichtbar, wenn er keine Gestalt annahm.

»Es geht um Ihren Freund, der heute Nachmittag hier war«, sagte sie. »Den mit dem schönen weißen Haar. Wie hieß er noch mal? So ein komischer Name.«

»Herr Menshiki.«

»Genau, Herr Menshiki.«

»Er ist nicht mein Freund. Ich habe ihn erst kürzlich kennengelernt.«

»Egal«, sagte Marie.

»Was ist denn mit Herrn Menshiki?«

Sie sah mich mit zusammengekniffenen Augen an. Dann senkte sie die Stimme. »Dieser Mann hat vielleicht etwas zu verbergen.«

»Und was zum Beispiel?«

»Das weiß ich nicht. Aber er ist heute Nachmittag sicher nicht zufällig aufgetaucht. Ich hatte das Gefühl, dass er wegen etwas ganz Bestimmtem gekommen war.«

»Wegen etwas Bestimmtem? Was denn?«, fragte ich, ein wenig erschrocken über ihren Scharfblick.

Sie sah mir direkt in die Augen. »Das weiß ich nicht. Sie wissen es wohl auch nicht?«

»Nein, keine Ahnung«, log ich und hoffte, Marie würde mich nicht durchschauen. Ich war noch nie ein guter Lügner. Man sah mir sofort an, wenn ich etwas erfand. Dennoch konnte ich sie ja auf keinen Fall einweihen.

»Wirklich nicht?«

»Wirklich nicht«, sagte ich. »Ich hatte heute keinen Besuch von ihm erwartet.«

Marie schien mir zu glauben. Tatsächlich hatte Menshiki mir ja nicht gesagt, dass er an diesem Tag kommen würde, und sein unvermittelter Besuch war auch für mich eine Überraschung gewesen. Das war also keine Lüge.

»Er hat sonderbare Augen«, sagte Marie.

»Sonderbar in welcher Hinsicht?«

»Als hätte er immer eine *Absicht*. Wie bei dem Wolf aus ›Rotkäppchen‹. Obwohl er als Großmutter verkleidet im Bett liegt, sieht man sofort an seinen Augen, dass er ein Wolf ist.«

Der Wolf aus *»Rotkäppchen«*? »Du meinst, Menshiki strahlt eine negative Energie aus?«

»Negative Energie?«

»Ja, etwas Negatives eben. Etwas, das Schaden anrichtet oder so.«

»Negative Energie, aha«, sagte sie. Und sie speicherte den Begriff in einer Schublade ihres Gedächtnisses ab wie den »Blitzschlag aus heiterem Himmel«.

»Nein, so was eigentlich nicht«, sagte Marie. »Ich glaube nicht, dass er böse Absichten hat. Nur dass Herr Menshiki mit dem weißen Haar etwas zu verbergen hat.«

»Und das spürst du?«

Marie nickte. »Deshalb bin ich hergekommen. Ich dachte, Sie wüssten vielleicht etwas über Herrn Menshiki.«

»Empfindet deine Tante das Gleiche wie du?«, fragte ich, um sie von ihrer Frage abzulenken.

Sie legte den Kopf ein wenig schief. »Nein, meine Tante ist ein Mensch, der selten etwas Negatives über andere denkt. Außerdem interessiert sie sich für Herrn Menshiki. Er ist zwar etwas älter als sie, sieht aber gut aus und ist super angezogen. Anscheinend ist er reich und lebt allein …«

»Findet deine Tante ihn sympathisch?«

»Ich glaube schon. Sie sah sehr vergnügt aus, als sie sich mit ihm unterhalten hat. Sie hat ein fröhliches Gesicht gemacht, und ihre Stimme klang ein bisschen schriller als sonst. Und ich glaube, Herr Menshiki hat diesen Unterschied auch irgendwie bemerkt.«

Dazu sagte ich nichts. Stattdessen schenkte ich uns beiden Tee nach und trank von meinem.

Die Angelegenheit schien Marie zu beschäftigen. »Aber woher wusste Herr Menshiki, dass wir heute kommen würden? Hatten Sie es ihm gesagt?«

Ich wählte meine Worte mit Bedacht, um nicht lügen zu müssen. »Ich glaube nicht, dass Herr Menshiki die Absicht hatte, deiner Tante heute bei mir zu begegnen. Denn er wusste zwar, dass ihr kommen würdet, aber nicht, dass ich euch aufhalten würde. Er kam *zufällig* vorbei, sie war *zufällig* hier, er sah sie und hatte Interesse. Deine Tante ist ja auch eine ganz bezaubernde Dame.«

Marie wirkte nicht völlig überzeugt, fragte aber auch nicht weiter. Sie stützte die Ellbogen auf den Tisch und machte ein nachdenkliches Gesicht.

»Jedenfalls werdet ihr ihn nächsten Sonntag in seiner Villa besuchen«, sagte ich.

Marie nickte. »Um das Porträt zu sehen, das Sie von ihm gemalt haben. Meine Tante freut sich anscheinend schon sehr darauf. Ich meine, auf den Besuch bei Herrn Menshiki.«

»Deine Tante braucht auch mal etwas Abwechslung. Hier auf diesem abgelegenen Berg zu leben, das ist schon etwas anderes als in der Stadt. Sie hat sicher selten Gelegenheit, Männer kennenzulernen.«

Marie Akikawa presste die Lippen aufeinander.

»Meine Tante«, sagte sie dann in verschwörerischem Ton, »hatte lange einen Freund. Als sie in Tokio Sekretärin war. Bevor sie hierherkam. Es war etwas Ernstes, aber dann ist alles Mögliche passiert, und die Sache ging in die Brüche. Meine Tante hat sehr darunter gelitten. Und als meine Mutter starb, kam sie her, um bei uns zu leben. Natürlich weiß ich das nicht von ihr selbst.«

»Aber zurzeit hat sie keinen Freund?«

»Nein, sie ist mit niemandem zusammen.«

»Und jetzt fürchtest du, deine alleinstehende Tante könnte sich gewisse Hoffnungen machen, was Herrn Menshiki angeht, und wolltest mit mir darüber reden. Deshalb bist du hergekommen. Habe ich recht?«

»Glauben Sie, Herr Menshiki will meine Tante verführen?«

»Verführen?«

»Ja, ohne es ernst mit ihr zu meinen.«

»Das weiß ich nicht«, sagte ich. »So gut kenne ich Herrn Menshiki nicht. Außerdem haben er und deine Tante sich erst heute Nachmittag kennengelernt, und es ist noch nichts Konkretes passiert. Herzensangelegenheiten sind immer irgendwie heikel und Veränderungen unterworfen. Mitunter schwellen kleine Regungen zu etwas Großem an, dann wieder ist das Gegenteil der Fall.«

»Aber ich habe da so etwas wie eine Ahnung«, sagte sie entschieden.

Ohne besonderen Grund glaubte ich, ihrer *Ahnung* trauen zu können. Was wiederum so etwas wie eine Ahnung von mir war.

»Und du machst dir Sorgen, dass etwas passiert und deine Tante noch einmal verletzt wird.«

Marie nickte knapp. »Meine Tante ist kein wachsamer Mensch und auch nicht an Verletzungen gewöhnt.«

»Das klingt, als wolltest du deine Tante beschützen«, sagte ich.

»Gewissermaßen«, sagte Marie mit ernster Miene.

»Und wie ist es mit dir? Bist du an Verletzungen gewöhnt?«

»Ich weiß nicht«, sagte Marie. »Zumindest verliebe ich mich nicht.«

»Irgendwann wirst du dich verlieben.«

»Aber jetzt noch nicht. Erst wenn mein Busen etwas dicker ist.«

»Das kann nicht mehr lange dauern.«

Marie runzelte die Stirn. Wahrscheinlich glaubte sie mir nicht.

In diesem Moment regte sich plötzlich ein Verdacht in mir. War es möglich, dass Menshiki sich absichtlich an Shoko Akikawa heranmachte, um sein eigentliches Ziel – den Kontakt zu Marie – zu erreichen? *Aus einer so kurzen Begegnung lässt sich nichts schließen. Ich brauche viel mehr Zeit. Ich muss mich an das Zusammensein mit dem jungen Mädchen gewöhnen*, hatte er gesagt. Shoko Akikawa könnte zu einer wichtigen Mittlerin für ihn werden. Denn sie war Maries eigentliche Aufsichtsperson, und über sie könnte er Marie ständig sehen. Menshiki musste sie nur – mehr oder weniger – für sich gewinnen. Für einen Mann wie ihn konnte das kein besonders schwieriges Unterfangen sein, auch wenn er so etwas vielleicht nicht gerade vor dem Frühstück erledigte. Dennoch wollte ich nicht glauben, dass dies seine heimliche Absicht war. Dem Commendatore zufolge war er zwar ein Mann, der stets notgedrungen irgendwelche Pläne schmiedete, doch in meinen Augen wirkte er keineswegs wie ein besonders durchtriebener Mensch.

»Herrn Menshikis Haus ist ziemlich beeindruckend«, sagte ich zu Marie. »Und auch interessant. Es kann auf keinen Fall schaden, es sich anzuschauen.«

»Sie waren also schon mal bei ihm?«

»Ja, ein Mal. Er hatte mich zum Abendessen eingeladen.«

»Es liegt auf der anderen Seite des Tals?«

»Ziemlich genau gegenüber von eurem Haus.«

»Kann man es von hier aus sehen?«

Ich tat, als müsste ich überlegen. »Ja, aber nur ganz entfernt.«

»Ich will mal gucken.«

Ich ging mit ihr auf die Terrasse und zeigte ihr Menshikis Villa auf der anderen Seite des Tals. Wieder ließ die Gartenbeleuchtung das weiße Gebäude wie ein luxuriöses Kreuzfahrtschiff auf dunkler See erscheinen. In mehreren Fenstern brannte noch ein dezentes, vornehmes Licht.

»Das große weiße Haus dort drüben?«, fragte Marie erstaunt. Nachdem sie mich scharf gemustert hatte, richtete sie den Blick wieder auf die entfernt liegende Villa. »Das kann man von uns aus sehr gut sehen, nur der Blickwinkel ist anders. Ich wollte schon immer wissen, wer dort wohnt.«

»Auf jeden Fall ist es ziemlich auffällig, nicht?«, sagte ich.

Über das Geländer gebeugt, sah Marie lange zu dem Haus hinüber. Über ihm funkelten die Sterne. Es war windstill, und feste kleine Wolken standen reglos darüber, als gehörten sie zu einer Theaterkulisse und wären auf eine Spanplatte genagelt. Als Marie den Kopf zu mir drehte, fing ihr glattes schwarzes Haar schimmernd das Mondlicht ein.

»Wohnt Herr Menshiki wirklich allein in diesem Haus?«, fragte sie.

»Ja, ganz allein in diesem Riesenhaus.«

»Und er ist nicht verheiratet?«

»Er hat mir erzählt, er sei noch nie verheiratet gewesen.«

»Was ist er von Beruf?«

»Das weiß ich nicht genau. Es hat im weiteren Sinne etwas mit Informationsmanagement zu tun. Irgendetwas mit IT. Aber im Augenblick geht er keiner bestimmten Arbeit nach. Anscheinend lebt er von den Erlösen aus dem Verkauf einer Firma, die er gegründet hatte, und von Aktienerträgen. Genaueres weiß ich nicht.«

»Er arbeitet nicht?«, fragte Marie mit zusammengezogenen Brauen.

»So hat er es zu mir gesagt. Er geht fast nie aus dem Haus.«

Vielleicht beobachtete Menshiki gerade mit seinem starken Fernglas, wie wir zu seinem Haus hinüberblickten. Was würde er denken, wenn er uns beide nebeneinander auf der dunklen Terrasse stehen sähe?

»Du solltest allmählich nach Hause gehen«, sagte ich. »Es ist schon spät.«

»Lassen wir mal Herrn Menshiki«, sagte sie leise und in vertraulichem Ton. »Ich finde es total super, dass Sie mich malen. Das wollte ich Ihnen noch mal ausdrücklich sagen. Egal, wie das Bild wird, ich freue mich sehr darauf.«

»Es wäre schön, wenn es gelingen würde«, sagte ich ein wenig gerührt. Was das Bild anging, vermochte das junge Mädchen mein Herz erstaunlich mühelos zu öffnen.

Ich brachte Marie zur Tür. Sie schlüpfte in ihre enge, dünne Daunenjacke und zog sich die Indians-Baseballmütze tief ins Gesicht. Sie sah jetzt aus wie ein Junge.

»Soll ich dich bringen?«, fragte ich.

»Nicht nötig. Ich kenne den Weg.«

»Dann bis nächsten Sonntag.«

Aber sie ging nicht gleich, sondern wandte sich mir, die Hand an den Türrahmen gelegt, noch einmal zu.

»Mich beschäftigt nur eins«, sagte sie. »Und das ist dieser Stab mit den Glöckchen.«

»Wieso das?«

»Als ich vorhin hierher unterwegs war, kam es mir vor, als würde ich etwas bimmeln hören. Es klang wie diese Glöckchen, die in Ihrem Atelier liegen.«

Einen Moment lang verschlug es mir die Sprache. Marie sah mir fragend ins Gesicht. »Wo war das?«, stieß ich hervor.

»Im Wäldchen. Hinter dem Schrein.«

Ich lauschte in die Dunkelheit. Aber kein Läuten war zu hören. Es war überhaupt nichts zu hören. Es herrschte nur nächtliche Stille.

»Hattest du keine Angst?«, fragte ich.

Marie schüttelte den Kopf. »Wenn etwas nichts mit mir zu tun hat, habe ich keine Angst.«

»Warte mal einen Moment«, sagte ich und hastete ins Atelier.

Die Glöckchen, die eigentlich im Regal hätten liegen müssen, waren nicht mehr da. Sie waren einfach verschwunden.

36 OHNE SPIELREGELN ZU VEREINBAREN

Als Marie Akikawa gegangen war, kehrte ich wieder ins Atelier zurück und schaltete alle Lampen ein, um jeden Winkel zu durchsuchen. Aber der alte Glockenstab war nirgends zu finden. Er war und blieb verschwunden.

Wann hatte ich ihn zum letzten Mal gesehen? Am vergangenen Sonntag, als Marie zum ersten Mal hier gewesen war, hatte sie den Stab aus dem Regal genommen und kurz damit gespielt. Anschließend hatte sie ihn wieder ins Regal gelegt. Daran erinnerte ich mich noch genau. Aber wann hatte ich ihn danach zum letzten Mal gesehen? Ich wusste es nicht mehr. Diese Woche hatte ich das Atelier kaum betreten, nicht ein einziges Mal nach einem Pinsel gegriffen. Zuvor hatte ich *Mann mit weißem Subaru Forester* in Angriff genommen, aber wieder aufgehört. Und Marie Akikawas Porträt hatte ich noch nicht begonnen. Meine sämtlichen Projekte befanden sich sozusagen in der Schwebe. Auf die Glöckchen hatte ich nicht mehr geachtet.

Plötzlich waren sie verschwunden.

Und Marie hatte, als sie heute Abend durch das Wäldchen gegangen war, hinter dem Schrein sozusagen etwas läuten hören. Ob jemand den Stab wieder in die Gruft zurückgebracht hatte?

Sollte ich mich auf den Weg dorthin machen und nachschauen, ob das Läuten wirklich von dort kam?

Allerdings verspürte ich nicht die geringste Lust, jetzt noch allein in das dunkle Wäldchen hinauszugehen. An diesem Tag hatte sich so viel ereignet, dass ich ziemlich erledigt war. Mein Soll an »unvorhergesehenen Ereignissen« war bereits erfüllt, da konnte einer sagen, was er wollte.

Also ging ich in die Küche, nahm einige Eiswürfel aus dem Gefrierschrank, warf sie in ein Glas und goss mir Whisky ein. Es war erst halb neun. Ob Marie Akikawa auf ihrem Pfad durch das Wäldchen unbeschadet zu Hause angekommen war? Vermutlich hatte es keine Probleme gegeben. Es war unnötig, sich so viele Sorgen zu machen. Ihren eigenen Worten zufolge war sie seit ihrer Kindheit mit der Umgebung vertraut. Und besaß einen weit härteren Kern, als ihr Äußeres vermuten ließ.

Ich trank langsam zwei Gläser Whisky und knabberte ein paar Kräcker dazu, dann putzte ich mir die Zähne und ging schlafen. Vielleicht würden die Glöckchen mich nun wieder mitten in der Nacht aufwecken. Wie üblich gegen zwei Uhr. Aber was sollte ich machen? Dann war es eben so.

Doch am Ende passierte gar nichts. Zumindest hörte ich nichts. Ich schlief bis halb sieben Uhr morgens, ohne ein einziges Mal wach zu werden.

Als ich erwachte, fiel ein kalter Regen, der den nahenden Winter ankündigte. Es regnete ruhig und anhaltend, wie damals im März, als meine Frau sich von mir getrennt hatte und ich, während sie es mir sagte, mit dem Rücken zu ihr dasaß und durch das Fenster in den Regen hinaussah.

Nach dem Frühstück machte ich mich in Regencape und -hut (beides hatte ich auf meiner Reise bei einem Ausstatter in Hakodate gekauft) auf den Weg ins Wäldchen. Einen Schirm nahm ich nicht mit. Ich ging um den Schrein herum zur Grube und hob die Hälfte der Bretter ab. Anschließend leuchtete ich mit der Taschenlampe das Innere gewissenhaft aus, fand es jedoch völlig leer. Keine Glöckchen, kein Commendatore. Dennoch beschloss ich, sicherheitshalber auf der Leiter in die Gruft hinunterzusteigen. Zum ersten Mal. Die einzelnen Metallsprossen bogen sich unter meinem Gewicht und ächzten, sodass ich mich etwas unsicher fühlte. Doch alles, was ich dort vorfand, war ein leerer Raum. Seine kreisrunde Form ließ ihn auf den ersten Blick wie einen Brunnen erscheinen, aber dafür war der Durchmesser zu groß. Es wäre überflüssig gewesen, ein so großes Loch zu graben, nur um Wasser zu schöpfen. Auch war, wie es der Gartenbauunternehmer bereits gesagt hatte, das Innere dafür zu sorgfältig und gewissenhaft ausgemauert.

Lange stand ich gedankenversunken auf dem Grund der Steinkammer. Da ich über mir einen halbmondförmigen Ausschnitt des Himmels sehen konnte, fühlte ich mich nicht so eingesperrt. Ich schaltete die Taschenlampe aus, lehnte mich mit dem Rücken an die feuchte Mauer und lauschte mit geschlossenen Augen dem unregelmäßigen Rauschen des Regens über mir. Was ich dabei dachte, war für mich nicht richtig greifbar, aber jedenfalls kreisten meine Gedanken um *irgendetwas*. Ein Gedanke knüpfte an den vorhergegangenen an und verband sich wieder mit einem neuen. Ich weiß nicht, wie ich es beschreiben soll, aber es fühlte sich irgendwie sonderbar an, so ähnlich, als würde ich von der »Tätigkeit des Denkens« an sich absorbiert.

So wie ich dachte, lebte und mich bewegte, so dachte, lebte und bewegte sich auch die Steinkammer. Sie atmete, dehnte sich aus und zog sich wieder zusammen. Und die Wurzeln unserer Gedanken – ihrer und meiner – schienen sich in der Dunkelheit zu verflechten und Pflanzensäfte auszutauschen. Sie verliefen ineinander wie flüssige Farben, und die Grenzen zwischen uns verschwammen immer stärker.

Bald darauf überwältigte mich das Gefühl, dass die umgebenden Mauern auf mich eindrangen. Mein Herz pulsierte mit einem trockenen, hämmernden Ton. Ich glaubte zu hören, wie meine Herzklappen sich öffneten und schlossen. Kälte stieg in mir auf, als wäre ich dem Jenseits nah, wobei mir dieses Jenseits nicht wie ein furchterregender Ort erschien, sondern eher wie einer, der mir noch nicht bestimmt war.

Unvermittelt kam ich wieder zu mir, und der Gedankenstrom, der sich verselbstständigt hatte, riss ab. Ich schaltete die Taschenlampe ein, um erneut meine Umgebung auszuleuchten. Die Leiter stand noch an Ort und Stelle. Über mir war nach wie vor der Himmel zu sehen, und ich atmete erleichtert auf. Es hätte mich nicht gewundert, wenn der Himmel und die Leiter verschwunden gewesen wären. Hier konnte alles passieren.

Ich griff nach der Leiter und stieg sie Sprosse für Sprosse vorsichtig hinauf. Oben angekommen, stampfte ich fest auf, um die feuchte Erde unter meinen Füßen zu spüren. Endlich bekam ich wieder richtig Luft. Als mein Herzschlag sich beruhigt hatte, warf ich noch einen Blick in die Kammer.

Sie lebte nicht und dachte nicht, und ihre Mauern zogen sich auch nicht zusammen. Der kalte Novemberregen benetzte lautlos ihren Boden.

Ich deckte sie wieder ab und beschwerte die Bretter mit Steinen, indem ich sorgfältig darauf achtete, sie exakt so wie vorher zu platzieren, damit ich sofort erkennen würde, wenn jemand sie erneut beiseiteräumte. Meinen Hut tief ins Gesicht gezogen, machte ich mich auf den Rückweg.

Auf dem Pfad durch das Wäldchen überlegte ich, was wohl aus dem Commendatore geworden sein mochte. Schon seit mehr als zwei Wochen hatte er sich nicht blicken lassen. Seltsamerweise rief seine lange Abwesenheit in mir ein Gefühl der Einsamkeit hervor. Auch wenn er ein mir unerklärliches Wesen war, ziemlich seltsam redete und unbefugt mein Sexualleben beobachtete, hatte ich unbewusst eine gewisse Sympathie für ihn entwickelt, und ich hoffte, dass ihm nichts zugestoßen war.

Zu Hause ging ich ins Atelier, setzte mich auf den alten Holzhocker (auf dem wohl auch Tomohiko Amada immer gesessen hatte) und sah mir lange *Die Ermordung des Commendatore* an, wie ich es häufig tat, wenn ich nicht wusste, was ich sonst tun sollte. Ich konnte gar nicht genug von diesem Bild bekommen, wurde seiner nie überdrüssig, ganz gleich, wie lange ich es betrachtete. Eigentlich gehörte dieses bedeutende Werk in ein Museum. Stattdessen hing es an der kargen Wand dieses kleinen Malerateliers mit mir als einzigem Betrachter. Davor war es auf dem Dachboden versteckt gewesen, ohne dass eines Menschen Auge es je gestreift hatte.

Dieses Bild hat etwas Drängendes. Es kommt mir vor wie ein Vogel, der aus einem Käfig in die Welt hinausmöchte, hatte Marie Akikawa gesagt.

Je länger ich das Bild betrachtete, desto mehr fand ich, dass Marie den Nagel auf den Kopf getroffen hatte. Es schien tatsächlich so, als wäre etwas darin eingesperrt, das unbedingt hinauswollte. Das Freiheit und Raum brauchte. Wahrscheinlich war es der starke Wille darin, der diesem Bild seine Kraft gab. Auch wenn ich nicht ganz verstand, welche konkrete Bedeutung der Vogel und welche der Käfig hatte.

An diesem Tag wollte ich unbedingt malen. Ich spürte, wie sich dieses Verlangen in mir zunehmend steigerte. Wie eine abendliche Flut. Doch war mir nicht danach, mit Marie Akikawas Porträt zu beginnen. Dafür war es noch zu früh, ich würde damit bis zum nächsten Sonntag warten. Und *Mann mit weißem Subaru Forester* wollte ich auch nicht wieder auf die Staffelei stellen, denn potenziell ging von diesem Bild – so ähnlich hatte Marie es ausgedrückt – eine gefährliche Macht aus.

Ich stellte die neue Leinwand, die ich für ihr Porträt vorgesehen hatte, auf die Staffelei, setzte mich auf den Hocker und betrachtete lange die weiße Fläche. Was sollte ich malen? Nach einiger Überlegung fiel es mir endlich ein.

Ich ließ die Leinwand stehen und holte mein großes Skizzenbuch hervor. Mit gekreuzten Beinen auf dem Boden sitzend, den Rücken an die Wand gelehnt, fertigte ich eine Bleistiftzeichnung von der sonderbaren Grube an, die unter dem Steintumulus zum Vorschein gekommen war. Statt wie üblich einen 2B-, benutzte ich einen HB-Bleistift. Da ich sie gerade erst gesehen hatte, war ich in der Lage, sie sehr genau aus dem Gedächtnis zu zeichnen: das ungewöhnlich sorgfältig gearbeitete Mauerwerk, den Boden um die Grube herum, den das feuchte Laub in einem hübschen Muster bedeckte, und das von der schweren Raupe niedergewalzte dichte Pampasgras.

Beim Zeichnen überkam mich erneut das merkwürdige Gefühl, eins mit der Steinkammer zu sein. Mir war, als forderte sie mich auf, sie so fein und präzise wie möglich zu zeichnen, und meine Hand folgte nahezu automatisch ihrer Aufforderung. Dabei empfand ich eine ungetrübte, reine Schaffensfreude. Ich weiß nicht, wie viel Zeit verging, bis mir plötzlich bewusst wurde, dass die Bleistiftzeichnung in meinem Skizzenbuch fertig war.

Ich ging in die Küche, trank mehrere Gläser kaltes Wasser,

kochte Kaffee, goss mir einen Becher ein und kehrte damit ins Atelier zurück. Ich stellte die aufgeschlagene Seite des Skizzenbuchs auf die Staffelei, setzte mich auf den Hocker und betrachtete meine Zeichnung noch einmal aus der Entfernung. Ich hatte die ausgemauerte runde Kammer so detailliert und realistisch wiedergegeben, wie es nur möglich war. Sie erschien mir wie ein lebendiges Wesen. Eigentlich wirkte die Zeichnung sogar *lebendiger* als das Original. Ich stand auf und trat näher an sie heran, um sie noch einmal aus einem anderen Blickwinkel in Augenschein zu nehmen. Dabei fiel mir auf, dass sie an ein weibliches Geschlechtsteil erinnerte. Das von der Raupe niedergewalzte Pampasgras erinnerte an Schamhaar.

Ich schüttelte über mich selbst den Kopf und konnte mir ein bitteres Lachen nicht verkneifen. Freud wie aus dem Bilderbuch, im wahrsten Sinne des Wortes. Ich konnte den oberschlauen Kommentar förmlich hören: »Ein dunkles Loch in der Erde, welches den Betrachter an ein isoliertes weibliches Geschlechtsorgan erinnert, kann als Ausdruck seiner dem Reich des Unbewussten entstiegenen Wünsche und Erinnerungen gelten.« Oder so. Was für ein Schund.

Dennoch ging mir der Gedanke an einen Zusammenhang zwischen der runden Öffnung im Wäldchen und einem weiblichen Schoß nicht aus dem Kopf. Als wenig später das Telefon klingelte, ahnte ich daher auch gleich, dass es meine verheiratete Freundin war.

»Ich habe unverhofft ein bisschen Zeit. Kann ich zu dir kommen? Jetzt gleich?«

Ich sah auf die Uhr. »Klar. Wir essen zusammen zu Mittag.«

»Ich bringe etwas mit, das wir gleich essen können«, sagte sie.

»Das wäre gut. Ich habe den ganzen Vormittag über gearbeitet und nichts vorbereitet.«

Sie legte auf. Ich ging ins Schlafzimmer, richtete das Bett, sammelte die auf dem Boden verstreuten Kleidungsstücke auf, faltete sie ordentlich zusammen und legte sie in die Kommode. Anschließend wusch ich das Geschirr ab, das noch vom Frühstück im Spülbecken stand, und räumte es in den Schrank.

Im Wohnzimmer legte ich wie üblich den *Rosenkavalier*, dirigiert von Georg Solti, auf, setzte mich aufs Sofa und erwartete lesend die Ankunft meiner Freundin. Unvermittelt fragte ich mich, welches Buch Shoko Akikawa am Sonntag gelesen hatte.

Was hatte sie derart in Bann geschlagen?

Um Viertel nach zwölf hielt der rote Mini meiner Freundin vor dem Haus, und sie stieg aus, beladen mit einer Papiertüte von einem Lebensmittelgeschäft. Sie hatte keinen Schirm, sondern lief in ihrem gelben Plastikregenmantel, die Kapuze über den Kopf gezogen, rasch durch die Tür und in die Küche. Unter dem Regenmantel trug sie einen Rollkragenpullover in einem frischen Grasgrün, unter dem sich ihre Brüste sehr hübsch abzeichneten. Sie waren nicht so voll wie die von Shoko Akikawa, hatten aber eine hübsche Größe.

»Hast du den ganzen Vormittag gearbeitet?«

Ich bejahte. »Aber an keinem Auftrag. Ich habe für mich gezeichnet, was mir gerade so einfiel.«

»Nach Lust und Laune?«

»So ungefähr«, sagte ich.

»Hast du Hunger?«

»Keinen großen.«

»Da bin ich aber froh«, sagte sie. »Wollen wir ein bisschen später essen?«

»Ist mir sehr recht«, entgegnete ich.

»Warum warst du denn heute so erregt?«, fragte sie mich wenig später im Bett.

»Ja, warum?«, sagte ich. Vielleicht, weil ich den ganzen Vormittag wie besessen an einer Zeichnung von einem seltsamen Loch in der Erde von zwei Metern Durchmesser gearbeitet hatte, wobei mir der Gedanke an ein weibliches Geschlechtsteil gekommen war, was meinen sexuellen Appetit erheblich befördert hatte … Aber das konnte ich ja schlecht sagen.

Ich entschied mich für eine gemäßigte Aussage. »Wir haben uns eine Weile nicht gesehen, und ich hatte Sehnsucht nach dir«, sagte ich.

»Das freut mich zu hören«, sagte sie, während sie sanft mit dem Finger über meine Brust strich. »Aber würdest du nicht lieber mit einer jüngeren Frau schlafen?«

»Nein, kein Gedanke daran«, sagte ich.

»Wirklich nicht?«

»Ich habe wirklich noch nie darüber nachgedacht«, sagte ich, was völlig der Wahrheit entsprach. Sex mit ihr war für mich ein reines Vergnügen, und mir war nie in den Sinn gekommen, eine andere zu wollen (bei Yuzu und mir war es natürlich etwas völlig anderes gewesen).

Dennoch hatte ich beschlossen, ihr sicherheitshalber nicht zu sagen, dass ich zurzeit mit dem Porträt von Marie Akikawa beschäftigt war. Womöglich wäre sie doch etwas eifersüchtig gewesen, hätte sie erfahren, dass ein hübsches dreizehnjähriges Mädchen mir Modell saß. Für Frauen war jedes Alter ein heikles Alter. Ob einundvierzig oder dreizehn, es beschäftigte sie unentwegt. Das hatte ich aus meinen spärlichen Erfahrungen mit Frauen gelernt.

»Aber findest du nicht, dass Beziehungen zwischen Männern und Frauen immer irgendwie seltsam sind?«, fragte sie.

»Inwiefern?«

»Also, wir zum Beispiel. Obwohl wir uns erst seit Kurzem kennen, liegen wir völlig nackt im Bett und umarmen uns. Ganz offen und ungeniert. Wenn man einmal genauer darüber nachdenkt, ist das doch seltsam, oder nicht?«

»Ja, mag sein«, pflichtete ich ihr leise bei.

»Lass uns unsere Beziehung einmal als Spiel betrachten. Auch wenn sie nicht nur ein Spiel ist, gibt es doch eine gewisse Ähnlichkeit. Und nur so kann ich es erklären.«

»In Ordnung«, sagte ich.

»Ein Spiel braucht Regeln, oder?«

»Ich glaube schon.«

»Beim Baseball und auch beim Fußball hat man ein dickes Buch mit allen möglichen detaillierten Vorschriften, die die Spieler und Schiedsrichter auswendig kennen müssen. Andernfalls funktioniert das Spiel nicht. So ist es doch, nicht wahr?«

»Genau.«

Sie machte eine Pause. Wartete, dass dieses Bild sich in mir setzte. »Was ich damit sagen will, ist, dass wir noch nie richtig über die Regeln *unseres* Spiels gesprochen haben. Stimmt's?«

Ich überlegte einen Moment lang. »Nein, soweit ich weiß, haben wir das nicht.«

»Aber in der Praxis spielen wir unser Spiel anhand eines mutmaßlichen Regelwerks. Richtig?«

»Wenn du es sagst.«

»Darum geht es mir«, sagte sie. »Ich spiele das Spiel nach den mir bekannten Regeln, und du spielst es nach den Regeln, die du kennst. Intuitiv respektieren wir dabei unsere gegenseitigen Regeln. Und solange diese Regeln nicht kollidieren und kein Chaos entsteht, verläuft das Spiel reibungslos. So ist es doch?«

Ich dachte kurz nach. »Wahrscheinlich. Grundsätzlich respektieren wir die jeweiligen Regeln des anderen.«

»Aber zugleich habe ich den Eindruck, es geht hier eher um Höflichkeit als um Respekt oder Vertrauen.«

»Höflichkeit?«, wiederholte ich.

»Höflichkeit ist auch wichtig.«

»Ganz bestimmt«, gab ich zu.

»Aber wenn all das – Vertrauen, Respekt und Höflichkeit – nicht mehr gut funktioniert, unsere Regeln einander widersprechen und das Spiel nicht mehr reibungslos abläuft, müssen wir es unterbrechen, um gemeinsam neue Regeln zu erstellen. Oder wir müssen das Spiel beenden und vom Feld gehen. Und die Frage, wofür wir uns entscheiden, ist von großer Bedeutung.«

Genau das war wohl in meiner Ehe geschehen. Ich hatte das Spiel abgebrochen und widerstandslos das Feld geräumt. An einem Sonntagnachmittag im März, an dem dieser kalte Regen gefallen war.

»Und du möchtest, dass wir uns über unsere Spielregeln unterhalten?«

Sie schüttelte den Kopf. »Nein, du verstehst mich ganz falsch. Ich möchte, dass wir kein einziges Wort über die Spielregeln verlieren. Gerade deshalb kann ich mich vor dir so ganz entblößen. Das stört dich doch nicht, oder?«

»Nein, natürlich nicht«, sagte ich.

»Belassen wir es vorläufig bei Respekt und Vertrauen. Und besonders Höflichkeit.«

»Und besonders Höflichkeit«, wiederholte ich.

Sie streckte die Hand aus und umfasste einen gewissen Teil meines Körpers.

»Du wirst ja wieder steif«, flüsterte sie mir ins Ohr.

»Vielleicht, weil heute Montag ist«, sagte ich.

»Was haben denn die Wochentage damit zu tun?«

»Oder vielleicht, weil es schon seit dem Morgen regnet. Oder weil es Winter wird. Oder weil man schon Zugvögel sieht. Oder weil die Pilze sprießen. Weil noch ein Sechzehntel Wasser im Glas ist oder weil dein Busen in dem grasgrünen Pullover so aufregend aussieht.«

Sie kicherte. Anscheinend hatte ihr die Antwort gefallen.

Am Abend rief Menshiki an, um sich für den vergangenen Sonntag zu bedanken. Da gebe es nichts zu danken, wehrte ich ab. Schließlich hatte ich ihn den beiden nur vorgestellt. An der Weiterentwicklung des Geschehens war ich nicht beteiligt und somit nur ein Außenstehender gewesen. Und das wollte ich auch am liebsten für immer bleiben (denn ich ahnte, dass die Sache nicht mehr lange so günstig verlaufen würde).

»Der eigentliche Grund meines Anrufs ist die Geschichte mit Tomohiko Amada«, sagte Menshiki, nachdem wir den Austausch von Höflichkeiten beendet hatten. »Ich bin da auf einige neue Informationen gestoßen.«

Offenbar hatte er die Nachforschungen fortführen lassen, wer auch immer sie für ihn anstellte. Eine so gründliche Recherche in Auftrag zu geben war sicher mit erheblichen Kosten verbunden. Natürlich konnte Menshiki, ohne zu knausern, Geld für Dinge ausgeben, die er für notwendig hielt. Aber ich hatte nicht die geringste Ahnung, inwiefern Informationen über Tomohiko Amadas Aufenthalt in Wien eine Notwendigkeit für ihn darstellten oder wie zwingend diese war.

»Was ich herausgefunden habe, steht nicht direkt in Beziehung zu Herrn Amadas Zeit in Wien«, sagte Menshiki. »Aber die Ereignisse überschneiden sich zeitlich und hatten vermutlich eine tiefe persönliche Bedeutung für ihn. Deshalb fand ich, ich sollte Ihnen davon erzählen.«

»Was überschneidet sich denn?«

»Wie wir wissen, verließ Tomohiko Amada Wien Anfang 1939, um nach Japan zurückzukehren. Offiziell wurde er zwangsdeportiert, in Wirklichkeit jedoch war es seine ›Rettung‹ vor der Gestapo. Das japanische und das deutsche Außenministerium waren bei einer Konferenz hinter verschlossenen Türen zu der Entscheidung gelangt, Tomohiko Amada ungeachtet seines Verbrechens außer Landes zu schaffen. Das missglückte Attentat von 1938 fand in der Umgebung zweier bedeutender Ereignisse statt, dem Anschluss im März und der Reichspogromnacht im November. Beide machten Adolf Hitlers kriegerische Absichten für jedermann ersichtlich. Und Österreich war fester Bestandteil der Kriegsmaschinerie, war unentrinnbar darin verstrickt. Eine studentische Widerstandsbewegung wollte sich mit einem Attentat den brutalen Entwicklungen entgegenstellen. Tomohiko Amada war daran beteiligt und wurde verhaftet. Was im Einzelnen davor und danach geschah, weiß ich nicht.«

»Aber das Wichtigste haben Sie herausgefunden.«

»Interessieren Sie sich für Geschichte?«

»Ich kenne mich nicht gut damit aus, aber ich lese gern hin und wieder etwas über historische Themen«, sagte ich.

»Auch in Japan kam es um diese Zeit zu zahlreichen einschneidenden Ereignissen. Nicht wiedergutzumachenden Ereignissen, durch die das Land auf eine todbringende Katastrophe zusteuerte. Fällt Ihnen dazu etwas ein?«

Ich wühlte in meinem Gedächtnis nach meinen längst begrabenen Geschichtskenntnissen. Was war im Jahr Showa 13 – also 1938 – geschehen? In Europa hatte der Spanische Bürgerkrieg getobt. 1937 hatte die Legion Condor die Stadt Guernica gnadenlos bombardiert. Und in Japan …?

»War das das Jahr, in dem es zum Zwischenfall an der Marco-Polo-Brücke kam?«, sagte ich.

»Der war im Jahr davor«, sagte Menshiki. »Am 7. Juli 1937. Er war der Auslöser für den Zweiten Japanisch-Chinesischen Krieg. Und in der Folge ereignete sich im Dezember desselben Jahres eine Katastrophe unglaublichen Ausmaßes.«

»Die Erstürmung von Nanjing«, sagte ich.

»Ja, das sogenannte Massaker von Nanjing. Als die japanische Armee die Stadt nach ihrer Eroberung besetzte, kam es zur Ermordung unzähliger Menschen. Gemordet wurde während der Kämpfe und auch, als sie bereits beendet waren. Da die Kaiserliche Armee es sich nicht leisten konnte, Gefangene zu machen, ermordete sie Zivilisten und Soldaten, die bereits kapituliert hatten. Darüber, wie viele es waren, herrscht Uneinigkeit unter den Historikern, aber es ist eine nicht zu leugnende Tatsache, dass eine enorme Masse von chinesischen Zivilisten in die Kämpfe verwickelt und getötet wurde. Manche sprechen von 400 000, andere von 100 000. Aber ich frage Sie: Wo ist der Unterschied zwischen 400 000 und 100 000 Menschen?«

Darauf hatte ich natürlich keine Antwort.

»Nanjing fiel also im Dezember 1937, und zahllose Menschen wurden getötet«, sagte ich. »Aber was hat das mit den Ereignissen um Tomohiko Amada in Wien zu tun?«

»Das erzähle ich Ihnen jetzt«, sagte Menshiki. »Im November 1936 hatten das Japanische Kaiserreich und das Deutsche Reich den Antikominternpakt geschlossen, der Japan und Deutschland zu Verbündeten machte. Allerdings lagen Wien und Nanjing wohl zu weit auseinander, als dass man in Wien an genauere Informationen über den Zweiten Japanisch-Chinesischen Krieg hätte gelangen können. Tatsache ist, dass Tomohiko Amadas jüngerer Bruder Tsuguhiko als einfacher Soldat an der Eroberung von Nanjing beteiligt war. Er wurde mit zwanzig Jahren eingezogen und einer Kampfeinheit zugeteilt. Er war damals Student an der Tokioter Musikschule, mit anderen Worten: Er studierte am Fachbereich Musik der heutigen Kunsthochschule Tokio Klavier.«

»Aber ist das nicht ein bisschen seltsam? Soweit ich weiß, wurden zu der Zeit noch keine Studenten an die Front geschickt«, wandte ich ein.

»Sie haben recht. Studenten wurden bis zum Examen vom Militärdienst zurückgestellt. Warum man ausgerechnet Tsuguhiko Amada einberief und nach China schickte, wissen wir nicht. Jedenfalls wurde er im Juni 1937 eingezogen und gehörte bis zum Juni des folgenden Jahres als einfacher Soldat der 6. Division Kumamoto an. Er lebte zwar in Tokio, aber da seine Familie in Kumamoto beheimatet war, wurde er der 6. Division zugeteilt. Die diesbezüglichen Dokumente sind erhalten. Nach der Grundausbildung schickte man ihn aufs chinesische Festland, wo er im Dezember an der Erstürmung Nanjings teilnahm. Im Juni des darauffolgenden Jahres wurde er aus der Armee entlassen und kehrte an seine Hochschule zurück.«

Schweigend wartete ich darauf, dass Menshiki fortfuhr.

»Doch nicht lange nach seiner Entlassung und der Wiederaufnahme seines Studiums nahm Tsuguhiko Amada sich das Leben, indem er sich auf dem Dachboden seines Hauses mit einem Rasiermesser die Pulsadern aufschnitt. Er wurde von seiner Familie gefunden. Das war im Spätsommer.«

Er hatte sich auf dem Dachboden die Pulsadern aufgeschnitten?

»Im Spätsommer 1938 … Das heißt, als sein jüngerer Bruder auf dem Dachboden Selbstmord beging, hielt Tomohiko Amada sich noch als Student in Wien auf?«, fragte ich.

»Ja. Er kehrte nicht zur Bestattung nach Japan zurück. Damals konnte man ja noch nicht so einfach in ein Flugzeug steigen. Er hätte lediglich mit der Eisenbahn oder zu Wasser reisen können und wäre ohnehin nicht mehr rechtzeitig zur Beisetzung seines Bruders eingetroffen«, sagte Menshiki.

»Glauben Sie denn an einen Zusammenhang zwischen dem Selbstmord des jüngeren Bruders und Tomohiko Amadas fast gleichzeitiger Beteiligung an dem Attentat in Wien?«

»Ich weiß es nicht. Vielleicht gab es einen, vielleicht auch nicht«, antwortete Menshiki. »Das gehört letztlich ins Reich der Spekulation. Ich teile Ihnen nur die Fakten mit, die meine Nachforschungen ergeben haben.«

»Hatte Tomohiko Amada noch mehr Geschwister?

»Noch einen älteren Bruder. Tomohiko Amada war der zweite Sohn. Die Familie hatte drei Söhne, der verstorbene Tsuguhiko war der jüngste. Sein Selbstmord wurde vertuscht. Die 6. Division aus Kumamoto war berühmt für ihre Kühnheit und ihren Wagemut. Sie hatte einen Ruf zu verlieren. Wenn einer ihrer Soldaten nach der Rückkehr von der Front trotz ehrenhafter Entlassung Selbstmord beging, konnte die Familie sich nirgends mehr blicken lassen. Aber Gerüchte lassen sich immer schlecht eindämmen.«

Ich bedankte mich für die Informationen, auch wenn ich nicht wusste, was sie konkret zu bedeuten hatten.

»Ich glaube, ich werde die Umstände noch etwas genauer untersuchen lassen«, sagte Menshiki. »Sobald ich etwas Neues habe, sage ich Ihnen wieder Bescheid.«

»Das wäre sehr freundlich.«

»Dann komme ich also nächsten Sonntag um die Mittagszeit zu Ihnen«, sagte Menshiki. »Und nehme die beiden Damen mit zu mir, um ihnen Ihr Porträt zu zeigen. Sie haben doch sicher nichts dagegen?«

»Natürlich nicht. Das Bild gehört Ihnen doch bereits. Wem Sie es zeigen und wem nicht, liegt ganz bei Ihnen.«

Menshiki schwieg einen Moment lang. Als überlegte er, wie er etwas am besten ausdrücken sollte. »Offen gestanden«, sagte er resigniert, »beneide ich Sie manchmal ganz schön.«

Er beneidete mich? Was er wohl damit sagen wollte? Ich konnte mir beim besten Willen nicht vorstellen, worum Menshiki ausgerechnet mich beneiden sollte. Er hatte alles, und ich hatte nichts. »Worum in aller Welt sollten Sie mich beneiden?«, fragte ich.

»Sie beneiden wohl nie jemanden, oder?«, sagte Menshiki.

Ich musste kurz nachdenken. »Tatsächlich habe ich, glaube ich, bisher noch niemanden beneidet.«

»Das ist es, was ich sagen will.«

Aber ich habe noch nicht einmal Yuzu, dachte ich. Sie lag vielleicht just in diesem Augenblick in den Armen eines anderen Mannes. Mitunter hatte ich sogar das Gefühl, ganz allein irgendwo am Ende der Welt zurückgelassen worden zu sein. Dennoch beneidete ich niemanden. Ob ich mich darüber hätte wundern sollen?

Nachdem wir aufgelegt hatten, setzte ich mich aufs Sofa und dachte über Tomohiko Amadas jüngeren Bruder nach, der sich auf dem Dachboden die Pulsadern aufgeschnitten hatte. Natürlich konnte er das nicht hier auf dem Dachboden getan haben, denn Tomohiko Amada hatte das Haus erst nach dem Krieg gekauft. Der jüngere Bruder Tsuguhiko hatte auf dem Dachboden *seines Hauses* Selbstmord begangen, das hieß wahrscheinlich, auf dem seines Elternhauses in Aso. Dennoch wies der dämmrige, verschwiegene Dachboden auf eine Verbindung zwischen dem Tod des jüngeren Bruders Tsuguhiko und dem Bild von der *Ermordung des Commendatore* hin. Das konnte Zufall sein. Oder hatte Tomohiko Amada sein Bild bewusst hier auf dem Dachboden versteckt? Doch wie dem auch sei – warum hatte Tsuguhiko

Amada so bald nach seiner Entlassung seinem Leben ein Ende gesetzt? Obwohl er doch das grausame Schlachten an der chinesischen Front überlebt hatte und unversehrt nach Hause zurückgekehrt war?

Ich hob den Hörer ab, um Masahiko Amada anzurufen. »Könnten wir uns demnächst mal in Tokio treffen?«, fragte ich ihn. »Ich muss sowieso zum Künstlerbedarf und Farben und alles Mögliche kaufen. Anschließend würde ich gern mit dir sprechen. Natürlich nur wenn es dir passt.«

»Klar«, sagte er. Er schaute in seinem Terminkalender nach, und wir verabredeten uns für den nächsten Donnerstag zum Mittagessen.

»Gehst du noch immer in den Laden in Yotsuya?«

»Genau. Ich brauche wieder Leinwand, und auch das Öl ist mir ausgegangen. Ich werde eine ganze Menge zu transportieren haben, deshalb nehme ich den Wagen.«

»Um die Ecke von meinem Büro gibt es ein Lokal, in dem man sich einigermaßen in Ruhe unterhalten kann. Dort könnten wir gemütlich was essen.«

»Übrigens hat Yuzu mir kürzlich die Scheidungspapiere zukommen lassen. Ich habe sie unterzeichnet und zurückgeschickt. Demnach wird die Scheidung wohl bald rechtskräftig sein.«

»Aha«, sagte Amada. Er klang niedergeschlagen.

»Tja, da kann man nichts machen. Es war nur eine Frage der Zeit, nicht?«

»Trotzdem ist das für mich eine traurige Nachricht. Ich dachte immer, mit euch liefe es so gut.«

»Als es gut lief, dachte ich das auch«, sagte ich. Es war wie mit einem alten Jaguar. Wenn er gerade keine Panne hatte, lief er wie geschmiert.

»Und was wirst du jetzt tun?«

»Keine Ahnung. Eine Weile so weiterleben. Etwas Besseres fällt mir im Augenblick nicht ein.«

»Malst du?«

»Ich habe mehrere Sachen in Arbeit. Ob sie was werden, weiß ich nicht, aber ja, immerhin male ich.«

»Freut mich«, sagte Masahiko. Er zögerte einen Moment lang, bevor er hinzufügte: »Du rufst gerade im richtigen Moment an. Ehrlich gesagt, wollte ich auch etwas mit dir besprechen.«

»Ist es etwas Gutes?«

»Keine Ahnung, je nachdem. Auf alle Fälle ist es eine Tatsache.«

»Hat diese Tatsache etwas mit Yuzu zu tun?«

»Das kann ich dir am Telefon nicht erklären.«

»Dann sprechen wir am Donnerstag darüber.«

Ich legte auf und ging auf die Terrasse. Inzwischen hatte es aufgehört zu regnen. Die Abendluft war klar und kühl und von einer gewissen Schärfe. Durch die aufgerissene Wolkendecke waren ein paar kleine Sterne zu sehen. Sie wirkten wie verstreute Eissplitter. Hartes Eis, das in Milliarden von Jahren nicht geschmolzen war. Hart gefroren bis ins Innerste. Auf der anderen Seite des Tals lag Menshikis Haus, wie immer still im kühlen Licht der Quecksilberlampen.

Beim Anblick der Lichter dachte ich über Vertrauen, Respekt und Höflichkeit nach. Besonders über Höflichkeit. Doch natürlich führte alles Nachdenken zu keinem Ergebnis.

37 ALLES HAT AUCH SEINE GUTEN SEITEN

Es war eine lange Fahrt von meinem Berg am Rande Odawaras nach Tokio. Ich verfuhr mich mehrere Male, wodurch sie noch länger wurde. Mein alter Gebrauchtwagen hatte natürlich kein Navigationsgerät und auch *ETC – Electronic Toll Collection* – gehörte nicht zu meiner Ausstattung. (Ich musste wahrscheinlich froh sein, dass es einen Becherhalter gab.) Zuerst brauchte ich ewig, bis ich die Auffahrt zur Odawara-Atsugi-Schnellstraße fand, dann fuhr ich über die Tomei-Schnellstraße auf die Tokioter Stadtautobahn, wo sich der Verkehr so staute, dass ich beschloss, die Ausfahrt Shibuya 3 zu nehmen und über die Aoyama-dori nach Yotsuya zu fahren. Sämtliche Straßen waren derart verstopft, dass es geradezu ein Ding der Unmöglichkeit war, die richtige Spur auszuwählen. Auch die Parkplatzsuche gestaltete sich äußerst schwierig. Es war, als würde die Welt mit jedem Jahr umständlicher.

Ich erledigte meine Einkäufe bei dem Künstlerbedarf in Yotsuya und lud alles auf die Rückbank. Als ich den Wagen dann endlich in der Nähe von Masahiko Amadas Büro in Aoyama-itchome abstellte, war ich ziemlich erledigt. Ich fühlte mich wie eine Maus vom Land, die ihre Verwandten in der Stadt besucht.

Es war kurz nach eins, und ich hatte eine halbe Stunde Verspätung.

An der Rezeption ließ ich Masahiko anrufen, der gleich herunterkam.

»Mach dir keine Gedanken. Das bisschen Zeit«, winkte er ab, als ich mich für meine Verspätung entschuldigte. »So flexibel sind sowohl meine Kollegen als auch das Restaurant.«

Das italienische Lokal lag in der Nähe im Untergeschoss eines kleinen Gebäudes. Masahiko schien dort Stammgast zu sein, denn der Kellner führte uns sogleich kommentarlos in ein kleines, sehr ruhiges Separee, in dem weder Musik noch Stimmen zu hören waren. An der Wand hing ein gar nicht so übles Landschaftsbild: eine grüne Landzunge mit einem weißen Leuchtturm unter blauem Himmel. Das Sujet war zwar sehr allgemein, weckte jedoch im Betrachter den Wunsch, diesen Ort einmal zu besuchen.

Masahiko bestellte ein Glas Weißwein, ich ein Perrier. »Ich muss ja anschließend noch nach Odawara zurückfahren«, sagte ich. »Ist ganz schön weit.«

»Stimmt«, sagte Masahiko. »Aber immer noch besser als Hayama oder Zushi. Ich habe einmal eine Zeit lang in Hayama gewohnt, im Sommer war die Fahrt nach Tokio die Hölle. Auf der Straße waren ständig Staus von den ganzen Leuten, die an den Strand fuhren. Allein für die Hin- und Rückfahrt brauchte ich einen halben Arbeitstag. In dem Punkt ist Odawara bequemer, denn die Straßen sind nicht so voll.«

Die Speisekarte wurde gebracht, und wir bestellten das Mittagsmenü. Als Vorspeise gab es rohen Schinken, dann einen Spargelsalat und schließlich Spaghetti mit japanischem Hummer.

»Anscheinend willst du jetzt wirklich endlich für dich malen«, sagte Masahiko.

»Vielleicht liegt es daran, dass ich jetzt allein bin und nicht mehr für meinen Lebensunterhalt malen muss.«

Masahiko nickte. »Alles hat auch seine guten Seiten. Selbst hinter den dichtesten, dunkelsten Wolken wartet immer ein Silberstreif.«

»Ich finde es eher mühsam, um sämtliche Wolken herumzugehen und dahinter zu schauen.«

»Ich meinte das im übertragenen Sinn«, sagte Masahiko.

»Und dann hat es sicher auch damit zu tun, dass ich nun in eurem Haus auf den Berg wohne. Unbestreitbar eine Umgebung, in der man konzentriert malen kann.«

»Stimmt, es ist außergewöhnlich ruhig dort, und du wirst nicht abgelenkt, vor allem weil dich keiner besuchen kommt. Ein normaler Mensch würde sich einsam fühlen, aber für jemanden wie dich ist das wohl kein Problem.«

Die Tür des Separees ging auf, und die Vorspeisen wurden hereingetragen. Wir schwiegen, solange der Kellner servierte.

»Und das Atelier spielt wahrscheinlich auch eine große Rolle«, sagte ich, als die Bedienung gegangen war. »Dieser Raum hat etwas an sich, das in mir den Wunsch zu malen weckt. Mitunter spüre ich, dass es der Mittelpunkt des Hauses ist.«

»So etwas wie das Herz, könnte man sagen?«

»Oder das Bewusstsein.«

»Heart and mind«, sagte Masahiko. »Aber offen gestanden, habe ich eine leichte Abneigung gegen diesen Raum. Er ist noch immer zu sehr von *seinem* Geruch durchtränkt. Ich meine, noch immer beherrscht mein Vater ihn mit seiner Präsenz. Denn er schloss sich, wann immer er sich in dem Haus aufhielt, den ganzen Tag lang im Atelier ein, um dort stumm und für sich an seinen Bildern zu malen. Als Kind war das Atelier für mich ein unantastbarer, geheiligter Ort, dem ich mich niemals nähern durfte. Diese

Erinnerung ist mir geblieben, und wenn ich dort bin, vermeide ich es auch jetzt noch, das Atelier zu betreten. Auch du solltest dich lieber vorsehen.«

»Vorsehen? Vor was?«

»Davor, dass der Geist meines Vaters von dir Besitz ergreift. Er war ein Mensch von großer mentaler Stärke.«

»Sein Geist?«

»Ja, er war sehr kämpferisch und äußerst willensstark. Und mit diesem Geist hat er in all den langen Jahren diesen Raum völlig durchtränkt. Wie mit Geruchspartikeln.«

»Die dann Besitz von mir ergreifen?«

»Das war vielleicht kein guter Ausdruck, aber irgendeine Macht geht von diesem Raum aus. Eine Art *Macht des Ortes* oder so.«

»Wie meinst du das? Ich hüte doch nur das Haus und bin deinem Vater noch nie begegnet. Vielleicht spüre ich diese Bedrängnis deshalb nicht.«

»Mag sein.« Masahiko nippte an seinem Weißwein. »Wahrscheinlich bin ich als sein Sohn besonders empfänglich dafür. Und solange seine ›Präsenz‹ zu deiner schöpferischen Kraft beiträgt, will ich ja nichts sagen.«

»Wie geht es deinem Vater denn?«

»Ach, gar nicht mal schlecht. Immerhin ist er über neunzig. Natürlich ist er nicht unbedingt der Inbegriff der Gesundheit, und in seinem Kopf herrscht ein rechtes Chaos, aber mit einem Stock kann er gehen, er hat einigermaßen Appetit, und um seine Augen und Zähne ist es auch noch gut bestellt. Er hat nicht mal Karies, seine Zähne sind besser als meine.«

»Hat er sein Gedächtnis vollständig verloren?«

»So gut wie. Er erkennt mich nicht mehr und weiß natürlich auch nicht, dass ich sein Sohn bin. Er hat keinen Begriff von seiner Familie und so weiter. Wahrscheinlich unterscheidet er nur ganz verschwommen zwischen sich selbst und anderen. Je nachdem, wie man es sieht, ist es so vielleicht sogar leichter.«

Ich nickte, während ich einen Schluck aus meinem hohen Glas mit Perrier nahm. Tomohiko Amada konnte sich nicht einmal mehr an das Gesicht seines einzigen Sohnes erinnern. Da musste das, was damals in seiner Studienzeit in Wien geschehen war, erst recht dem Vergessen anheimgefallen sein.

»Aber dennoch ist es, als wäre ihm die Willenskraft geblieben, von der ich vorhin gesprochen habe«, sagte Masahiko ziemlich bewegt. »Es ist irgendwie seltsam. Auch wenn seine Erinnerungen an die Vergangenheit nahezu ganz verschwunden sind, bleibt dieser Wille bestehen. Das sieht man ihm noch immer an. Er war ein so willensstarker Mann. Ich bedaure es, dass ich als sein Sohn diese Eigenschaft nicht geerbt habe, aber da kann man nichts machen. Jeder Mensch hat sein eigenes Format, mit dem er geboren ist. Blut allein genügt nicht, um diese Eigenschaften weiterzugeben.«

Ich hob den Kopf und sah ihm ins Gesicht. Es kam selten vor, dass Masahiko so offen über seine Gefühle sprach.

»Es ist bestimmt schwer, einen so genialen Vater zu haben«, sagte ich. »Wobei ich nicht die geringste Vorstellung davon habe. Mein Vater war bloß ein ziemlich mittelmäßiger Kleinunternehmer.«

»Mit einem berühmten Vater hat man natürlich auch Vorteile, aber vor allem ist es nicht besonders lustig. Die Nachteile überwiegen. Du hast Glück, dass du nichts davon weißt. So kannst du einfach du selbst sein.«

»Eigentlich sieht es so aus, als wärst du auch ziemlich frei in deiner Lebensgestaltung.«

»In gewissem Sinne stimmt das.« Masahiko schwenkte sein Weinglas. »Aber in anderer Hinsicht auch wieder nicht.«

Masahiko hatte ein ausgeprägtes ästhetisches Empfinden. Nach der Universität war er bei einer mittelgroßen Werbefirma eingestiegen, verdiente inzwischen ziemlich gut und schien ein freies urbanes Single-Leben zu genießen. Aber wie es wirklich in ihm aussah, wusste ich natürlich nicht.

»Ich würde dich gern einiges über deinen Vater fragen«, wagte ich mich vor.

»Was denn? Ich habe dir doch gesagt, dass ich nicht viel über ihn weiß.«

»Ich habe gehört, dein Vater hatte einen jüngeren Bruder. Er hieß Tsuguhiko.«

»Ja, stimmt, mein Onkel Tsuguhiko. Aber er ist schon vor langer Zeit gestorben. Das war, bevor der Japanisch-Amerikanische Krieg anfing.«

»Er hat Selbstmord begangen?«

Masahikos Gesicht verdüsterte sich. »Ja, es war eine Art Familiengeheimnis, aber es ist so lange her und außerdem teilweise bekannt geworden, also darf ich wohl darüber sprechen. Mein Onkel hat sich mit einem Rasiermesser die Pulsadern aufgeschnitten. Er war erst zwanzig Jahre alt.«

»Was war der Grund für seinen Selbstmord?«

»Warum fragst du?«

»Ich wollte etwas mehr über deinen Vater erfahren und bin beim Recherchieren auf diese Sache gestoßen.«

»Du wolltest mehr über meinen Vater erfahren?«

»Mein Interesse wurde geweckt, als ich mir seine Bilder angesehen und mich etwas mit seiner Lebensgeschichte beschäftigt habe. Ich wollte herausfinden, was für ein Mensch er war.«

Masahiko sah mich einen Moment lang über den Tisch hinweg an. »Das ist gut. Du hast also angefangen, dich für das Leben meines Vaters zu interessieren. Das bedeutet ja vielleicht etwas. Denn dadurch, dass du jetzt in seinem Haus wohnst, besteht ja eine Verbindung zwischen euch.«

Er nahm einen Schluck von seinem Weißwein und begann zu erzählen. »Mein Onkel Tsuguhiko Amada studierte am Konservatorium in Tokio. Er war ein sehr begabter Pianist. Alles deutete darauf hin, dass er eine Zukunft als Virtuose für Chopin und Debussy haben würde. Eine gewisse künstlerische Begabung scheint bei uns in der Familie zu liegen, wenn ich das selbst sagen darf. Natürlich gibt es graduelle Unterschiede. Doch mit zwanzig, noch während seines Studiums, wurde er aufgrund eines Irrtums in seinen Einberufungspapieren unvermittelt zum Militär eingezogen. Man bekam diese Papiere zu Beginn des Studiums, aber wenn sie richtig ausgestellt waren, konnte man die Einberufung vorläufig umgehen und sich sogar nach dem Studium noch freikaufen. Mein Großvater war ein einflussreicher Grundbesitzer in der Provinz und kannte eine Menge Politiker. Trotzdem kam es zu irgendeinem bürokratischen Missverständnis, mit dem er nicht gerechnet hatte. Er konnte nicht eingreifen. Sobald der Prozess einmal in Gang gekommen war, ließ sich die Einberufung seines Sohnes nicht mehr aufhalten. Jedes Gesuch erübrigte sich, Tsuguhiko wurde eingezogen, erhielt eine Grundausbildung als Infanteriesoldat und wurde nach China in die Bucht von Hangzhou verschifft. Sein älterer Bruder Tomohiko – also mein Vater – studierte zu der Zeit bei berühmten Malern in Wien.«

Ich hörte ihm schweigend zu.

»Mein Onkel war weder körperlich noch nervlich sehr robust, und es war von Anfang an klar, dass er das harte Soldatenleben und die blutigen Schlachten nicht ertragen würde. Außerdem war die 6. Division, deren Soldaten aus dem Süden Kyushus kamen, berüchtigt für den rauen Umgang, der in ihr herrschte. Meinem Vater tat es tief in der Seele weh, als er erfuhr, dass man seinen kleinen Bruder an die Front geschickt hatte. Mein Vater war der zweitälteste Sohn und hatte einen egoistischen und unbeugsamen Charakter, aber der jüngere war ein zartes, etwas verhätscheltes Kind mit einer nachdenklichen, stillen und schüchternen Persönlichkeit. Und weil er Klavier spielte, musste er ständig auf seine Finger aufpassen. Deshalb war mein Vater von klein auf daran gewöhnt, seinen drei Jahre jüngeren Bruder vor allem Unheil zu behüten. Mit anderen Worten: Er war sein Beschützer. Aber nun konnte er diese Rolle bei aller Sorge nicht mehr ausfüllen, weil er weit fort in Wien war. Neuigkeiten über seinen Bruder erfuhr er nur aus den Briefen, die er von Zeit zu Zeit erhielt.«

Die Feldpost war natürlich strengster Zensur unterworfen, aber weil die Brüder sich sehr nahestanden, vermochte Tomohiko Amada zwischen den Zeilen zu lesen, was den Jüngeren bewegte, der die Zusammenhänge seinerseits so geschickt formulierte, dass sein Bruder daraus auf die wahren Ereignisse schließen konnte. Tsuguhikos Einheit war unter heftigen Kämpfen von Shanghai nach Nanjing vorgerückt. Mord und Plünderungen waren an der Tagesordnung, und Tomohiko wusste, dass diese grausamen Erfahrungen seinen zartbesaiteten jüngeren Bruder zutiefst verstörten.

Einmal schrieb Tsuguhiko, seine Einheit habe bei Nanjing eine christliche Kirche mit einer wunderschönen Orgel besetzt, die dabei völlig intakt geblieben sei. Aber die folgende lange Beschreibung der Orgel war vom Zensor geschwärzt worden. (Warum war die Schilderung einer Orgel in einer christlichen Kirche ein militärisches Geheimnis? Der Sinn der Zensurmaßnahmen war häufig nicht zu ergründen. Gefährliche Stellen, die man hätte schwärzen müssen, wurden übersehen und andere, bei denen es nicht nötig gewesen wäre, unleserlich gemacht.) So erfuhr Tomohiko Amada am Ende nie, ob sein jüngerer Bruder auf der Orgel dieser Kirche hatte spielen können.

»Im Juni 1938 wurde Onkel Tsuguhiko, nachdem er ein Jahr lang gedient hatte, direkt wieder von seiner Hochschule aufgenommen. Doch er beging auf dem Dachboden seines Elternhauses Selbstmord, ohne sein Studium je wieder aufgenommen zu haben. Mit der sorgfältig geschärften Klinge eines Rasiermessers schnitt er sich die Pulsadern auf. Für ihn als Pianisten muss es ein schwerwiegender Entschluss gewesen sein, sich in die Handgelenke zu schneiden. Selbst wenn er gerettet worden wäre, hätte er wohl nie wieder Klavier spielen können. Als man ihn fand, war der Dachboden ein Meer aus Blut. Sein Selbstmord wurde vor der Öffentlichkeit geheim gehalten. Die Familie gab vor, er sei an einem Herzleiden gestorben.

Mein Onkel Tsuguhiko hatte stark unter seinen Kriegserlebnissen gelitten, seine Nerven waren völlig zerrüttet. So war es für jedermann klar ersichtlich, dass dies die Ursache für seinen Freitod war. Wie konnte es anders sein, wenn ein zwanzigjähriger Jüngling, der nur im Sinn hatte, virtuos Klavier zu spielen, Zeuge des Gemetzels in Nanjing gewesen war? Heutzutage empfindet man so etwas als tragisch, aber in der damaligen militaristisch geprägten Gesellschaft hatte man keinen Begriff von solchen Dingen. Sie wurden einfach als Zeichen für einen schwachen Charakter, mangelnde Willenskraft und Vaterlandsliebe abgetan. Im damaligen Japan wurde eine solche ›Schwäche‹ nicht verstanden und noch weniger akzeptiert. Sie musste als Familienschande im Dunkeln bleiben.«

»Gab es keinen Abschiedsbrief?«

»Doch, gab es«, sagte Masahiko. »Er war sogar ziemlich lang und lag in der Schublade seines Schreibtischs. Anscheinend waren es eher Aufzeichnungen, in denen mein Onkel Tsuguhiko der Reihe nach alles schilderte, was er im Krieg erlebt hatte. Gelesen haben diesen Brief nur vier Personen – seine Eltern (also meine Großeltern), sein ältester Bruder und mein Vater. Erst nachdem er ihn nach seiner Rückkehr aus Wien gelesen hatte, wurde der Brief vor den Augen der vier verbrannt.«

Wortlos wartete ich darauf, dass er fortfuhr.

»Mein Vater hat hartnäckig über den Inhalt dieses Briefes geschwiegen«, sagte Masahiko. »Er blieb ein dunkles Familiengeheimnis, das – metaphorisch gesprochen – versiegelt, beschwert und bis auf den Meeresgrund versenkt wurde. Nur ein einziges Mal hat mir mein Vater, als er betrunken war, den Inhalt des Briefes grob umrissen. Ich war damals noch auf der Grundschule und hörte zum ersten Mal, dass mein Onkel Selbstmord begangen hatte. Mir ist nicht klar, ob der Alkohol meinem Vater die Zunge gelöst hat oder ob er meinte, er müsse mir diese Geschichte einfach irgendwann erzählen.«

Die Salatteller wurden abgeräumt und die Spaghetti mit japanischem Hummer serviert.

Masahiko betrachtete seine Gabel mit ernstem Blick, so als würde er ein zu einem besonderen Zweck angefertigtes Spezialwerkzeug inspizieren. »Also ehrlich gesagt ist das kein Thema, das ich gerne beim Essen erörtern würde«, sagte er.

»Gut, reden wir über etwas anderes.«

»Und worüber?«

»Über etwas, das möglichst gar nichts mit dem Abschiedsbrief zu tun hat.«

Also sprachen wir über Golf. Natürlich hatte ich noch nie Golf gespielt. Ich kannte auch niemanden, der Golf spielte, und hatte von den Regeln so gut wie keine Ahnung. Aber Masahiko hatte einen Vorgesetzten, mit dem er in letzter Zeit häufiger spielte, auch mit dem Ziel, etwas gegen seine mangelnde Bewegung zu tun. Er hatte sich eine teure Ausrüstung gekauft und fuhr jetzt häufig am Wochenende auf den Golfplatz.

»Du weißt das vielleicht nicht, aber Golf ist ein ziemlich seltsames Spiel. Kein anderer Sport ist so seltsam. Es hat keine Ähnlichkeit mit irgendwelchen anderen Sportarten. Ich halte es sogar für ziemlich unsinnig, Golf überhaupt als Sport zu bezeichnen. Aber das Merkwürdige ist, dass man, sobald man sich einmal an dieses Seltsame gewöhnt hat, nicht mehr aufhören kann.«

Er sprach sehr beredt über die Eigenheiten des Wettbewerbs und schilderte mir mehrere bizarre Episoden. Da Masahiko von Natur aus ein guter Erzähler war, genoss ich diese Unterhaltung beim Essen sehr. Zum ersten Mal seit Langem lachten wir zusammen.

Als die Spaghettiteller abgeräumt waren und Kaffee angeboten wurde (Masahiko lehnte ab und bestellte noch ein Glas Weißwein), kam er auf sein ursprüngliches Thema zurück. »Also, wir waren bei Tsuguhikos Abschiedsbrief.« Plötzlich änderte sich sein Tonfall. »An der Stelle, von der mir mein Vater erzählte, berichtete mein Onkel, wie er einem Kriegsgefangenen den Kopf abschlagen musste. Sehr lebendig und detailliert. Natürlich hatte er als einfacher Soldat kein Schwert. Er hatte bis dahin überhaupt noch nie ein Schwert in der Hand gehalten. Vor allem, da er ja Pianist war. Er konnte die kompliziertesten Noten lesen, hatte aber keine Ahnung davon, wie man einen Menschen köpft. Doch sein befehlshabender Offizier drückte ihm ein japanisches Schwert in die Hand und befahl ihm, dem Kriegsgefangenen den Kopf abzuschlagen. Es hieß zwar, er sei ein Kriegsgefangener, aber der Mann trug keine Uniform und keine Waffe. Außerdem war er schon in fortgeschrittenem Alter, und er beteuerte, kein Soldat zu sein. Die Kaiserliche Armee nahm häufig irgendwelche einheimischen Männer gefangen, fesselte und tötete sie. Waren ihre

Hände schwielig und krakenartig, waren es Bauern. Dann ließ man sie auch mal frei. Hatte einer aber weiche Hände, galt er als Soldat, der seine Uniform weggeworfen hatte, um als Zivilist durchzugehen, und wurde ohne viel Federlesens umgebracht. Man spießte ihn entweder mit dem Bajonett auf oder schlug ihm mit dem Schwert den Kopf ab. Eins von beiden. Es sei denn, es war eine Einheit mit Maschinengewehren in der Nähe, dann wurden alle Gefangenen aufgereiht und niedergemäht. Aber die gewöhnlichen Fußsoldaten hatten keine Munition (der Nachschub neigte zu Verzögerungen) und benutzten in der Regel Messer oder Schwerter. Die Leichen der Getöteten wurden in den Jangtse geworfen, in dem es massenweise Welse gab, die sie auffraßen. Einer Geschichte zufolge – ich weiß nicht, ob sie stimmt – gab es damals im Jangtse Welse, so groß wie Ponys.

Mein Onkel erhielt also ein Schwert von seinem jungen Leutnant, der frisch von der Militärakademie kam, und sollte den Gefangenen enthaupten. Natürlich wollte mein Onkel nicht. Hätte er sich aber dem Befehl seines Vorgesetzten widersetzt, wäre er streng bestraft worden. Denn der Befehl eines Offiziers der Kaiserlichen Armee war wie ein Befehl seiner Kaiserlichen Majestät des Tenno. Also schwang mein Onkel mit zitternden Händen das Schwert. Aber er war nun mal kein kräftiger Mann, und die Armeeschwerter stammten aus billiger Massenproduktion. Außerdem ist der Hals eines Menschen nicht leicht zu durchtrennen. Der Schlag misslang, alles war voll Blut, der Gefangene wälzte sich unter Qualen am Boden, und meinem Onkel bot sich ein wahrhaft grausiger Anblick.«

Masahiko schüttelte den Kopf, und ich nahm stumm einen Schluck Kaffee.

»Danach musste mein Onkel sich erbrechen. Und als sein Magen leer war, erbrach er Magenflüssigkeit, und als keine mehr da war, erbrach er Luft, während die anderen Soldaten sich über ihn lustig machten. Der Offizier nannte ihn einen erbärmlichen Schwächling und trat ihn mit der ganzen Wucht seiner Militärstiefel in den Bauch. Niemand hatte Mitleid mit ihm. Am Ende musste er drei Mal Kriegsgefangenen den Kopf abschlagen. *Zur Übung*, damit er sich daran *gewöhne*. Es war eine Art Initiationsritus unter den Soldaten. Erst durch dieses blutige Gemetzel würde ein richtiger Soldat aus ihm. Aber mein Onkel hatte von Anfang an nicht das Zeug zu einem richtigen Soldaten. Er war zu so etwas nicht geboren. Er war dazu geboren, wunderschön Klavier zu spielen. Chopin und Debussy. Und nicht dazu, anderen den Kopf abzuschlagen.«

»Ob es überhaupt einen Menschen gibt, der dazu geboren ist?«

Masahiko zuckte mit den Schultern. »Das weiß ich nicht. Zumindest gibt es bestimmt viele, die *daran gewöhnt sind*, andere zu köpfen. Der Mensch kann sich an vieles gewöhnen. Unter extremen Bedingungen gelingt ihm das erstaunlich leicht.«

»Oder wenn man diesen Taten Sinn und Rechtfertigung verleiht.«

»Genau«, sagte Masahiko. »Und das ist ja meist der Fall. Ehrlich gesagt, würde ich mir selbst auch nicht trauen. Wenn ich einem brutalen militaristischen System ausgesetzt wäre und von einem Vorgesetzten einen solchen Befehl erhielte – und wäre er auch noch so unsinnig und unmenschlich –, dann besäße ich vermutlich auch nicht die Stärke, mich zu weigern.«

Ich überlegte, wie es bei mir gewesen wäre. Wie hätte ich mich in dieser Situation verhalten? Ich musste plötzlich an die seltsame Frau denken, mit der ich in dieser Hafenstadt in der Präfektur Miyagi die Nacht verbracht hatte. Die junge Frau, die mir, als wir miteinander schliefen, den Gürtel eines Bademantels gegeben und gesagt hatte, ich solle sie würgen, so fest ich könne. Das Gefühl des Frotteegürtels in meinen Händen würde ich wohl niemals vergessen.

»Mein Onkel Tsuguhiko war überhaupt nicht in der Lage, sich dem Befehl dieses Offiziers zu widersetzen«, sagte Masahiko. »Er hatte weder den Mut noch die Kraft dazu. Aber später brachte er die Sache für sich ins Reine, indem er sich mit einem scharfen Rasiermesser das Leben nahm. Mein Onkel war also durchaus nicht schwach. Sich das Leben zu nehmen war für ihn der einzige Weg, sich als Mensch zu rehabilitieren.«

»Tsuguhikos Tod muss ein großer Schock für deinen Vater gewesen sein. Er war ja damals noch in Wien.«

»Selbstverständlich«, sagte Masahiko.

»Dein Vater soll zu jener Zeit in einen politischen Zwischenfall verwickelt gewesen und nach Japan zwangsdeportiert worden sein. Ob dieser Vorfall etwas mit dem Freitod seines jüngeren Bruders zu tun hatte?«

Masahiko verschränkte die Arme und runzelte die Stirn. »Das weiß ich nicht. Mein Vater hat über diesen Vorfall in Wien auch nie ein Wort verloren.«

»Es hieß, dass er und ein Mädchen, mit dem er liiert war, zu einer Widerstandsgruppe gehört hätten und ein Attentat hätten verüben wollen.«

»Ja, soweit ich weiß, war mein Vater mit einer jungen Österreicherin verlobt, die an der Universität Wien studierte. Das geplante Attentat wurde aufgedeckt, sie wurde verhaftet und ins Konzentrationslager Mauthausen geschickt, wo sie vermutlich umkam. Auch mein Vater wurde von der Gestapo verhaftet und Anfang 1939 als ›unliebsamer Ausländer‹ des Landes verwiesen und nach Japan zurückgeschickt. Natürlich habe ich all das nicht von meinem Vater erfahren, sondern von Verwandten, aber es ist ziemlich glaubwürdig.«

»Vielleicht war es deinem Vater verboten, über diese Ereignisse zu sprechen?«

»Ich vermute es. Als mein Vater ausgewiesen wurde, muss er von den deutsch-japanischen Behörden streng davor gewarnt worden sein, über die Sache zu sprechen. Wahrscheinlich war das die Bedingung, die ihn vor dem Tod bewahrte. Aber mein Vater selbst schien es vorzuziehen, über das Geschehene zu schweigen. Denn auch nach dem Krieg, als er eigentlich hätte sprechen können, blieben seine Lippen so versiegelt wie zuvor.«

Masahiko machte eine kleine Pause, ehe er fortfuhr.

»Aber der Freitod meines Onkels Tsuguhiko könnte tatsächlich ein Motiv für meinen Vater gewesen sein, sich dieser Widerstandsgruppe anzuschließen. Das Münchner Abkommen hatte einen Krieg vorerst verhindert, aber die Achse Berlin–Tokio war erstarkt, und die Politik steuerte zusehends in eine gefährliche Richtung. Mein Vater war wohl fest davon überzeugt, dass man dieser Entwicklung Einhalt gebieten musste. Er war ein Mensch, für den die Freiheit über allem anderen stand. Faschismus und Militarismus passten überhaupt nicht zu ihm. Ich bin sicher, der Tod seines jüngeren Bruders hatte eine ungeheuer große Bedeutung für ihn.«

»Mehr weißt du nicht?«

»Mein Vater erzählte nie etwas über sein Leben. Er gab keine Interviews in Zeitungen oder Zeitschriften und hat auch nichts Schriftliches über sich hinterlassen. Vielmehr hat er noch im Gehen gründlich jede Spur beseitigt – wie mit einem Besen weggekehrt.«

»Dein Vater kam also aus Wien nach Japan zurück, hüllte sich in Schweigen und veröffentlichte kein einziges Werk, bis der Krieg zu Ende war.«

»Ja, er schwieg acht Jahre lang. Von 1939 bis 1947. In dieser Zeit hielt er sich möglichst fern von den damaligen Künstlerkreisen. Er hatte ohnehin eine Abneigung gegen Klüngelei, und es gefiel ihm nicht, dass viele seiner Kollegen nationalistische und kriegsverherrlichende Bilder malten. Da er das Glück hatte, aus einer wohlhabenden Familie zu stammen, brauchte er sich um seinen Lebensunterhalt keine Sorgen zu machen. Nicht einmal im Krieg wurde er eingezogen. Doch als er nach den Wirren der Nachkriegszeit wieder in der Kunstwelt auftauchte, hatte er sich ganz und gar in einen Nihonga-Maler verwandelt. Er hatte seinen früheren Stil abgelegt und sich eine vollständig neue Art zu malen angeeignet.«

»Und wurde danach zur Legende.«

»So ist es. Später wurde er zur Legende.« Masahiko machte eine leicht wegwischende Geste durch die Luft, als würde diese Legende wie eine Staubwolke vor ihm schweben und ihn am Atmen hindern.

»Aber wenn man diese Geschichte hört«, sagte ich, »scheint es, als hätte das, was dein Vater in seiner Studentenzeit in Wien erlebt hat, einen gewaltigen Schatten auf sein späteres Leben geworfen. Was auch immer geschehen sein mag.«

Masahiko nickte. »Ja, das habe ich wohl auch gespürt. Die Ereignisse während seines Aufenthalts in Wien haben seinen Lebensweg stark verändert. Das gescheiterte Attentat war sicher von düstersten Umständen begleitet. Schrecklichen Dingen, die man nicht so einfach aussprechen kann.«

»Aber konkrete Einzelheiten kennst du nicht?«

»Nein, ich kannte nie welche und kenne auch jetzt keine. Inzwischen kennt er sie wahrscheinlich selbst nicht mehr.«

Ich fragte mich, ob das wirklich so war. Häufig vergisst ein Mensch die Dinge, die er behalten sollte, aber erinnert sich an etwas, das er lieber vergessen sollte. Vor allem wenn er sich seinem nahen Tod gegenübersieht.

Masahiko trank sein zweites Glas Wein aus und schaute auf die Uhr. Er runzelte leicht die Stirn. »Ich sollte allmählich ins Büro zurück.«

»Wolltest du nicht eigentlich etwas mit mir besprechen?«, fragte ich.

Er schlug leicht mit der Hand auf den Tisch, als fiele ihm das erst jetzt wieder ein. »Ach ja. Ich wollte dir wirklich etwas Bestimmtes sagen. Aber die Geschichte über meinen Vater hat mich davon abgehalten. Wir sprechen beim nächsten Mal darüber. Es eilt auch nicht so sehr.«

Bevor ich aufstand, sah ich ihm noch einmal ins Gesicht. »Warum hast du mir das alles anvertraut? Sogar dieses brisante Familiengeheimnis.«

Masahiko spreizte die Hände auf dem Tisch und überlegte. Er kratzte sich am Ohrläppchen.

»Vor allem weil ich es wohl satthatte, dieses sogenannte Familiengeheimnis ewig allein zu hüten. Ich wollte einfach mal jemandem davon erzählen. Jemandem, der verschwiegen ist und mir wohlmeinend zuhört, ohne ein Eigeninteresse zu haben. In dieser Hinsicht warst du der ideale Zuhörer. Außerdem fühle ich mich irgendwie persönlich in deiner Schuld und wollte mich in irgendeiner Form revanchieren.«

»Persönlich in meiner Schuld?«, fragte ich erstaunt. »Weshalb denn?«

Masahiko kniff die Augen zusammen. »Darum ging es bei dem, was ich eigentlich mit dir besprechen wollte. Aber jetzt habe ich keine Zeit mehr. Das machen wir beim nächsten Mal. Wir finden noch eine Gelegenheit, uns in Ruhe zu unterhalten.«

Masahiko übernahm die Rechnung. »Lass mich mal«, sagte er. »Das spielt keine Rolle.«

Ich bedankte mich.

Anschließend fuhr ich in meinem Corolla Kombi nach Odawara zurück. Als ich den staubigen Wagen vor dem Haus parkte, war die Sonne schon beinahe hinter dem westlichen Bergkamm verschwunden. Scharen von Krähen flogen unter lautem Gekrächze in ihre Nester auf der anderen Seite des Tals.

38 AUS IHM WÜRDE NIE UND NIMMER EIN DELFIN

Bis zum Sonntagmorgen war ich unausgesetzt mit meinen Überlegungen beschäftigt, wie Marie Akikawas Porträt aussehen sollte, das ich nun auf die neue Leinwand malen würde. Das konkrete Bild hatte ich momentan noch nicht vor Augen, wusste aber, *wie ich anfangen würde.* Als Erstes reifte wie aus dem Nichts eine Vorstellung heran, mit welcher Farbe ich welchen Pinsel in welche Richtung über die weiße Leinwand ziehen würde. Mehr und mehr fasste diese Vorstellung Fuß in mir, bis sie allmählich zu einer festgefügten Realität wurde. Ich liebte diesen Vorgang.

Der Morgen war kühl und kündigte den bevorstehenden Winter an. Nachdem ich mir Kaffee und ein leichtes Frühstück gemacht hatte, ging ich ins Atelier, legte mir die notwendigen Utensilien bereit und postierte mich vor der Staffelei. Vor die Leinwand stellte ich mein Skizzenbuch mit der Bleistiftzeichnung, die ich einige Tage zuvor aus Lust und Laune von der Grube im Wäldchen angefertigt und schon fast vergessen hatte.

Während ich die Szene unverwandt betrachtete, schlug sie mich immer mehr in ihren Bann. Die mysteriöse Gruft, die sich, ohne dass jemand von ihr wusste, in dem Wäldchen auftat. Die feuchte

Erde um sie herum, das dort aufgehäufte bunte Laub und das in transparenten Bahnen durch die Äste der Bäume fallende Sonnenlicht. All das verwandelte sich in meinem Kopf zu einem farbigen Bild. In meiner Fantasie nahm jede konkrete Einzelheit Gestalt an. Ich konnte die Luft dort atmen, den Duft der Gräser riechen und die Vögel zwitschern hören.

Die Grube, die ich so detailliert mit Bleistift in mein Skizzenbuch gezeichnet hatte, schien mich zu etwas – oder in eine Richtung – zu drängen. *Diese Grube wollte von mir gemalt werden*, das spürte ich. Es kam sehr selten vor, dass ich Lust empfand, eine Landschaft zu malen. In den vergangenen zehn Jahren hatte ich so gut wie ausschließlich Menschen porträtiert. Vielleicht war ein Landschaftsbild zur Abwechslung gar nicht schlecht: *Grube im Wäldchen*. Die Bleistiftzeichnung würde sich bestimmt gut als Entwurf eignen.

Ich nahm das Skizzenbuch von der Staffelei und klappte es zu. Jetzt hatte ich nur noch die frische weiße Leinwand vor mir. Die Leinwand, auf der ich gleich Marie Akikawa porträtieren würde.

Kurz vor zehn kam der blaue Toyota Prius leise den Hang hinaufgefahren. Die Türen öffneten sich, und Marie und ihre Tante Shoko stiegen aus. Shoko trug eine lange dunkelgraue Jacke mit Fischgrätmuster und einen hellgrauen Wollrock, dazu gemusterte schwarze Strümpfe. Um ihren Hals war ein bunter Schal von Missoni geschlungen. Ein schickes, großstädtisches Outfit für einen Herbstabend. Marie sah in ihrer gewaltigen Baseballjacke, der Sweatjacke, den zerrissenen Jeans und den dunkelblauen Turnschuhen von Kompass in etwa aus wie beim letzten Mal. Eine Kappe trug sie diesmal nicht. Die Luft war herbstlich kühl und der Himmel von einer dünnen Wolkenschicht bedeckt.

Nach einer kurzen Begrüßung nahm Shoko ihren Platz auf

dem Sofa ein, holte aus der üblichen Tasche das dicke Taschenbuch hervor und vertiefte sich hinein. Marie und ich ließen sie zurück und gingen ins Atelier. Wie immer nahm ich auf dem Hocker Platz und Marie auf dem einfachen Küchenstuhl. Der Abstand zwischen uns betrug zwei Meter. Sie zog ihre Baseballjacke aus, faltete sie zusammen und legte sie zu ihren Füßen ab. Den dünnen Parka zog sie auch aus. Darunter trug sie zwei T-Shirts übereinander, ein dunkelblaues mit kurzen Ärmeln über einem langärmligen grauen. Ihre Brust war noch immer völlig flach. Sie fuhr sich mit den Fingern durch ihr glattes schwarzes Haar.

»Wird dir das nicht zu kalt?«, fragte ich. Im Atelier gab es einen altmodischen Ölofen, aber ich hatte ihn nicht angezündet.

Marie schüttelte den Kopf. Ihr sei nicht kalt.

»Heute fange ich mit der Leinwand an«, sagte ich. »Du brauchst nichts weiter zu tun, als still zu sitzen. Alles andere ist mein Problem.«

»Es ist unmöglich, nichts zu tun.« Sie sah mir in die Augen.

Meine Hände auf die Knie gelegt, begegnete ich ihrem Blick. »Wie meinst du das?«

»Na ja, ich lebe, ich atme und denke alles Mögliche.«

»Natürlich darfst du atmen und denken, so viel und was du willst. Ich wollte nur sagen, dass du nichts Besonderes zu machen brauchst. Es genügt, wenn du einfach du selbst bist.«

Aber Marie sah mir direkt in die Augen, als könnte eine derart schlichte Erklärung sie keinesfalls überzeugen.

»Ich will aber etwas machen«, sagte sie.

»Was denn zum Beispiel?«

»Etwas, das Ihnen hilft, das Bild zu malen.«

»Das ist sehr nett von dir, aber wie könntest du mir dabei helfen?«

»Mental natürlich.«

»Ich verstehe«, sagte ich, obwohl ich keine konkrete Vorstellung davon hatte, wie sie mich *mental* unterstützen wollte.

»Ich möchte in Sie eindringen, während Sie mich malen. Als würde ich mich mit Ihren Augen sehen. Dann könnte ich mich bestimmt besser verstehen. Und Sie könnten es auch.«

»Das wäre sehr gut«, sagte ich.

»Meinen Sie wirklich?«

»Natürlich.«

»Aber es kann mitunter auch ziemlich beängstigend sein.«

»Sich selbst besser zu verstehen?«

Marie nickte. »Um sich selbst besser zu verstehen, muss man noch andere Dinge hinzuziehen.«

»Heißt das, um sich selbst richtig zu verstehen, braucht es noch ein drittes Element?«

»Ein drittes Element?«

»Um die Bedeutung der Beziehung zwischen A und B korrekt zu verstehen, braucht man eine dritte Perspektive C. Triangulation nennt man das«, erklärte ich.

Marie dachte nach und zuckte dann leicht mit den Schultern. »Aha.«

»Und das, was man hinzuzieht, kann manchmal beängstigend sein. Wolltest du das sagen?«

Marie nickte.

»Hattest du schon einmal solche beängstigenden Gedanken?«

Sie ließ die Frage unbeantwortet.

»Wenn es mir gelingt, dich richtig zu porträtieren«, sagte ich, »wirst du in der Lage sein, dich selbst so zu sehen, wie du in meinen Augen aussiehst. Wenn alles gut geht, natürlich.«

»Und dazu brauchen wir Bilder.«

»Genau, deshalb brauchen wir Bilder. Oder Literatur oder Musik und solche Sachen.«

Wenn alles gut geht, sagte ich noch einmal zu mir selbst und dann, an Marie gewandt: »Dann wollen wir mal.« Während ich ihr ins Gesicht sah, griff ich nach der braunen Farbe für den Entwurf und wählte den ersten Pinsel aus.

Die Arbeit ging mir leicht und flüssig von der Hand. Auf der Leinwand entstand ein Brustbild von Marie. Sie war ein schönes junges Mädchen, aber diese Schönheit war für mein Porträt gar nicht so besonders wichtig. Was ich brauchte, war etwas, das sich in ihrem Inneren verbarg. Anders ausgedrückt: ein Ausgleich für ihre Schönheit. Ein solches *Etwas* musste ich zum Vorschein bringen und auf mein Bild übertragen. Dazu war ihre Schönheit nicht vonnöten. Ja es konnte sogar etwas Hässliches sein. Doch um dieses Etwas, was immer es war, zu entdecken, musste ich Marie richtig verstehen. Sie als eine Form jenseits von Sprache und Logik, als einen Komplex aus Licht und Schatten begreifen.

Konzentriert führte ich Linien und Farben auf der Leinwand zusammen. Manchmal ging es schnell, dann wieder brauchte ich mehr Zeit. Währenddessen saß Marie ruhig auf dem Stuhl, ohne ihren Ausdruck im Geringsten zu verändern. Mir war klar, dass es sie ein großes Maß an Willensstärke kostete, so lange in dieser Position zu verharren. Ich konnte die Kräfte spüren, die in ihr am Werk waren. »Es ist unmöglich, nichts zu tun«, hatte sie gesagt. Und sie *tat etwas.* Um mich zu unterstützen. Zwischen dem dreizehnjährigen Mädchen und mir fand zweifellos ein Austausch statt.

Ich musste plötzlich an die Hand meiner jüngeren Schwester denken, mit der sie damals in der feuchten Kälte der Windhöhle am Fuji die meine festgehalten hatte. An ihre warmen, kleinen, aber erstaunlich kräftigen Finger. Zwischen uns hatte es eine gesicherte lebendige Verbindung gegeben, einen Austausch. Jeder von uns hatte etwas gegeben und zugleich etwas genommen. Dieser Austausch hatte während einer begrenzten Zeitspanne an einem begrenzten Ort stattgefunden. Dann war er schwächer geworden und bald ganz verschwunden. Aber die Erinnerung blieb. Erinnerungen konnten die Vergangenheit wiederbeleben. Und die Kunst vermochte – im besten Fall – diesen Erinnerungen Gestalt zu verleihen und sie zu bewahren. So wie van Gogh einen unbedeutenden Briefträger aus der Provinz bis heute im kollektiven Gedächtnis fortleben lässt.

Ungefähr zwei Stunden lang konzentrierten wir uns, ohne zu reden, auf unsere jeweilige Tätigkeit.

Ich brachte Marie in einer einzigen leicht verdünnten Farbe auf die Leinwand, während sie weiter regungslos auf dem Küchenstuhl ausharrte. Das wurde der Entwurf. Um Punkt zwölf Uhr ertönte aus der Ferne der übliche Glockenschlag. So wusste ich, dass die vereinbarte Zeit gekommen war, und stellte die Arbeit ein. Ich legte Palette und Pinsel ab und streckte mich ausgiebig auf meinem Hocker. Erst jetzt merkte ich, wie tief erschöpft ich war. Als ich meine konzentrierte Haltung aufgab und tief Luft holte, ließ auch zum ersten Mal Maries körperliche Anspannung nach.

Vor mir hatte ich nun eine einfarbige Studie und damit die geeignete Grundstruktur für ihr Porträt. Noch war es nicht mehr als ein Entwurf, aber dieses Gerüst beinhaltete im Kern bereits so etwas wie die Quelle, die Marie als Person ausmachte. Sie war noch tief im Inneren verborgen, aber hatte ich erst einmal ihre ungefähre Position bestimmt, fügte sich später alles wie von selbst. Ich musste nur noch die nötige Füllung hinzufügen.

Marie stellte mir keine Fragen über das angefangene Bild und verlangte auch nicht, es zu sehen. Ich äußerte mich ebenfalls nicht.

Ich war zu erschöpft, um etwas zu sagen. Wortlos verließen wir das Atelier und gingen ins Wohnzimmer, wo Shoko Akikawa noch immer in ihr Buch vertieft auf dem Sofa saß. Bei unserem Eintreten legte sie ein Lesezeichen hinein, schlug das Buch zu, nahm ihre schwarze Brille ab und blickte zu uns auf. Sie wirkte ein wenig erstaunt. Vermutlich weil wir beide so müde aussahen.

»Sind Sie gut vorangekommen?«, erkundigte sie sich leicht besorgt.

»Ja, es geht voran. Wir sind jetzt mittendrin.«

»Das freut mich«, sagte sie. »Wenn Sie nichts dagegen haben, gehe ich in die Küche und brühe Tee auf. Das Wasser ist schon heiß. Ich weiß auch, wo Sie Ihren schwarzen Tee aufbewahren.«

Ich sah sie überrascht an. Ein feines Lächeln lag auf ihrem Gesicht.

»Dafür wäre ich Ihnen sehr dankbar, auch wenn es mir nie in den Sinn gekommen wäre, Sie darum zu bitten«, sagte ich. Tatsächlich sehnte ich mich sehr nach einem schwarzen Tee, war aber dermaßen erledigt, dass mir überhaupt nicht danach war, aufzustehen und in die Küche zu gehen. So erschöpft war ich nach dem Malen schon lange nicht mehr gewesen. Wobei es eine angenehme Erschöpfung war.

Nach ungefähr zehn Minuten kam Shoko Akikawa mit einem Tablett, auf dem drei Tassen und die Teekanne standen, ins Wohnzimmer zurück, und jeder von uns trank seinen Tee still für sich. Marie hatte, seit wir ins Wohnzimmer umgezogen waren, noch kein einziges Wort gesprochen. Nur ab und zu hob sie die Hand, um sich die Haare aus der Stirn zu streichen. Sie hatte ihre dicke Baseballjacke wieder angezogen, so als wollte sie sich vor irgendetwas schützen.

Lautlos und manierlich unseren Tee trinkend (niemand gab ein Geräusch von sich), überließen wir uns dem Fluss des Sonntagnachmittags. Lange sagte niemand etwas. Aber unser Schweigen war natürlich und hatte einen Sinn. Irgendwann jedoch drang ein vertrautes Geräusch an mein Ohr. Anfangs klang es wie Wellen, die monoton und träge an das Ufer einer fernen Küste schlagen, bis es allmählich lauter wurde, um sich kurz darauf in das Brummen eines 4,2-Liter-Achtzylindermotors zu verwandeln, der mit lässiger Eleganz massenweise Benzin mit hoher Oktanzahl verbrannte. Ich erhob mich von meinem Sessel, trat ans Fenster und sah durch den Spalt in der Gardine den silberfarbenen Jaguar vorfahren.

Menshiki trug eine lindgrüne Strickjacke über einem cremefarbenen Hemd und dazu eine graue Wollhose. Alles natürlich vollkommen makel- und faltenlos, so als hätte er die Sachen gerade frisch aus der Reinigung geholt. Und dennoch wirkten sie nicht wie neu, sondern auf genau die richtige Weise getragen und dabei sehr reinlich und adrett. Sein dichtes Haar glänzte in reinem, sauberem Weiß. Sommers wie winters, bei Sonnenschein und Regen hatte sein Haar diesen ganz eigenen Glanz, der sich nur je nach Lichteinfall ein wenig änderte.

Menshiki stieg aus dem Wagen, schloss die Tür und sah in den bewölkten Himmel hinauf. Er schien einen Moment lang über das Wetter nachzudenken (sein Blick wirkte abwesend). Dann fasste er sich ein Herz und schritt langsam auf den Eingang zu. Bedächtig wie ein Dichter auf der Suche nach dem richtigen Wort für eine bedeutsame Zeile drückte er den Knopf der alten Türklingel, an der nun wirklich nichts Besonderes war.

Ich öffnete die Tür und führte ihn ins Wohnzimmer, wo er lächelnd die beiden Damen begrüßte. Shoko Akikawa stand auf, um ihn willkommen zu heißen. Marie blieb auf dem Sofa sitzen, fuhr sich mit den Fingern durchs Haar und würdigte ihn kaum eines Blickes, während ich die anderen beiden zum Sitzen aufforderte. Ich fragte Menshiki, ob er gern eine Tasse Tee hätte. »Nein, danke«, sagte er, schüttelte mehrmals den Kopf und winkte dazu noch mit der Hand ab.

»Wie geht es mit der Arbeit voran?«, wandte Menshiki sich an Marie. Soweit ich mich erinnerte, war es das erste Mal, dass er sie direkt ansah und ansprach. Obwohl seiner Stimme die Aufregung anzumerken war, wurde er heute wenigstens nicht abwechselnd rot und blass. Auch seine Miene änderte sich kaum. Anscheinend hatte er gelernt, seine Gefühle zu kontrollieren. Vielleicht hatte er es sogar geübt.

Marie antwortete nicht und hüstelte nur, als verstünde sie die Frage nicht. Sie hielt die Hände fest im Schoß verschränkt.

»Wir freuen uns immer darauf, am Sonntagmorgen herzukommen«, warf Shoko ein, um das Schweigen zu überbrücken.

»Aber ein Modell zu sein ist nicht ganz einfach«, unterstützte ich sie in ihren Bemühungen, so gut ich konnte. »Es war heute ziemlich anstrengend für Marie. Sie musste lange stillsitzen.«

»Ich habe das ja auch kurzzeitig bei Ihnen erlebt. Es ist wirklich eine sonderbare Angelegenheit. Mitunter hat man das Gefühl, die Seele würde einem geraubt«, sagte Menshiki und lachte.

»Das stimmt nicht«, sagte Marie beinahe flüsternd.

Menshiki, ihre Tante und ich schauten gleichzeitig zu ihr hinüber.

Shoko machte ein Gesicht wie jemand, der aus Versehen etwas Falsches in den Mund gesteckt und darauf gebissen hat. In Menshikis Miene spiegelte sich reine Neugier. Ich blieb konsequent der neutrale Beobachter.

»Da wird nichts geraubt«, sagte Marie mit tonloser Stimme. »Ich habe etwas gegeben und etwas bekommen.«

»Du hast recht«, erwiderte Menshiki ruhig und anerkennend. »Meine Äußerung war unbedacht. Natürlich muss ein Austausch stattfinden. Ein künstlerischer Prozess kann niemals einseitig sein.«

Marie schwieg. Sie blickte reglos auf die Teekanne auf dem Tisch, wie ein einsamer Nachtreiher, der stundenlang wie angewurzelt an einem Ufer steht und aufs Wasser starrt. Die Teekanne war aus schlichtem weißen Porzellan. Sie war ziemlich alt (Tomohiko Amada hatte sie benutzt), wies deutliche Gebrauchsspuren auf und hatte nichts Besonderes an sich, das zu näherer Betrachtung einlud. Aber Marie brauchte etwas, worauf sie sich konzentrieren konnte.

Das Schweigen, das nun im Raum herrschte, ließ mich an eine unbeschriftete weiße Reklametafel denken.

Ein künstlerischer Akt, dachte ich. Es war, als besäße dieser Begriff einen Klang, der die Stille der Umgebung anzöge. Als würde Luft ein Vakuum verdrängen. Oder in diesem Fall eher das Vakuum die Luft.

»Sollen wir jetzt zu mir fahren?«, wandte Menshiki sich schüchtern an Shoko. »Nehmen wir meinen Wagen? Dann bringe ich Sie anschließend wieder hierher zurück. Auf dem Rücksitz ist es vielleicht etwas eng, aber die Straße zu meinem Haus ist sehr schmal, deshalb wäre es vielleicht einfacher, nur mit einem Wagen zu fahren.«

»Ja, natürlich, das ist in Ordnung«, erwiderte Shoko, ohne zu zögern. »Wir fahren gern bei Ihnen mit.«

Marie blickte noch immer auf die weiße Teekanne und schien intensiv nachzudenken. Was genau in ihr vorging, konnte ich natürlich nicht wissen. Auch nicht, was sie zu Mittag essen würden. Aber Menshiki war ein Mann ohne Fehl und Tadel. Darüber brauchte ich mir wirklich keine großen Gedanken zu machen.

Shoko nahm auf dem Beifahrersitz des Jaguars Platz, während Marie es sich auf dem Rücksitz bequem machte. Die beiden Erwachsenen vorn, das Kind hinten, diese Sitzverteilung lag auf der Hand. Ich blieb vor der Haustür stehen und sah dem langsam die Straße hinunterfahrenden Wagen nach, bis er aus meinem Blickfeld verschwunden war. Darauf ging ich wieder hinein, brachte Teekanne und Tassen in die Küche und wusch ab.

Anschließend legte ich den *Rosenkavalier* von Richard Strauss auf und ruhte mich auf dem Sofa aus. Ich hatte mir angewöhnt, den *Rosenkavalier* zu hören, wenn ich nichts zu tun hatte. Eine Gewohnheit, die Menshiki angestoßen hatte. Er hatte recht: Diese Musik machte wirklich süchtig. Sie war von einer durchgängigen Emotion, die nie nachließ. Völlig durchdrungen von den Klangfarben der Instrumente. Richard Strauss hatte sich einmal damit gebrüstet, er könne mit seiner Musik sogar einen Besen beschreiben. Oder vielleicht war es auch irgendein anderer Gegenstand gewesen. Auf jeden Fall verfügte seine Musik über ein ausgeprägt pittoreskes Element, auch wenn es in eine ganz andere Richtung ging als die Malerei, auf die ich abzielte.

Als ich wenig später die Augen aufschlug, saß mir der Commendatore in seinem üblichen Gewand aus der Asuka-Zeit gegenüber. Das nur sechzig Zentimeter große Männlein mit dem Schwert hatte es sich auf einem Ledersessel bequem gemacht.

»Lange nicht gesehen«, begrüßte ich ihn. Meine Stimme klang wie gewaltsam aus einer anderen Welt hervorgezerrt. »Wie geht es Ihnen?«

»Ich sagte Euch bereits, dass Ideen keinen Zeitbegriff haben«, deklamierte der Commendatore mit tragender Stimme. »Demzufolge ist mir dieses Gefühl unbekannt.«

»Das sagt man doch nur so. Es ist eine Konvention. Stören Sie sich nicht daran.«

»Mit Konventionen kenne ich mich nicht aus.«

Das glaubte ich ihm aufs Wort. Wo es keine Zeit gab, entstanden auch keine Konventionen. Ich erhob mich, um die Nadel vom Vinyl zu nehmen und die Schallplatte wieder in die Hülle zu schieben.

»Genau«, sagte der Commendatore, meine Gedanken lesend. »In einer Welt, in der die Zeit in freiem Fluss in beide Richtungen strömt, können keine Konventionen entstehen.«

»Braucht eine Idee eigentlich nicht so etwas wie eine Energiequelle?« Diese Frage bewegte mich schon länger.

»Schwierig …« Der Commendatore machte ein Gesicht, dem man die Komplexität dieser Frage ansah. »Um etwas entstehen oder bestehen zu lassen, was immer es auch sei, wird irgendeine Art von Energie benötigt. Das ist ein allgemeines Prinzip des Universums.«

»Das heißt, diesem Prinzip entsprechend, müssen auch Ideen eine Energiequelle haben?«

»Gewiss. Die Gesetze des Universums dulden keine Ausnahmen. Doch unsere Überlegenheit besteht darin, dass wir ursprünglich keine Gestalt haben. Eine Idee wird erst zur Idee, indem sie von anderen anerkannt wird und sich in einer Gestalt verkörpert. Diese ist natürlich nicht mehr als eine befristete Leihgabe.«

»Eine Idee kann also ohne die Anerkennung durch andere nicht existieren?«

Der Commendatore hob den Zeigefinger seiner rechten Hand und kniff ein Auge zu. »Und was folgert Ihr daraus, meine Herren?«

Ich versuchte es mit einer Analogie. Es dauerte ein wenig, aber der Commendatore wartete geduldig. »Mir scheint«, sagte ich schließlich, »eine Idee existiert dadurch, dass sie die Anerkennung der anderen als Energiequelle nutzt.«

»So ist es.« Der Commendatore nickte mehrmals. »Sie haben es ausgezeichnet verstanden. Eine Idee kann ohne die Anerkennung durch andere nicht existieren, speist aber diese Anerkennung zugleich durch ihre Existenz.«

»Wenn ich jetzt also denken würde: Der Commendatore existiert nicht – würden Sie nicht mehr existieren?«

»Nur theoretisch«, sagte der Commendatore. »In der Praxis funktioniert das nicht. Denn es ist unmöglich, etwas nicht mehr zu denken, indem man beschließt, es nicht mehr zu denken. Zu denken, dass man aufhören will, *etwas* zu denken, ist ja ein Gedanke, und solange man diesen Gedanken hat, denkt man an dieses *Etwas*. Um aufzuhören, an etwas zu denken, muss man aufhören, daran zu denken, dass man damit aufhören will.«

»Das heißt, man kann einer Idee nicht entkommen, solange man nicht das Gedächtnis oder vollständig das Interesse an dieser Idee verliert.«

»Nur Delfine sind dazu in der Lage«, sagte der Commendatore.

»Delfine?«

»Delfine können ihre rechte und ihre linke Gehirnhälfte getrennt in Schlaf versetzen. Wussten Sie das nicht?«

»Nein, das habe ich nicht gewusst.«

»Aus diesem Grund haben Delfine kein Interesse an Ideen und sind in ihrer Entwicklung stehen geblieben. Wir haben uns sehr bemüht, aber leider ist es uns nicht gelungen, eine fruchtbare Beziehung zu ihnen einzugehen. Sie waren eine so vielversprechende Spezies. Bis zur Entstehung des Menschen waren sie das Säugetier mit dem im Verhältnis zu seinem Körpergewicht größten Gehirn.«

»Aber zum Menschen war eine fruchtbare Beziehung möglich?«

»Ja, denn im Gegensatz zum Delfin verfügt der Mensch nur über ein durchgehendes Gehirn. Kommt ihm eine Idee, kann er sie nicht einfach abschütteln. Und sie empfängt von ihm die Energie, aus der sich ihre Existenz speisen und erhalten kann.«

»Wie ein Parasit«, sagte ich.

»Das ist üble Nachrede.« Der Commendatore drohte mir mit dem Zeigefinger wie ein Lehrer seinem Schüler. »Wir sprechen hier zwar von Energie, doch geht es dabei um keine großen Mengen. Es sind nur winzige Fragmente, so klein, dass ein normaler Mensch kaum etwas davon merkt. Weder wird seine Gesundheit dadurch geschädigt noch sein alltägliches Leben behindert.«

»Aber Sie sagten, eine Idee habe keine Moral. Sie sei ein vollkommen neutrales Konzept, das abhängig von den Menschen gut oder böse sei. Also kann eine Idee je nachdem gute oder weniger gute Auswirkungen auf den Menschen haben. So ist es doch?«

»Auch $E=mc^2$ war ursprünglich ein neutrales Konzept. Dennoch entstand am Ende die Atombombe daraus. Die auf Hiroshima und Nagasaki geworfen wurde. Das wollt Ihr doch sagen, nicht?«

Ich nickte.

»Auch mir tut das im Herzen weh. (Selbstverständlich ist das nur eine Redewendung. Ideen haben keinen Körper und also mitnichten ein Herz.) Aber *caveat emptor* lautet in diesem Universum die Devise, meine Herren!«

»Wie bitte?«

»*Caveat emptor.* Das ist lateinisch und heißt ›der Käufer sei wachsam‹. Der Verkäufer trägt keine Verantwortung dafür, wie der Käufer die ihm ausgehändigte Ware einsetzt. Zum Beispiel kann er sich nicht aussuchen, wer die Kleidung trägt, die er in seinem Laden aushängt, nicht wahr?«

»Das hört sich nach einer bequemen Ausrede an.«

»$E = mc^2$ hat die Atombombe hervorgebracht, andererseits hat die Formel auch viel Gutes gebracht.«

»Was zum Beispiel?«

Der Commendatore überlegte, aber es schien ihm kein passendes Beispiel einzufallen, und er rieb sich wortlos mit beiden Händen das Gesicht. Vielleicht vermochte er auch keinen Sinn mehr in dieser Diskussion zu sehen.

Plötzlich erinnerte ich mich, dass ich ihn noch etwas ganz anderes hatte fragen wollen. »Sie wissen nicht zufällig, was aus diesem Stab mit den Glöckchen geworden ist, der im Atelier lag?«

»Glöckchen?« Der Commendatore schaute auf. »Was für Glöckchen?«

»Na, dieser alte Schellenstab, den Sie die ganze Zeit in der Grube geläutet haben. Ich hatte ihn im Atelier ins Regal gelegt. Aber kürzlich habe ich gemerkt, dass er weg ist.«

Der Commendatore legte den Kopf schräg. »Ach, diese Glöckchen. Keine Ahnung. Ich habe sie nicht angefasst.«

»Aber wer könnte sie dann genommen haben?«

»Davon weiß ich nichts.«

»Anscheinend hat jemand sie mitgenommen und läutet irgendwo damit.«

»Aha. Mitnichten mein Problem. Ich brauche sie auch gar nicht mehr. Ohnehin gehörten sie von Anfang an nicht mir. Sie gehören dorthin, sind dort eine Art Allgemeingut. Jedenfalls gibt es bestimmt einen Grund für ihr Verschwinden. Irgendwann tauchen sie schon wieder auf. Ihr braucht nur zu warten.«

»Sie gehören dorthin?«, fragte ich. »Sprechen Sie von der Grube?«

Der Commendatore ließ die Frage unbeantwortet. »Übrigens kann ich nicht auf die Rückkehr von Shoko Akikawa und Marie warten. Das dauert noch. Sie kommen nicht vor Einbruch der Dunkelheit.«

»Hat Herr Menshiki etwas Bestimmtes mit ihnen vor?«, fragte ich.

»Ach, der Menshiki … Der hat immer etwas vor. Er hat immer einen Schachzug in petto. Er kann nicht ohne. Es ist wie eine angeborene Krankheit. Bei ihm sind beide Gehirnhälften in ständigem Dauereinsatz. Aus ihm würde nie und nimmer ein Delfin.«

Die Umrisse des Commendatore verloren allmählich an Schärfe, ehe er sich wie Dampf an einem windstillen Wintermorgen aufzulösen begann und gleich darauf vollends verschwunden war. Ich hatte nur noch den leeren alten Sessel vor mir. Seine Abwesenheit war so intensiv, dass ich nicht mehr sicher war, ob er wirklich bis gerade eben noch vor mir gesessen hatte. Hatte ich womöglich ins Leere und nur mit mir selbst gesprochen?

Wie es der Commendatore prophezeit hatte, tauchte Menshikis Jaguar nicht mehr auf. Anscheinend amüsierten die beiden Damen sich bestens bei ihm. Ich ging auf die Terrasse und blickte über das Tal hinweg zu der weißen Villa hinüber, doch dort war niemand zu sehen. Um mir die Wartezeit zu verkürzen, ging ich in die Küche und widmete mich der Essenszubereitung. Ich kochte eine Brühe, dünstete Gemüse und fror ein, was einzufrieren war. Doch auch als ich alles, was mir einfiel, erledigt hatte, waren sie noch immer nicht zurück. Also ging ich wieder ins Wohnzimmer, legte mich aufs Sofa, las und hörte weiter den *Rosenkavalier*.

Es bestand wohl kein Zweifel daran, dass Shoko Akikawa Interesse an Menshiki hatte und ihn sympathisch fand. Wenn sie ihn ansah, glänzten ihre Augen. Mich sah sie ganz anders an. Was nur verständlich war, schließlich war Menshiki ein attraktiver Mann in den besten Jahren und neben seinem guten Aussehen auch noch reich und ungebunden. Er kleidete sich ausgezeichnet, hatte hervorragende Manieren, wohnte in einer eleganten Villa auf einem Berg und besaß vier englische Wagen. Garantiert würden die meisten Frauen auf der Welt sich für ihn interessieren (ebenso wie sich die wenigsten Frauen auf der Welt für mich interessiert hätten). Doch Marie hegte nicht unbeträchtlichen Argwohn ihm gegenüber – auch daran bestand kein Zweifel. Und sie war ein Mädchen von großem Scharfblick. Offenbar ahnte sie tatsächlich, dass er etwas Bestimmtes im Sinn hatte und nach einem Plan vorging, und wahrte deshalb einen gewissen Abstand zu ihm. Zumindest hatte es für mich diesen Anschein.

Wie würde sich die Angelegenheit entwickeln? Meine Gefühle waren diesbezüglich im Widerstreit. Einerseits verspürte ich eine natürliche Neugier auf das Kommende, während ich andererseits fürchtete, es würde bei dieser Sache nichts Gutes herauskommen. Mein Gemütszustand glich einer Flussmündung, in der die Gezeiten des Meeres und die Strömung des Flusses aufeinandertreffen und sich vermischen.

Es war gegen halb sechs, als Menshikis Jaguar die Straße heraufgefahren kam. Wie der Commendatore es vorausgesagt hatte, war es bereits dunkel.

39 EIN TROJANISCHES PFERD

Der Jaguar fuhr langsam vor, die Fahrertür ging auf, und Menshiki stieg als Erster aus. Er ging um den Wagen herum, öffnete die Beifahrertür und klappte auch den Beifahrersitz nach vorn, damit Marie aus dem Fond klettern konnte. Die beiden Frauen stiegen in ihren Toyota Prius um, und Shoko ließ das Fenster hinunter, um sich höflich bei Menshiki zu bedanken (während Marie mit unbeteiligter Miene danebensaß). Dann fuhren sie, ohne weiter von mir Notiz zu nehmen, nach Hause. Menshiki sah dem Prius nach, bis er seinen Blicken entschwunden war, blieb dann noch kurz stehen, schaltete (wahrscheinlich) innerlich um und schritt schließlich mit gefasster Miene auf meine Haustür zu.

»Es ist schon spät, aber darf ich Sie trotzdem kurz stören?«, erkundigte er sich höflich.

»Natürlich, bitte. Ich habe ohnehin nichts zu tun«, sagte ich und bat ihn herein.

Wir machten es uns im Wohnzimmer bequem. Er nahm auf dem Sofa Platz und ich auf dem Sessel gegenüber, auf dem bis vor Kurzem noch der Commendatore gesessen hatte.

»Ich bin Ihnen sehr zu Dank verpflichtet«, sagte Menshiki. »Sie haben mir einen großen Dienst erwiesen.«

Ich hätte nichts getan, wofür er sich bedanken müsste, antwortete ich. Denn das hatte ich ja tatsächlich nicht.

»Aber wenn Sie das Porträt nicht malen würden, oder anders gesagt: Wenn Sie nicht existieren würden, um es zu malen, hätte ich eine solche Situation niemals herbeiführen können. Ich hätte nie die Gelegenheit gehabt, Marie so direkt und persönlich zu begegnen. Sie waren der Dreh- und Angelpunkt bei der heutigen Begegnung, auch wenn diese Position nicht ganz nach Ihrem Geschmack sein dürfte.«

»Es geht ja nicht um meinen Geschmack«, erwiderte ich. »Natürlich tue ich mein Möglichstes, um Ihnen zu helfen. Aber ich kann nicht ermessen, ob etwas Zufall oder geplant ist. Um ehrlich zu sein: Mir ist nicht ganz wohl bei der Sache.«

Menshiki überlegte und nickte dann. »Sie werden es mir vielleicht nicht glauben, aber ich hatte nichts vorsätzlich geplant. Ich will nicht so weit gehen zu behaupten, es habe sich alles zufällig ereignet, doch das meiste war einfach der Lauf der Dinge.«

»Und in diesem Lauf der Dinge erfülle ich zufällig die Rolle eines Katalysators?«, fragte ich.

»Eines Katalysators? Ja, so könnte man es nennen.«

»Ehrlich gesagt, komme ich mir eher vor wie ein Trojanisches Pferd.«

Menshiki sah mich an, als würde er in ein grelles Licht blicken. »Wie meinen Sie das?«

»Sie wissen doch – das hölzerne Pferd, in dem sich eine Truppe griechischer Soldaten verbarg und das als Geschenk getarnt in die gegnerische Festung gelangte. Ein zu einem bestimmten Zweck gefertigter, verkleideter Hohlraum.«

Menshiki suchte nach Worten. »Wollen Sie damit sagen, dass ich Sie zu einem Trojanischen Pferd gemacht und benutzt habe? Um in Maries Nähe zu gelangen?«

»Das klingt vielleicht vorwurfsvoll, aber so komme ich mir tatsächlich manchmal vor.«

Menshikis Augen wurden schmal, und ein Lächeln erschien auf seinen Lippen. »Tja. Wenn Sie so denken, kann man wohl nichts machen. Aber wie ich bereits sagte, hat sich das alles hauptsächlich durch eine Aneinanderreihung von Zufällen ergeben. Sie sind mir sehr sympathisch, das meine ich ganz aufrichtig. Diese Art von spontaner persönlicher Zuneigung empfinde ich nicht oft, aber wenn es einmal dazu kommt, gehe ich gewissenhaft und ernst damit um. Es ist nicht meine Absicht, Sie einseitig für meine Zwecke zu benutzen. Ich mag ein ziemlich ichbezogener Mensch sein, aber so viel Unterscheidungsvermögen besitze ich doch. Sie sind kein Trojanisches Pferd für mich. Bitte glauben Sie mir das.«

Ich hatte nicht den Eindruck, dass er mich mit dieser Rede täuschen wollte. »Haben Sie den beiden das Bild gezeigt?«, fragte ich. »Das Porträt in Ihrem Arbeitszimmer?«

»Ja, natürlich. Das war ja der Sinn des Besuchs. Sie waren äußerst beeindruckt. Marie hat zwar nichts gesagt, sie ist ja auch ein sehr schweigsames Kind. Aber es war ihr deutlich anzusehen, wie sehr das Bild sie in seinen Bann schlug. Sie stand lange schweigend davor und war gar nicht davon wegzubekommen.«

Obwohl ich das Bild erst wenige Wochen zuvor beendet hatte, konnte ich mich gar nicht mehr recht daran erinnern. So ging es mir immer, wenn ich ein Bild fertig hatte und das nächste in Angriff nahm. Das vorherige war so gut wie vergessen, und ich erinnerte mich nur noch an ein vages Ganzes. Nur die Wirkung, die das Bild in mir hervorgerufen hatte, blieb als eine Art physische Erinnerung zurück. Und diese Wirkung hatte eine größere Bedeutung für mich als das Werk selbst.

»Die beiden waren ziemlich lange bei Ihnen«, sagte ich.

Menshiki wiegte leicht verlegen den Kopf. »Nachdem ich ihnen das Bild gezeigt hatte, haben wir eine Kleinigkeit gegessen. Anschließend habe ich sie durch das Haus geführt, eine Art Besichtigungstour mit ihnen gemacht, denn Shoko wirkte sehr interessiert. So verging die Zeit wie im Flug.«

»Die beiden waren sicher sehr beeindruckt?«

»Shoko auf alle Fälle«, sagte Menshiki. »Besonders von meinem alten E-Type-Jaguar. Aber Marie hat von Anfang bis Ende geschwiegen. Sie wirkte völlig unbeeindruckt. Vielleicht interessiert sie sich auch einfach nicht für Häuser.«

Ich konnte mir vorstellen, dass sie sich nicht im Geringsten dafür interessierte.

»Hatten Sie denn Gelegenheit, sich etwas länger mit ihr zu unterhalten?«, fragte ich.

Menshiki schüttelte kurz den Kopf. »Wir haben nur zwei oder drei Worte gewechselt, mehr nicht. Und auch die waren eher inhaltsleer. Wenn ich sie angesprochen habe, kam praktisch keine Antwort.«

Ich enthielt mich jeder Bemerkung, denn ich konnte mir die Szene lebhaft vorstellen. Marie hatte jeden seiner Gesprächsversuche boykottiert, indem sie ein oder zwei Worte von unklarer Bedeutung genuschelt hatte. Wenn sie nicht reden wollte, fühlte man sich wie jemand, der mitten in einer glühend heißen Wüste stand und mit einer winzigen Schöpfkelle Wasser auf den Sand träufelte.

Menshiki nahm eine Schnecke aus glasiertem Porzellan vom Tisch und musterte sie von allen Seiten. Sie war einer der wenigen Ziergegenstände, die sich ursprünglich im Haus befunden hatten, und hatte etwa die Größe eines kleinen Hühnereis. Vielleicht ein antikes Stück aus Meißen, das Tomohiko Amada irgendwo gekauft hatte. Gleich darauf stellte Menshiki sie wieder behutsam auf den Tisch. Er hob langsam den Blick und sah mich an.

»Es wird eine Weile dauern, bis sie sich an mich gewöhnt hat«, sagte er wie zu sich selbst. »Immerhin haben wir uns gerade erst kennengelernt. Zudem scheint sie ein stilles Kind zu sein und steht am Anfang der Pubertät, die ja gemeinhin als ein schwieriges Alter gilt. Aber es hat mir sehr viel bedeutet, mit ihr im gleichen Zimmer sein und die gleiche Luft atmen zu können wie sie.«

»Und Ihre Einstellung hat sich nicht geändert?«

Menshiki kniff ganz leicht die Augen zusammen. »Welche Einstellung meinen Sie?«

»Dass Sie nicht wissen wollen, ob Marie wirklich Ihre leibliche Tochter ist.«

»Nein, daran hat sich überhaupt nichts geändert«, antwortete Menshiki, ohne zu zögern, und biss sich leicht auf die Lippen, bevor er weitersprach. »Ich weiß gar nicht, wie ich es ausdrücken soll, aber ich fand das Zusammensein mit ihr und ihre Nähe regelrecht überwältigend. Ich habe nie zuvor so empfunden. Es war, als hätte ich mein ganzes bisheriges Leben tatenlos vergeudet. Als würde mir der Sinn und Zweck meines Daseins, der Grund, aus dem ich lebe, zunehmend unverständlicher. Als würden die Werte, die mir bisher als gewiss galten, unversehens zu etwas Ungewissem.«

»Sie haben also nie zuvor so empfunden?«, fragte ich zur Sicherheit noch einmal nach, denn ich konnte mir nicht vorstellen, dass dies wirklich so einmalig für ihn war.

»Ja, ich habe diese Erfahrung bisher noch nie gemacht.«

»In den Stunden mit Marie Akikawa haben Sie etwas empfunden, das völlig neu für Sie war?«

»Ich denke schon. Wahrscheinlich halten Sie mich für einen Trottel.«

Ich schüttelte den Kopf. »Ganz und gar nicht. Ich glaube, als ich mich in der Pubertät in ein bestimmtes Mädchen verguckte, habe ich ganz ähnlich empfunden.«

Menshiki verzog den Mund zu einem etwas schmerzlichen Lächeln. »Mir wurde plötzlich klar, dass ich trotz alldem, was ich erreicht habe, trotz all meiner geschäftlichen Erfolge im Grunde nur eine vorläufige, flüchtige Daseinsform bin, die von jemandem ein Genpaket bekommen hat, um es an den nächsten weiterzureichen. Abgesehen von dieser praktischen Funktion bin ich nicht mehr als ein Erdklumpen.«

»Ein Erdklumpen«, wiederholte ich. Das Wort hatte einen seltsamen Beiklang.

»Eigentlich wurzelt dieser Gedanke in mir, seit ich damals in der Grube war. In der Kammer, die wir hinter dem Schrein entdeckt haben, als wir die Steine wegräumen ließen. Erinnern Sie sich daran?«

»Ja, natürlich.«

»Während ich dort im Dunkeln saß, wurde mir meine Machtlosigkeit durch und durch bewusst. Hätten Sie es gewollt, wäre ich allein in diesem Loch zurückgeblieben. Ohne Wasser und ohne Nahrung wäre ich zerfallen. Wäre wieder zu Erde geworden. Denn mehr ist ein Mensch nicht.«

Ich wusste nicht, was ich dazu sagen sollte, also hielt ich den Mund.

»Im Augenblick genügt mir die Möglichkeit, dass Marie Akikawa mein leibliches Kind sein *könnte.* Ich habe nicht die Absicht, vollendete Tatsachen zu schaffen. Lieber werde ich mich selbst noch einmal gründlich im Licht dieser Möglichkeit betrachten.«

»Das habe ich verstanden«, sagte ich. »Den genauen Grund dafür verstehe ich zwar nicht, doch ich kann Ihnen folgen, Herr

Menshiki. Aber was wollen Sie denn nun konkret von Marie Akikawa?«

»Natürlich habe ich darüber auch schon nachgedacht.« Er betrachtete seine Hände. Es waren schöne Hände mit langen, schmalen Fingern. »Ein Mensch denkt über vieles nach. Unentwegt. Aber welcher Logik die Dinge wirklich folgen, das erfährt man erst im Laufe der Zeit. Was geschieht, wissen wir immer erst hinterher.«

Menshiki verstummte, und ich wagte nicht, ihn zu fragen, was er denke. Das Wissen darum hätte mich vielleicht in eine noch heiklere Lage gebracht als die, in der ich ohnehin schon war.

Nach einer Pause wandte er sich mir wieder zu. »Aber wenn Marie mit Ihnen allein ist, scheint sie bereitwillig von sich zu erzählen. Das hat mir Shoko gesagt.«

»Ja, vielleicht«, erwiderte ich wachsam. »Wenn wir im Atelier sitzen, erzählt sie natürlich alles Mögliche.«

Selbstverständlich verschwieg ich ihm, dass Marie an jenem Abend über den geheimen Waldweg zu mir gekommen war. Das war ein Geheimnis zwischen ihr und mir.

»Anscheinend hat sie schon Vertrauen zu Ihnen gefasst? Oder empfindet vielleicht sogar eine persönliche Nähe zu Ihnen?«

»Marie hat großes Interesse am Malen beziehungsweise am bildnerischen Ausdruck«, erklärte ich. »Es ist nicht immer so, aber durch die Malerei kann ich relativ leicht ein Gespräch anknüpfen. Marie ist auf jeden Fall ein recht eigenes Mädchen. Sie spricht auch im Malkurs kaum mit den anderen Kindern.«

»Heißt das, sie kommt mit Gleichaltrigen nicht gut zurecht?«

»Könnte sein. Ihrer Tante zufolge hat sie in der Schule kaum Freundinnen.«

Menshiki verfiel in nachdenkliches Schweigen. »Aber Shoko scheint sie ihr Herz zu öffnen«, sagte er schließlich.

»Diesen Eindruck habe ich auch. Sie scheint ihrer Tante näher zu stehen als ihrem Vater.«

Menshiki nickte schweigend. Es erschien mir wie ein vielsagendes Schweigen.

»Was mag ihr Vater für ein Mensch sein?«, fragte ich. »Wissen Sie etwas über ihn?«

Menshiki legte den Kopf schräg und kniff die Augen zusammen. »Er ist fünfzehn Jahre älter als sie. Seine verstorbene Frau, meine ich.«

Die verstorbene Frau war natürlich Menshikis einstige Geliebte.

»Wie die beiden sich kennenlernten und es zur Hochzeit kam, weiß ich nicht. Oder anders gesagt: Es interessiert mich nicht«, sagte Menshiki. »Doch von den näheren Umständen einmal abgesehen, scheint er seine Frau sehr geschätzt zu haben. Bei ihrem Tod erlitt er einen schweren Schock. Es heißt, er sei seither ein anderer Mensch.«

Menshiki zufolge waren die Akikawas eine reiche einheimische Grundbesitzerfamilie (so wie die Familie von Tomohiko Amada). Durch die Landreform nach dem Zweiten Weltkrieg verminderte sich ihr Besitz um etwa die Hälfte, doch blieb ihnen genug, um weiterhin von den Einkünften ein bequemes Leben zu führen. Yoshinobu Akikawa (so hieß Maries Vater) hatte als der älteste Sohn – er hatte noch einen Bruder und eine jüngere Schwester – nach dem frühen Tod seines Vaters den Familienbesitz übernommen. Er baute sich ein Haus auf dem Teil des Berges, der zu seinem Grundbesitz gehörte, und richtete sich ein Büro in einem Gebäude in Odawara ein, welches ihm ebenfalls gehörte. Von dort aus verwaltete er mehrere Bürogebäude in und um Odawara, Apartmenthäuser, eine Reihe vermieteter Häuser und anderen Grundbesitz. Außerdem handelte er auch hin und wieder mit

Immobilien, was aber nicht bedeutete, dass er in großem Stil expandiert hätte. Seine Aufgabe bestand vor allem darin, den Besitz der Familie Akikawa zu verwalten.

Yoshinobu Akikawa hatte spät geheiratet – er war bereits Mitte vierzig gewesen – und gleich im ersten Jahr der Ehe eine Tochter bekommen (Marie Akikawa, das Mädchen, bei dem die *Möglichkeit* bestand, dass eigentlich Menshiki sein Vater war). Sechs Jahre später starb seine Frau, als sie zu Anfang des Frühjahrs allein in einem großen Pflaumenhain auf seinem Besitz spazieren ging, wobei sie von einem Wespenschwarm angegriffen wurde und zahlreiche Stiche davontrug, ein Ereignis, das Yoshinobu Akikawa einen immensen Schock versetzte. Offenbar verbannte er anschließend alles aus seinem Leben, was ihn an diesen unglückseligen Vorfall erinnerte. Nach der Beisetzung seiner Frau ließ er den Pflaumenhain bis auf den letzten Baum fällen und selbst die Wurzeln entfernen und verwandelte das Areal in eine Ödnis. Da es ein besonders schöner und prächtiger Pflaumenhain gewesen war, tat dies vielen in der Seele weh. Zudem war es den Anwohnern von alters her gestattet gewesen, so viele von den zahlreichen Früchten in dem Hain zu sammeln, wie sie wollten, um sie als Umeboshi einzulegen oder Pflaumenwein daraus zu machen. So wurden durch seinen Rachefeldzug viele Menschen dieser kleinen alljährlichen Freude beraubt. Doch letztendlich war es *sein* Pflaumenhain, der sich auf *seinem* Berg befand, und da sein Zorn – seine persönliche Wut auf die Wespen und den Pflaumenhain – nachvollziehbar war, beschwerte sich niemand öffentlich.

Der Tod seiner Frau machte Yoshinobu Akikawa zum Melancholiker. Anscheinend war er ohnehin kein geselliger und leutseliger Charakter gewesen, doch nun verstärkte sich sein Hang zur Introvertiertheit in gleichem Maß wie sein Interesse an der spirituellen Welt, und er schloss sich einer religiösen Gruppierung an (deren Namen ich meiner Erinnerung nach nie zuvor gehört hatte). Er ging sogar eine Zeit lang nach Indien und errichtete danach auf eigene Kosten eine prachtvolle Meditationshalle am Stadtrand, in der er sich selbst häufig und lange aufhielt. Was genau in dieser Halle vor sich ging, war nicht bekannt. Offenbar jedoch unterzog Yoshinobu Akikawa sich dort tagelang strengen religiösen »Übungen«. Außerdem stellte er Studien zur Reinkarnation an, die sein Leben wohl auch nach dem Tod seiner Frau noch lebenswert machten.

Aus diesem Grund konnte er sich seinen Verwaltungsaufgaben nicht mehr so gründlich widmen wie zuvor, aber besonders beschäftigt war er auch früher nie gewesen. Die drei altgedienten Angestellten im Büro waren durchaus in der Lage, die laufenden Anforderungen zu bewältigen, auch wenn ihr Chef sich kaum blicken ließ. Nach Hause kam er offenbar so gut wie gar nicht mehr, und wenn, dann nur zum Schlafen. Warum, wusste man nicht, aber nach dem Tod seiner Frau schien er das Interesse an seiner einzigen Tochter verloren zu haben. Vielleicht erinnerte ihr Anblick ihn zu sehr an die Verstorbene. Oder er konnte generell nichts mit Kindern anfangen. So hing das Kind natürlich auch kaum an seinem Vater, und er übertrug vorläufig seiner jüngeren Schwester Shoko die Aufgabe, sich um die kleine Marie zu kümmern. Shoko ließ sich zeitweise von ihrer Stelle an der medizinischen Fakultät der Universität Tokio beurlauben und zog zu ihrem Bruder und dessen Tochter in das Haus in den Bergen bei Odawara, und schließlich kündigte sie, um ganz bei ihnen zu wohnen. Wahrscheinlich hatte sie Marie liebgewonnen. Oder sie hatte es einfach nicht mit ansehen können, in welche Situation ihre kleine Nichte geraten war.

Hier endete die Geschichte, und Menshiki strich sich mit der Fingerkuppe über die Lippen.

»Haben Sie einen Whisky im Haus?«, fragte er.

»Ich habe ungefähr eine halbe Flasche Single Malt.«

»Wäre es unverschämt, wenn ich Sie um einen bitten würde? *On the rocks?*«

»Selbstverständlich nicht, aber Sie müssen doch noch fahren …«

»Wir rufen ein Taxi«, sagte er. »Meinen Führerschein möchte ich nicht verlieren.«

Ich holte den Whisky, eine Keramikschale mit Eis und zwei Gläser aus der Küche. Währenddessen legte Menshiki den *Rosenkavalier* auf, den ich gerade gehört hatte. Wir tranken beide unseren Whisky.

»Bevorzugen Sie Single Malts?«, fragte Menshiki.

»Nein, er war ein Geschenk. Ein Freund hat ihn mir mitgebracht. Aber er schmeckt ziemlich gut.«

»Ich habe zu Hause einen seltenen Single Malt von der Insel Islay, den mir ein Bekannter aus Schottland geschickt hat. Als der Prince of Wales die Brennerei besuchte, hat er selbst den Hammer geschwungen, um das Fass anzuschlagen. Wenn Sie möchten, bringe ich ihn das nächste Mal mit.«

Ich sagte, er solle sich keine Umstände machen.

»In der Nähe von Islay liegt die kleine Insel Jura. Haben Sie schon einmal davon gehört?«

Hatte ich nicht.

»Es leben dort mehr Hirsche als Menschen. Es gibt Whisky, massenhaft Fasane und Seehunde. Und eine alte Brennerei. Außerdem haben sie besonders köstliches Wasser, das sich sehr gut für die Whiskyherstellung eignet. Es ist wunderbar, den Single Malt von Jura mit frisch aus dieser Quelle geschöpftem Wasser zu trinken. Ein einzigartiger Geschmack, den es nur auf dieser Insel gibt.«

Das sei bestimmt köstlich, sagte ich.

»Die Insel ist außerdem berühmt dafür, dass George Orwell dort *1984* geschrieben hat. Er hatte buchstäblich am nördlichsten Ende der Insel eine kleine Hütte gemietet, um dort zu schreiben. Aber weil es Winter war, ruinierte er sich die Gesundheit. Die Hütte war nur sehr primitiv ausgestattet, aber vielleicht hielt er eine so spartanische Umgebung für notwendig. Ich war eine Woche zu Besuch auf der Insel und habe jeden Abend allein am Kamin gesessen und diesen köstlichen Whisky getrunken.«

»Warum waren Sie denn eine Woche lang ganz allein an einem so abgelegenen Ort?«

»Geschäftsreise«, sagte er einfach und lächelte.

Offenkundig hatte er nicht die Absicht, mir zu erklären, um welche Geschäfte es sich gehandelt hatte. Allerdings wollte ich es auch nicht besonders gern wissen.

»Ich musste heute unbedingt noch etwas trinken«, sagte er. »Ich fühlte mich so aufgewühlt. Deshalb habe ich Sie so eigensüchtig überfallen. Ist es Ihnen recht, wenn ich morgen vorbeikomme und den Wagen hole?«

»Natürlich.«

Einen Moment lang schwiegen wir.

»Dürfte ich Ihnen eine persönliche Frage stellen?«, fragte Menshiki dann. »Nehmen Sie sie mir aber bitte nicht übel.«

»Wenn ich kann, beantworte ich sie gern. Ohne sie Ihnen übel zu nehmen.«

»Sie sind doch verheiratet?«

Ich nickte »Ja. Aber offen gesagt habe ich kürzlich die offiziellen Scheidungspapiere unterschrieben und zurückgeschickt. Deshalb bin ich nicht sicher, in welchem Stand ich mich momentan befinde. Aber ich war jedenfalls verheiratet. Ungefähr sechs Jahre lang.«

»Und Sie haben keine Kinder, wenn ich mich recht erinnere?«

»Nein«, sagte ich.

»Aber Sie hätten nichts dagegen gehabt?«

»Nein, aber meine Frau wollte nicht, also haben wir es verschoben. Und in der Zwischenzeit ging unsere Ehe in die Brüche.«

Menshiki betrachtete nachdenklich das Eis in seinem Glas.

»Die Frage ist vielleicht etwas zudringlich«, sagte er. »Aber gibt es etwas, das Sie bereuen? Glauben Sie, Sie hätten diesen Ausgang Ihrer Ehe durch ein anderes Verhalten verhindern können?«

Ich nahm einen Schluck Whisky. »Wie hieß noch mal dieser lateinische Ausdruck, der besagt, dass der Käufer die Verantwortung für die Ware trägt?«, fragte ich.

»Caveat emptor«, antwortete Menshiki, ohne zu zögern.

»Ich kann mir das nicht merken, aber die Bedeutung ist mir durchaus klar.«

Menshiki lachte.

»Aber zu Ihrer Frage«, sagte ich, »nein, eigentlich bereue ich nichts an meinem Verhalten. Selbst wenn ich an einen gewissen Punkt zurückkehren und meine Fehler korrigieren könnte, würde am Ende wahrscheinlich dasselbe herauskommen.«

»Sie meinen, Sie haben eine gewisse unverbesserliche Neigung, die Ihrer Ehe geschadet hat?«

»Oder mir fehlt eine gewisse Neigung, und dieser Mangel hat meiner Ehe geschadet.«

»Immerhin haben Sie den schöpferischen Drang zu malen. Das ist doch etwas, das stark mit dem Wunsch zu leben verbunden ist.«

»Aber mir ist, als hätte ich etwas, das längst überwunden sein sollte, noch immer nicht überwunden.«

»Irgendwann kommt immer eine Prüfung«, sagte Menshiki.

»Sie ist eine gute Gelegenheit, sein Leben neu auszurichten. Je schwerer sie ist, desto größer der spätere Nutzen.«

»Aber wenn man scheitert, ist man doch völlig entmutigt.«

Menshiki lächelte. Er sprach nicht mehr von Kindern und von der Ehe.

Ich holte ein Glas Oliven aus der Küche und bot ihm welche an. Eine Weile tranken wir wortlos unseren Whisky und aßen die salzigen Oliven dazu. Als die Platte zu Ende war, drehte Menshiki sie um, und Georg Solti fuhr fort, die Wiener Philharmoniker zu dirigieren.

Ach, der Menshiki ... Der hat immer etwas vor. Er hat immer einen Schachzug in petto. Er kann nicht ohne.

Welchen Zug er jetzt tun würde oder zumindest plante, wusste ich nicht. Vielleicht konnte er in dieser Situation auch gar keinen machen. Er sagte, er habe nicht die *Absicht*, mich zu benutzen. Vielleicht war das nicht einmal gelogen. Aber letztendlich war eine Absicht eben nicht mehr als eine Absicht. Er hatte seine Fähigkeiten unter Beweis gestellt und erfolgreich eine der modernsten Branchen gemeistert. Falls er etwas vorhatte (wenn auch nur potenziell), war es mir fast unmöglich, nicht darin verwickelt zu werden.

»Sie sind jetzt sechsunddreißig, nicht wahr?«, fragte Menshiki übergangslos.

»Ja, genau.«

»Das beste Alter im Leben.«

Ich fand das überhaupt nicht, traute mich aber nicht, es zu sagen.

»Ich bin jetzt vierundfünfzig. In meiner Branche ist das zu alt, um noch eine entscheidende Rolle zu spielen, und etwas zu jung, um eine Legende zu werden. Deshalb hänge ich hier rum, ohne etwas zu tun.«

»Manche Leute sind jung und eine Legende.«

»Natürlich gibt es da einige wenige. Aber es ist kein besonderer Vorteil, eine junge Legende zu sein. Es soll sogar eine Art Albtraum sein, habe ich mir sagen lassen. Solche Menschen leben allzu lange mit ihrer eigenen Legende, das wird langweilig.«

»Aber Sie langweilen sich nicht, Herr Menshiki?«

Menshiki lächelte. »Soweit ich mich erinnere, habe ich mich noch kein einziges Mal gelangweilt. Ich habe gar keine Zeit, mich zu langweilen.«

Ich konnte nur erstaunt den Kopf schütteln.

»Wie ist es bei Ihnen? Haben Sie sich schon einmal gelangweilt?«, fragte er.

»Natürlich. Sehr oft sogar. Aber im Augenblick scheint die Langeweile ein unentbehrlicher Teil meines Lebens zu sein.«

»Heißt das, Sie leiden nicht darunter?«

»Anscheinend habe ich mich irgendwie daran gewöhnt. Nein, ich leide überhaupt nicht unter meiner Langeweile.«

»Das liegt sicher daran, dass Sie ständig von Ihrem starken Willen zu malen beherrscht sind. Er ist der Kern Ihres Daseins, und der Zustand der Langeweile erfüllt sozusagen die Rolle des Mutterleibs für Ihren Schaffensdrang. Wenn Sie diesen Kern nicht hätten, wäre die tägliche Langeweile schwer zu ertragen.«

»Sie arbeiten doch im Moment nicht, Herr Menshiki?«

»Ja, im Grunde bin ich im Ruhestand. Ich hatte Ihnen ja bereits erzählt, dass ich mich ein wenig mit Aktien- und Devisenhandel im Internet beschäftige, aber eigentlich habe ich das nicht nötig. Es ist eher eine kleine Spielerei, um geistig fit zu bleiben.«

»Und Sie leben ganz allein in Ihrem großen Haus.«

»Genau.«

»Und langweilen sich überhaupt nicht.«

Menshiki schüttelte den Kopf. »Es gibt so vieles, worüber ich nachdenke. So viele Bücher, die ich lesen, und Musik, die ich hören will. Ich habe die Gewohnheit, täglich Daten zu sammeln, sie zu kategorisieren und zu analysieren, mich geistig zu beschäftigen. Außerdem treibe ich auch noch Sport und übe Klavier, um mich zu zerstreuen. Natürlich muss ich mich auch um meinen Haushalt kümmern. Sie sehen, ich habe gar keine Zeit, mich zu langweilen.«

»Haben Sie keine Angst vor dem Älterwerden? Davor, ganz alleine alt zu werden?«

»Alt werde ich sowieso«, erwiderte Menshiki. »Und natürlich zunehmend hinfälliger und einsamer. Aber so weit ist es noch nicht. Ich kann mir ungefähr vorstellen, wie es sein wird, aber erlebt habe ich es ja noch nicht. Ich bin ein Mensch, der etwas erst glaubt, wenn er es mit eigenen Augen sieht. Deshalb warte ich erst mal ab, bis der Fall eintritt. Angst habe ich eigentlich keine. Auch keine besonderen Erwartungen, aber ein wenig neugierig bin ich schon.«

Menshiki schwenkte das Whiskyglas in der Hand und sah mich an.

»Wie ist es mit Ihnen? Haben Sie Angst vor dem Alter?«

»Gerade ist meine Ehe nach sechs Jahren in die Brüche gegangen. Während dieser Zeit war ich nicht imstande, ein einziges Bild für mich zu malen. Normalerweise würde man denken, diese Zeit wäre vergeudet gewesen, denn ich musste eine Art von Bildern malen, die mich mehr oder weniger kalt ließ, um meinen Lebensunterhalt zu verdienen. Aber inzwischen bin ich zu der Ansicht gelangt, dass das zum Teil gar nicht so unglücklich war.«

»Ich glaube, ich verstehe, was Sie meinen. Sich selbst zurückzunehmen kann für eine gewisse Zeit eine Bedeutung im Leben haben, nicht wahr?«

Das mochte stimmen. Aber in meinem Fall hatte es vielleicht einfach nur eine Weile gedauert, bis ich herausfand, was in mir war. Hatte ich Yuzu in diesen sinnlosen Umweg mit hineingezogen?

Hatte ich Angst vor dem Alter? Erschreckte mich der Gedanke daran?

»Ehrlich gesagt, kann ich mir das noch nicht richtig vorstellen. Vielleicht klingt es albern bei einem Mann von Mitte dreißig, aber ich habe das Gefühl, mein Leben hat noch gar nicht richtig begonnen.«

Menshiki lächelte. »Das finde ich überhaupt nicht albern. Vielleicht hat es für Sie wirklich gerade erst angefangen.«

»Sie haben vorhin von unseren Genen gesprochen, Herr Menshiki. Davon, dass wir im Grunde nur ein Behältnis für eine Ansammlung von Genen seien, die es an die nächste Generation weiterzureichen gelte, und abgesehen davon nicht mehr als Erdklumpen. Habe ich Sie da richtig verstanden?«

Menshiki nickte. »Genau das habe ich gesagt.«

»Aber erschreckt es Sie nicht, nur ein Erdklumpen zu sein?«

»Nein, ich mag zwar ein Erdklumpen sein, aber doch kein schlechter.« Menshiki lachte. »Es klingt vielleicht eingebildet, aber man könnte sogar sagen: ein ganz vortrefflicher, der mit einer Reihe von Fähigkeiten gesegnet ist. Natürlich sind sie begrenzt, aber Fähigkeiten sind es allemal. Also werde ich mein Leben nach besten Kräften nutzen. Herausfinden, wozu ich in der Lage bin. Ich habe keine Zeit für Müßiggang. Die beste Methode, um keine Angst und keine Leere zu empfinden, ist, sich nicht zu langweilen.«

Wir tranken bis gegen acht. Als die Flasche zur Neige ging, erhob sich Menshiki.

»Ich muss mich allmählich auf den Weg machen«, sagte er. »Ich habe Ihre Gastfreundschaft schon überstrapaziert.«

Also rief ich ihm ein Taxi. Die Zentrale wusste sofort Bescheid, als ich das Haus von Tomohiko Amada nannte. Der Mann war wirklich berühmt. Das Taxi komme in etwa fünfzehn Minuten, hieß es. Ich bedankte mich und legte auf.

Während wir warteten, weihte Menshiki mich noch in einige Dinge ein.

»Ich hatte Ihnen doch vorhin erzählt, dass Marie Akikawas Vater sehr stark in einer religiösen Gruppe engagiert ist.«

Ich nickte.

»Es handelt sich um eine dieser neuen Sekten fragwürdiger Provenienz. Und meine Recherchen im Internet haben ergeben, dass sie schon einige soziale Probleme verursacht hat. Offenbar sind auch mehrere Strafverfahren anhängig. Die Glaubenssätze dieser Sekte sind diffus, sie ist eine Art primitives Surrogat, das man schwerlich als ›Religion‹ bezeichnen kann. Selbstverständlich steht es Herrn Akikawa frei zu glauben, was er will. Allerdings pumpt er seit mehreren Jahren ziemlich viel Geld in diesen Verein. Fast sein ganzes Privat- und Firmenvermögen ist schon hineingeflossen. Allerdings ist er von Haus aus ein sehr vermögender Mann und lebt von seinen monatlichen Mieteinkünften. Insofern gibt es da eine natürliche Grenze, solange er seinen Grundbesitz und seine Immobilien nicht verkauft. Doch in letzter Zeit hat er hier in der Gegend einiges davon abgestoßen. Jeder kann sehen, dass das ungesunde Symptome sind. Als würde ein Krake seine eigenen Fangarme fressen, um zu überleben.«

»Herr Akikawa wird also von dieser Sekte ausgenommen?«

»Genau. Er ist sozusagen die Gans, die goldene Eier legt. Typen wie die können nie genug bekommen, wenn sie einmal Blut geleckt haben. Sie werden ihn bis zum letzten Tropfen aussaugen. Außerdem ist Akikawa der reiche Sohn reicher Eltern, deshalb ist er ein bisschen weich, wie man so sagt.«

»Und das bereitet Ihnen Sorge.«

Menshiki seufzte. »Die Verantwortung liegt natürlich bei Herrn Akikawa. Schließlich ist er ein erwachsener Mann. Andererseits betrifft das auch seine ahnungslose Familie. Aber es hilft auch nichts, wenn ich mir Sorgen mache.«

»Er betreibt Reinkarnationsforschung«, sagte ich.

»Als Hypothese ein interessantes Thema«, erwiderte er schulterzuckend.

Wenig später traf das Taxi ein. Bevor Menshiki einstieg, bedankte er sich höflich. Obwohl er eine ganze Menge getrunken hatte, war sein Gesicht nicht im Mindesten gerötet, und seine Manieren waren untadelig wie stets.

40 EIN UNVERWECHSELBARES GESICHT

Nachdem Menshiki sich verabschiedet hatte, putzte ich mir im Bad die Zähne, ging ins Bett und schlief auch sofort ein. Der Whisky hatte mir wohl die nötige Bettschwere verliehen.

Mitten in der Nacht wurde ich von einem großen Lärm geweckt. Im ersten Moment hielt ich ihn für real. Aber vielleicht hatte ich ihn auch nur geträumt, und es handelte sich um ein in mir entstandenes eingebildetes Geräusch. Jedenfalls ertönte ein so lautes unterirdisches Dröhnen, dass ich auffuhr. Letztlich war der Krach etwas Reales, weder geträumt noch eingebildet. Ich hatte ziemlich tief geschlafen, aber ich fiel fast aus dem Bett und war augenblicklich hellwach.

Als ich auf die Uhr an meinem Kopfende schaute, war es kurz nach zwei Uhr in der Nacht. Genau die Zeit, in der die Glöckchen immer geläutet hatten. Aber davon war jetzt nichts zu hören. Und da der Winter vor der Tür stand, gab es auch keine Insekten mehr. Im Haus herrschte tiefe Stille. Der Himmel war größtenteils mit dichten, dunklen Wolken verhangen, und wenn ich die Ohren spitzte, konnte ich das leise Rauschen des Windes hören.

Ich knipste die Nachttischlampe an, zog mir einen Pullover über den Schlafanzug und beschloss, mich gründlich im Haus umzuschauen. Möglicherweise hatte sich etwas Außergewöhnliches ereignet. Vielleicht war ein Wildschwein durch ein Fenster eingebrochen oder ein Meteorit auf dem Dach eingeschlagen. Beides war höchst unwahrscheinlich, aber ich hielt es für ratsam zu überprüfen, ob etwas passiert war. Immerhin war ich jetzt zuständig für das Haus. Außerdem hätte ich ohnehin nicht mehr so leicht einschlafen können. Ich hatte eine Art Schockwelle gespürt, und mein Herz klopfte laut.

Ich schaltete überall das Licht ein und überprüfte der Reihe nach sämtliche Räume, ohne etwas Ungewöhnliches zu entdecken. Alles war wie immer. Die Zimmer waren nicht groß, und jede Veränderung wäre ins Auge gefallen. Am Ende wollte ich auch im Atelier nachsehen. Nachdem ich das Wohnzimmer durchquert hatte, öffnete ich die Tür und streckte die Hand nach dem Lichtschalter an der Wand aus. Doch in diesem Moment hielt mich *etwas* zurück. *Schalte lieber nicht das Licht ein*, flüsterte es in meinem Ohr. Eine leise, aber deutliche Stimme. *Es ist besser, wenn es dunkel bleibt.* Dem Flüstern folgend, zog ich die Hand vom Schalter zurück, schloss leise die Tür hinter mir und blickte aufmerksam in das dunkle Atelier. Ich hielt den Atem an, um kein Geräusch zu machen.

Als sich meine Augen an die Dunkelheit gewöhnt hatten, begriff ich, dass außer mir noch jemand im Raum war. Seine Präsenz war deutlich zu spüren. Und dieser Jemand saß auf dem hölzernen Hocker, den auch ich immer benutzte, wenn ich malte. Zuerst glaubte ich, es sei der Commendatore, der zurückgekehrt war und sich »verkörpert« hatte. Aber die Person war dafür viel zu groß. Die dunkle Silhouette dort deutete auf einen mageren, hochgewachsenen Mann hin. Der Commendatore war nur sechzig Zentimeter groß, und dieser Mann musste fast einen Meter achtzig messen. Wie hochgewachsene Menschen es häufig tun, saß er mit leicht gebeugtem Rücken. Er rührte sich nicht.

Ebenfalls ohne mich zu bewegen, lehnte ich am Türrahmen und beobachtete den Mann vor mir, während ich die Linke nach der Wand ausstreckte, um notfalls sofort das Licht einschalten zu können. So verharrten wir reglos, jeder in seiner Position, in der nächtlichen Dunkelheit. Ich weiß nicht, warum, aber ich verspürte keine Angst. Meine Atemzüge waren flach und kurz, und mein Herz hämmerte. Aber nicht vor Furcht. Ein Unbekannter war mitten in der Nacht ins Haus eingedrungen. Vielleicht ein Einbrecher. Oder ein Geist. In jedem Fall wäre es normal gewesen, Angst zu haben. Aber aus irgendeinem Grund rief seine Anwesenheit kein Gefühl von Bedrohung oder Gefahr in mir hervor.

Seit dem Auftauchen des Commendatore hatte sich so viel Sonderbares ereignet, dass ich vielleicht schon daran gewöhnt war. Aber das war es nicht allein. Ich interessierte mich sehr dafür, was dieser rätselhafte Mensch hier mitten in der Nacht im Atelier zu suchen hatte. Wie so häufig übertraf meine Neugier meine Furcht. Der Mann auf dem Hocker schien tief in Gedanken versunken zu sein. Oder er starrte auf etwas. Man merkte ihm an, wie konzentriert er war. Anscheinend hatte er überhaupt nicht bemerkt, dass ich den Raum betreten hatte. Oder mein Kommen und Gehen war für ihn völlig bedeutungslos.

Ich atmete geräuschlos und wartete, bis meine Augen sich vollständig an die Dunkelheit gewöhnt hatten, während ich mich bemühte, mein laut gegen die Rippen schlagendes Herz zu beruhigen. Mit der Zeit wurde mir klar, worauf der Mann sich so inbrünstig konzentrierte. Es konnte nur *Die Ermordung des Commendatore* von Tomohiko Amada sein, die an der Wand vor ihm hing. Er saß reglos auf dem hölzernen Hocker und betrachtete leicht nach vorne gebeugt das Bild. Dabei hatte er beide Hände auf die Knie gelegt.

Irgendwann riss die Wolkendecke auf, die bis dahin den Himmel fast bedeckt hatte. Einen Augenblick lang ergoss sich Mondlicht in den Raum wie klares Wasser, das lautlos über eine alte Steinstele rinnt und verborgene geheime Zeichen darauf zum Vorschein bringt. Gleich darauf kehrte die Dunkelheit zurück. Aber sie hielt nicht lange an. Bald teilten sich die Wolken erneut, und der Mond erhellte den Raum etwa zehn Sekunden lang mit seinem bläulichen Schein. In diesem kurzen Moment erkannte ich, wer die Person auf dem Hocker war.

Der Mann hatte schulterlanges, weißes Haar, das vermutlich schon länger nicht gekämmt worden war, denn es war an einigen Stellen verfilzt. Seiner Haltung zufolge musste er ziemlich alt sein. Außerdem war er dürr wie ein Zweig. Früher einmal war er bestimmt ein kräftiger, robuster Mann gewesen. Aber das Alter oder vielleicht auch eine Krankheit hatten ihn ausgezehrt. So wirkte es jedenfalls auf mich.

Wegen dieser Magerkeit hatte ich ihn nicht gleich erkannt. Doch endlich begriff ich, wer dort im stillen Schein des Mondes saß. Ich hatte nur wenige Fotografien von ihm gesehen, aber dieses Gesicht war unverwechselbar. Die scharfe Nase trat im Profil besonders charakteristisch hervor, aber es war vor allem die starke Aura, die von seinem ganzen Körper ausging, welche mir die eindeutige Botschaft übermittelte. Es war eine kalte Nacht, aber der Schweiß strömte mir nur so unter den Achseln hervor. Mein Herzschlag beschleunigte sich erneut. Es bestand kein Zweifel an diesem unglaublichen Phänomen.

Der alte Mann auf dem Hocker war Tomohiko Amada, der Schöpfer des Bildes. Tomohiko Amada war in sein Atelier zurückgekehrt.

41 NUR WENN ICH MICH NICHT UMDREHE

Es konnte unmöglich Tomohiko Amada in seiner wahren Gestalt sein. Der echte Tomohiko Amada hielt sich im Zustand fortgeschrittener Demenz in einer Senioreneinrichtung auf dem Plateau von Izu auf. Er war bettlägerig und außerstande, aus eigener Kraft hierherzugelangen. Also musste das, was ich hier sah, sein Geist sein. Doch soweit ich wusste, war er ja noch gar nicht gestorben. Vielleicht wäre es richtiger gewesen, ihn als »lebendigen Geist« zu bezeichnen. Oder er hatte vor Kurzem sein Leben ausgehaucht und war nun doch als Geist hier. Auch diese Möglichkeit zog ich natürlich in Betracht.

Jedenfalls wusste ich, dass es sich nicht um eine Halluzination handelte. Dafür verfügte er über zu viel Realität und substanzielle Dichte. Er hatte die unverwechselbare Ausstrahlung eines mit einem Bewusstsein begabten menschlichen Wesens. Tomohiko Amada war durch irgendeinen besonderen Effekt in sein *eigenes* Haus zurückgekehrt, saß auf seinem *eigenen* Hocker und betrachtete sein *eigenes* Bild, *Die Ermordung des Commendatore*. Sein scharfer Blick durchdrang die Dunkelheit, jedoch ohne mich zu bemerken (oder vermutlich ohne mich zu bemerken).

Das immer wieder durch die dahinziehenden Wolken ins Atelier fallende Mondlicht verwandelte Tomohiko Amadas Gestalt in einen Schattenriss. Sein Profil war mir zugewandt. Er trug einen alten Bademantel oder ein Nachthemd, aber weder Socken noch Hausschuhe. Seine Füße waren nackt und sein langes, weißes Haar war zerzaust, seine eingefallenen Wangen waren von weißen Bartstoppeln übersät, doch seine Augen leuchteten klar und durchdringend.

Ich hatte keine Angst, war aber ziemlich bestürzt. Wer wäre bei diesem wenig alltäglichen Anblick nicht verstört gewesen? Ich hielt noch immer eine Hand am Lichtschalter, hatte aber nicht vor, ihn zu betätigen. Ich stand nur reglos da, denn ich wollte Tomohiko Amada – ob er nun ein Geist oder ein Trugbild war – nicht von dem abhalten, was er hier tat. Es war schließlich sein Atelier, und er *gehörte* hierher. Der Eindringling war vielmehr ich, und wenn er hier etwas zu tun hatte, stand es mir nicht zu, ihn dabei zu stören.

Deshalb atmete ich tief durch, entspannte meine Schultern, schlich mich lautlos rückwärts aus dem Atelier und schloss leise die Tür, während Tomohiko Amada weiter reglos auf seinem Hocker saß. Vielleicht hätte er es nicht einmal bemerkt, wenn ich versehentlich die Blumenvase auf dem Tisch umgestoßen hätte, so vollkommen war seine Konzentration. Noch einmal beleuchtete der Mond seine hagere Gestalt, und ich prägte mir ganz zuletzt noch seine von zarten nächtlichen Schatten umgebenen Umrisse ein (die Silhouette, in der sein ganzes Leben verdichtet schien). *Nie durfte ich sie vergessen.* Ich musste mir sein Bildnis in die Netzhaut einbrennen und bewahren.

Ich setzte mich an den Tisch im Esszimmer und trank mehrere Gläser Mineralwasser. Gern hätte ich einen Schluck Whisky getrunken, aber der war ja alle. Menshiki und ich hatten ihn am vergangenen Abend ausgetrunken. Und andere Spirituosen hatte ich nicht im Haus. Im Kühlschrank war Bier, aber darauf hatte ich keine Lust.

Bis vier Uhr morgens konnte ich nicht schlafen. Ich saß am Esstisch, und meine Gedanken schweiften ziellos in alle Richtungen. Meine Nerven waren zu gereizt, und ich konnte mich zu nichts durchringen. Ich saß mit geschlossenen Augen da und dachte und dachte, war aber nicht imstande, einen Gedanken konsequent fortzuführen. Mehrere Stunden lang verfolgte ich nur unverbundene Gedankenfetzen, wie eine kleine Katze ihrem Schwanz folgt und sich dabei ständig im Kreise dreht.

Als ich dessen müde war, tauchte in meinem Hinterkopf Tomohiko Amadas Silhouette auf, wie ich sie zuvor gesehen hatte. Um dieses Bild auch ganz sicher zu behalten, fertigte ich im Geiste eine einfache Skizze an, indem ich den alten Mann mit einem fiktiven Bleistift in das fiktive Skizzenbuch in meinem Kopf zeichnete. So etwas tat ich oft, wenn ich Zeit hatte. Ich brauchte dazu kein echtes Papier und keinen echten Stift. Es ging sogar viel leichter so. Wahrscheinlich taten Mathematiker das Gleiche, indem sie ihre Formeln auf fiktiven Tafeln in ihrem Gehirn festhielten. Vielleicht würde ich die Szene eines Tages wirklich malen.

Ich wollte nicht noch einmal ins Atelier spähen. Natürlich war ich neugierig. Ob der alte Mann – also höchstwahrscheinlich Tomohiko Amadas anderes Ich – noch dort war? Noch auf dem Hocker saß und *Die Ermordung des Commendatore* anstarrte? Das hieß jedoch nicht, dass ich noch einmal nachsehen musste. Bestimmt war ich Zeuge von etwas sehr Bedeutsamem geworden. Vielleicht barg dieses Ereignis gleich mehrere Schlüssel, die zur Lösung des Rätsels um Tomohiko Amadas Leben führten.

Doch selbst wenn es so sein sollte, wollte ich seine Konzentration nicht stören. Der alte Maler war, verschiedene Naturgesetze außer Kraft setzend, in sein Atelier zurückgekehrt, um das Bild

Die Ermordung des Commendatore ausgiebig zu betrachten oder sich noch einmal seines Inhalts zu vergewissern, was ihn vermutlich eine große Menge Energie gekostet hatte. Kostbare Lebensenergie, von der ihm sicher nicht mehr allzu viel geblieben war. Nein, er musste um jeden Preis seine *Ermordung des Commendatore* so lange betrachten können, wie er wollte.

Als ich aufwachte, war es bereits kurz nach zehn. Als Frühaufsteher schlief ich nur selten so lange. Nachdem ich mich gewaschen hatte, machte ich Kaffee und frühstückte. Aus irgendeinem Grund hatte ich fürchterlichen Hunger. Ich verzehrte doppelt so viel wie wie sonst. Drei Scheiben Toast, zwei gekochte Eier und Tomatensalat. Dazu trank ich zwei große Becher Kaffee.

Nach dem Frühstück warf ich sicherheitshalber einen Blick ins Atelier, aber natürlich war Tomohiko Amada nicht mehr dort. Mich empfing nur die übliche morgendliche Stille. Vor der Staffelei mit dem angefangenen Bild von Marie stand der runde Hocker, dahinter der Küchenstuhl, auf dem Marie mir Modell saß. An der Wand daneben hing *Die Ermordung des Commendatore* von Tomohiko Amada. Die Glöckchen lagen nicht im Regal. Der Himmel über dem Tal war blau, die Luft kühl und klar. Vogelgezwitscher durchdrang die winterliche Luft.

Ich rief Masahiko in seiner Firma an. Obwohl es fast Mittag war, klang er verschlafen. Seiner Stimme war die Montagsmüdigkeit anzuhören. Nach einer kurzen Begrüßung fragte ich gleich nach seinem Vater, um zu erfahren, ob er gestorben war und die Gestalt in der letzten Nacht sein Geist gewesen sein konnte. Falls er in der vergangenen Nacht gestorben war, hätte man seinen Sohn gewiss schon informiert.

»Ich war vor ein paar Tagen bei ihm«, erwiderte er auf meine Frage. »Mit seinem Kopf ist es nicht besser geworden, aber körperlich geht es ihm nicht schlecht. Zumindest sieht es im Augenblick nicht kritisch aus.«

Tomohiko Amada war also nicht gestorben. Das hieß, was ich letzte Nacht gesehen hatte, war nicht sein Geist oder dergleichen gewesen, sondern eine kurzfristige Erscheinung, hervorgerufen durch schiere menschliche Willenskraft.

»Du findest die Frage vielleicht etwas seltsam, aber hat sich am Zustand deines Vaters irgendetwas verändert?«, fragte ich.

»Verändert? Wieso fragst du das?«

Ich sagte ihm, was ich mir im Voraus zurechtgelegt hatte. »Um die Wahrheit zu sagen, hatte ich kürzlich einen sonderbaren Traum. Dein Vater war mitten in der Nacht hierher ins Haus zurückgekehrt, und ich bin ihm zufällig begegnet. Es war ein sehr realistischer Traum. So realistisch, dass ich aus dem Bett gesprungen bin. Also habe ich mich gefragt, ob vielleicht irgendetwas passiert ist.«

»Ach«, sagte Masahiko ergriffen. »Das ist ja interessant. Und was hat mein Vater mitten in der Nacht dort im Haus gemacht?«

»Er saß nur ganz still auf seinem Hocker im Atelier.«

»Das war alles?«

»Ja, sonst hat er nichts gemacht.«

»Mit *Hocker* meinst du dieses dreibeinige runde Ding aus Holz?«

»Ja, genau.«

Masahiko überlegte. »Vielleicht rückt sein Tod näher«, sagte er mit tonloser Stimme. »Es heißt ja, dass die menschliche Seele am Ende des Lebens die Orte aufsucht, nach denen sie sich sehnt. Soweit ich weiß, war das Atelier für meinen Vater der Ort, an dem sein Herz am meisten hing.«

»Aber er hat doch gar keine Erinnerungen mehr?«

»Er hat kein Gedächtnis im landläufigen Sinne. Aber sein Geist existiert ja noch. Nur dass sein Bewusstsein keinen Zugang mehr dazu hat. Mit anderen Worten: Die Verbindung zum Bewusstsein ist nicht mehr da, aber sein Geist ist noch in ihm. Wahrscheinlich völlig unbeschädigt.«

»Ich verstehe«, sagte ich.

»Hattest du keine Angst?«

»Vor einem Traum?«

»Aber es war doch ein sehr realistischer Traum?«

»Nein, ich hatte keine Angst. Ich war nur sehr verwundert. Es war, als hätte ich ihn selbst direkt vor Augen.«

»Oder er war es wirklich«, sagte Masahiko.

Dazu äußerte ich mich nicht. Ich wollte Masahiko zu dem Zeitpunkt nicht anvertrauen, dass sein Vater ins Haus zurückgekehrt war, um *Die Ermordung des Commendatore* zu sehen. (Im Nachhinein betrachtet, hatte wahrscheinlich ich Tomohiko Amada angelockt. Hätte ich das Bild nicht aus seiner Verpackung genommen, wäre er vielleicht auch nicht zurückgekehrt.) Dann hätte ich ihm erklären müssen, dass ich das Bild auf dem Dachboden entdeckt, es ohne seine Erlaubnis ausgepackt und an die Wand im Atelier gehängt hatte. Eines Tages würde ich ihn natürlich einweihen müssen, aber jetzt wollte ich das noch nicht.

»Außerdem«, sagte Masahiko, »hatte ich letztes Mal keine Zeit mehr, dir zu erzählen, was ich dir erzählen wollte. Erinnerst du dich?«

»Ja, natürlich.«

»Ich würde gern mal zu dir rauskommen und in Ruhe mit dir reden. Geht das?«

»Es ist dein Haus. Du kannst kommen, wann du willst.«

»Diese Woche will ich noch mal nach Izu zu meinem Vater fahren. Wenn es dir recht ist, komme ich auf dem Rückweg vorbei. Odawara liegt ja auf dem Weg.«

Ich hätte immer Zeit, sagte ich, außer mittwoch- und freitagnachmittags und sonntagvormittags. Mittwochs und freitags gab ich den Malunterricht, und am Sonntagvormittag porträtierte ich Marie Akikawa.

Eventuell komme er am Samstagnachmittag, sagte Masahiko. »Aber ich rufe auf jeden Fall vorher an.«

Nachdem wir unser Telefonat beendet hatten, setzte ich mich im Atelier auf den Hocker, auf dem Tomohiko Amada in der Nacht zuvor im Dunkeln gesessen hatte. Kaum hatte ich mich niedergelassen, spürte ich, dass es nicht mehr *mein* Hocker war. Es war *sein* Hocker, der Hocker, auf dem Tomohiko Amada all die Jahre lang seine Bilder gemalt hatte, und er würde es bis in alle Ewigkeit bleiben. In den Augen eines Unbeteiligten war es nur ein abgestoßener alter Schemel mit drei Beinen, doch er war durch und durch vom Willen des alten Malers getränkt. Ich benutzte ihn nur zufällig und unbefugt.

So dasitzend, betrachtete ich *Die Ermordung des Commendatore* an der Wand. Wie viele Male hatte ich mir dieses Bild inzwischen angesehen? Und mit jedem Mal gewann es an Wert und Bedeutung. Mit einem Mal verspürte ich den Wunsch, es aus einer anderen Perspektive in Augenschein zu nehmen. Es musste dort etwas geben, das Tomohiko Amada noch einmal hatte sehen wollen, bevor sein Leben zu Ende ging.

Ich nahm mir viel Zeit, um das Bild zu betrachten. Konzentriert und mit angehaltenem Atem, in der gleichen Haltung, aus dem gleichen Winkel und der gleichen Position, wie es Tomohiko Amada, sein lebender Geist oder seine Erscheinung in der letzten Nacht getan hatte. Doch bei aller Aufmerksamkeit konnte ich nichts darauf entdecken, was ich nicht schon gesehen hatte.

Müde vom Grübeln ging ich nach draußen. Vor dem Haus parkte noch immer Menshikis silberfarbener Jaguar und ein Stück davon entfernt mein Toyota Corolla Kombi. Sein Wagen hatte die ganze Nacht über dort gestanden. Hatte ruhig dort ausgeharrt wie ein kluges, zahmes Tier, das geduldig auf die Rückkehr seines Herrn wartet.

Während ich noch immer über *Die Ermordung des Commendatore* nachdachte, schlenderte ich ziellos durch die Umgebung des Hauses. Auf dem kleinen Pfad durch das Wäldchen hatte ich das Gefühl, von hinten beobachtet zu werden. Als würde »Langgesicht« die Klappe im Boden aufdrücken und mir nachspionieren. Abrupt drehte ich mich um und blickte hinter mich. Aber dort war nichts zu entdecken. Weder eine Öffnung in der Erde noch Langgesicht. Nur der menschenleere, laubbedeckte Weg lag unverändert still hinter mir. Ich versuchte es mehrere Male. Doch ich konnte herumschnellen, wie ich wollte, es war einfach niemand da.

Vielleicht existierte Langgesicht auch nur, *wenn ich mich nicht herumdrehte*. Er erahnte vielleicht den Moment, in dem ich mich herumdrehen würde, und ging blitzschnell in Deckung. So wie Kinder es beim Spielen tun.

Ich ging weiter als sonst in den Wald hinein, um nach dem Zugang zu dem geheimen Pfad zu suchen, von dem Marie Akikawa gesprochen hatte. Aber alles Suchen war vergeblich, ich konnte nichts dergleichen entdecken. Wenn man sich normal umschaue, könne man den Zugang nicht finden, hatte sie gesagt. Er musste ziemlich gut getarnt sein. Auf alle Fälle war sie, nachdem es dunkel geworden war, allein über diesen Geheimpfad von den benachbarten Hügeln durch Dickicht und Wäldchen bis zu meinem Haus gekommen.

Am Ende des Weges kam ich auf eine kleine runde Lichtung.

Es waren keine Äste mehr über mir, und wenn ich nach oben schaute, sah ich ein Stück Himmel. Hier fielen die Strahlen der herbstlichen Sonne direkt auf den Boden. An diesem sonnigen Plätzchen setzte ich mich auf einen flachen Stein und genoss die Aussicht auf das Tal zwischen den Stämmen der Bäume, während ich mir vorstellte, Marie Akikawa würde plötzlich auf ihrem geheimen Pfad vor mir auftauchen. Aber natürlich kam niemand von irgendwoher. Hin und wieder landete auf einem Ast ein Vogel, nur um gleich wieder aufzuflattern. Die Vögel waren nur paarweise unterwegs und informierten einander ständig mit kurzen lauten Rufen darüber, wo sie gerade waren. Einige Vogelarten blieben lebenslang mit ihrem Partner zusammen, wenn sie ihn einmal gefunden hatten, und wenn einer starb, so hatte ich irgendwo gelesen, dann blieb der andere für den Rest seines Lebens allein. Unnötig zu erwähnen, dass sie keine Scheidungspapiere unterschrieben, die ihnen per Einschreiben von Anwaltskanzleien zugestellt wurden.

Aus der Ferne ertönte dumpf der Lautsprecher eines fahrenden Händlers, verstummte aber gleich wieder. Dann vernahm ich ein ziemlich lautes, aber undefinierbares Rascheln im nahen Gras. Es hörte sich nicht nach einem Menschen an. Solche Geräusche machten Wildtiere. Für einen Moment fragte ich mich erschrocken, ob es womöglich ein Wildschwein sein könnte (abgesehen von den Wespen waren Wildschweine die gefährlichsten Lebewesen der Gegend). Aber auch dieses Geräusch verstummte abrupt, und es war nichts mehr zu hören.

Daraufhin stand ich auf und machte mich auf den Rückweg zum Haus. Unterwegs ging ich am Schrein vorbei, um nach der Grube zu sehen. Wie immer lagen die mit großen Steinen beschwerten Planken darüber. Soweit ich erkennen konnte, gab es keine Anzeichen dafür, dass jemand sie bewegt hatte. Es lag eine

Menge abgefallenes Laub darauf, das im Regen bereits seine leuchtenden Farben eingebüßt hatte. All das junge Laub, das im Frühjahr gesprossen war, starb seinen unvermeidlichen herbstlichen Tod.

Während ich auf die Bretter starrte, bildete ich mir ein, die Abdeckung werde angehoben und Langgesicht spähe mit seinem wie eine Aubergine geformten Gesicht daraus hervor. Aber natürlich war das nicht der Fall. Außerdem war Langgesichts Loch quadratisch. Es war eine kleinere, individuellere Öffnung. Und es war nicht Langgesicht gewesen, der in *dieser* Grube gesteckt hatte, sondern der Commendatore. Oder besser gesagt: die Idee, die sich die Gestalt des Commendatore ausgeborgt hatte. Sie hatte nachts die Glöckchen geläutet, mich hierhergerufen und dazu veranlasst, die Steinkammer zu öffnen.

Jedenfalls hatte damit alles angefangen. Seit Menshiki und ich sie mit dem Schaufelbagger hatten freilegen lassen, war in meiner Umgebung ein unerklärliches Ereignis nach dem anderen eingetreten. Vielleicht hatte auch alles damit angefangen, dass ich *Die Ermordung des Commendatore* auf dem Dachboden gefunden und aus seiner Verpackung befreit hatte. Eigentlich war das die Reihenfolge gewesen. Vermutlich standen die beiden Ereignisse von vorneherein in Beziehung, und das Bild hatte die Idee in dieses Haus geführt. Vielleicht war der Commendatore mir als Gegenleistung dafür erschienen, dass ich das Bild befreit hatte. Doch je länger ich darüber nachdachte, desto weniger konnte ich beurteilen, was Ursache und was Wirkung gewesen war.

Als ich nach Hause kam, war der Jaguar, der vor der Tür geparkt hatte, bereits verschwunden. Anscheinend war Menshiki während meiner Abwesenheit mit einem Taxi gekommen und hatte ihn mitgenommen. Oder er hatte jemanden geschickt. Mein staubbedeckter Toyota Corolla wirkte jedenfalls ein wenig wie bestellt und nicht abgeholt. Menshiki hat recht, dachte ich, ich müsste wirklich einmal den Reifendruck prüfen. Aber ich hatte noch immer keinen Luftdruckmesser gekauft. Und würde es in meinem ganzen Leben auch nicht tun.

Ich wollte mir etwas zum Mittagessen machen, aber als ich an der Arbeitsplatte stand, merkte ich, dass der gesunde Appetit, den ich bis gerade eben noch empfunden hatte, völlig verschwunden war. Stattdessen verspürte ich eine große Müdigkeit. Ich nahm die Decke, legte mich auf das Sofa im Wohnzimmer und schlief ein. Dabei hatte ich einen kurzen, aber lebhaften und klaren Traum. Fast fühlte es sich an, als hätte sich ein Stück der Wirklichkeit in meinen Schlaf verirrt. Als ich aufwachte, verwandelte es sich in ein schnelles Fluchttier, um spurlos zu verschwinden.

42 WENN ES ZU BODEN FÄLLT UND ZERBRICHT, IST ES EIN EI

Die Woche verging unerwartet schnell. An den Vormittagen konzentrierte ich mich auf meine Leinwand, nachmittags las ich, ging spazieren oder erledigte die notwendigsten Hausarbeiten. So verstrich ein Tag nach dem anderen. Am Mittwochnachmittag kam meine Freundin, und wir schliefen miteinander. Zu ihrer Belustigung quietschte das alte Bett wie immer, was das Zeug hielt.

»Dieses Bett wird in Kürze den Geist aufgeben«, prophezeite sie atemlos während unseres Geschlechtsverkehrs. »Es wird in so viele Einzelteile zerfallen, dass man es nicht mehr von Schokosticks unterscheiden kann.«

»Vielleicht sollten wir dann ein wenig vorsichtiger damit umgehen.«

»Vielleicht hätte Kapitän Ahab Sardinen fangen sollen«, sagte sie.

Ich überlegte. »Du meinst, es gibt Dinge auf der Welt, die sich einfach nicht ändern lassen?«

»So ungefähr.«

Nach einer kurzen Pause folgten wir wieder dem weißen Wal

übers weite Meer. Manche Dinge auf der Welt lassen sich eben einfach nicht ändern.

Jeden Tag fügte ich ein wenig zu Marie Akikawas Porträt hinzu. Mittlerweile hatte ich den Entwurf auf der Leinwand ausgearbeitet, einige erforderliche Farben gemischt und mit ihnen einen Hintergrund geschaffen. Er war die Basis, um ihr Gesicht auf der Leinwand natürlich erscheinen zu lassen. Nun wartete ich darauf, dass sie am Sonntag wieder ins Atelier kam. Es gab Vorbereitungen, die ich erledigen konnte, wenn mein Modell nicht zur Verfügung stand, und es gab die Beschäftigung mit dem tatsächlichen Modell. Beides gefiel mir gleichermaßen. Ich hatte Zeit, für mich über die verschiedenen Komponenten des Porträts nachzudenken und alle möglichen Farben und Techniken auszuprobieren. Ich genoss den handwerklichen Aspekt ebenso wie die Arbeit, die sich spontan und improvisiert aus diesen Vorbereitungen ergab.

Neben Marie Akikawas Porträt hatte ich auf einer anderen Leinwand mit einem Bild von der Grube hinter dem Schrein begonnen. Da mir ihr Anblick lebhaft vor Augen stand, konnte ich sie exakt und im Detail aus dem Gedächtnis wiedergeben, ohne an Ort und Stelle zu sein, und malte sie beinahe übertrieben realistisch, sodass sie wie eine Fotografie wirkte. Ich malte selten so realistisch (abgesehen natürlich von meinen Auftragsporträts). Aber ich hatte keine Schwierigkeiten mit dieser Art der Malerei und konnte, wenn ich wollte, so realistisch und präzise malen, dass man das Bild für ein Foto halten konnte. Mitunter dienten mir solche superrealistischen Bilder auch als Abwechslung und Übung zur Verfeinerung meiner Grundtechniken. Letztendlich fertigte ich solche fotorealistischen Bilder vor allem zu meinem Vergnügen an und gab sie nur selten heraus.

Damit hatte ich die *Grube im Wäldchen* jeden Tag deutlich und lebendig vor Augen. Eine geheimnisvolle, runde Öffnung in der Erde, die zur Hälfte mit Brettern abgedeckt war. Die dunkle Gruft, aus der der Commendatore erschienen war. Ich malte nur sie, ohne einen Menschen. Der umgebende Boden war von Laub bedeckt, und sie bot einen sehr friedvollen Anblick. Dennoch hatte ich noch immer das Gefühl, es könnte jemand (oder etwas) daraus hervorgekrochen kommen. Je länger ich hinsah, desto weniger konnte ich mich dieser Ahnung entziehen. Obwohl ich das Bild ja selbst malte, überlief es mich kalt dabei.

So verbrachte ich meine einsamen Vormittage im Atelier. Mit Pinsel und Palette malte ich abwechselnd an Marie Akikawas Porträt und an der *Grube im Wäldchen* – zwei Bilder von sehr verschiedenem Charakter. Ich saß auf dem Hocker, auf dem Tomohiko Amada in der Nacht von Sonntag auf Montag gesessen hatte, und arbeitete inbrünstig an den beiden Leinwänden. Vielleicht hatte meine Konzentration Tomohiko Amadas Präsenz, die ich am Montagmorgen dort noch verspürt hatte, verscheucht. Der alte Schemel war für mich wieder zu einem realen Möbel geworden. Und Tomohiko Amada war dorthin zurückgekehrt, wo er hingehörte.

In dieser Woche stand ich mehrmals nachts auf, öffnete die Tür zum Atelier einen Spaltbreit und spähte hinein. Doch es war nie jemand darin. Weder Tomohiko Amada noch der Commendatore. Nur der alte Hocker stand einsam vor den Staffeleien, und das durch das Fenster fallende Mondlicht lag sanft auf den Gegenständen im Raum. An der Wand hing *Die Ermordung des Commendatore*, während *Mann mit weißem Subaru Forester*, mit dem ich angefangen hatte, mit dem Gesicht zu ihr auf dem Boden stand. Auf einer Staffelei stand das unfertige Porträt von Marie Akikawa, auf einer anderen das Bild von der Grube im Wäldchen. Es roch nach Ölfarbe, Terpentin und Mohnöl. Ganz gleich, wie lange ich das Fenster geöffnet ließ, diese Mischung verflüchtigte sich nie. Diesen besonderen Geruch atmete ich die ganze Zeit ein und würde ihn vermutlich auch noch lange einatmen. Um mich seiner zu vergewissern, sog ich jedes Mal die nächtliche Luft des Ateliers tief ein und schloss anschließend leise die Tür.

Am Freitagabend rief Masahiko an, um seinen Besuch für Samstagnachmittag anzukündigen. Er wollte frischen Fisch vom nahe gelegenen Hafen mitbringen, damit ich mich nicht ums Essen zu kümmern brauchte und ganz entspannt auf ihn warten konnte.

»Soll ich noch etwas für dich besorgen? Ich könnte doch die Gelegenheit nutzen und alles Mögliche einkaufen.«

»Nein, ich glaube nicht«, sagte ich. Dann fiel mir doch etwas ein. »Ach ja, der Whisky ist mir ausgegangen. Ich hatte Besuch, und wir haben deinen ausgetrunken. Könntest du mir eine Flasche mitbringen, egal, welche Marke?«

»Ich mag Chivas Regal. Ist der in Ordnung?«

»Ja, klar.«

Masahiko hatte schon immer viel Aufhebens um Essen und Trinken gemacht. Mir liegt das nicht so. Ich esse, was es gibt, und trinke, was da ist.

Nach Masahikos Anruf nahm ich *Die Ermordung des Commendatore* von der Wand im Atelier, brachte es ins Schlafzimmer und deckte es ab. Ich wollte ihm Tomohiko Amadas unveröffentlichtes Werk, das ich heimlich vom Dachboden geholt hatte, nicht zeigen. Zumindest noch nicht.

Im Atelier waren jetzt nur noch das Porträt von Marie Akikawa und die *Grube im Wäldchen* zu sehen. Beide konnte ich meinem Besucher vorbehaltlos präsentieren. Als ich vor den Bildern stand und meinen Blick zwischen ihnen hin und her wandern ließ, kam mir eine bestimmte Szene in den Sinn. Ich sah vor mir, wie Marie um den Schrein herumging und sich der Grube näherte, die den Beginn von irgendetwas ausstrahlte. Die Abdeckung war zur Hälfte geöffnet. Etwas in der Dunkelheit leitete das Mädchen. War es Langgesicht, der dort auf sie wartete? Oder der Commendatore?

Bestand womöglich eine Verbindung zwischen den beiden Bildern?

Seit ich in dieses Haus gezogen war, hatte ich fast ununterbrochen gemalt. Zuerst hatte Menshiki mich mit seinem Porträt beauftragt, dann hatte ich *Mann mit weißem Subaru Forester* angefangen (und abgebrochen, während ich die Farbe auftrug), und jetzt malte ich Marie Akikawas Porträt sowie die Grube im Wäldchen. Die vier Bilder schienen sich wie Teile eines Puzzles zusammenzufügen und als Ganzes den Anfang einer Geschichte zu bilden.

Vielleicht zeichnete ich mit diesen Bildern eine Geschichte auf. Mir war, als hätte mir jemand die Aufgabe eines Chronisten übertragen oder mich dazu autorisiert. Aber wenn das so war, wer war dann dieser Jemand? Und warum hatte er ausgerechnet *mich* als Chronisten ausgewählt?

Kurz vor vier Uhr am Samstagnachmittag fuhr Masahiko in seinem schwarzen Volvo Kombi vor. Er liebte diesen altmodischen, kantigen, ehrlichen und robusten Wagen. Er fuhr ihn schon ewig, und das Auto musste eine Menge Kilometer auf dem Tacho haben, doch wie es aussah, beabsichtigte er nicht, es gegen ein neueres Modell einzutauschen. Heute hatte er eigens sein persönliches Küchenmesser mitgebracht, dessen Klinge scharf und gut gepflegt wirkte. Er brauchte es, um die große frische Meerbrasse, die er bei einem Fischhändler in Ito gekauft hatte, zu zerlegen. Masahiko war von Natur aus sehr geschickt und praktisch veranlagt. Er nahm säuberlich die Gräten heraus, schnitt, ohne etwas zu verschwenden, Sashimi zu und bereitete aus den Abfällen eine Brühe. Die Haut röstete er über dem Feuer, sodass wir sie als Snack zum Whisky genießen konnten. Bewundernd sah ich ihm zu. Er wäre bestimmt auch als Profi-Koch erfolgreich gewesen.

»Sashimi von Weißfischen wie der Meerbrasse schmeckt eigentlich am nächsten Tag besser. Ihr Fleisch wird dann weicher und der Geschmack intensiver, aber da kann man nichts machen. Wir wollen es ja jetzt essen«, sagte Masahiko, während er geschickt mit dem Messer hantierte.

»Das ist Jammern auf hohem Niveau«, sagte ich.

»Falls wir nicht alles essen, kannst du die Reste morgen allein genießen.«

»Das werde ich.«

»Kann ich übrigens heute Nacht hier schlafen?«, fragte er. »Ich möchte heute mal ganz in Ruhe mit dir reden und auch etwas trinken. Aber wenn ich trinke, kann ich nicht mehr fahren. Ich könnte doch auf dem Sofa im Wohnzimmer schlafen.«

»Natürlich«, sagte ich. »Es ist dein Haus. Du kannst hier übernachten, sooft du willst.«

»Und du erwartest auch keinen Damenbesuch?«

Ich schüttelte den Kopf. »Nein, im Augenblick nicht.«

»Dann bleibe ich hier.«

»Du musst nicht auf dem Sofa schlafen, im Gästezimmer ist doch auch ein Bett.«

»Nein, ich mag das Sofa im Wohnzimmer lieber. Es ist bequemer, als es aussieht. Ich habe schon immer gern darauf geschlafen.«

Masahiko zog eine Flasche Chivas Regal aus der Papiertüte, brach das Siegel und schraubte sie auf. Ich holte zwei Gläser und Eis aus dem Kühlschrank. Als er den Whisky einschenkte, ertönte ein angenehmes Gluckern. Das bewusste Geräusch, zu dem

Freunde einander ihr Herz öffnen. Wir stießen an und tranken, während wir gemeinsam unser Mahl zubereiteten.

»Es ist schon ewig her, dass wir beide in Ruhe zusammen einen gehoben haben«, sagte Masahiko.

»Jetzt, wo du es sagst. Mir kommt es vor, als hätten wir früher andauernd zusammen getrunken.«

»Nein, *ich* habe andauernd getrunken«, sagte er. »Du hast dich nie richtig besoffen.«

Ich lachte. »Im Vergleich zu dir stimmt das wahrscheinlich, aber für meine Verhältnisse habe ich schon ganz schön was weggeputzt.«

Ich trank nie so viel, dass ich betrunken war, denn bevor ich betrunken wurde, schlief ich ein. Ganz anders Masahiko. Er war der Typ, der, wenn er einmal angefangen hatte, trinken konnte, bis er umfiel.

Wir setzten uns an den Esstisch, aßen Sashimi und tranken Whisky. Zuvor verspeisten wir jeder noch vier der frischen rohen Austern, die er zusammen mit der Meerbrasse gekauft hatte. Das eben erst filetierte Sashimi schmeckte außergewöhnlich köstlich und frisch. Tatsächlich war es noch ein wenig fest. Wir ließen uns viel Zeit beim Essen und tranken langsam.

Schließlich aßen wir das Sashimi restlos auf. Allein davon war ich ziemlich gesättigt. Außer den Austern und dem Sashimi aß ich noch von der knusprig gerösteten Fischhaut und dazu geriebenen eingelegten grünen Rettich und Tofu. Zum Schluss tranken wir die Brühe.

»So ausgiebig und köstlich habe ich schon lange nicht mehr getafelt«, sagte ich.

»Derart frischen Fisch bekommt man in Tokio kaum«, sagte Masahiko. »In der Hinsicht ist es nicht schlecht, in dieser Gegend zu wohnen.«

»Aber dir wäre vielleicht langweilig, wenn du immer hier wohnen würdest.«

»Langweilst du dich?«

»Was soll ich sagen? Ich bin von jeher nicht besonders anfällig für Langeweile. Außerdem passiert hier jede Menge.«

Nicht lange nachdem ich im Frühsommer hierhergezogen war, hatte ich Menshiki kennengelernt und mit ihm die Steinkammer hinter dem Schrein geöffnet. Dann war der Commendatore aufgetaucht, und nicht lange danach waren Marie Akikawa und ihre Tante Shoko in mein Leben getreten. Außerdem hatte ich eine zwar verheiratete, aber sexuell sehr aktive Freundin, um mich zu trösten. Eigentlich hatte ich gar keine Zeit, mich zu langweilen.

»Seltsamerweise kenne ich auch keine Langeweile«, sagte Masahiko. »Ich war früher ein begeisterter Surfer und oft zum Wellenreiten hier an der Küste. Hast du das gewusst?«

Ich hatte es nicht gewusst. Davon hatte er mir nie erzählt.

»Manchmal frage ich mich, ob ich das Stadtleben hinter mir lassen und wieder ein solches Leben beginnen soll. Früh aufstehen und aufs Meer gucken, und wenn es gute Wellen gibt, mit dem Boot hinausfahren.«

So etwas Mühsames brächte ich nie zustande, dachte ich.

»Und deine Arbeit?«

»Zweimal in der Woche nach Tokio zu fahren würde genügen. Da ich meine Arbeit zum größten Teil am Computer erledigen kann, wäre es kein großes Problem, aus der Stadt wegzuziehen. Ist die Welt nicht praktisch geworden?«

»Wirklich? Am Computer?«, fragte ich.

Er musterte mich verblüfft. »Wir leben im 21. Jahrhundert. Das hast du doch mitgekriegt?«

»Ich habe etwas läuten gehört«, sagte ich.

Als wir mit dem Essen fertig waren, zogen wir ins Wohnzimmer um und tranken weiter. Der Herbst neigte sich allmählich dem Ende zu, aber es war noch nicht so kalt, dass man den Kamin hätte anzünden müssen.

»Wie ist denn der Zustand deines Vaters?«, fragte ich.

Masahiko stieß einen leisen Seufzer aus. »Unverändert. Sein Kopf ist völlig abgeschaltet. Er kann ein Ei nicht von seinen Hoden unterscheiden.«

»Wenn es zu Boden fällt und zerbricht, ist es ein Ei«, sagte ich.

Masahiko lachte laut. »Aber wenn man einmal darüber nachdenkt, sind wir Menschen doch seltsame Wesen. Bis vor ein paar Jahren war mein Vater ein robuster Mann, der einiges an Tritten und Schlägen einstecken konnte. Und sein Verstand war so klar wie der Nachthimmel im Winter. Beinahe hassenswert. Jetzt ist sein Gedächtnis ein schwarzes Loch. Ein unbegreifliches schwarzes Loch, das plötzlich im All aufgetaucht ist.« Masahiko schüttelte den Kopf. »›Die größte Überraschung im Leben eines Mannes ist das Alter.‹ Wer hat das noch mal gesagt?«

»Keine Ahnung«, sagte ich. Ich hatte diesen Satz noch nie gehört. Aber er stimmte wahrscheinlich. Das Alter kam vielleicht sogar überraschender als der Tod. Eines Tages ganz klar gesagt zu bekommen, man sei eine biologisch (und gesellschaftlich) überflüssige Existenz, übertraf vermutlich sämtliche Erwartungen.

»Und der Traum, den du kürzlich von meinem Vater hattest, war sehr real?«, fragte Masahiko.

»Ja, so real, dass es kein Traum zu sein schien.«

»Und er war hier im Atelier?«

Ich führte ihn ins Atelier und deutete auf den Hocker, der in der Mitte stand. »In meinem Traum saß dein Vater ganz still auf dem Schemel.«

Masahiko trat zu dem Hocker und legte die Handflächen darauf. »Ohne etwas zu tun?«

»Genau. Er saß bloß da.«

In Wirklichkeit hatte Tomohiko Amada *Die Ermordung des Commendatore* an der Wand angesehen, aber das verschwieg ich.

»Mein Vater hatte diesen Hocker sehr gern«, sagte Masahiko. »Es ist ein ganz gewöhnliches altes Ding, aber er hat ihn nie weggegeben. Wenn er malte oder nachdachte, saß er immer auf diesem Hocker.«

»Er übt tatsächlich eine sehr beruhigende Wirkung aus, wenn man auf ihm sitzt«, sagte ich.

Masahiko ließ die Hände eine Zeit lang auf dem Hocker liegen und dachte über etwas nach, machte aber keine Anstalten, sich zu setzen. Anschließend betrachtete er die beiden Bilder davor: das Porträt von Marie Akikawa und die Grube im Wäldchen. Lange und aufmerksam sah er sie an, so wie ein Arzt auf einem Röntgenbild nach einem absonderlichen Schatten sucht.

»Sehr interessant«, sagte er. »Und sehr gut.«

»Beide?«

»Ja, beide. Besonders wenn man sie nebeneinander betrachtet, erkennt man eine ganz eigentümliche Bewegung darin. Im Stil sind sie sehr verschieden, und trotzdem erwecken sie den Eindruck, als gäbe es irgendwo eine Verbindung zwischen den beiden Bildern.«

Ich nickte schweigend. Das entsprach dem, was ich selbst vor einigen Tagen vage empfunden hatte.

»Ich glaube, du bekommst allmählich eine neue Richtung zu fassen. Als würdest du nach langer Zeit aus einem tiefen Wald herausfinden. Du solltest diesen Vorgang sehr ernst nehmen.«

Er nahm einen Schluck aus dem Whiskyglas in seiner Hand. Das Eis rief ein wohltönendes Klirren hervor.

Ich verspürte den starken Drang, ihm *Die Ermordung des Commendatore* zu zeigen. Ich hätte sehr gern gehört, was Masahiko gegenüber dem Bild seines Vaters empfand. Vielleicht könnte das, was er zu sagen hätte, mir einen entscheidenden Hinweis geben. Doch es gelang mir, den Impuls zu unterdrücken.

Es ist noch zu früh, hielt ich mich zurück. *Zu früh.*

Wir verließen das Atelier und gingen ins Wohnzimmer. Offenbar war Wind aufgekommen, denn vor dem Fenster zogen dichte Wolken langsam gen Norden. Der Mond war nirgends zu sehen.

»So, lass uns nun mal zum eigentlichen Thema kommen«, sagte Masahiko entschieden.

»Offenbar ist es nicht ganz einfach für dich, darüber zu sprechen«, sagte ich.

»Genau, nicht einfach. Genauer gesagt, fällt es mir *ziemlich* schwer.«

»Aber ich muss es wohl erfahren.«

Masahiko rieb nervös die Handflächen aneinander wie jemand, der etwas Schwerwiegendes vorzubringen hat und sich endlich dazu durchringt.

»Es geht um Yuzu. Ich habe mich mehrmals mit ihr getroffen. Bevor du im Frühjahr ausgezogen bist und auch danach. Sie wollte mich sehen, und wir sind öfter ausgegangen und haben geredet. Aber sie bat mich, dir nichts davon zu erzählen. Es widerstrebte mir, Geheimnisse vor dir zu haben, aber ich habe es ihr versprochen.«

Ich nickte. »Versprechen muss man halten.«

»Weil ja auch Yuzu meine Freundin ist.«

»Ich weiß«, sagte ich. Masahiko nahm Freundschaften sehr ernst, was manchmal auch sein Schwachpunkt war.

»Sie war mit einem Mann zusammen. Also neben dir.«

»Das weiß ich. Das heißt, ich weiß es *jetzt*.«

Masahiko nickte. »Diese Beziehung hatte ungefähr ein halbes Jahr vor deinem Auszug angefangen. Und es fällt mir besonders schwer, dir zu sagen, dass der Mann ein Bekannter von mir ist. Ein Arbeitskollege.«

Ich stieß einen kleinen Seufzer aus. »Ich kann mir vorstellen, dass er ein gut aussehender Mann ist.«

»Das stimmt. Er sieht sehr gut aus. So gut, dass er während seines Studiums als Model jobbte. Und um es gleich frei heraus zu sagen, war ich es, der Yuzu mit diesem Mann bekannt gemacht hat.«

Ich schwieg.

»Natürlich kam es, wie es kommen musste«, sagte Masahiko.

»Yuzu hat von jeher eine große Schwäche für attraktive Männer. Sie hat selbst einmal zugegeben, dass es fast wie eine Krankheit ist.«

»So schlecht siehst du doch auch nicht aus«, sagte Masahiko.

»Danke. Dann kann ich ja heute Nacht beruhigt schlafen.«

Wir schwiegen eine Zeit lang. Masahiko ergriff als Erster wieder das Wort.

»Jedenfalls ist er ein richtiger Adonis. Dabei hat er nicht mal einen schlechten Charakter. Ich nehme an, es ist ein schwacher Trost für dich, aber er ist kein Typ, der zur Gewalt neigt, Frauen schlecht behandelt oder sich etwas auf sein Aussehen einbildet.«

»Das ist ja die Hauptsache.« Entgegen meiner Absicht klang ich sarkastisch.

»Letztes Jahr im September, als ich mit diesem Mann unterwegs war, trafen wir zufällig Yuzu. Es war um die Mittagszeit, also beschlossen wir, zu dritt essen zu gehen. Aber ich schwöre, damals hätte ich nie gedacht, dass die beiden zusammenkämen. Immerhin ist er fünf Jahre jünger als Yuzu.«

»Aber die beiden verloren keine Zeit, etwas miteinander anzufangen.«

Masahiko zuckte leicht mit den Schultern. Vermutlich hatte sich die Sache rasant entwickelt.

»Der Mann bat mich um Rat«, sagte Masahiko. »Und Yuzu ebenfalls. Ich war also damals in einer ziemlich heiklen Lage.«

Ich schwieg. Mir war klar, dass ich mir bei allem, was ich hätte sagen können, albern vorgekommen wäre.

Masahiko schwieg ein wenig, bevor er mit der Sprache herausrückte. »Um die Wahrheit zu sagen – Yuzu ist schwanger.«

Einen Moment lang war ich wie vom Donner gerührt. »Schwanger!? Yuzu?«

»Ja, im siebten Monat schon.«

»War das beabsichtigt?«

Masahiko zuckte mit den Schultern. »So weit bin ich nicht informiert. Aber offensichtlich hat sie die Absicht, es zu bekommen. Im siebten Monat ist ja nichts mehr zu machen.«

»Mir hat sie immer gesagt, sie wolle noch kein Kind.«

Masahiko blickte mit unglücklicher Miene in sein Glas. »Und es besteht nicht die Möglichkeit, dass es doch dein Kind ist?«

Ich rechnete rasch nach und schüttelte dann den Kopf. »Abgesehen von der rechtlichen Situation ist die biologische Wahrscheinlichkeit gleich null. Vor acht Monaten war ich bereits ausgezogen. Seither haben wir uns nicht gesehen.«

»Aber das ist doch gut«, sagte Masahiko. »Jedenfalls wird sie das Kind bekommen, und sie hat mich gebeten, es dir mitzuteilen. Sie sagt, sie wolle dir keine Unannehmlichkeiten machen.«

»Warum will sie dann überhaupt, dass ich es erfahre?«

Masahiko legte den Kopf schräg. »Vielleicht hält sie es für ein Gebot des Anstands, dich davon zu unterrichten.«

Ich schwieg. *Ein Gebot des Anstands?*

»Jedenfalls bitte ich dich aufrichtig um Entschuldigung dafür, was passiert ist. Es tut mir sehr leid, dass ich dir nichts gesagt habe, obwohl ich von der Beziehung zwischen Yuzu und meinem Kollegen wusste. Kannst du mir verzeihen? In Anbetracht der Umstände?«

»Lässt du mich hier wohnen, um etwas wiedergutzumachen?«

»Nein, das hat nichts mit Yuzu zu tun. In diesem Haus hat mein Vater lange gelebt und fast alle seine Bilder gemalt. Ich dachte, es wäre gut, wenn du dich darum kümmern würdest. Denn ich kann es ja nicht einfach irgendwem überlassen.«

Ich antwortete nicht. Vermutlich sagte er die Wahrheit.

»Jedenfalls hast du doch die Scheidungspapiere unterschrieben an Yuzu zurückgeschickt. Das stimmt doch?«

»Genauer gesagt, habe ich sie an ihren Anwalt zurückgeschickt. Die Scheidung ist also vermutlich bereits rechtskräftig. Vielleicht haben die beiden schon einen Heiratstermin beschlossen.«

Und würden eine glückliche Familie gründen. Und die zierliche Yuzu und ihr gut aussehender, hochgewachsener Mann würden mit ihrem gemeinsamen Baby an einem schönen Sonntagmorgen einträchtig in einem Park in der Nachbarschaft spazieren gehen. Herzerwärmend.

Masahiko füllte frisches Eis in unsere Gläser, schenkte Whisky nach und nahm einen Schluck.

Ich stand auf, trat auf die Terrasse und blickte zu Menshikis Haus auf der anderen Seite des Tales hinüber. Mehrere Fenster waren erleuchtet. Was Menshiki jetzt wohl tat? Was dachte er in diesem Moment?

Die Nachtluft war bereits ziemlich kühl. Der Wind rüttelte leicht an den kahlen Ästen der Bäume. Ich kehrte ins Wohnzimmer zurück und setzte mich in einen Sessel.

»Meinst du, du kannst mir verzeihen?«

»Dafür kann niemand was«, sagte ich kopfschüttelnd.

»Ich finde es nur so schade. Yuzu und du, ihr habt so gut zusammengepasst und immer so glücklich gewirkt. Es ist traurig, wenn so etwas kaputtgeht.«

»Wenn es zu Boden fällt und zerbricht, ist es ein Ei«, sagte ich.

Masahiko lachte kraftlos. »Und was jetzt? Bist du nach der Trennung von Yuzu mit einer Frau zusammen?«

»Ja, schon.«

»Aber sie ist anders als Yuzu?«

»Ja, natürlich. Es gibt etwas, das ich immer bei einer Frau gesucht habe. Und Yuzu hat es.«

»Etwas, das du bei anderen Frauen nicht findest?«

Ich schüttelte den Kopf. »Bisher nicht.«

»Das tut mir leid«, sagte Masahiko. »Und was ist es, das du so konsequent bei einer Frau suchst?«

»Das lässt sich nicht mit Worten ausdrücken. Aber es ist etwas, was ich aus irgendeinem Grund in meinem Leben versäumt und wonach ich immer gesucht habe. Ist das nicht bei allen Menschen so, wenn sie jemanden lieben?«

»Bei *allen* kann man vielleicht nicht sagen«, erwiderte Masahiko mit skeptischer Miene. »Sind solche Menschen nicht eher in der Minderheit? Außerdem könntest du, wenn du etwas nicht mit Worten ausdrücken kannst, doch ein Bild davon malen? Immerhin bist du Maler.«

»Ein Bild malen? Von etwas, das man nicht ausdrücken kann?«, fragte ich. »Das ist leicht gesagt, aber in der Realität gar nicht so einfach.«

»Aber es würde sich doch lohnen, es zu verfolgen.«

»Kapitän Ahab hätte wahrscheinlich auch lieber Sardinen verfolgen sollen«, sagte ich.

Masahiko lachte. »Vom Standpunkt der Sicherheit ganz bestimmt. Aber so entsteht keine Kunst.«

»Ach komm. Sobald das Wort ›Kunst‹ fällt, ist das Gespräch sowieso am Ende.«

»In jedem Fall sollten wir noch etwas Whisky trinken«, sagte Masahiko kopfschüttelnd und schenkte uns beiden ein.

»Ich kann nicht so viel trinken. Ich muss morgen früh arbeiten.«

»Morgen ist morgen. Und heute ist heute«, sagte Masahiko.

Seine Worte hatten eine eigenartige Überzeugungskraft.

»Ich hätte eine Bitte an dich«, sagte ich zu Masahiko. Unsere Unterhaltung erstarb allmählich, und es wurde Zeit, schlafen zu gehen. Es war schon kurz vor elf.

»Gern, wenn ich sie erfüllen kann.«

»Wenn du nichts dagegen hast, würde ich gern deinen Vater kennenlernen. Könntest du mich mitnehmen, wenn du das nächste Mal nach Izu in das Heim fährst?«

Masahiko musterte mich, als wäre ich ein seltenes Tier. »Du willst meinen Vater besuchen?«

»Wenn es dir keine Umstände macht.«

»Natürlich macht das keine Umstände. Nur dass mein Vater sich mittlerweile in einem Zustand befindet, in dem man nicht vernünftig mit ihm reden kann. Er ist verwirrt, es ist aussichtslos. Wenn du dir also etwas von dieser Begegnung erhoffst ... Wenn du irgendetwas von seiner Bedeutung als Mensch in ihm zu erkennen hoffst, wirst du garantiert enttäuscht werden.«

»Ich erhoffe mir nichts dergleichen. Es würde mir genügen, deinem Vater zu begegnen und mir sein Gesicht anzusehen.«

»Und warum?«

Ich seufzte und blickte mich im Wohnzimmer um. »Ich lebe nun schon seit einem halben Jahr in seinem Haus. Ich sitze im Atelier deines Vaters auf seinem Hocker und male. Ich esse von seinem Geschirr und höre seine Schallplatten. Und dabei spüre ich überall seine Gegenwart. Deshalb möchte ich dem berühmten Tomohiko Amada wenigstens einmal von Angesicht zu Angesicht begegnen. Es macht nichts, wenn ich nicht mit ihm sprechen kann.«

»Geht in Ordnung«, sagte Masahiko einsichtig. »Für ihn ist es egal, es stört ihn und es freut ihn auch nicht, wenn du mitkommst. Mein Vater kann nicht mehr unterscheiden, wer wer ist. Es ist also überhaupt kein Problem, wenn du mich begleitest. Ich will ziemlich bald wieder hinfahren, denn die Ärzte sagen, er habe vielleicht nicht mehr viel Zeit. Er ist jetzt in einem Zustand, in dem jederzeit etwas passieren kann. Wenn du nichts Besseres vorhast, nehme ich dich gern mit.«

Ich holte eine zusätzliche Decke, ein Kissen und einen Futon und machte ihm sein Bett auf dem Sofa im Wohnzimmer. Dann schaute ich mich noch einmal im Zimmer um, um mich zu vergewissern, dass der Commendatore nicht irgendwo saß. Falls Masahiko in der Nacht aufwachte und ihn sah – ein sechzig Zentimeter großes Männlein in einem Gewand aus der Asuka-Zeit –, würde ihn vor Schreck der Schlag treffen. Vermutlich würde er denken, der Alkohol hätte ihn ins Delirium geschickt.

Außer dem Commendatore befand sich noch das Bild *Mann mit weißem Subaru Forester* im Haus. Ich hatte es umgedreht, damit es keiner sah. Allerdings hatte ich nicht die geringste Ahnung, was sich womöglich ohne mein Wissen im nächtlichen Dunkel abspielte.

»Ich hoffe, du schläfst bis zum Morgen durch«, wünschte ich Masahiko aus tiefstem Herzen.

Ich lieh ihm einen Schlafanzug von mir. Da wir ungefähr die gleiche Statur hatten, passte er ihm. Er zog sich um und schlüpfte ins Bett. Es war ein wenig kühl im Raum, aber unter der Decke würde er sicher nicht frieren.

»Bist du nicht sauer auf mich?«, fragte er mich zum Schluss.

»Nein, bin ich nicht«, sagte ich.

»Aber du bist verletzt?«

»Kann sein«, gab ich zu. Ich fand, ich hatte durchaus das Recht, etwas verletzt zu sein.

»Aber das Glas ist noch zu einem Sechzehntel voll.«

»Genau«, sagte ich.

Dann löschte ich das Licht im Wohnzimmer und zog mich in mein Schlafzimmer zurück, wo ich mit meinem etwas verwundeten Herzen bald in Schlaf fiel.

43 DAS KANN NICHT NUR EIN TRAUM GEWESEN SEIN

Als ich aufwachte, war es schon ganz hell. Obwohl der Himmel von einer dünnen grauen Wolkenschicht bedeckt war, ergoss die tiefstehende Sonne ein wenig von ihrem wohltuenden Licht auf die Erde. Es war kurz vor sieben.

Nachdem ich im Bad gewesen war, schaltete ich die Kaffeemaschine ein und warf einen Blick ins Wohnzimmer. Masahiko lag noch fest schlafend in seine Decke eingerollt auf dem Sofa. Es machte nicht den Eindruck, als würde er bald aufwachen. Auf dem Tisch neben ihm stand die nahezu leere Flasche Chivas Regal. Ich ließ ihn schlafen und räumte sein Glas und die Flasche weg.

Ich hatte ziemlich viel Whisky getrunken, hatte aber keinen Kater. Mein Kopf war so klar wie an jedem Morgen. Sodbrennen hatte ich auch nicht. Ich hatte noch nie in meinem Leben einen Kater gehabt. Warum, weiß ich nicht. Vielleicht Veranlagung. Auch wenn ich viel trank, spürte ich am nächsten Morgen keine Nachwirkungen. Ich konnte frühstücken und sofort mit der Arbeit anfangen.

Ich machte mir zwei Scheiben Toast und zwei Spiegeleier und hörte, während ich mein Frühstück verzehrte, die Nachrichten und den Wetterbericht im Radio. Die Aktienkurse waren dramatisch gestiegen, ein Skandal um einen Parlamentsabgeordneten war aufgedeckt worden, und in einer Stadt im Nahen Osten hatte es einen Terroranschlag gegeben, bei dem zahlreiche Menschen getötet und verletzt worden waren. Wie üblich gab es keine einzige erfreuliche Nachricht. Allerdings war nichts geschehen, was einen unmittelbaren negativen Einfluss auf mein Leben gehabt hätte. All diese Ereignisse hatten sich irgendwo weit entfernt von mir abgespielt und waren unbekannten Menschen zugestoßen. Ich fand sie traurig, aber im Augenblick gab es nichts, was ich dagegen tun konnte. Der Wetterbericht war ausgewogen. Von herrlichem Wetter war nicht die Rede, aber allzu schlimm sollte es auch nicht werden. Obwohl es den ganzen Tag über bewölkt sein würde, war voraussichtlich nicht mit Regen zu rechnen. Voraussichtlich nicht. Die Medien drücken sich klugerweise stets verschwommen aus. Deshalb (damit alle der Verantwortung enthoben sind) hat man praktische Begriffe wie »Niederschlagswahrscheinlichkeit« zur Hand.

Als die Nachrichten und der Wetterbericht zu Ende waren, schaltete ich das Radio aus und räumte mein Frühstücksgeschirr ab. Anschließend setzte ich mich an den Esstisch und trank zwei Becher Kaffee, während ich meinen Gedanken nachhing. Normale Leute hätten jetzt vermutlich die gerade gelieferte Morgenzeitung aufgeschlagen, aber ich hatte keine Zeitung abonniert. Also hing ich nur meinen Gedanken nach, trank Kaffee und blickte auf die herrlichen Weiden vor meinem Fenster.

Als Erstes dachte ich an meine Frau, die (offenbar) bald ein Kind bekommen würde. Dann fiel mir ein, dass sie ja gar nicht mehr meine Frau war. Zwischen ihr und mir gab es nun keine gesetzliche Verbindung mehr. Nicht einmal mehr eine gesellschaftliche oder zwischenmenschliche Beziehung hatten wir. Wahrscheinlich war ich nun *irgendwer* für sie, der ihr nichts mehr bedeutete. Bei diesem Gedanken fühlte ich mich ziemlich seltsam. Bis vor ein paar Monaten hatten wir noch jeden Morgen zusammen gefrühstückt, hatten dasselbe Handtuch und dieselbe Seife benutzt, uns einander nackt gezeigt und in einem Bett geschlafen, und doch waren wir jetzt Fremde, die nichts mehr miteinander zu tun hatten.

Während ich über diese Dinge nachdachte, gelangte ich allmählich zu der Ansicht, dass ich nicht einmal mehr für mich selbst eine Bedeutung hatte. Ich legte beide Hände vor mich auf den Tisch und betrachtete sie. Es waren ohne jeden Zweifel meine Hände. Die rechte und die linke waren nahezu symmetrisch. Mit ihnen malte ich meine Bilder, bereitete mein Essen, aß es und liebkoste hin und wieder eine Frau. Doch an jenem Morgen erschienen sie mir aus irgendeinem Grund nicht wie meine Hände. Handrücken, Handflächen, Fingernägel, Handlinien, alles kam mir vor wie bei *irgendeinem x-beliebigen* Menschen, an den ich mich nicht erinnern konnte.

Ich hörte auf, meine Hände zu betrachten. Ich hörte auf, über die Frau nachzudenken, die einst meine gewesen war. Ich stand vom Tisch auf, ging ins Bad, zog meinen Schlafanzug aus und nahm eine heiße Dusche. Ich wusch mir gründlich die Haare und rasierte mich anschließend über dem Waschbecken. Dann dachte ich erneut an Yuzu, die bald ein Kind – nicht mein Kind – zur Welt bringen würde. Ich wollte nicht an sie denken, aber ich konnte nicht anders.

Sie war im siebten Monat schwanger. Vor sieben Monaten war es ungefähr Mitte April gewesen. Was hatte ich Mitte April gemacht? Mitte März war ich ausgezogen und hatte mich allein auf die Reise begeben. Anschließend war ich lange und ziellos mit meinem alten Peugeot 205 durch Tohoku und Hokkaido gefahren. Anfang Mai hatte ich meine Reise beendet und war nach

Tokio zurückgekehrt. Mitte April war die Zeit gewesen, in der ich von Hokkaido nach Aomori übergesetzt hatte. Ich hatte die Fähre von Hakodate zur Halbinsel Shimokita genommen.

Ich holte das einfache Tagebuch, das ich während meiner Reise geführt hatte, aus der Schublade, um nachzusehen, wo genau ich damals gewesen war. Zu der Zeit hatte ich bereits die Küste verlassen und war durch die Berge von Aomori gefahren. Der April war schon zur Hälfte vorüber, aber in den Bergen war es noch kalt gewesen, und es hatte Schnee gelegen. Warum ich ausgerechnet solche kalten Gegenden aufgesucht hatte, vermochte ich nicht mehr zu sagen. An den Namen der Gegend konnte ich mich nicht erinnern, wusste aber noch, dass ich einige Nächte in einem kleinen, fast leeren Hotel in der Nähe eines Sees verbracht hatte. Es war ein schäbiges altes Betongebäude und das Essen war ziemlich einfach (wenn auch nicht schlecht) gewesen, dafür hatte die Übernachtung erstaunlich wenig gekostet. Außerdem hatte es in einer Ecke des Gartens ein kleines Becken mit einer heißen Quelle gegeben, das man den ganzen Tag über benutzen konnte. Das Hotel hatte gerade erst wieder fürs Frühjahr geöffnet, und ich glaube, außer mir gab es kaum andere Gäste.

Meine Erinnerungen an die Reise waren aus irgendeinem Grund ziemlich verschwommen. Festgehalten hatte ich in meinem Tagebuch lediglich die Namen der Ortschaften, in denen ich übernachtet und was ich gegessen hatte, wie viele Kilometer ich gefahren war und was ich pro Tag ausgegeben hatte. Meine Aufzeichnungen waren sporadisch und mehr als dürftig. Gefühle oder Eindrücke hatte ich überhaupt nicht geschildert. Vielleicht weil es nichts zu schildern gab. Deshalb unterschied sich bei der Lektüre meines Tagebuchs auch kaum ein Tag vom anderen. Auch die Namen der Orte, die ich notiert hatte, sagten mir nichts. Meist konnte ich mich nicht daran erinnern, wie es dort gewesen war.

An vielen Tagen hatte ich nicht einmal Ortsnamen aufgeschrieben. Die gleiche Landschaft, das gleiche Essen, das gleiche Wetter (kalt oder nicht so kalt, offenbar hatte es nur diese beiden Arten von Wetter gegeben). Mehr als ein Gefühl andauernder Wiederholung war mir nicht im Gedächtnis geblieben.

Die Landschaften und Dinge, die ich in mein kleines Skizzenbuch gezeichnet hatte, erweckten meine Erinnerungen besser zum Leben als das Tagebuch. Da ich keinen Fotoapparat mitgenommen hatte, hatte ich nicht ein einziges Foto. Stattdessen hatte ich Skizzen angefertigt, wenn auch nicht viele. Manchmal nahm ich einen kurzen Bleistift oder einen Kugelschreiber zur Hand und zeichnete nach Laune, was mir vor die Augen kam. Pflanzen am Wegrand, Hunde, Katzen, Gebirgsketten und so was. Wenn es mich überkam, machte ich auch hin und wieder eine Skizze von einer Person, aber die wollten die Leute meist gern haben, und ich verschenkte sie.

Ganz unten auf der Seite vom 19. April fand sich die Eintragung »Traum – letzte Nacht«. Das Wort »Traum« war dick mit einem 2B-Bleistift unterstrichen. Es musste sich demnach um einen besonders bedeutungsvollen Traum gehandelt haben. Trotzdem dauerte es ziemlich lange, bis mir einfiel, was ich damals geträumt hatte. Doch auf einmal war die Erinnerung wieder lebendig.

An jenem Tag hatte ich gegen Morgen einen sehr lebhaften erotischen Traum gehabt.

In diesem Traum befand ich mich in dem Apartment in Hiroo, in dem Yuzu und ich sechs Jahre lang zusammengewohnt hatten. Ein Bett war dort, und meine Frau schlief darin. Ich schaute von der Decke auf sie herunter. Das heißt, ich schwebte, was mir jedoch nicht besonders seltsam vorkam. In diesem Traum erschien es mir völlig normal, in der Luft zu schweben. Es war kein unerhörtes Ereignis. Selbstverständlich war mir nicht bewusst, dass ich träumte. Für mich, der in der Luft schwebte, war wirklich, was in diesem Moment dort geschah.

Lautlos, um Yuzu nicht zu wecken, ließ ich mich von der Decke herunter, bis ich am Fußende des Bettes stand. Ich war sexuell äußerst erregt, denn ich hatte schon ewig nicht mehr mit ihr geschlafen. Nach und nach zog ich ihr die Decke weg. Yuzu schien sehr fest zu schlafen (vielleicht hatte sie auch ein Schlafmittel eingenommen), denn selbst als ich die Decke ganz weggezogen hatte, machte sie keine Anstalten, aufzuwachen. Sie rührte sich nicht. Ich wurde noch kühner. Langsam zog ich ihr die Schlafanzughose und die Unterwäsche aus. Sie trug einen hellblauen Pyjama und eine kleine weiße Baumwollunterhose. Dennoch wachte sie nicht auf. Sie leistete keinen Widerstand und schrie auch nicht.

Ich spreizte behutsam ihre Beine und berührte mit den Fingern ihre Vagina. Sie war warm, geöffnet und ausreichend feucht. So als hätte sie auf meine Berührung gewartet. Ich konnte mich nicht mehr zurückhalten und drang mit meinem harten Penis in sie ein. Oder besser gesagt: Mein Penis versank in ihr wie in warmer Butter, und sie nahm ihn in sich auf. Yuzu wachte nicht auf, stöhnte jedoch und stieß einen kleinen Schrei aus. Es klang, als hätte sie sich gewünscht, dass ich in sie eindrang. Als ich ihre Brüste berührte, merkte ich, dass ihre Brustwarzen hart wie Nüsse waren.

Ich vermutete, sie sei tief in einen Traum versunken, in dem sie mich für jemand anderen hielt. Denn sie sträubte sich schon lange, mit mir zu schlafen. Aber ganz gleich, was sie da träumte und mit wem sie mich im Traum verwechselte, ich war schon in ihr und konnte nicht mehr zurück. Wäre Yuzu jetzt mittendrin aufgewacht und hätte gesehen, dass ich es war, wäre sie vermutlich schockiert gewesen. Und bestimmt sehr aufgebracht. Aber das ließ sich jetzt nicht mehr ändern. Ich hatte jetzt keine andere Wahl mehr, als so weit zu gehen, wie ich kam. Meine Begierde hatte sich angestaut wie ein Fluss, der kurz davor ist, einen Damm zu durchbrechen.

Zu Anfang bewegte ich meinen Penis nur langsam, um die Schlafende nicht zu wecken, doch wie von selbst wurden meine Bewegungen immer schneller, denn ihr Körper nahm mich ganz unzweifelhaft begierig auf und forderte immer heftigere Stöße, bis ich kurz vor dem Höhepunkt stand. Ich wäre gern länger in ihr geblieben, aber ich konnte mich unmöglich zurückhalten. Es war mein erster Geschlechtsverkehr seit langer Zeit, und er rief – obwohl Yuzu schlief – eine so extreme Reaktion bei mir hervor, wie ich sie noch nie erlebt hatte.

Ich ejakulierte heftig und wiederholt. Mein Sperma ergoss sich in ihren Körper, floss aus ihrer Vagina heraus und durchnässte das Laken. Ich wollte aufhören, konnte aber nicht, sodass ich schon befürchtete, völlig leerzulaufen, wenn es so weiterging. Yuzu schlief ruhig weiter, ohne einen Laut von sich zu geben oder auch nur heftiger zu atmen. Andererseits schien ihre Vagina mich nicht freigeben zu wollen. Mit großer Entschlossenheit hielt sie mich fest und presste immer mehr aus mir heraus.

An dieser Stelle wachte ich abrupt auf und merkte, dass ich tatsächlich ejakuliert hatte. Meine Unterwäsche war nass von Sperma. Ich zog sie rasch aus, um das Laken nicht zu beschmutzen, und wusch sie am Waschbecken aus. Leise verließ ich mein Zimmer und ging durch die Hintertür zu der heißen Quelle im Garten. Da das Becken im Freien lag, war der Weg dorthin ziemlich kalt, doch als ich einmal in das heiße Wasser eingetaucht war, durchwärmte es mich bis ins Innerste.

In der Stille vor dem Morgengrauen lag ich allein im heißen Wasser und ließ die Szene aus meinem Traum immer und immer wieder Revue passieren, während ich den fallenden Tropfen des durch den warmen Dampf schmelzenden Eises lauschte. Die Erinnerung war so lebendig und real, dass ich zweifelte, überhaupt geträumt zu haben. Ich musste *wirklich* in unserer Wohnung in Hiroo gewesen sein und *wirklich* mit Yuzu geschlafen haben. Anders konnte ich es mir nicht vorstellen. Ich erinnerte mich überdeutlich, wie glatt ihre Haut sich angefühlt hatte, und an meinem Penis spürte ich noch den Druck ihres Fleisches. Es hatte mich leidenschaftlich begehrt und festgehalten (und selbst wenn sie mich vielleicht mit jemand anderem verwechselt hatte, war dennoch ich ihr Liebhaber gewesen). Yuzus Geschlechtsteil hatte sich um meinen Penis geschlossen, um jeden Tropfen meines Spermas in sich aufzusaugen. Unwillkürlich hatte ich eine Art von schlechtem Gewissen wegen dieses Traums (oder was immer es gewesen war). Immerhin hatte ich in meiner Fantasie meine Frau vergewaltigt. Ich hatte die Schlafende entkleidet und war ohne ihr Einverständnis in sie eingedrungen. Juristisch gilt auch bei Ehepaaren ein nicht einvernehmlich vollzogener Geschlechtsverkehr als Vergewaltigung. Mein Verhalten war in keiner Hinsicht ein Ruhmesblatt. Aber letzten Endes hatte es sich objektiv betrachtet doch um einen *Traum* gehandelt, oder nicht? Etwas, das mir im Schlaf zugestoßen war. Jeder würde so etwas als »Traum« bezeichnen. Und ich hatte diesen Traum ja nicht absichtlich fabriziert. Ich hatte das Drehbuch nicht geschrieben.

Fest stand jedoch, dass er meinen Wünschen und Begierden entsprochen hatte. Wäre die Situation wirklich – und kein Traum – gewesen, hätte ich vermutlich das Gleiche getan. Hätte die Schlafende heimlich entkleidet und wäre ohne ihre Zustimmung in sie eingedrungen. Denn ich war wie besessen von dem Verlangen,

Yuzu in den Armen zu halten und in ihr zu sein, und hatte dies in meinem Traum in einer die Realität überzeichnenden (oder anders ausgedrückt: nur im Traum möglichen) Form verwirklicht.

Eine Zeit lang schenkte mir dieser realistische Traum auf meiner einsamen Reise eine Art echtes Glücksgefühl. Er gab mir sozusagen Auftrieb. Wenn ich an ihn dachte, spürte ich, dass ich noch immer eine organische, lebendige Verbindung zu dieser Welt hatte. Nicht nur auf rationaler oder ideeller Basis mit ihr verbunden war, sondern durch ein sinnliches Gefühl.

Doch wenn ich daran dachte, dass *in Wahrheit* ein anderer Mann dieses Gefühl mit Yuzu genoss, dass dieser andere ihre harten Brustwarzen berührte, ihr ihre kleine weiße Unterhose abstreifte, in ihre warme Vagina eindrang und immer wieder darin kam, verspürte ich einen stechenden Schmerz. Es fühlte sich an, als würde mein Blut brennend durch meine Adern schießen. So etwas empfand ich (soweit ich mich erinnern konnte) zum ersten Mal.

Den sonderbaren Traum hatte ich am 19. April vor Morgengrauen gehabt und daraufhin in mein Tagebuch die Worte »Traum – letzte Nacht« geschrieben und mit einem 2B-Bleistift dick unterstrichen.

Just um diese Zeit war Yuzu schwanger geworden. Das exakte Datum der Empfängnis konnte ich nicht herausfinden. Es hätte mich jedoch nicht gewundert, wenn man mir diesen Termin genannt hätte.

Diese Geschichte hatte eine gewisse Ähnlichkeit mit der, die Menshiki mir erzählt hatte. Allerdings hatte er *wirklich* mit seiner auf dem Sofa in seinem Büro physisch anwesenden Freundin geschlafen und nicht nur davon geträumt. Und die Dame hatte genau zu dem Zeitpunkt empfangen, bevor sie kurz darauf einen älteren reichen Mann geheiratet und später Marie Akikawa zur Welt gebracht hatte. Daher hatte Menshiki allen Grund zu der Annahme, dass Marie sein leibliches Kind war. Zumindest war die Möglichkeit gegeben und durchaus realistisch. Mein Geschlechtsverkehr mit Yuzu dagegen hatte lediglich im Traum stattgefunden. Ich war zu der Zeit in den Bergen von Aomori und sie (vermutlich) mitten in Tokio gewesen. Demnach konnte das Kind, das Yuzu jetzt bekam, nicht von mir sein. Logisch betrachtet, war das völlig eindeutig. Die Wahrscheinlichkeit war gleich null. *Logisch betrachtet.*

Aber was ich geträumt hatte, war zu lebendig gewesen, um mit bloßer Logik beiseitegewischt zu werden. Der Geschlechtsverkehr in meinem Traum war eindrücklicher und lustvoller gewesen als jeder echte, den wir in unserer sechsjährigen Ehe praktiziert hatten. In dem Moment, in dem ich in meinem Traum wieder und wieder kam, brannten in meinem Kopf sämtliche Sicherungen durch. Mehrere Schichten der Realität verschmolzen in meinem Kopf zu immer größerer Undurchdringlichkeit. Es herrschte ein Chaos wie am Urbeginn der Welt.

Ein so lebendiges Erlebnis konnte nicht als bloßer Traum enden – dessen war ich mir ganz sicher. Dieser *Traum* musste zu etwas führen. Er musste irgendwie die Realität beeinflussen.

Kurz vor neun wachte Masahiko auf. Er kam im Schlafanzug ins Esszimmer und trank einen heißen schwarzen Kaffee. »Kein Frühstück, Kaffee reicht«, sagte er. Seine Augen waren ein wenig verquollen.

»Alles in Ordnung?«, fragte ich.

»Ja, alles klar«, sagte er, sich die Augen reibend. »Ich habe schon schlimmere Kater erlebt. Das ist nur ein ganz leichter.«

»Lass dir nur Zeit«, sagte ich.

»Aber du bekommst doch jetzt Besuch?«

»Erst um zehn. Bis dahin ist noch Zeit. Außerdem macht es nichts, wenn du noch hier bist. Ich stelle dich den beiden Damen vor. Sie sind gleichermaßen reizend.«

»Den beiden? Hast du nicht nur ein Mädchen als Modell?«

»Es kommt in Begleitung seiner Tante.«

»In Begleitung seiner Tante? Altmodische Sitten und Gebräuche, was? Wie aus einem Roman von Jane Austen. Fehlt nur, dass sie Korsetts tragen und in einem Zweispänner vorfahren.«

»Nein, sie kommen in einem Toyota Prius. Und Korsetts tragen sie auch nicht. Das Mädchen sitzt mir etwa zwei Stunden lang im Atelier Modell. Währenddessen sitzt die Tante im Wohnzimmer und liest. ›Tante‹ klingt ältlich, aber sie ist noch ziemlich jung.«

»Was liest sie denn?«

»Ich weiß nicht. Ich habe sie gefragt, aber sie verrät es nicht.«

»Aha«, sagte er. »Ach, übrigens, wo wir gerade von Büchern sprechen – in *Die Dämonen* von Dostojewski kommt doch ein Mann vor, der sich erschießt, um zu beweisen, dass er frei ist. Wie hieß der noch? Du weißt das doch bestimmt.«

»Kirillow«, sagte ich.

»Ja, genau, Kirillow. Ich habe kürzlich versucht, mich daran zu erinnern, aber der Name wollte mir partout nicht einfallen.«

»Und warum?«

Masahiko zuckte mit den Schultern. »Eigentlich aus keinem besonderen Grund. Er war mir einfach so in den Kopf gekommen, und ich wollte mich an den Namen erinnern, aber er ist mir einfach nicht eingefallen. Das hat mich ganz verrückt gemacht. Wie wenn einem eine Gräte im Hals steckt. Diese Russen denken sich immer die seltsamsten Dinge aus.«

»In Dostojewskis Romanen machen die Figuren dauernd irgendwelche unsinnigen Dinge, um zu beweisen, dass sie frei von

Gott oder der Gesellschaft sind. Aber den damaligen Russen kamen sie womöglich gar nicht so unsinnig vor.«

»Apropos Freiheit«, sagte Masahiko. »Du bist offiziell von Yuzu geschieden, also frei und ungebunden. Was hast du nun vor? Freiheit ist eine großartige Sache, auch wenn sie nicht selbst gewählt ist! Du könntest jetzt ruhig mal irgendeinen Unsinn fabrizieren, oder?«

Ich lachte. »Im Augenblick habe ich nicht die Absicht. Erst mal bin ich frei, also habe ich es nicht nötig, der Welt zu beweisen, dass ich es bin.«

»Stimmt auch wieder«, sagte Masahiko, offenbar etwas enttäuscht. »Aber du bist immerhin Maler. Ein Künstler. Und ein Künstler würde etwas mehr über die Stränge schlagen. Aber dafür hattest du noch nie viel übrig. Ich fand dich schon immer zu vernünftig. Du solltest vielleicht mal etwas mehr aus dir herausgehen.«

»Und eine Pfandleiherin mit einem Beil erschlagen?«

»Das wäre zumindest eine Perspektive.«

»Mich in eine ehrbare Prostituierte verlieben?«

»Auch das wäre nicht schlecht.«

»Ich werde darüber nachdenken«, sagte ich. »Allerdings scheint die Realität schon genug *aus den Fugen* zu sein, ohne dass ich noch verrücktes Zeug anstelle. Deshalb würde ich den Ball lieber flach halten.«

»So kann man es wohl auch sehen«, sagte Masahiko resigniert.

Das ist nicht nur eine Frage der *Sichtweise*, hätte ich gern gesagt. Immerhin war die Realität um mich herum tatsächlich völlig aus den Fugen. Wenn ich jetzt auch noch durchdrehte, hätte ich überhaupt keine Kontrolle mehr. Aber das konnte ich Masahiko hier und jetzt nicht erklären.

»Jedenfalls verkrümle ich mich jetzt«, sagte er. »Ich würde die beiden Damen zwar gern kennenlernen, aber in Tokio wartet Arbeit auf mich.«

Masahiko trank seinen Kaffee aus und zog sich an. Seine Lider waren noch immer ein wenig geschwollen. »Hoffentlich bin ich dir nicht allzu sehr auf den Wecker gefallen. Aber es hat gut getan, mal wieder in Ruhe zu reden«, sagte er noch, bevor er in seinem schwarzen Kasten-Volvo davonfuhr.

An jenem Morgen hatte sich etwas Rätselhaftes ereignet. Das Messer, das Masahiko mitgebracht hatte, um den Fisch zu filetieren, war partout nicht zu finden. Ich hatte es, nachdem wir es benutzt hatten, sorgfältig abgewaschen, konnte mich aber nicht erinnern, wohin ich es anschließend gelegt hatte, und obwohl wir beide die ganze Küche durchsuchten, fanden wir es nicht.

»Da kann man nichts machen«, sagte Masahiko. »Vielleicht ist es auf einem Spaziergang. Falls es zurückkommt, bewahrst du es für mich auf. Ich benutze es selten. Ich nehme es dann beim nächsten Mal mit.«

Ich versprach, weiter danach zu suchen.

Als der Volvo meinen Blicken entschwunden war, sah ich auf meine Armbanduhr. Die Damen Akikawa würden bald hier sein. Ich ging ins Wohnzimmer, räumte das Bettzeug weg und öffnete das Fenster weit, um frische Luft in den stickigen Raum zu lassen. Der Himmel war noch immer bedeckt. Es war windstill.

Nachdem ich *Die Ermordung des Commendatore* aus meinem Schlafzimmer geholt und wieder im Atelier aufgehängt hatte, setzte ich mich auf den Hocker, um es erneut zu betrachten. Wie immer floss Blut aus der Wunde in der Brust des Commendatore, und wie immer beobachtete Langgesicht die Szene mit scharfem Blick aus der linken Ecke des Bildes. Es hatte sich nichts verändert.

Doch auch während ich *Die Ermordung des Commendatore* betrachtete, ging mir Yuzu nicht aus dem Sinn. Zum x-ten Mal dachte ich, dass dieser Traum kein Traum gewesen sein könne. *Ich war in jener Nacht wirklich in unserer Wohnung gewesen.* So wie Tomohiko Amada vor ein paar Tagen nachts sein Atelier aufgesucht hatte, hatte ich die physikalischen Grenzen der Realität irgendwie überwunden, war in unsere Wohnung in Hiroo gelangt, hatte mit Yuzu geschlafen und wirkliches Sperma in sie gespritzt. Wenn ein Mensch etwas zutiefst und leidenschaftlich will, kann er es erreichen. Ich war davon überzeugt, dass wir über einen besonderen Kanal in der Lage sind, die Realität außer Kraft zu setzen. Oder etwas Unwirkliches Wirklichkeit werden zu lassen. Wenn wir es aus tiefster Seele wollen. Was jedoch nicht beweist, dass der Mensch frei ist. Wahrscheinlich beweist es sogar eher das Gegenteil.

Falls ich noch einmal Gelegenheit bekäme, Yuzu zu sehen, würde ich sie fragen, ob *sie* in jenem April einen erotischen Traum gehabt habe, in dem ich vor dem Morgengrauen unsere Wohnung aufgesucht und sie im Schlaf (ihre körperliche Unversehrtheit verletzend) vergewaltigt hätte. Mit anderen Worten: um zu erfahren, ob dieser seltsame Traum sich nicht nur bei mir, sondern zwischen uns beiden abgespielt hatte. Wenn dem so war, also wenn sie das Gleiche geträumt hatte, musste ich damals für sie doch ein unheilvolles oder teuflisches Wesen gewesen sein, das man nur als »Alb« bezeichnen konnte. Ich wollte gar nicht daran denken, dass ich ein solches Wesen war – mich in ein solches Wesen verwandeln konnte.

War ich frei? Diese Frage war völlig bedeutungslos für mich. Was ich im Augenblick brauchte, war eine greifbare, verlässliche Realität. Festen Boden unter den Füßen, der mich tragen würde. Und nicht die Freiheit, im Traum meine Frau zu vergewaltigen.

44 DIE BESONDERHEIT, DIE EINEN MENSCHEN AUSMACHT

Marie machte an diesem Tag den Mund überhaupt nicht auf. Sie saß auf dem üblichen einfachen Küchenstuhl und blickte mich nur geradewegs an, als betrachtete sie eine ferne Landschaft, während sie ihrer Aufgabe als Modell nachkam. Da der Stuhl höher war als der Hocker, sah sie leicht auf mich herunter. Auch ich sprach sie nicht an. Mir fiel nichts ein, worüber ich mit ihr reden konnte, und ich verspürte auch kein Bedürfnis dazu. Also führte ich meinen Pinsel wortlos über die Leinwand.

Ich hatte natürlich die Absicht, Marie Akikawa zu malen, doch zugleich mischten sich das Bild meiner verstorbenen Schwester (Komi) und das meiner einstigen Frau (Yuzu) in meine Vorstellung. Ich wollte es nicht, aber es geschah ganz von selbst. Offenbar suchte ich in dem Mädchen Marie das Bild der beiden Frauen, die mir so viel bedeutet hatten und die ich mitten im Leben verloren hatte. War das ein gesundes Verhalten? Ich war mir nicht sicher, doch im Augenblick konnte ich nicht anders. Nein, nicht nur *im Augenblick*. Im Nachhinein betrachtet, hatte meine Laufbahn als Maler mehr oder weniger damit angefangen, dass ich mir mit meinen Bildern etwas schuf, das ich in der Realität nicht bekommen konnte, und sie mit geheimen Zeichen versah, damit andere es nicht erkannten.

Jedenfalls brachte ich nun, fast ohne Zögern, Marie Akikawas Porträt auf die Leinwand. Das Bild drängte rasch und stetig seiner Vollendung entgegen wie ein Fluss, ungeachtet mancherlei terrainbedingter Umwege oder Hindernisse, vor denen er sich anstaut, ständig breiter werdend auf seine Mündung zuströmt, um sich schließlich unaufhaltsam ins Meer zu ergießen. Ich konnte diese Bewegung so deutlich in mir spüren wie den Fluss meines Blutes.

»Ich kann Sie später besuchen«, sagte Marie gegen Ende sehr leise zu mir. Es klang wie eine Feststellung, die offenbar die Frage beinhaltete, ob sie später noch einmal vorbeikommen dürfe.

»Gehst du deinen geheimen Pfad?«

»Ja.«

»In Ordnung. Um wie viel Uhr?«

»Ich weiß noch nicht.«

»Du solltest lieber nicht nach Einbruch der Dunkelheit draußen sein. Man weiß nie, was nachts im Wald los ist«, sagte ich.

Im Dunkeln waren hier alle möglichen unheimlichen Gestalten unterwegs. Der Commendatore, Langgesicht, der Mann mit dem weißen Subaru Forester und der lebendige Geist von Tomohiko Amada, um nur einige zu nennen. Sogar ich hatte ja offenbar ein anderes Ich, welches ein Alb war, und konnte mich je nachdem im Dunkel der Nacht in ein *unheilvolles Etwas* verwandeln. Bei dem Gedanken bekam ich eine leichte Gänsehaut.

»Wenn's geht, komme ich im Hellen«, sagte Marie. »Ich muss etwas mit Ihnen besprechen. Allein.«

»Alles klar. Ich erwarte dich.«

Bald schlug die Mittagsglocke, und wir beendeten unsere Sitzung.

Shoko Akikawa saß wie üblich völlig in ihr dickes Buch vertieft auf dem Sofa. Allem Anschein nach näherte es sich dem Ende. Sie nahm ihre Brille ab, legte ein Lesezeichen ins Buch, klappte es zu und schaute zu mir auf.

»Wir kommen gut voran. Noch eine oder zwei Sitzungen, und das Bild ist fertig«, sagte ich. »Ich hoffe, ich nehme Ihre Zeit nicht zu sehr in Anspruch.«

Shoko Akikawa lächelte. Sie hatte ein sehr sympathisches Lächeln. »Aber nein, machen Sie sich keine Gedanken. Es macht Marie viel Freude, Ihnen Modell zu sitzen, und ich bin schon sehr gespannt auf das fertige Bild. Außerdem kann ich auf Ihrem Sofa ausgezeichnet lesen und langweile mich überhaupt nicht. Auch für mich ist es eine Abwechslung, für eine Weile aus dem Haus zu kommen.«

Ich hätte sie gern nach ihren Eindrücken von ihrem Besuch bei Menshiki am letzten Sonntag gefragt. Was hatte sie beim Anblick des prächtigen Hauses empfunden? Welchen persönlichen Eindruck hatte Menshiki bei ihr hinterlassen? Aber da sie das Thema nicht von sich aus ansprach, wäre es mir ungehörig erschienen, diese Fragen zu stellen.

Shoko war heute ausgesprochen sorgfältig gekleidet. Überhaupt nicht wie für einen normalen Nachbarschaftsbesuch am Sonntagmorgen. Zu ihrem makellos glatten Kamelhaarrock trug sie eine elegante weiße Seidenbluse mit einer großen Schleife, und am Revers ihrer dunkelblau-grauen Jacke war eine goldene Nadel mit einem Edelstein befestigt. Wenn mich nicht alles täuschte, handelte es sich um einen echten Diamanten. Für jemanden, der einen Toyota Prius fuhr, erschien mir diese Aufmachung ein wenig pompös. Aber das lag natürlich nicht in meinem Ermessen. Und ein PR-Manager von Toyota wäre sicherlich völlig anderer Meinung gewesen.

Marie war angezogen wie immer. Sie trug die übliche Baseballjacke und löchrige Jeans, und ihre weißen (fast völlig abgelaufenen) Turnschuhe waren noch schmutziger als sonst.

Beim Abschied im Flur warf Marie mir hinter dem Rücken ihrer Tante einen vielsagenden Blick zu. Er enthielt die geheime Botschaft, dass wir uns später sehen würden. Ich quittierte ihn mit einem leichten Lächeln.

Nachdem ich Marie und Shoko hinausgebracht hatte, ging ich ins Wohnzimmer, um ein Mittagsschläfchen auf dem Sofa zu halten. Das Mittagessen ließ ich ausfallen, da ich keinen Appetit hatte. Ich schlief eine halbe Stunde lang fest und traumlos, worüber ich sehr froh war. Der Gedanke daran, was ich im Traum alles anstellen könnte, war furchtbar, und noch furchtbarer war der Gedanke daran, *in was ich mich womöglich verwandeln würde.*

In Übereinstimmung mit dem ruhigen Wetter vertrödelte ich den Sonntagnachmittag. Es war ein leicht verhangener, windstiller Tag. Ich las ein wenig, hörte ein wenig Musik und kochte ein wenig, konnte mich aber auf nichts so richtig einlassen. Es war ein Nachmittag, an dem ich alles nur zur Hälfte zu Ende brachte. Resigniert ließ ich mir ein Bad ein und räkelte mich lange im heißen Wasser, wobei ich mir die Namen der einzelnen Figuren aus Dostojewskis *Die Dämonen* ins Gedächtnis rief. Einschließlich Kirillow kam ich auf sieben. Aus irgendeinem Grund war es schon seit der Oberschule meine Stärke, mir die Namen der Figuren in russischen Romanen zu merken. Vielleicht sollte ich *Die Dämonen* allmählich wieder einmal lesen. Ich war frei, hatte Zeit und eigentlich nichts Wichtiges zu tun. Die besten Voraussetzungen, um alte russische Romane zu lesen.

Dann dachte ich wieder an Yuzu. Wenn sie im siebten Monat war, rundete sich ihr Bauch bestimmt schon sichtbar. Ich versuchte sie mir so vorzustellen. Was sie wohl gerade machte? Was dachte sie? War sie glücklich? Das konnte ich natürlich alles nicht wissen.

Masahiko hatte wahrscheinlich recht. Ich sollte irgendetwas Unsinniges tun, um zu beweisen, dass ich ein freier Mensch war. So wie die russischen Intellektuellen im 19. Jahrhundert. Aber was zum Beispiel? Mich zum Beispiel ... eine Stunde lang in eine tiefe, dunkle Steinkammer setzen, aus der ich allein nicht wieder herauskonnte? In dem Moment wurde mir etwas klar. Hatte nicht Menshiki genau das getan? Die ganzen Dinge, die er getan hatte, waren vielleicht nicht *unsinnig*, aber doch, gelinde ausgedrückt, einigermaßen exzentrisch.

Es war kurz nach vier Uhr nachmittags, als Marie eintraf. Es klingelte, ich öffnete die Tür, und sie stand davor. Rasch glitt sie durch den Spalt ins Haus. So wie ein Wolkenfetzen. Sie sah sich wachsam um.

»Niemand da?«

»Nein, niemand da«, sagte ich.

»Gestern war aber jemand da.«

Das war eine Frage.

»Ja, ein Freund hat bei mir übernachtet«, sagte ich.

»Ein männlicher Freund.«

»Genau. Aber woher weißt du, dass ich Besuch hatte?«

»Weil ein unbekannter schwarzer Wagen bei Ihnen vor dem Haus stand. So eine alte, viereckige Kiste.«

Masahikos »schwedische Bentobox«, wie wir seinen alten Volvo mitunter nannten. Sehr geeignet für den Transport toter Rentiere.

»Du bist also gestern schon mal hier gewesen?«

Marie nickte schweigend. Vielleicht kam sie, wenn sie Zeit hatte, ab und zu auf ihrem »Geheimpfad« hierher, um nach dem Haus zu sehen. Schließlich waren diese Wälder schon lange vor meiner

Zeit ihr Spielplatz gewesen. Ihr Jagdrevier, sollte ich vielleicht sagen. In das ich zufällig eingedrungen war. Ob sie vielleicht sogar Tomohiko Amada begegnet war, als er noch hier lebte? Irgendwann musste ich sie danach fragen.

Ich führte Marie ins Wohnzimmer, wo sie sich aufs Sofa und ich mich auf einen Sessel setzte. Ich fragte, ob sie etwas trinken wolle, aber sie lehnte ab.

»Ein Freund aus meiner Studienzeit hat bei mir übernachtet«, sagte ich.

»Sind Sie gut befreundet?«

»Ich glaube schon«, sagte ich. »Er ist vielleicht der Einzige, den ich als ›meinen Freund‹ bezeichnen würde.«

Wir waren so gute Freunde, dass unsere Beziehung nicht davon belastet wurde, dass der Kollege, den er meiner Frau vorgestellt hatte, mit ihr geschlafen hatte, er davon gewusst hatte und ich nicht und dies die Ursache für meine kürzlich erfolgte Scheidung war. Ich verletzte keineswegs die Wahrheit, wenn ich ihn »meinen Freund« nannte.

»Hast du denn eine gute Freundin?«, fragte ich.

Marie beantwortete meine Frage nicht. Sie tat völlig ungerührt so, als hätte sie nichts gehört. Vielleicht hätte ich nicht fragen sollen.

»Herr Menshiki ist kein guter Freund von Ihnen«, sagte Marie ohne fragende Betonung, aber es war eindeutig als Frage gemeint. Sie fragte mich, *ob Menshiki kein guter Freund von mir sei.*

»Ich hatte es dir schon gesagt, ich kenne Herrn Menshiki nicht gut genug, um ihn als ›Freund‹ zu bezeichnen. Das erste Mal habe ich mit ihm gesprochen, als ich hierhergezogen bin, also vor weniger als einem halben Jahr. Um richtig Freundschaft zu schließen, braucht man viel länger. Natürlich ist Herr Menshiki ein sehr interessanter Mensch.«

»Sehr interessant.«

»Aber – wie soll ich sagen? – er ist ein bisschen anders disponiert als normale Menschen. *Ein bisschen* ist vielleicht untertrieben, er ist *ziemlich* anders. Kein Mensch, den man so leicht verstehen kann.«

»Disponiert?«

»Das heißt so etwas wie ›veranlagt‹. Die Besonderheit, die einen Menschen ausmacht.«

Marie sah mich einen Moment lang nachdenklich an. Als würde sie sorgfältig abwägen, was sie sagen wollte.

»Er kann von seiner Terrasse direkt auf unser Haus sehen.«

Ich machte eine Pause, bevor ich antwortete. »Ja, das stimmt. Das liegt an der Topografie. Aber er kann auch das Haus sehen, in dem ich wohne. Nicht nur eures.«

»Aber ich glaube, er *beobachtet* unser Haus.«

»Wie kommst du darauf?«

»Auf seiner Terrasse steht ein großes Fernrohr, es ist nicht auffällig und immer zugedeckt. So eins auf drei Beinen. Mit dem kann er bestimmt ganz genau sehen, was bei uns passiert.«

Dieses Mädchen hatte es herausgefunden. Es war aufmerksam und hatte eine scharfe Beobachtungsgabe. Ihm entging wirklich nichts.

»Herr Menshiki beobachtet also mit einem Fernglas euer Haus?«

Marie nickte kurz.

Ich holte tief Luft und atmete aus. »Aber du vermutest das nur, oder?«, sagte ich. »Dass er ein großes Fernglas auf der Terrasse hat, heißt noch nicht, dass er damit euer Haus beobachtet. Vielleicht betrachtet er den Mond und die Sterne.«

Maries Blick blieb fest. »Ich spüre schon die ganze Zeit, dass ich *beobachtet werde*. Seit einer ganzen Weile. Ich wusste bisher nur nicht, woher und von wem. Aber jetzt weiß ich es. Ich bin sicher, dass *er* es ist.«

Ich atmete noch einmal tief ein. Maries Vermutung traf zweifelsfrei zu. Es war Menshiki, der täglich ihr Haus mit seinem starken Fernglas beobachtete. Doch soweit ich wusste – und ohne Menshiki verteidigen zu wollen –, hegte er keine bösen Absichten. Er wollte das Mädchen nur ansehen. Das hübsche dreizehnjährige Mädchen, das *vielleicht* seine Tochter war. Nur deshalb hatte er das große Anwesen direkt gegenüber auf der anderen Seite des Tals an sich gebracht und mit ziemlich aggressiven Mitteln die Familie vertrieben, die vorher dort gelebt hatte. Aber das konnte ich Marie zumindest im Augenblick nicht anvertrauen.

»Nehmen wir einmal an, es wäre so«, sagte ich. »Aber warum sollte er euer Haus beobachten?«

»Was weiß ich? Vielleicht weil er Interesse an meiner Tante hat?«

»Du meinst, er hat *Interesse* an deiner Tante?«

Sie zuckte leicht mit den Schultern.

Offenbar kam es ihr gar nicht in den Sinn, dass sie selbst Gegenstand seiner Beobachtung sein könnte. Wahrscheinlich hatte ein so junges Mädchen noch keinen Begriff davon, dass es Ziel sexuellen Interesses erwachsener Männer sein konnte. Mir war nicht ganz wohl dabei, aber ich traute mich nicht, Maries Vermutung zu widersprechen. Vielleicht war es besser, sie in diesem Glauben zu lassen.

»Ich glaube, Herr Menshiki verbirgt etwas«, sagte Marie.

»Und was zum Beispiel?«

Darauf antwortete sie nicht. »Meine Tante hat diese Woche schon das zweite Date mit ihm«, sagte sie stattdessen, als würde sie mir eine wichtige Information mitteilen.

»Sie hatten ein Date?«

»Ja, sie hat Herrn Menshiki zu Hause besucht.«

»Sie ist allein zu ihm nach Hause gegangen?«

»Sie ist kurz nach Mittag mit dem Auto weggefahren und erst spätabends zurückgekommen.«

»Aber es ist nicht sicher, dass sie bei Herrn Menshiki war.«

»Doch, ich weiß es«, sagte Marie.

»Woher willst du das wissen?«

»Normalerweise geht sie nie aus«, sagte Marie. »Natürlich hat sie ihre ehrenamtliche Arbeit in der Bibliothek und fährt auch einkaufen, aber deswegen duscht sie nicht extra so lange und macht sich die Nägel. Parfüm hat sie auch benutzt und ihre hübscheste Unterwäsche angezogen.«

»Du beobachtest ja so einiges«, sagte ich beeindruckt. »Aber wer weiß, ob es wirklich Herr Menshiki war, mit dem sie sich getroffen hat? Es besteht doch auch die Möglichkeit, dass es jemand anderes war, oder nicht?«

Marie sah mich mit zusammengekniffenen Augen an. Sie schüttelte leicht den Kopf, wie um zu sagen: *Ich bin doch nicht blöd.* Unter den gegebenen Umständen konnte sie sich nicht vorstellen, dass es jemand anderes war. Und Marie war natürlich nicht dumm.

»Deine Tante ist also zu Herrn Menshiki gefahren und hat Zeit mit ihm verbracht.«

Marie nickte.

»Und die beiden haben – wie soll ich sagen? – bereits eine intime Beziehung.«

Marie nickte noch einmal. Und wurde ein wenig rot dabei. »Genau, *sie haben eine sehr intime Beziehung*, glaube ich.«

»Aber du bist doch tagsüber in der Schule. Also nicht zu Hause. Woher willst du das alles wissen?«

»Ich weiß es eben. Ich brauche sie nur anzusehen und weiß es.«

Aber *ich habe es nicht gewusst*, dachte ich. Yuzu hatte, während wir zusammenlebten, eine sexuelle Beziehung zu einem anderen Mann gehabt, und ich hatte es die ganze Zeit über nicht gemerkt. Obwohl es mir, wenn ich zurückblickte, hätte auffallen müssen. Warum hatte ich nicht gemerkt, was ein dreizehnjähriges Mädchen sofort merkte?

»Die Beziehung der beiden hat sich ziemlich schnell entwickelt«, sagte ich.

»Meine Tante ist ein Mensch, der immer gut überlegt. Sie tut nie etwas Dummes. Aber sie hat irgendwo in ihrem Herzen einen *Schwachpunkt*. Und dieser Herr Menshiki verfügt über eine besondere Kraft, der meine Tante nicht gewachsen ist.«

Sie hatte bestimmt recht. Menshiki verfügte definitiv über außergewöhnliche Kräfte. Wenn er etwas wirklich wollte und entschlossen war, es zu bekommen, konnten ihm wohl die wenigsten Menschen widerstehen. Mich eingeschlossen. Eine Frau körperlich für sich einzunehmen war sicher ein Leichtes für ihn.

»Und jetzt machst du dir Sorgen, dass deine Tante von Herrn Menshiki benutzt wird?«

Marie strich ihre schwarzen, glatten Haare hinter die Ohren, die klein und weiß und wunderhübsch geformt darunter zum Vorschein kamen. Sie nickte.

»Aber es ist nicht einfach, die Beziehung zwischen einem Mann und einer Frau aufzuhalten, wenn sie einmal in Gang gekommen ist«, sagte ich.

Überhaupt nicht einfach, sagte ich zu mir selbst. Sie überrollte rücksichtslos und unaufhaltsam alles, was ihr in den Weg kam, wie einer dieser riesigen Festwagen, die gläubige Hindus durch die Straßen schoben.

»Deshalb bin ich zu Ihnen gekommen. Ich wollte Sie um Rat fragen.« Marie sah mir in die Augen.

Als es draußen schon ziemlich dunkel war, brachte ich Marie mit einer Taschenlampe bis fast an ihren »Geheimpfad«. Sie müsse zum Abendessen zu Hause sein, sagte sie. Essen gebe es meist gegen sieben.

Sie war gekommen, um meinen Rat einzuholen. Aber mir war auch nichts Richtiges eingefallen. Wir konnten nur abwarten und beobachten, wohin die Sache führte. Selbst wenn Menshiki und Shoko Akikawa eine sexuelle Beziehung unterhielten, handelte es sich schließlich um eine Übereinkunft zwischen zwei ledigen Erwachsenen. Was konnte ich da tun? Und die wahren Hintergründe konnte ich niemandem (weder Marie noch ihrer Tante) offenlegen. Unter diesen Umständen war es mir nicht möglich, jemandem einen kompetenten Rat zu erteilen. Es wäre wie Boxen mit nach hinten gebundener Schlaghand gewesen.

Marie und ich gingen, fast ohne zu sprechen, durch den Wald. Unterwegs ergriff Marie meine Hand. Ihre war klein, aber erstaunlich kräftig. Es überraschte mich ein wenig, als sie plötzlich meine Hand nahm, aber vielleicht weil ich früher so oft Hand in Hand mit meiner Schwester gegangen war, war mir die Berührung nicht fremd. Es war eher ein wehmütiges, vertrautes Gefühl.

Maries Hand war sehr zart. Sie war warm, aber nicht verschwitzt. Offenbar dachte sie über etwas nach und verstärkte je nach Inhalt ihrer Gedanken ihren Druck oder lockerte ihn. Auch in dieser Hinsicht ähnelte ihr Griff dem meiner Schwester.

Als wir am Schrein ankamen, ließ sie meine Hand los und ging wortlos auf die Rückseite. Ich folgte ihr.

Es war noch immer deutlich zu sehen, wo die Raupe das Pampasgras niedergewalzt hatte. In der Mitte lag still und unbewegt wie immer die Grube, abgedeckt mit einer Anzahl von Planken, auf denen schwere Steine lagen. Ich leuchtete sie mit der Taschenlampe an, um sicherzugehen, dass sich ihre Position nicht verändert hatte. Offenkundig hatte sie niemand angehoben, seit ich zuletzt hier gewesen war.

»Können wir mal reingucken?«, fragte Marie.

»Solange es beim Gucken bleibt.«

»Bloß gucken«, versprach sie.

Ich räumte ein paar Steine beiseite und entfernte eines der Bretter. Marie ging auf die Knie und spähte durch die Lücke in die Grube. Ich leuchtete hinein. Natürlich war niemand darin. Nur die Metallleiter stand dort, damit man hinein- und wieder hinaufsteigen konnte. Die Grube war zwar nur etwa drei Meter tief, aber ohne die Leiter war es so gut wie unmöglich, hineinzugelangen. Die Mauern waren so glatt, dass ein normaler Menschen kaum daran hinauf- oder hinunterklettern konnte.

Marie blickte, mit einer Hand ihr Haar zurückhaltend, lange und angestrengt ins Dunkel hinunter, als suchte sie dort etwas. Natürlich wusste ich nicht, was sie daran so interessierte. Schließlich hob sie den Kopf und sah mich an.

»Jemand hat diese Steinkammer gebaut«, sagte sie.

»Ja, natürlich. Anfangs glaubten wir, es sei vielleicht ein Brunnen gewesen, aber das stimmt sicher nicht. Es wäre sinnlos, an einer so abgelegenen Stelle einen Brunnen zu graben. Jedenfalls ist die Grube vor sehr langer Zeit entstanden. Und sie ist sehr sorgfältig gearbeitet. Es muss viel Mühe gekostet haben.«

Marie sah mich wortlos an.

»Du hast doch schon früher oft hier gespielt. Stimmt's?«, sagte ich.

Marie nickte.

»Aber dass hinter dem Schrein diese Steinkammer liegt, hast du bis vor Kurzem nicht gewusst.«

Marie hielt den Kopf schräg. Nein, sollte das wohl heißen. »Sie haben die Grube entdeckt und geöffnet, nicht?«, sagte sie.

»Ja, entdeckt habe ich sie. Obwohl ich nichts von der Grube wusste. Ich dachte nur, dass unter diesem Steinhaufen *etwas* sein müsse. Doch eigentlich war es Herr Menshiki, der die Steine wegräumen und die Grube öffnen ließ.« Ich hatte beschlossen, Marie einzuweihen. Es war besser, die Wahrheit zu sagen.

In diesem Moment ertönte ein lauter Vogelruf über den Bäumen. Er klang wie eine freundschaftliche Warnung. Ich sah nach oben, konnte aber nirgends einen Vogel entdecken. Nur ein Gewirr kahler Äste ragte über mir in den von grauen Wolken bedeckten, schon fast winterlichen Abendhimmel.

Marie runzelte ein wenig die Stirn, sagte aber nichts.

»Aber – wie soll ich sagen? – ich hatte das Gefühl, die Grube wolle unbedingt, dass jemand sie freilegt. Und anscheinend hatte sie mich dazu auserkoren.«

»Was heißt ›auserkoren‹?«

»Ausgewählt oder so.«

Sie wandte mir das Gesicht zu. »Sie meinen, die Grube hat von Ihnen verlangt, geöffnet zu werden?«

»Ja.«

»*Dieses Loch* hat das verlangt?«

»Jetzt nicht speziell von mir; wahrscheinlich wäre ihr jeder recht gewesen. Ich war nur zufällig in der Nähe.«

»Aber eigentlich hat Herr Menshiki sie geöffnet.«

»Ja. Ich habe ihn hergebracht. Ohne ihn hätte ich es wahrscheinlich nicht geschafft. Ich hätte die Steine nicht von Hand wegräumen können, und für einen Bagger hatte ich nicht genug Geld. Letztendlich war es so etwas wie Schicksal.«

Marie überlegte kurz. »Wahrscheinlich wäre es besser gewesen, das nicht zu tun«, sagte sie dann. »Hab ich ja schon gesagt.«

»Du findest, wir hätten lieber alles so lassen sollen, oder?«

Marie erhob sich, ohne etwas zu sagen, und bürstete mit den

Händen die Knie ihrer Jeans ab. Anschließend hoben wir das Brett wieder gemeinsam auf die Öffnung und legten die Steine darauf, und ich prägte mir ihre Lage ein.

»Ja, finde ich«, sagte sie, während sie sich leicht die Hände rieb.

»Ich glaube, es gibt so etwas wie eine Legende, die sich um diesen Ort rankt. Sie hat einen religiösen Hintergrund.«

Marie legte fragend den Kopf schief. »Vielleicht weiß mein Vater etwas darüber.«

Die Vorfahren ihres Vaters hatten schon lange vor der Meiji-Zeit als Feudalherren die Gegend beherrscht und ausgedehnte Ländereien besessen. Noch heute befand sich ein Großteil der umliegenden Hänge im Besitz der Familie Akikawa. Also wusste er vielleicht etwas über die Bedeutung der Steinkammer und des Schreins.

»Könntest du deinen Vater fragen?«

Marie verzog leicht die Lippen. »Ja, irgendwann vielleicht«, sagte sie und fügte nach einigem Nachdenken mit leiser Stimme hinzu: »Wenn sich die Gelegenheit ergibt.«

»Es wäre gut, einen Anhaltspunkt zu haben, wer diese Grube zu welchem Zweck ausgehoben hat.«

»Vielleicht hat man etwas darin eingeschlossen und dann die schweren Steine aufgetürmt«, murmelte Marie.

»Du meinst, man hat den Steinhaufen errichtet, damit etwas nicht herauskonnte, und den Schrein aufgestellt, um einen Fluch zu vermeiden?«

»Könnte doch sein.«

»Aber wir haben die Grube aufgebrochen.«

Sie zuckte noch einmal leicht mit den Schultern.

Ich brachte Marie bis an den Waldrand. Von dort wollte sie allein weitergehen. Es sei in Ordnung, sie kenne den Weg auch im Dunkeln. Sie wollte nicht, dass jemand den »Geheimpfad« sah, der zu ihrem Haus führte. Er war ihr sorgfältig gehütetes Geheimnis, nur sie kannte ihn. Also verabschiedete ich mich von ihr und ging allein nach Hause zurück. Es war kaum noch Helligkeit am Himmel. Nächtliche Kälte breitete sich aus.

Als ich am Schrein vorbeikam, ertönte wieder der gleiche scharfe Vogelruf. Diesmal schaute ich nicht nach oben, sondern ging schnurstracks am Schrein vorbei nach Hause und machte mir etwas zum Abendessen. Dabei trank ich ein Glas Chivas Regal mit Wasser. Es war gerade noch genügend in der Flasche. Der Abend war sehr still, so als würde die Wolkendecke am Himmel sämtliche Geräusche der Welt schlucken.

Die Grube hätte nicht geöffnet werden sollen.

Marie Akikawa hatte vermutlich recht. Ich hätte mich nicht darauf einlassen sollen. Ob ich eine Art Frevel begangen hatte?

Ich stellte mir vor, wie Menshiki und Shoko Akikawa miteinander schliefen. Wie sie einander nackt auf einem breiten Bett in einem der Zimmer in der großen weißen Villa umschlungen hielten. Natürlich ging mich das alles nichts an. Es hatte nichts mit mir zu tun. Aber sooft ich an die beiden dachte, entstand in mir ein Gefühl, das ich nicht einzuordnen wusste. Als würde ich zuschauen, wie ein langer, menschenleerer Zug durch einen Bahnhof fuhr.

Bald übermannte mich der Schlaf, und der Sonntag war für mich zu Ende. Ich schlief tief und fest, ohne zu träumen und ohne dass mich jemand störte.

45 ETWAS KÜNDIGT SICH AN

Von den beiden Bildern, die ich gleichzeitig in Arbeit hatte, wurde *Grube im Wäldchen* als erstes fertig. Am Freitag kurz nach Mittag beendete ich es. Bilder sind etwas Seltsames; sobald sie ihrer Vollendung entgegengehen, entwickeln sie eigenen Willen, eigene Perspektive und eigene Aussagekraft. Und wenn sie fertig sind, sagen sie dem Menschen, der sie malt, dass seine Arbeit jetzt beendet ist (zumindest kommt es mir so vor). Einem Betrachter – falls es einen solchen gibt – wäre es zunächst nicht möglich zu unterscheiden, wann ein Bild noch in Arbeit und ab wann es vollendet ist. Denn die eine Linie, die das Vollendete vom Unvollendeten trennt, ist in den meisten Fällen nicht erkennbar. Nur der Maler kennt sie, denn sein Werk spricht zu ihm. Er braucht nur auf seine Stimme zu hören. *Jetzt musst du nichts mehr hinzufügen.*

Genauso war es mit *Grube im Wäldchen*. Ab einem gewissen Punkt war das Bild fertig, und jeder weitere Pinselstrich wäre zu viel gewesen. Vielleicht so wie weitere Berührungen bei einer Frau, die sexuell völlig befriedigt ist. Ich nahm die Leinwand von der Staffelei, lehnte sie an die Wand, setzte mich davor auf den Boden und betrachtete längere Zeit das Bild von der halb verdeckten Grube.

Es war mir unklar, warum ich auf die Idee gekommen war, es zu malen. Irgendwann hatte ich unvermittelt das unbezwingbare Bedürfnis verspürt, die *Grube im Wäldchen* zu malen. Anders kann ich es nicht beschreiben. Mitunter passierte mir das. Irgendetwas ganz Lapidares – eine Landschaft, ein Gegenstand, eine Person – packte mich, ich griff nach dem Pinsel und begann es zu malen. Nur so, einfach nach Lust und Laune. Nur meiner Eingebung folgend.

Nein, so war es nicht, dachte ich. Es geschah nicht »einfach nach Lust und Laune«. *Etwas* hatte mich gedrängt, dieses Bild zu malen. Und zwar sehr nachdrücklich. Dieser Drang hatte mich angespornt, mich veranlasst, das Bild in Angriff zu nehmen und in kürzester Zeit fertigzustellen, indem er mich sozusagen von hinten vorwärtsstieß. Vielleicht hatte aber auch die Grube selbst einen Willen und benutzte mich, um ein Bild von sich malen zu lassen – mit welcher Absicht auch immer. Genauso wie Menshiki mich (vermutlich) aus irgendeiner Absicht heraus zu seinem Porträt veranlasst hatte.

Unparteiisch und objektiv gesehen, war es kein schlechtes Bild geworden, auch wenn ich nicht sicher war, ob man es als »Kunstwerk« bezeichnen konnte (ich will mich nicht rechtfertigen, aber ich hatte ursprünglich ja auch nicht vorgehabt, ein Kunstwerk zu schaffen). Handwerklich gab es jedenfalls nichts daran auszusetzen. Die Komposition war perfekt, und das durch die Bäume gefilterte Sonnenlicht sowie das farbige Laub auf dem Boden waren überaus realistisch wiedergegeben. Und bei aller Plastizität und Genauigkeit ging von dem fertigen Bild zugleich eine symbolhafte und geheimnisvolle Stimmung aus.

Ich betrachtete es sehr lange und gewann dabei den starken Eindruck, dass sich eine Vorahnung, die *Ankündigung einer Bewegung* darin verbarg. Oberflächlich gesehen, war es nur ein sehr konkretes Landschaftsbild mit dem Titel *Grube im Wäldchen*. Vielleicht lag es sogar näher, es als »Reproduktion« zu bezeichnen, denn ich hatte die Szene auf der Leinwand mittels des Handwerks, das ich mir irgendwie in meiner langjährigen Karriere als Porträtist angeeignet hatte, so getreu wie möglich wiedergegeben. Ich hatte eher *dokumentiert* als gemalt.

Dennoch gab es darin diese *Ankündigung*. In der Landschaft wollte sich tatsächlich etwas bewegen – diese Ausstrahlung des Bildes war deutlich wahrnehmbar. Hier sollte etwas seinen Anfang nehmen. Und endlich kam ich darauf. Was ich auf dem Bild hatte darstellen wollen beziehungsweise was es mich hatte *darstellen lassen*, war die Ankündigung eines Geschehens. Ich setzte mich auf dem Boden zurecht und betrachtete das Bild von Neuem.

Welche Art von Geschehen kündigte sich darauf an? Würde jemand oder etwas aus dem halb geöffneten dunklen Rund kriechen? Oder umgekehrt: hineinsteigen? Lange und konzentriert starrte ich auf das Bild, war jedoch nicht in der Lage zu erraten, welche »Bewegung« sich dort ereignen würde. Ich spürte nur äußerst nachdrücklich, dass sich hier etwas ankündigte.

Und warum, zu welchem Zweck hatte die Grube verlangt, dass ich sie malte? Versuchte sie mir etwas mitzuteilen? Oder mich vor etwas zu warnen? Rätsel über Rätsel und nicht eine Antwort. Ich beschloss, Marie Akikawa das Bild zu zeigen und nach ihrer Meinung zu fragen. Vielleicht erkannte sie etwas darauf, was meine Augen nicht sahen.

Freitag war einer der Tage, an denen ich meinen Malkurs in der Nähe des Bahnhofs Odawara gab. Es war außerdem der Tag, an dem auch Marie Akikawa an meinem Unterricht teilnahm. Vielleicht konnte ich anschließend mit ihr reden. Ich stieg ins Auto und fuhr los.

Als ich den Wagen auf dem Parkplatz abgestellt hatte, blieb noch Zeit bis zum Beginn des Unterrichts, und ich setzte mich wie üblich in ein Café, aber nicht in ein helles, funktionales wie Starbucks, sondern in ein kleines Café in einer Nebenstraße, das seit Langem von einem älteren Mann geführt wurde. Dort wurde starker, tiefschwarzer Kaffee in schweren Porzellantassen serviert, und aus alten Lautsprechern ertönte alte Jazzmusik von Billie Holiday, Clifford Brown und so weiter. Als ich anschließend durch die Einkaufsstraße schlenderte, fiel mir ein, dass mir die Kaffeefilter ausgingen, und ich kaufte welche. Unterwegs entdeckte ich einen Laden mit gebrauchten Schallplatten, in dem ich mir mit dem Stöbern in alten LPs die Zeit vertrieb. Mir fiel auf, dass ich nun schon seit geraumer Zeit nur noch klassische Musik hörte, da Tomohiko Amadas Regale nur Klassikplatten beherbergten. Im Radio hörte ich kaum etwas anderes als die Nachrichten und den Wetterbericht auf Mittelwelle (der UKW-Empfang war in den Bergen ziemlich schlecht).

Meine sämtlichen CDs und LPs – es war keine bedeutende Anzahl – hatte ich in der Wohnung in Hiroo zurückgelassen. Es wäre mühsam gewesen, unsere Bücher und Schallplatten danach aufzuteilen, welche Yuzu und welche mir gehörten. Und nicht nur mühsam, sondern fast unmöglich. Wem gehörte zum Beispiel *Nashville Skyline* von Bob Dylan oder das Doors-Album mit *Alabama Song* darauf? Eigentlich war es jetzt egal, wer sie gekauft hatte. Wir hatten eben in unserem Alltag eine Zeit lang die gleiche Musik gehört. Dinge konnte man aufteilen, aber die damit verbundenen Erinnerungen nicht. Was blieb einem also übrig, als alles hinter sich zu lassen?

Ich suchte in dem Plattenladen nach *Nashville Skyline* und dem ersten Album der Doors, fand aber weder das eine noch das andere. Wahrscheinlich gab es CDs davon, aber ich wollte mir diese

Musik lieber auf den alten LPs anhören. Zudem gab es in Tomohiko Amadas Haus keinen CD-Spieler und auch kein Kassettengerät, nur mehrere Plattenspieler. Anscheinend war Tomohiko Amada der Typ Mensch, der – komme, was wolle – keine neuen Geräte mochte. Bestimmt war er auch nie näher als zwei Meter an eine Mikrowelle herangekommen.

Schließlich kaufte ich in dem Laden zwei LPs, die mir zufällig ins Auge fielen. *The River* von Bruce Springsteen und eine Platte mit Duetts von Roberta Flack und Donny Hathaway. Beides Alben, mit denen ich nostalgische Erinnerungen verband. Seit einiger Zeit interessierte ich mich kaum noch für neuere Musikstücke und hörte nur immer wieder meine alten Lieblingstitel. Auch literarische Neuerscheinungen verfolgte ich nicht mehr. Es war, als wäre die Zeit für mich an einem gewissen Punkt stehen geblieben.

Oder die Zeit war wirklich stehen geblieben. Vielleicht war die Evolution bereits zum Stillstand gekommen, auch wenn die Zeit sich noch geringfügig vorwärtsbewegte. So wie ein Restaurant kurz vor der Schließungszeit keine neuen Bestellungen mehr aufnimmt. Und vielleicht war ich der Einzige, der noch nichts davon bemerkt hatte.

Man packte mir die beiden Platten in eine Papiertüte, und ich bezahlte. Anschließend ging ich in ein Spirituosengeschäft, um Whisky zu kaufen. Ich war mir unsicher, welche Marke ich nehmen sollte, entschied mich aber letztlich für Chivas Regal. Der war ein wenig teurer als andere Sorten, aber vielleicht konnte ich Masahiko bei seinem nächsten Besuch damit eine Freude machen.

Da es allmählich Zeit für den Unterricht wurde, brachte ich Schallplatten, Kaffeefilter und Whisky in meinen Wagen und begab mich in das Gebäude, in dem der Unterricht stattfand. Der Kurs für die Kinder, an dem auch Marie teilnahm, begann um

17 Uhr. Aber es war nichts von ihr zu sehen, was ziemlich ungewöhnlich war. Sie war begeistert vom Malkurs und fehlte, soweit ich mich erinnerte, zum ersten Mal. Daher war ich beunruhigt, ja sogar alarmiert, als sie nicht im Klassenzimmer auftauchte. War ihr etwas passiert? War sie plötzlich krank geworden oder hatte einen Unfall gehabt?

Doch natürlich gab ich den Kindern ihre Aufgabe, ließ sie über ihre Bilder sprechen und gab ihnen Hinweise, als wäre nichts. Als der Unterricht beendet war, gingen die Kinder nach Hause, und die Erwachsenen waren an der Reihe. Auch dieser Kurs verlief ohne besondere Zwischenfälle. Ich plauderte freundlich mit den Teilnehmern (dieses Gebiet war nicht gerade meine besondere Stärke, aber ich bekam es irgendwie hin). Anschließend traf ich mich kurz mit dem Vorstand des Vereins, um den weiteren Verlauf der Malkurse zu besprechen. Auch er wusste nicht, warum Marie Akikawa heute nicht gekommen war. Niemand von der Familie habe angerufen.

Nach dem Unterricht ging ich in ein nahe gelegenes Nudellokal und bestellte mir eine Portion heiße Tempura-Soba, wie ich es mir zur Gewohnheit gemacht hatte. Es war eine meiner bescheidenen Freuden, immer dasselbe Lokal aufzusuchen und das gleiche Gericht zu essen. Danach fuhr ich mit meinem Wagen zurück auf meinen Berg. Als ich zu Hause ankam, war es bereits kurz vor neun.

Da an das Telefon kein Anrufbeantworter angeschlossen war (vermutlich hatte Tomohiko Amada auch für solche raffinierten Apparaturen nichts übrig), konnte ich nicht wissen, ob während meiner Abwesenheit jemand angerufen hatte. Ich starrte einen Moment lang auf das schlichte altmodische Telefon, aber es ließ sich zu keiner Mitteilung herab. Stattdessen wahrte es hartnäckig sein schwarzes Schweigen.

Ich nahm in Ruhe ein ausgiebiges Bad, um mich aufzuwärmen. Dann schenkte ich mir einen Chivas Regal ein, warf zwei Eiswürfel ins Glas und ging ins Wohnzimmer. Während ich trank, legte ich eine der Platten auf, die ich gerade gekauft hatte. Als diese andere, nichtklassische Musik das Wohnzimmer des Hauses auf dem Berg erfüllte, kam mir das zunächst ziemlich *unpassend* vor. Bestimmt hatte sich die Atmosphäre in diesem Raum über all die Jahre an die klassische Musik angepasst. Aber da mir die nun ertönende Musik so vertraut war, besiegte die Nostalgie allmählich mein Empfinden, etwas Ungehöriges zu tun. Bald verspürte ich ein angenehmes Gefühl allgemeiner Entspannung. Meine Muskeln hatten sich verhärtet, ohne dass ich es bemerkt hatte.

Die A-Seite der LP von Roberta Flack und Donny Hathaway war zu Ende, und als ich einen Titel von der B-Seite (das wunderschöne Lied *For All We Know*) hörte und dazu mein Glas leerte, klingelte das Telefon. Die Zeiger der Uhr standen auf halb elf. Es kam selten vor, dass mich jemand so spät anrief. Eigentlich hatte ich keine Lust, abzuheben, aber das Klingeln hatte irgendwie etwas Dringliches. Ich stellte mein Glas ab, erhob mich vom Sofa, nahm den Tonarm von der Platte und ging ans Telefon.

Es war Shoko Akikawa. »Guten Abend«, sagte sie. Ich erwiderte den Gruß.

»Entschuldigen Sie die späte Störung.« Ihre Stimme klang ungewöhnlich aufgeregt. »Aber ich muss Sie fragen, ob Marie heute im Malkurs war.«

Sie sei nicht da gewesen, sagte ich. Die Frage war etwas sonderbar, denn eigentlich holte ihre Tante sie immer mit dem Auto vom Malkurs ab. Marie kam vorher direkt von der Schule (sie besuchte eine öffentliche Schule) zum Malkurs. Deshalb trug sie auch noch immer ihre Schuluniform.

»Marie ist verschwunden«, sagte Shoko Akikawa.

»Verschwunden?«

»Sie ist nirgendwo zu finden.«

»Seit wann haben Sie sie nicht gesehen?«, fragte ich.

»Sie ist heute Morgen wie immer aus dem Haus gegangen und wollte zur Schule. Ich wollte sie mit dem Auto zum Bahnhof bringen, aber Marie wollte lieber laufen. Sie fährt nicht gern mit dem Auto. Ich fahre sie nur, wenn sie aus irgendeinem Grund spät dran ist, aber normalerweise geht sie zu Fuß den Berg hinunter und nimmt von dort den Bus zum Bahnhof. Jedenfalls hat sie am Morgen um halb acht das Haus verlassen, um zur Schule zu gehen.«

Nachdem Shoko dies in einem Atemzug hervorgestoßen hatte, machte sie eine Pause, vermutlich um Luft zu holen. Auch ich musste die Information erst verarbeiten. Shoko fuhr fort. »Freitags geht sie direkt nach der Schule zum Malkurs. Normalerweise hole ich sie von dort mit dem Auto ab. Aber heute sagte Marie, ich brauchte sie nicht abzuholen, sie würde mit dem Bus fahren. Also habe ich sie nicht abgeholt, denn dieses Mädchen lässt sich ja nichts sagen. Für gewöhnlich ist sie in dem Fall zwischen sieben und halb acht zu Hause. Ich habe dann das Essen fertig. Aber heute wurde es acht und dann halb neun, aber sie kam nicht. Ich habe mir Sorgen gemacht und in der Schule angerufen, um mich bei der Sekretärin zu erkundigen, ob Marie dort gewesen sei. Ich erfuhr, dass sie nicht da war. Natürlich bin ich außer mir vor Sorge. Es ist schon halb elf, und sie ist noch immer nicht hier. Angerufen hat sie auch nicht. Ich rufe Sie an, weil ich dachte, Sie wüssten vielleicht etwas.«

»Ich habe keine Ahnung, wo Marie sein könnte«, sagte ich. »Aber ich habe mir schon so etwas gedacht, als sie heute Nachmittag nicht zum Unterricht kam. Sie hat ja bisher noch nie gefehlt.«

Shoko Akikawa stieß einen tiefen Seufzer aus. »Mein Bruder ist noch nicht zu Hause. Ich weiß auch nicht, wann er kommt. Er ruft auch nicht an. Es ist nicht einmal sicher, ob er heute überhaupt kommt. Ich bin ganz allein und weiß nicht ein noch aus.«

»Hat Marie heute Morgen ihre Schuluniform getragen?«, fragte ich.

»Ja, sie hatte ihre Schuluniform an und ihre Schultertasche dabei. Alles wie immer. Blazer und Rock. Aber ich weiß nicht, ob sie wirklich zur Schule gegangen ist. Es ist im Moment zu spät, um es herauszufinden. Aber ich glaube, sie war vormittags in der Schule. Hätte sie gefehlt, hätte doch jemand von der Schule angerufen. Sie hat auch nur so viel Geld, wie sie für diesen Tag brauchte. Sie hat ein Mobiltelefon dabei, aber es ist ausgeschaltet. Sie hasst Mobiltelefone. Sie schaltet es immer aus, wenn sie nicht selbst telefoniert. Sie besteht darauf, obwohl ich ihr ständig sage, sie soll es einschalten, denn falls einmal irgendetwas ist ...«

»Ist das das erste Mal? Ich meine, dass sie so spät noch nicht zu Hause ist?«

»Das ist noch nie vorgekommen. Marie geht absolut regelmäßig zur Schule. Auch wenn es ihr dort nicht besonders gefällt und sie anscheinend keine Freunde hat. Aber sie ist ein Kind, das einmal getroffene Vereinbarungen einhält. In der Grundschule hat sie sogar einmal einen Preis bekommen. In dieser Hinsicht ist sie ausgesprochen vernünftig. Sie kommt nach dem Unterricht immer gleich nach Hause. Sie würde sich nie an irgendwelchen fragwürdigen Orten herumtreiben.«

Offenbar hatte die Tante nie bemerkt, dass Marie abends das Haus verließ.

»War denn heute Morgen irgendetwas anders als sonst?«

»Nein, alles war wie immer. Ein ganz gewöhnlicher Morgen wie jeder andere. Sie hat warme Milch getrunken und eine Scheibe

Toast gegessen und ist dann aus dem Haus gegangen. Alles haargenau wie immer, wie nach Schema. Ich hatte wie immer das Frühstück gemacht. Sie hat so gut wie nichts gesagt. Aber das ist auch ganz normal. Manchmal kommt auch ein endloser Redefluss, aber normalerweise gibt sie nicht mal richtig Antwort.«

Auch ich wurde immer unruhiger, während ich Shoko Akikawa zuhörte. Es war nun fast elf und draußen natürlich stockdunkel. Der Mond war hinter Wolken verborgen. War Marie etwas zugestoßen?

»Ich warte noch eine Stunde, aber wenn sie sich bis dahin nicht gemeldet hat, rufe ich die Polizei«, sagte Shoko.

»Das wäre das Beste«, sagte ich. »Wenn ich irgendetwas tun kann, scheuen Sie sich nicht, es mir zu sagen. Ganz gleich, wie spät es ist.«

Shoko Akikawa bedankte sich und legte auf. Ich trank den letzten Schluck von meinem Whisky und wusch das Glas in der Küche aus.

Darauf schaltete ich im Atelier alle Lichter ein und betrachtete in dem hell erleuchteten Raum noch einmal Maries unvollendetes Porträt auf der Staffelei. Wenn ich noch ein wenig daran arbeitete, wäre es fertig. Mein *Idealbild* eines schweigsamen dreizehnjährigen Mädchens. Es sollte nicht nur ihr Äußeres wiedergeben, sondern auch verschiedene nicht sichtbare Elemente ihres Wesens enthalten. So viele den Blicken verborgene Aspekte ihrer Persönlichkeit wie möglich zu beleuchten, Botschaften, die diese aussandten, durch andere Formen zu ersetzen, das war es, was ich – natürlich anders als bei einem landläufigen Porträt – in meinem Werk anstrebte. In diesem Sinne war Marie Akikawa für mich ein hochinteressantes Modell, denn in ihrer Gestalt verbargen sich so viele Hinweise wie in einem Trompe-l'Œil. Und seit heute Morgen wusste man nicht, wo sie sich aufhielt. Als hätte Marie sich selbst in dieses Trompe-l'Œil zurückgezogen.

Dann betrachtete ich das Bild *Grube im Wäldchen*, das auf dem Boden stand. Das Gemälde, das ich erst an diesem Nachmittag fertiggestellt hatte, schien mich in einem anderen Sinn und aus einer anderen Richtung zu etwas aufzufordern als das Porträt von Marie.

Wieder spürte ich bei seinem Anblick, *dass etwas geschehen würde*. Bis zum Nachmittag war es nur eine Ahnung gewesen, aber jetzt begann dieses Geschehen tatsächlich die Realität auszuhöhlen. Es war keine Ahnung mehr. *Das Geschehen war bereits im Gange*. Und es gab keinen Zweifel: Marie Akikawas Verschwinden stand in irgendeiner Verbindung zu der *Grube im Wäldchen*. Das spürte ich. Durch die Fertigstellung des Bildes heute Nachmittag hatte ich etwas losgetreten, etwas in Bewegung gesetzt. Und Maries Verschwinden war vermutlich eine Folge davon.

Aber das konnte ich Shoko Akikawa nicht erklären. Schon mit dem Versuch würde ich sie nur in überflüssige Verwirrung stürzen.

Ich verließ das Atelier, ging in die Küche, trank mehrere Gläser Wasser und spülte mir so den Geschmack des Whiskys aus dem Mund. Dann rief ich Menshiki an, der nach dreimaligem Läuten abhob. Am angespannten Klang seiner Stimme erkannte ich, dass er einen wichtigen Anruf erwartete. Er wirkte ein wenig überrascht, dass ich es war, aber seine Anspannung war sofort verflogen, und er sprach in dem mir vertrauten heiteren Ton.

»Entschuldigen Sie, dass ich Sie so spät noch anrufe«, sagte ich.

»Das macht überhaupt nichts. Ich bleibe immer ziemlich lange auf, ich habe ja nichts zu tun. Außerdem schätze ich es besonders, mit Ihnen zu reden.«

Ohne mich lange mit einer Begrüßung aufzuhalten, berichtete

ich ihm kurz, dass Marie Akikawa verschwunden sei. Dass sie am Morgen gesagt habe, sie gehe zur Schule, aber bis jetzt nicht mehr aufgetaucht sei. Menshiki wirkte erschrocken, als er das hörte. Einen Moment lang war er sprachlos.

»Und Sie haben überhaupt keine Ahnung, was passiert sein könnte?«, fragte er mich als Erstes.

»Nicht die geringste«, sagte ich. »Das kommt völlig überraschend für mich. Für Sie vermutlich auch?«

»Ja, natürlich. Sie spricht ja kaum ein Wort mit mir.«

Seine Stimme klang nicht besonders aufgewühlt. Es war nur eine einfache Feststellung.

»Sie ist ein von Natur aus schweigsames Kind. Sie redet mit niemandem viel«, sagte ich. »Jedenfalls ist Frau Akikawa äußerst beunruhigt, dass Marie noch nicht zu Hause ist. Ihr Vater ist auch nicht zu Hause, und sie schien nicht zu wissen, was sie tun soll, so allein.«

Menshiki schwieg ins Telefon. Dass er so gar nichts sagte, kam bei ihm, wie ich ihn kannte, nur äußerst selten vor.

»Kann ich etwas tun?«, fragte er mich endlich.

»Ich weiß, es ist etwas überfallartig, aber wäre es Ihnen möglich, herzukommen?«

»Zu Ihnen?«

»Ja. Ich hätte bezüglich dieser Sache etwas mit Ihnen zu bereden.«

Menshiki zögerte kurz. »Ich verstehe«, sagte er dann. »Ich bin gleich bei Ihnen.«

»Und Sie haben wirklich nichts anderes vor?«

»Nichts, das so wichtig wäre. Nebensächlichkeiten«, sagte Menshiki. Dann räusperte er sich leise. Es machte den Eindruck, als habe er auf die Uhr gesehen. »Ich glaube, ich kann in etwa fünfzehn Minuten bei Ihnen sein.«

Nachdem wir aufgelegt hatten, machte ich mich bereit, hinauszugehen. Ich zog einen Pullover an und legte meine Lederjacke und die große Taschenlampe bereit. Dann setzte ich mich aufs Sofa und wartete darauf, dass Menshikis Jaguar vorfuhr.

46 KRAFTRAUBENDE MAUERN

Es war zwanzig nach elf, als Menshiki eintraf. Kaum hörte ich den Motor seines Wagens, zog ich die Lederjacke über, ging nach draußen und wartete, dass Menshiki den Motor abschaltete und ausstieg. Er trug eine warme dunkelblaue Windjacke, schmal geschnittene schwarze Jeans und lederne Turnschuhe. Um den Hals hatte er einen dünnen Schal gewickelt. Obwohl es dunkel war, glänzten seine dichten weißen Haare.

»Ich würde gern gleich einmal in der Grube im Wäldchen nachsehen. Macht Ihnen das etwas aus?«

»Natürlich nicht«, sagte Menshiki. »Meinen Sie, die Grube hat etwas mit Maries Verschwinden zu tun?«

»Das weiß ich nicht. Ich hatte nur kürzlich so eine ungute Ahnung. Die Ahnung, dass irgendetwas in Zusammenhang mit der Grube passieren könnte.«

Menshiki stellte keine weiteren Fragen. »Gut. Dann sehen wir mal nach.«

Er öffnete den Kofferraum und nahm eine Art Laterne heraus. Nachdem er ihn wieder geschlossen hatte, machten wir uns auf den Weg ins Wäldchen. Es war eine dunkle, mondlose Nacht. Kein Stern stand am Himmel, und windstill war es auch.

»Entschuldigen Sie nochmals, dass ich Sie so mitten in der Nacht hergeholt habe«, sagte ich. »Aber ich fand es besser, mit Ihnen gemeinsam in der Grube nachzusehen. Falls etwas passieren würde, wäre ich alleine ziemlich aufgeschmissen.«

Er klopfte mir ermutigend auf den Ärmel meiner Lederjacke. »Das macht doch überhaupt nichts. Denken Sie gar nicht darüber nach. Ich tue, was ich kann.«

Mit Taschenlampe und Laterne den Boden beleuchtend, um nicht über irgendwelche Wurzeln zu stolpern, arbeiteten wir uns vorsichtig voran. Zu hören war nur das Rascheln des Laubs unter unseren Schuhen. Sonst herrschte tiefe Stille im nächtlichen Wäldchen. Auf mir lastete die Vorstellung, dass sich um uns herum alle möglichen Lebewesen verbargen und uns mit angehaltenem Atem beobachteten. Die tiefe mitternächtliche Dunkelheit rief derartige Trugbilder hervor. Jemand, der die Umstände nicht kannte, hätte uns vermutlich für Grabräuber auf Beutesuche gehalten.

»Eins würde ich Sie gern fragen«, sagte Menshiki.

»Ja?«

»Warum, glauben Sie, könnte ein Zusammenhang zwischen Marie Akikawas Verschwinden und der Grube bestehen?«

Ich erzählte ihm, dass ich kürzlich mit ihr an der Grube gewesen sei, sie jedoch bereits von ihrer Existenz gewusst habe, bevor ich es ihr gesagt hätte. Dass sie als Kind immer dort gespielt habe. Und dass im Wald kaum etwas vorgehe, von dem sie nichts wisse. Ich berichtete Menshiki auch, dass sie gesagt habe, *die Grube hätte nicht geöffnet werden dürfen.*

»Es war, als hätte sie dort an der Grube etwas Außergewöhnliches wahrgenommen«, sagte ich. »Vielleicht – wie soll ich sagen? – etwas Spirituelles.«

»Und das weckte ihre Neugier?«, fragte Menshiki.

»Genau. Sie fand die Grube unheimlich, schien sich aber gleichzeitig sehr zu ihr hingezogen zu fühlen. Deshalb befürchte ich, dass ihr etwas in Zusammenhang damit zugestoßen sein könnte. Vielleicht sitzt sie darin fest und kann nicht mehr raus.«

Menshiki überlegte. »Haben Sie das ihrer Tante mitgeteilt? Shoko Akikawa?«

»Nein, denn hätte ich davon angefangen, hätte ich ihr so viel erklären müssen. Wie wir die Steinkammer freigelegt haben und warum Sie daran beteiligt waren. Das wäre eine lange Geschichte geworden, und ich habe mir nicht zugetraut, sie ihr verständlich zu machen.«

»Außerdem hätte sie sich nur überflüssige Sorgen gemacht.«

»Und wenn die Polizei ins Spiel kommt und sich für die Grube interessiert, wird alles noch komplizierter.«

Menshiki sah mich an. »Die Polizei interessiert sich für die Grube?«

»Als ich mit Frau Akikawa sprach, hatte sie die Polizei noch nicht verständigt. Aber inzwischen hat sie bestimmt eine Vermisstenmeldung aufgegeben. Jedenfalls wäre es allmählich Zeit dafür.«

Menshiki nickte mehrmals. »Ja, selbstverständlich. Wenn eine Dreizehnjährige nach Mitternacht noch nicht zu Hause ist und keiner weiß, wo sie sich aufhält, muss die Familie die Polizei rufen.«

Dennoch hatte ich den Eindruck, Menshiki würde ein Eingreifen der Polizei nicht sonderlich begrüßen. Das war seiner Stimme anzuhören.

»Das mit der Grube sollte möglichst unter uns bleiben. Es ist besser, wenn das nicht allgemein bekannt wird. Dadurch würde alles nur noch komplizierter«, sagte Menshiki. Ich pflichtete ihm bei.

Und vor allem war da noch das Problem mit dem Commendatore. Es war nahezu ein Ding der Unmöglichkeit, jemandem die Eigenart der Steinkammer zu erklären, ohne die Existenz der Idee preiszugeben, die ihr in der Gestalt des Commendatore entstiegen war. Auch wenn man es täte, würde das, wie Menshiki sehr richtig sagte, nur zu Komplikationen führen. (Und außerdem: Wer sollte uns die Geschichte mit dem Commendatore glauben? Allenfalls würde man an unserem Verstand zweifeln.)

Als wir an dem kleinen Schrein herauskamen, begaben wir uns gleich auf seine Rückseite und schritten über das noch immer von den Arbeiten des Schaufelbaggers niedergewalzte Gras bis an die Grube. Sie wirkte unverändert. Als Erstes leuchteten wir die Abdeckung mit den Steinen ab. Bei genauem Hinsehen erkannte ich, dass sie bewegt worden waren, wenn auch nicht viel. Jemand hatte, nachdem Marie und ich das eine Brett hochgehoben hatten, die Bretter verschoben und später offenbar versucht, die Steine möglichst genauso wie vorher anzuordnen. Ich nahm den Unterschied wahr.

»Es gibt Anzeichen dafür, dass jemand die Steine heruntergenommen und die Grube geöffnet hat«, sagte ich.

Menshiki warf mir einen Blick zu. »War das Marie?«

»Ich weiß es nicht. Allerdings kommen ja keine Fremden hierher. Und sie ist die Einzige außer uns, die von der Grube weiß. Die Wahrscheinlichkeit ist hoch.«

Natürlich wusste auch der Commendatore von der Steinkammer. Immerhin war er ihr ja entstiegen. Doch letztendlich war er nur eine Idee und damit ein ursprünglich gestaltloses Wesen. Er hatte es nicht nötig, eigens Steine aus dem Weg zu räumen, um irgendwo hineinzukommen.

Also nahmen wir die Steine ab und räumten die Bretter, die

die Grube bedeckten, beiseite, sodass die fast zwei Meter umfassende runde Öffnung zum Vorschein kam. Sie erschien mir größer und schwärzer als beim letzten Mal. Aber das war sicher eine Täuschung, hervorgerufen durch die nächtliche Dunkelheit.

Menshiki und ich knieten uns auf den Boden und leuchteten mit Taschenlampe und Laterne ins Innere der Grube. Kein Mensch darin. Es war überhaupt nichts darin. Vor uns lag lediglich der leere ausgemauerte zylindrische Raum, wie wir ihn kannten. Nur eine Sache war anders. Die Leiter war verschwunden. Die Metallleiter, die von dem Gartenbauunternehmer, der den Steintumulus demontiert hatte, freundlicherweise stehen gelassen worden war. Beim letzten Mal hatte sie noch an der Mauer gelehnt.

»Wo ist denn die Leiter geblieben?«, sagte ich.

Wir fanden sie gleich. Sie lag ein Stückchen entfernt auf dem platt gewalzten Pampasgras. Jemand musste sie heraufgezogen und dorthin geworfen haben. Da sie nicht sonderlich schwer war, brauchte man dazu nicht viel Kraft. Wir nahmen die Leiter und stellten sie an ihren alten Platz an der Mauer zurück.

»Ich steige mal runter«, sagte Menshiki. »Vielleicht finde ich etwas.«

»Wollen Sie das wirklich tun?«

»Ja, keine Sorge. Ich war ja schon mal unten.«

In einer Hand die Laterne, stieg Menshiki die Leiter hinunter, als wäre es gar nichts.

»Wissen Sie übrigens, wie hoch die Mauer war, die Ost- und West-Berlin trennte?«, fragte Menshiki, während er die Leiter hinunterstieg.

»Keine Ahnung.«

»Drei Meter«, sagte Menshiki und sah zu mir hinauf. »Das heißt, sie war im Durchschnitt so hoch, wie dieses Loch tief ist.

Und das über eine Länge von hundertsechzig Kilometern. Ich habe sie mir einmal angeschaut, als Berlin noch geteilt war. Ein trauriger Anblick.«

Menshiki war unten angekommen und leuchtete mit der Laterne herum, während er sich weiter mit mir unterhielt.

»Ursprünglich wurden Mauern errichtet, um Menschen zu schützen. Vor äußeren Feinden und vor Regen und Wind. Aber manchmal dienen sie dazu, Menschen einzusperren. Hoch aufragende dicke Mauern rauben den Eingeschlossenen alle Kraft. Emotional und durch ihren Anblick. Genau zu diesem Zweck werden manche Mauern errichtet.«

Danach sagte er eine Weile nichts mehr und hielt die Laterne hoch, um die Wände und den Boden zu inspizieren. Ohne einen Winkel auszulassen, gewissenhaft wie ein Archäologe bei der Erkundung der innersten Grabkammer einer Pyramide. Mit der Laterne ließ sich die Umgebung besser ausleuchten, denn ihr Schein verfügte über einen größeren Radius als eine Taschenlampe. Auf einmal schien Menshiki auf dem Boden etwas entdeckt zu haben, denn er ging in die Knie, um es genauer in Augenschein zu nehmen. Was es war, konnte ich von oben nicht erkennen, und Menshiki äußerte sich nicht dazu. Der Gegenstand, den er gefunden hatte, schien sehr klein zu sein. Er wickelte ihn, nachdem er sich aufgerichtet hatte, in ein Taschentuch und verstaute es in seiner Windjacke. Dann hob er die Laterne über seinen Kopf und blickte zu mir herauf.

»Ich komme jetzt wieder hoch«, sagte er.

»Haben Sie etwas gefunden?«, fragte ich.

Statt zu antworten, stieg Menshiki vorsichtig die Leiter hinauf. Bei jedem Schritt knarrten die Sprossen unter seinem Gewicht, während ich seinen Aufstieg aufmerksam beobachtete und ihm mit der Taschenlampe leuchtete. Seinen Bewegungen war anzusehen, dass er durch seine täglichen Übungen gut durchtrainiert war. Er bewegte sich geschmeidig, ohne überflüssigen Kraftaufwand. Als er wieder auf der Erde stand, streckte er sich ausgiebig und bürstete sich anschließend ausgesprochen gründlich die Erde von der Hose, obwohl kaum etwas daran haftete.

»Von dort unten hat die Höhe der Mauer tatsächlich etwas ziemlich Bedrückendes«, sagte er, als er zu Atem gekommen war. »Ein gewisses Gefühl von Ohnmacht stellt sich ein. Ich habe vor einiger Zeit die über acht Meter hohe, mit Stacheldraht bewehrte Betonmauer in Palästina gesehen, die Israel dort errichtet hat. Dieser Abschnitt ist etwa dreißig Kilometer lang. Offenbar hält man in Israel eine Höhe von drei Metern nicht für ausreichend, aber hier ist das genug.«

Er stellte seine Laterne ab, und ihr heller Lichtkreis beleuchtete den Boden zu unseren Füßen.

»Die Wände einer Einzelzelle in der Tokioter Strafanstalt sind übrigens auch nahezu drei Meter hoch«, sagte Menshiki. »Keine Ahnung, warum sie so hoch sind. Das Einzige, was man dort tagein, tagaus vor Augen hat, sind diese glatten, drei Meter hohen Wände. Etwas anderes gibt es nicht zu sehen. Nur die Wände. Natürlich hängen sie keine Bilder oder so was auf. Man fühlt sich wie dort unten in der Steinkammer.«

Schweigend hörte ich ihm zu.

»Ich war kürzlich einmal eine Zeit lang in der Tokioter Strafanstalt inhaftiert. Davon hatte ich Ihnen sicher noch nicht erzählt?«

»Nein, noch nicht.« Dass er im Gefängnis gewesen war, hatte ich zwar bereits von meiner verheirateten Freundin erfahren, aber das sagte ich ihm natürlich nicht.

»Ich möchte nicht, dass Sie die Geschichte von jemand anderem hören. Bei Gerüchten werden immer die Fakten verdreht, das wissen Sie ja. Deshalb sollten Sie die Geschichte lieber aus meinem Mund hören. Allerdings ist sie nicht besonders erfreulich. Darf ich die Gelegenheit ergreifen und sie Ihnen jetzt erzählen?«

»Natürlich. Bitte, erzählen Sie«, sagte ich.

Menshiki machte eine Pause, bevor er begann. »Es klingt vielleicht, als wolle ich mich herausreden, aber ich fühle mich überhaupt nicht schuldig. Ich hatte in meinem Leben mit vielen verschiedenen Projekten zu tun und bin dabei auch eine Menge Risiken eingegangen. Aber da ich nicht dumm bin und von Natur aus vorsichtig, habe ich mich nie auf etwas eingelassen, wodurch ich mit dem Gesetz hätte in Konflikt geraten können. An diese Grenzen habe ich mich immer gehalten. Aber dieses eine Mal hatte ich einen leichtsinnigen und gedankenlosen Partner, der mich in Teufels Küche brachte. Seither vermeide ich es um jeden Preis, mit jemandem zusammenzuarbeiten, und übernehme stets die alleinige Verantwortung für meine sämtlichen Aktionen.«

»Wie lautete denn die Anklage?«

»Insiderhandel und Steuerhinterziehung. Sogenannte Wirtschaftsverbrechen. Zum Schluss wurde ich freigesprochen, aber zuvor kam die Sache vor den Staatsanwalt, und strenge Ermittlungen folgten. Ich saß ziemlich lange in Untersuchungshaft, die aus verschiedenen Gründen immer wieder verlängert wurde. Ich spüre heute noch die Nachwirkungen. Wie gesagt, gab es nicht einen Punkt in der Anklage, der sich als strafbar herausstellte. Das war eine unleugbare Tatsache. Aber das Anklageszenario, das von meiner Schuld ausging, war bereits verfasst, und niemand hatte ein Interesse daran, es umzuschreiben. So funktioniert Bürokratie. Ist etwas einmal entschieden, ist es beinahe unmöglich, noch einmal daran zu rütteln. Denn in dem Fall müsste jemand die

Verantwortung für eine Revision übernehmen. Deshalb ließ man mich so lange in dieser Einzelzelle schmoren.«

»Wie lange waren Sie denn dort drinnen?«

»435 Tage«, sagte Menshiki fast gleichmütig. »Diese Zahl werde ich mein Leben lang nicht vergessen.«

Ich konnte mir vorstellen, dass 435 Tage in einer winzigen Einzelzelle sich ganz schön zogen.

»Waren Sie schon einmal länger in einem engen Raum eingeschlossen?«, fragte mich Menshiki.

Ich verneinte. Seit ich damals in dem Möbelwagen eingesperrt gewesen war, neigte ich zur Klaustrophobie. Ich konnte nicht einmal Aufzug fahren. An Menshikis Stelle hätte ich auf Anhieb einen Nervenzusammenbruch erlitten.

»Damals entdeckte ich eine Methode, die Enge zu ertragen. Ich hielt eine tägliche Disziplin aufrecht. Während ich im Gefängnis war, lernte ich mehrere Sprachen: Spanisch, Türkisch und Chinesisch. Einem Inhaftierten steht nur eine begrenzte Anzahl von Büchern zu, aber Wörterbücher fallen nicht unter diese Einschränkung. Daher war dieser Gefängnisaufenthalt die ideale Gelegenheit zum Sprachstudium. Glücklicherweise bin ich mit der Fähigkeit gesegnet, mich gut konzentrieren zu können. So gelang es mir, die Existenz der Mauern um mich herum einigermaßen zu vergessen, indem ich diese Sprachen lernte. Es hat eben alles seine guten Seiten.«

Auch bei dichten, dunklen Wolken gibt es immer einen Silberstreif am Horizont.

»Wovor ich mich allerdings bis zum Schluss fürchtete, waren Erdbeben und Feuer. Bei einem schweren Erdbeben oder einem verheerenden Brand hätte ich in meiner Zelle festgesessen. Bei dem Gedanken, in dem engen Raum verschüttet zu werden oder zu verbrennen, nahm mir regelmäßig die Angst den Atem. Sie zu überwinden war sehr schwer. Besonders wenn ich nachts aufwachte.«

»Aber Sie haben sie ertragen.«

Menshiki nickte. »Natürlich. Ich konnte mir nicht erlauben, mich davon besiegen zu lassen. Mich von diesem System erdrücken zu lassen. Hätte ich die Dokumente, die man mir vorlegte, unterschrieben, hätte man mich, so versprach man mir, aus diesem Käfig befreit und in meinen Alltag zurückkehren lassen. Doch sie zu unterschreiben hätte bedeutet, etwas zuzugeben, was ich nicht getan hatte. Das Ganze erschien mir wie eine schwere, mir vom Schicksal auferlegte Prüfung.«

»Und in der Stunde, die Sie in der Steinkammer verbrachten, haben Sie sich an jene Zeit erinnert?«

»So ist es. Bisweilen tue ich so etwas, um an meinen Ausgangspunkt zurückzukehren. An den Ort, der mein jetziges Ich geschaffen hat. Denn der Mensch gewöhnt sich sofort wieder an Bequemlichkeiten.«

Wieder einmal bewunderte ich ihn für seinen ungewöhnlichen Charakter. Wünschte sich nicht jeder normale Mensch, der etwas Furchtbares erlebt hatte, dies möglichst schnell zu vergessen?

Plötzlich, als sei es ihm gerade eingefallen, griff Menshiki in die Tasche seiner Windjacke und zog das Taschentuch heraus, in das er seinen Fund gewickelt hatte.

»Das habe ich gerade in der Grube entdeckt«, sagte er. Er schlug das Taschentuch auseinander und entnahm ihm einen winzigen Gegenstand aus Plastik.

Ich leuchtete ihn mit der Taschenlampe an. Es war ein ungefähr anderthalb Zentimeter großer schwarz-weißer Pinguin an einem schwarzen Band. Ein Figürchen, wie es Schülerinnen oft an ihrer Schultasche oder ihren Mobiltelefonen tragen. Es war nicht schmutzig und sah ganz neu aus.

»Als ich damals unten war, lag es noch nicht dort. Da bin ich mir ganz sicher«, sagte Menshiki.

»Also muss danach noch jemand hier gewesen sein und es verloren haben?«

»Auf jeden Fall. Das ist wohl so ein Anhänger, wie man ihn an Mobiltelefonen befestigt. Das Band ist nicht gerissen, also wurde es vermutlich gelöst. Das heißt, es ist wahrscheinlich nicht heruntergefallen, sondern wurde absichtlich zurückgelassen, oder?«

»Sie meinen, jemand ist heruntergestiegen und hat es absichtlich dort hingelegt?«

»Oder jemand hat es von oben hineinfallen lassen.«

»Aber wozu?«, fragte ich.

Menshiki zuckte mit den Schultern. Keine Ahnung. »Vielleicht hat es auch jemand als eine Art Talisman zurückgelassen. Natürlich ist das nur ein Gedanke.«

»Marie Akikawa?«

»Möglich. Wer außer ihr würde sonst hierherkommen?«

»Sie hat einen Handy-Anhänger als Talisman hier platziert?«

Menshiki zuckte erneut mit den Schultern. »Das weiß ich nicht. Aber dreizehnjährige Mädchen denken sich alles Mögliche aus. Nicht wahr?«

Ich sah mir den kleinen Pinguin in meiner Hand noch einmal genauer an. Jetzt, wo Menshiki es gesagt hatte, schien er mir durchaus Ähnlichkeit mit einem Amulett zu haben. Es umgab ihn so etwas wie der Duft von Räucherstäbchen.

»Aber wer hat die Leiter hochgezogen und ins Gras geworfen? Und warum?«, fragte ich.

Auch diesbezüglich signalisierte Menshiki Ahnungslosigkeit.

»Sobald ich zu Hause bin, rufe ich auf alle Fälle Frau Akikawa an und frage sie, ob das Figürchen Marie gehört. Sie weiß das ganz bestimmt.«

»Nehmen Sie es bitte vorläufig an sich«, sagte Menshiki.

Ich nickte und steckte den Pinguin in meine Hosentasche.

Die Leiter ließen wir in der Steinkammer stehen, legten die Bretter darauf und beschwerten sie mit Steinen. Sicherheitshalber prägte ich mir auch diesmal ihre genaue Lage ein. Danach machten wir uns auf den Heimweg durch das Wäldchen. Als ich auf die Uhr schaute, war es schon nach Mitternacht. Den ganzen Weg gingen wir schweigend, Schritt für Schritt den Boden zu unseren Füßen beleuchtend, jeder in seine eigenen Gedanken versunken.

Vor dem Haus angekommen, öffnete Menshiki den Kofferraum seines Jaguars, um die Laterne wieder hineinzustellen. Anschließend blickte er, als hätte seine Anspannung endlich nachgelassen, gegen den geschlossenen Kofferraum gelehnt, in den Himmel. In den dunklen Himmel, an dem nichts zu sehen war.

»Ist es Ihnen recht, wenn ich noch für einen Moment mit hineinkomme?«, fragte er. »Ich bin zu aufgewühlt, um gleich nach Hause zu fahren.«

»Selbstverständlich. Sehr gern. Ich werde sowieso eine ganze Weile nicht schlafen können.«

Aber Menshiki rührte sich nicht, als würde er über etwas nachgrübeln.

»Ich kann es nicht erklären«, sagte ich. »Aber ich werde das Gefühl nicht los, dass Marie in einer unguten Lage ist. Ganz hier in der Nähe.«

»Zumindest ist sie nicht in der Grube.«

»Offenbar nicht.«

»Aber was könnte ihr dann passiert sein?«, fragte Menshiki.

»Das weiß ich nicht. Aber ich habe den Eindruck, dass sie in Gefahr ist.«

»Und *irgendwo hier in der Nähe*, nicht wahr?«

»Ja«, sagte ich. »Hier in der Nähe. Und es bereitet mir große Sorge, dass jemand die Leiter aus der Grube heraufgezogen und im Pampasgras versteckt hat. Was das wohl zu bedeuten hat?«

Menshiki richtete sich auf und berührte wieder sanft meinen Arm. »Ich habe nicht die geringste Ahnung. Aber es hilft nichts, hier herumzustehen und sich Sorgen zu machen. Lassen Sie uns zumindest ins Haus gehen.«

47 HEUTE WAR FREITAG, NICHT?

Nachdem ich meine Lederjacke ausgezogen hatte, rief ich sofort Shoko Akikawa an. Es läutete drei Mal, bevor sie abhob.

»Gibt es etwas Neues?«, fragte ich.

»Nein, nichts. Sie hat sich nicht gemeldet«, sagte sie. Sie klang außer Puste.

»Haben Sie die Polizei schon informiert?«

»Nein, noch nicht. Ich weiß nicht, warum, aber ich dachte, ich warte lieber ein bisschen, bevor ich mit der Polizei spreche. Ich habe noch immer das unbestimmte Gefühl, dass sie nach Hause kommt.«

Ich fragte sie nach dem Pinguin-Figürchen, erzählte ihr aber nicht, dass wir es in der Grube gefunden hatten. Ich erkundigte mich nur, ob Marie so etwas besitze.

»Ja, Marie hat einen kleinen Pinguin an ihrem Telefon. Ich weiß genau, dass es ein Pinguin ist. … Ja, auf alle Fälle. Kein Zweifel. So ein kleines Plastikfigürchen. Ich glaube, sie hat ihn als Werbegeschenk in einem Donut-Laden bekommen. Aus irgendeinem Grund liebt sie ihn heiß und innig. Er ist eine Art Talisman für sie.«

»Und sie trug ihn immer an ihrem Telefon bei sich, ja?«

»Ja, sie hat es zwar meistens ausgeschaltet, aber dabei hat sie es immer. Auch wenn sie nicht rangeht, ruft sie eigentlich von sich aus an, wenn etwas ist«, sagte Shoko Akikawa. Dann vergingen mehrere Sekunden. »Haben Sie diesen Pinguin womöglich gefunden?«

Ich saß in der Klemme. Wenn ich ihr die Wahrheit sagte, musste ich ihr von der Grube im Wäldchen erzählen. Schaltete sie dann die Polizei ein, musste ich die auch einweihen. Und sobald die Beamten erfuhren, dass ein Gegenstand aus Maries Besitz in der Grube entdeckt worden war, würden sie diese genau untersuchen und wahrscheinlich eine Suche im Wäldchen einleiten. Man würde uns mit Fragen löchern und womöglich Menshikis Vergangenheit aufrollen. Ich konnte mir nicht vorstellen, dass das etwas helfen würde. Er hatte recht, es würde alles nur noch komplizierter machen.

»Er lag auf dem Boden in meinem Atelier.« Ich belog sie ungern, aber die Wahrheit konnte ich eben nicht sagen. »Ich habe ihn beim Saubermachen gefunden und dachte mir schon, dass er Marie gehört.«

»Ja, er gehört bestimmt ihr«, sagte Maries Tante. »Was soll ich denn nur machen? Soll ich die Polizei informieren?«

»Können Sie nicht Maries Vater, also Ihren Bruder anrufen?«

»Ich kann ihn nicht erreichen«, sagte sie gequält. »Ich weiß nicht mal, wo er jetzt ist. Er ist schon länger nicht zu Hause gewesen.«

Anscheinend war die Situation in mehrerlei Hinsicht kompliziert, aber es war jetzt nicht die Zeit, sich darum zu kümmern. Ich riet ihr, die Polizei zu verständigen. Es sei schon nach Mitternacht, das Datum habe gewechselt. Man müsse ja auch die Möglichkeit in Betracht ziehen, dass sie einen Unfall gehabt habe. Shoko sagte, sie werde sofort bei der Polizei anrufen.

»Und Marie geht nicht an ihr Handy?«

»Ich habe sie schon hundert Mal angerufen, aber ich bekomme keine Verbindung. Es ist ausgeschaltet. Oder der Akku ist leer.«

»Marie hat heute Morgen gesagt, sie gehe zur Schule, und seither wissen Sie nicht, wo sie ist. Nicht wahr?«

»Ja, genau«, sagte die Tante.

»Demnach trägt sie noch ihre Schuluniform, oder?«

»Ja, bestimmt. Einen dunkelblauen Blazer, eine weiße Bluse, eine dunkelblaue Weste, einen knielangen karierten Wollrock, weiße Kniestrümpfe und schwarze Slipper. Und so eine Umhängetasche aus Kunststoff, wie die Schule sie vorschreibt. Mit ihrem Namen und dem der Schule darauf. Einen Mantel hat sie noch nicht an.«

»Hatte sie sonst noch eine Tasche? Zum Beispiel für ihre Malsachen?«

»Die sind normalerweise in ihrem Spind in der Schule. Für den Kunstunterricht. Freitags nimmt sie sie dann mit in Ihren Kurs. Aber nicht von zu Hause.«

Marie sah also aus wie immer, wenn sie zum Malkurs kam. Dunkelblauer Blazer, weiße Bluse, karierter Rock, Umhängetasche aus Kunststoff, weißer Leinenbeutel mit Malzeug. Ich konnte mich gut erinnern.

»Und sonst hatte sie nichts dabei?«

»Nein, deshalb kann sie ja auch nicht weit sein.«

»Bitte, rufen Sie mich an, wenn etwas ist. Ganz gleich, um welche Uhrzeit«, sagte ich.

Shoko Akikawa versprach es, und ich legte auf.

Menshiki hatte neben mir gestanden und alles mitgehört. Erst als ich auflegte, zog er endlich seine Windjacke aus. Darunter trug er einen schwarzen Pullover mit V-Ausschnitt.

»Der Pinguin-Anhänger gehört also wirklich Marie«, sagte er.

»Offenbar.«

»Also war sie – wann, wissen wir nicht – allein in oder an der Grube und hat dort diesen Glücksbringer, der ihr sehr wichtig war, zurückgelassen. So muss es wohl gewesen sein.«

»Das heißt, sie hat ihn als Talisman dort gelassen?«

»Vermutlich.«

»Aber um was zu schützen? Oder wen?«

Menshiki zuckte mit den Schultern. »Das weiß ich wirklich nicht. Aber sie hatte den Pinguin immer bei sich. Er war ihr Glücksbringer. Und wenn sie ihn eigens dort abgelegt hat, muss sie einen bestimmten Grund dafür gehabt haben. Niemand lässt einen besonderen Talisman einfach so irgendwo liegen.«

»Das heißt, es ging ihr um etwas, dessen Schutz ihr wichtiger ist als sie selbst?«

»Was zum Beispiel?«, fragte Menshiki.

Darauf fiel keinem von uns beiden eine Antwort ein.

Eine Zeit lang schwiegen wir. Die Zeiger der Uhr rückten langsam voran. Und schoben die Welt Stückchen für Stückchen vorwärts. Draußen breitete sich die dunkle Nacht aus. Nichts schien sich dort zu bewegen.

In diesem Moment fiel mir plötzlich ein, was der Commendatore über den Verbleib der Glöckchen gesagt hatte. »Ursprünglich gehörten sie gar nicht mir. Sie sind vielmehr Allgemeingut. Wie dem auch sei, wenn sie weg sind, gibt es sicher einen Grund für ihr Verschwinden.«

Allgemeingut?

»Vielleicht hat gar nicht Marie Akikawa das Figürchen in die Grube gelegt. Und die Grube ist doch noch mit einem anderen Ort verbunden? Vielleicht ist sie gar nicht abgeschlossen, sondern eher eine Art Durchgang? Und ruft alle möglichen Dinge zu sich?«

Laut ausgesprochen, klang dieser Gedanke ziemlich unsinnig. Der Commendatore hätte ihn vielleicht akzeptiert, doch auf *dieser Welt* war er absurd.

Tiefes Schweigen breitete sich im Raum aus.

»Aber wohin könnte diese Grube führen?«, fragte Menshiki kurz darauf, als würde er sich die Frage selbst stellen. »Ich habe ja neulich eine Stunde lang dort gesessen. Im Stockdunkeln, ohne Licht und ohne Leiter habe ich mich in die tiefe Stille dort versenkt und versucht, mich von meinem Körper zu lösen, um zu einer rein geistigen Existenz zu werden. Um die Mauern überwinden und überallhin gehen zu können. Im Gefängnis habe ich häufig das Gleiche versucht. Aber am Ende ist es mir nicht gelungen. Es blieb ein von soliden Mauern umgebener Raum, aus dem es kein Entkommen gab.«

Plötzlich fragte ich mich, ob die Grube sich vielleicht bestimmte Personen auswählte. Der Commendatore war zu mir gekommen, nachdem er die Grube verlassen hatte. Er hatte mich als Anlaufstelle auserkoren. Vielleicht war auch Marie Akikawa von der Grube *auserwählt* worden? Und Menshiki aus irgendeinem Grund eben nicht.

»Jedenfalls halte ich es für besser, der Polizei nichts von der Grube zu erzählen«, sagte ich. »Zumindest nicht im jetzigen Stadium. Aber wenn wir verschweigen, dass wir den Pinguin-Anhänger gefunden haben, wäre das eindeutig Zurückhaltung von Beweisen. Falls das irgendwie rauskäme, könnte es ziemlich unangenehm für uns werden.«

Menshiki ließ sich die Sache durch den Kopf gehen. »Wir erwähnen die Grube nicht«, sagte er dann entschieden. »Nur so geht es. Sie bleiben dabei, dass Sie das Ding auf dem Fußboden in Ihrem Atelier gefunden haben. Wir haben keine andere Wahl.«

»Vielleicht sollte jemand zu Shoko Akikawa gehen und ihr beistehen«, sagte ich. »Sie ist allein zu Hause und ziemlich verstört. Sie weiß gar nicht, was sie machen soll. Maries Vater kann sie nicht erreichen. Eigentlich braucht sie doch Unterstützung?«

Menshiki dachte einen Moment lang ernsthaft nach, aber dann schüttelte er den Kopf. »Ich kann jetzt nicht zu ihr fahren. In der Position bin ich nicht. Irgendwann wird ihr Bruder zurückkommen. Und ich kenne ihn ja überhaupt nicht, und wenn ...« An dieser Stelle brach Menshiki ab und schwieg.

Ich äußerte mich nicht weiter.

Menshiki trommelte leicht mit den Fingern auf die Armlehne des Sofas, während er so intensiv über etwas nachdachte, dass sich sogar seine Wangen ein wenig zu röten schienen. »Dürfte ich noch eine Weile bleiben?«, fragte er mich kurz darauf. »Vielleicht meldet sich Frau Akikawa noch einmal.«

»Natürlich, ich gehe ohnehin jetzt nicht schlafen. Bleiben Sie, solange Sie wollen. Sie können auch gerne hier übernachten. Ich kann Ihnen ein Bett zurechtmachen.«

Dieses Angebot würde er sehr gern annehmen, sagte Menshiki.

»Wie wäre es mit einer Tasse Kaffee?«, fragte ich.

»Auch die nehme ich gern an«, sagte Menshiki.

Ich ging in die Küche, um ein paar Bohnen zu mahlen und die Kaffeemaschine einzuschalten. Als der Kaffee fertig war, brachte ich ihn ins Wohnzimmer, wo wir beide ihn tranken.

»Ich sollte allmählich den Kamin anzünden«, sagte ich. Nach Mitternacht wurde es im Haus spürbar kälter. Immerhin hatten wir bereits Dezember, und ein Feuer war nicht unangebracht.

Ich legte etwas Brennholz von dem Vorrat im Wohnzimmer in den Kamin und setzte es mit Papier und Streichhölzern in Brand. Das Holz war offenbar gut durchgetrocknet und fing sofort Feuer. Da ich den Kamin zum ersten Mal benutzte, seit ich hier im Haus wohnte, war ich unsicher, ob der Rauchabzug funktionierte (Masahiko hatte zwar gesagt, ich könne den Kamin jederzeit benutzen, aber manche Dinge erfährt man erst, wenn man sie ausprobiert – manchmal nisteten zum Beispiel Vögel im Kamin und verstopften ihn), aber der Rauch zog ungehindert ab. Menshiki und ich rückten unsere Sessel näher heran, um uns zu wärmen.

»So ein Feuer ist etwas Wunderbares«, sagte Menshiki.

Ich überlegte, ihm einen Whisky anzubieten, entschied mich aber dagegen. In einer Nacht wie dieser sollte man wohl lieber nüchtern bleiben. Vielleicht ergab es sich, dass wir doch noch Auto fahren mussten. Wir hörten Musik, während wir ins flackernde Feuer blickten. Menshiki hatte eine Platte mit Violinsonaten von Beethoven aufgelegt. Georg Kulenkampff spielte die Violine, am Klavier war Wilhelm Kempff. Die Musik war wie geschaffen für einen Winterabend am Kamin. Doch bei dem Gedanken, dass Marie jetzt vielleicht irgendwo ganz allein war und vor Kälte zitterte, konnte ich sie überhaupt nicht genießen.

Eine halbe Stunde später rief Shoko Akikawa an. Yoshinobu – ihr Bruder – sei endlich nach Hause gekommen, und sie hätten gleich die Polizei gerufen. In Kürze komme ein Beamter bei ihnen vorbei, um den Fall aufzunehmen (die Akikawas waren immerhin eine wohlhabende alteingesessene Familie, und die Polizei stürzte in Anbetracht einer möglichen Entführung sofort herbei). Maries Mobiltelefon bleibe weiterhin stumm. Überdies habe man all ihre Kontakte – auch wenn es nicht viele waren – überprüft, aber niemand habe etwas über ihren Verbleib gewusst.

»Ich hoffe, Marie ist in Sicherheit«, sagte ich. Bevor ich auflegte, bat ich sie noch, mich anzurufen, falls sich etwas Neues ergebe.

Anschließend saßen wir wieder vor dem Kamin und hörten

das Konzert für Oboe von Richard Strauss, das ebenfalls Menshiki aus dem Plattenregal herausgesucht hatte. Ich hörte es zum ersten Mal. Stumm und jeder in seine Gedanken versunken ins Feuer schauend, lauschten wir der Musik.

Gegen halb zwei wurde ich auf einmal furchtbar müde. Es fiel mir zunehmend schwer, die Augen offen zu halten. Da ich seit jeher daran gewöhnt bin, frühzeitig zu Bett zu gehen, war es geradezu eine Qual für mich, so lange aufzubleiben.

»Bitte, gehen Sie doch schlafen«, sagte Menshiki mit einem Blick in mein Gesicht. »Ich bleibe noch eine Weile auf, denn Frau Akikawa wird sich vielleicht noch melden. Ich brauche nur sehr wenig Schlaf. Das Wachbleiben macht mir überhaupt nichts aus. Das ist bei mir schon lange so. Machen Sie sich bitte gar keine Gedanken um mich. Das Feuer wird noch eine Weile brennen, also schaue ich noch ein bisschen in die Flammen und höre Musik. Sie haben doch nichts dagegen?«

Natürlich hatte ich das nicht. Ich holte noch ein Bündel von dem Holz unter dem Schutzdach vor der Küche hervor und legte es vor den Kamin. Das sollte genügen, um das Feuer bis zum Morgen in Gang zu halten.

»Entschuldigen Sie, aber ich glaube, ich muss wirklich ein bisschen schlafen«, sagte ich.

»Gehen Sie ruhig«, sagte Menshiki. »Wir können uns abwechseln. Bestimmt werde ich gegen Morgen etwas müde. Dann lege ich mich hier aufs Sofa. Könnten Sie mir noch eine Decke oder so etwas geben?«

Ich holte die Decke, die Masahiko benutzt hatte, ein Kissen und ein leichtes Federbett und machte ihm ein Lager auf dem Sofa. Menshiki bedankte sich.

»Hätten Sie vielleicht gern einen Whisky?«, fragte ich sicherheitshalber nach.

Menshiki schüttelte entschieden den Kopf. »Heute Nacht ist es wahrscheinlich besser, keinen Alkohol zu trinken. Wer weiß, was noch passiert.«

»Falls Sie Hunger bekommen, bedienen Sie sich bitte am Kühlschrank. Es ist nichts Besonderes da, aber Kräcker und Käse habe ich.«

Menshiki bedankte sich.

Ich ließ ihn im Wohnzimmer allein. Im Schlafzimmer zog ich meinen Pyjama an, schlüpfte ins Bett und löschte die Nachttischlampe. Aber schlafen konnte ich trotz aller Müdigkeit nicht. Mein Kopf fühlte sich an, als surrte ein winziges Insekt mit Hochgeschwindigkeit darin herum. An Schlaf war nicht zu denken. So etwas gibt es. Resigniert schaltete ich das Licht ein und richtete mich auf.

»Was ist? Könnt Ihr nicht schlafen?«, fragte der Commendatore.

Ich blickte mich im Zimmer um. Er saß auf der Fensterbank. In seinem üblichen weißen Gewand, den sonderbaren spitzen Schuhen, das Miniatur-Schwert gegürtet und das Haar straff nach oben gebunden, war er noch immer das Ebenbild des Commendatore, der auf Tomohiko Amadas Bild getötet wurde.

»Nein, es geht einfach nicht«, sagte ich.

»Es ist ja auch allerhand passiert«, sagte der Commendatore. »Wer könnte da beruhigt schlafen?«

»Sie haben sich ja lange nicht blicken lassen«, sagte ich.

»Wie oft soll ich es Euch noch sagen: Eine Idee hat von *lange* keinen Begriff.«

»Aber Sie kommen genau im richtigen Moment. Es gibt etwas, das ich Sie fragen möchte.«

»Nur heraus mit der Sprache!«

»Marie Akikawa ist seit heute Morgen verschwunden, und alle suchen sie. Wo ist sie?«

Der Commendatore wiegte den Kopf. »Wie Ihr wisst, ist die menschliche Welt von drei Faktoren bestimmt: Zeit, Raum und Wahrscheinlichkeit. Eine Idee muss von diesen drei Faktoren unabhängig sein. Daher kann ich keinen Anteil daran haben.«

»Ich verstehe nicht, was Sie meinen, aber das heißt mit anderen Worten: Sie wissen nicht, wo sie ist?«

Der Commendatore würdigte mich keiner Antwort.

»Oder können Sie es mir nicht sagen, obwohl Sie es wissen?«

Der Commendatore sah mich mit strenger Miene und zusammengekniffenen Augen an. »Wir entziehen uns mitnichten der Verantwortung, aber eine Idee unterliegt allen möglichen Einschränkungen.«

Ich richtete mich auf und sah ihn geradewegs an. »Das ist schon in Ordnung, aber ich muss Marie Akikawa retten. Ich bin ganz sicher, dass sie Hilfe braucht. Keine Ahnung, wohin sie sich verirrt haben könnte, aber sie sitzt offenbar irgendwo fest und kann nicht raus. Das spüre ich, aber ich weiß nicht, wo ich suchen soll. Ich glaube jedoch, ihr Verschwinden hat in irgendeiner Form etwas mit dieser Grube im Wäldchen zu tun. Ich kann es nicht logisch erklären, aber ich weiß es. Sie waren ja auch lange in der Grube eingesperrt, warum, weiß ich nicht. Jedenfalls haben Menshiki und ich den Steinhaufen abtragen und die Steinkammer öffnen lassen und Sie dadurch *befreit*. Stimmt doch? Deshalb können Sie sich jetzt so nach Belieben in Zeit und Raum bewegen. Können auftauchen und verschwinden, wie es Ihnen passt. Meine Freundin und mich nach Herzenslust beim Sex beobachten. Oder nicht?«

»Ja, das habt Ihr trefflich beschrieben.«

»Und jetzt wollen Sie mir nicht einmal sagen, wie ich Marie Akikawa retten kann? Sie sagen, Sie seien dazu nicht in der Lage, weil die Welt der Ideen allen möglichen Einschränkungen unterliege. Aber können Sie mir nicht wenigstens einen Hinweis geben? In Anbetracht der Umstände könnten Sie ruhig mal so gütig sein.«

Der Commendatore stieß einen tiefen Seufzer aus.

»Sie brauchen mir doch nur einen Tipp zu geben«, fuhr ich fort. »Ich verlange ja nicht, dass Sie sämtliche ethnischen Säuberungen abschaffen, die globale Erwärmung aufhalten, den Afrikanischen Elefanten retten oder so etwas Gewaltiges. Sie sollen nur einer Dreizehnjährigen, die vielleicht in einem engen, dunklen Raum eingeschlossen ist, helfen, in ihr normales Umfeld zurückzukehren. Mehr will ich doch gar nicht.«

Der Commendatore verschränkte die Arme und überlegte lange. Ich hatte den Eindruck, es kamen ihm Zweifel. »Also gut«, sagte er dann. »Wenn Ihr es so ausdrückt, bin ich machtlos. Ich werde Euch einen Hinweis geben, aber nur einen. Und es könnte sein, dass *einige Opfer* erforderlich sind. Seid Ihr dennoch bereit?«

»Was für Opfer?«

»Das kann ich noch nicht sagen. Aber Opfer sind unvermeidlich. Metaphorisch gesprochen: *Es muss Blut fließen.* Welche Opfer es sind, wird sich mit der Zeit herausstellen. Vielleicht muss sogar jemand geopfert werden.«

»Macht auch nichts. Geben Sie mir den Hinweis. Bitte.«

»Wie es Euch beliebt«, sagte der Commendatore. »Heute war Freitag, nicht?«

Ich warf einen Blick auf die Uhr an meinem Kopfende. »Ja, Freitag. Aber eigentlich haben wir schon Samstag.«

»Am Samstagmorgen, also heute Vormittag, werdet Ihr einen Anruf erhalten«, sagte der Commendatore. »Und jemand wird Euch zu etwas einladen. Diese Einladung dürft Ihr mitnichten und um keinen Preis ablehnen. Verstanden?«

Ich wiederholte mechanisch. »Jemand ruft heute Vormittag an und fordert mich zu etwas auf. Ich darf nicht ablehnen.«

»Genau«, sagte der Commendatore. »Das ist der einzige Hinweis, den ich Euch zu geben vermag. Er liegt sozusagen haarscharf an der Grenze zwischen ›persönlicher Rede‹ und ›öffentlicher Rede‹.«

Mit diesen Worten löste der Commendatore sich langsam auf, und ehe ich michs versah, war er vom Fensterbrett verschwunden.

Nachdem ich die Nachttischlampe gelöscht hatte, schlief ich diesmal beinahe unmittelbar ein. Was mir durch den Kopf gesurrt war, hatte sich anscheinend niedergelassen. Kurz vor dem Einschlafen dachte ich noch einmal an Menshiki am Kaminfeuer. Worüber er wohl nachgrübelte, während er bis zum Morgen allein ins Feuer blickte? Natürlich konnte ich das nicht wissen. Er war schon ein sehr eigenartiger Mensch, auch wenn sein Leben selbstverständlich an Zeit, Raum und Wahrscheinlichkeit gebunden war wie das aller anderen Menschen auf der Welt. Solange wir lebten, konnten wir dieser Beschränkung nicht entfliehen. Mit anderen Worten: Wir waren ausnahmslos alle oben und unten und in allen vier Richtungen von soliden Mauern umgeben. Wahrscheinlich.

Am Samstagmorgen werdet Ihr einen Anruf erhalten, und jemand wird Euch zu etwas einladen. Diese Einladung dürft Ihr mitnichten und um keinen Preis ablehnen, wiederholte ich die Worte des Commendatore noch einmal im Geiste. Dann schlief ich ein.

48 SPANIER WISSEN NICHT, WIE MAN VOR IRLANDS KÜSTEN SEGELT

Als ich aufwachte, war es kurz vor fünf und noch immer stockdunkel. Ich zog mir eine Jacke über den Schlafanzug und ging ins Wohnzimmer. Menshiki schlief auf dem Sofa. Das Kaminfeuer war erloschen, aber es hatte wahrscheinlich bis vor Kurzem noch gebrannt, denn es war warm im Zimmer. Die Menge der Holzscheite hatte stark abgenommen. Menshiki lag so ruhig unter der Decke, dass nicht einmal sein Atem zu hören war. Selbst seine Art zu schlafen wirkte irgendwie vornehm. Sogar die Luft im Zimmer schien den Atem anzuhalten, um ihn nicht zu stören.

Ich ließ ihn schlafen und ging in die Küche, um mir Kaffee und Buttertoast zu machen. Ich aß und trank auf einem Küchenstuhl sitzend und las dabei in einem Buch über die Spanische Armada und die erbitterte Seeschlacht zwischen Elisabeth I. und Philipp II., die das Schicksal der beiden Nationen bestimmen sollte. Warum ich ausgerechnet dieses Buch über eine Seeschlacht der Briten im 16. Jahrhundert lesen musste, war mir selbst nicht ganz klar, aber als ich einmal angefangen hatte, fand ich es so interessant, dass ich es mit großer Spannung las. Es war ein schon älteres Buch, das ich in Tomohiko Amadas Regalen entdeckt hatte.

Nach herrschender Meinung veränderte die aufgrund einer falschen Taktik herbeigeführte Niederlage der als unbesiegbar geltenden Spanischen Armada gegen die englische Flotte den Verlauf der Weltgeschichte. Die größten Schäden erfuhr die Armada jedoch nicht in der Schlacht an sich (denn die abgefeuerten Kanonenkugeln beider Kontrahenten verfehlten größtenteils ihr Ziel), sondern durch Havarien. Die an die eher ruhigen Gewässer des Mittelmeers gewöhnten Spanier schafften es nicht, die stürmischen Küsten Irlands zu umsegeln, und viele ihrer Schiffe sanken.

Während ich an meinem Tisch zwei Tassen schwarzen Kaffee trank und verfolgte, wie die Armada ihrem traurigen Schicksal entgegensegelte, wurde der Himmel im Osten langsam hell. Der Samstagmorgen brach an.

Am Samstagmorgen werdet Ihr einen Anruf erhalten, und jemand wird Euch zu etwas einladen. Diese Einladung dürft ihr mitnichten und um keinen Preis ablehnen.

Wieder ließ ich mir die Worte des Commendatore durch den Kopf gehen. Ich warf einen Blick aufs Telefon, das reglos vor sich hin schwieg. Der Anruf würde garantiert kommen. Der Commendatore log nicht. Ich brauchte nur zu warten, bis es klingelte.

Ich dachte an Marie und hätte gern ihre Tante angerufen, um mich zu erkundigen, ob sie in Sicherheit war, aber es war noch zu früh am Morgen. Es wäre besser, zumindest bis sieben zu warten. Außerdem hätte Shoko sich sicher gemeldet, wenn Marie aufgetaucht wäre. Sie wusste ja, dass ich mir Sorgen machte. Dass sie nicht angerufen hatte, bedeutete wohl, dass es nichts Neues gab. Also blieb ich auf meinem Stuhl sitzen, las weiter in dem Buch über die unbesiegbare Armada und starrte, als ich zu müde wurde, einfach auf das beharrlich schweigende Telefon.

Kurz nach sieben rief ich Shoko Akikawa an. Sie hob sofort ab, als hätte sie direkt neben dem Apparat gesessen und gewartet, dass er klingelte.

»Marie hat sich nicht gemeldet. Wir wissen noch immer nicht, wo sie ist«, sagte sie sofort. Vermutlich hatte sie kaum oder gar nicht geschlafen. Ihrer Stimme war die Müdigkeit anzuhören.

»War die Polizei bei Ihnen?«, fragte ich.

»Ja, gestern Abend waren zwei Beamte hier, um mit uns zu sprechen. Ich habe ihnen ein Foto gegeben und beschrieben, was Marie anhat ... und noch einmal deutlich gemacht, dass sie kein Kind ist, das von zu Hause wegläuft oder sich nachts draußen herumtreibt. Sie haben alles aufgenommen und eine Suche eingeleitet. Natürlich sehen wir im Augenblick lieber noch von einer offiziellen Fahndung ab.«

»Aber einen Hinweis gibt es noch nicht?«

»Nein, absolut keine Spur. Die Polizei bemüht sich jedoch sehr.«

Ich tröstete sie und bat, mich sofort zu benachrichtigen, falls sie etwas erführen. Sie versprach es.

Menshiki war jetzt wach und verschwand länger im Bad, um sich frisch zu machen. Ich hatte ihm eine Gästezahnbürste bereitgelegt. Anschließend setzte er sich zu mir an den Tisch und trank einen heißen schwarzen Kaffee. Ich bot ihm auch Toast an, aber er wollte keinen. Weil er auf dem Sofa geschlafen hatte, war sein volles weißes Haar vielleicht ein wenig zerzauster als üblich, aber es war *fast genauso* wie sonst. Menshiki wirkte so gepflegt, wie ich ihn kannte.

Ich erzählte ihm, was ich während meines Telefonats mit Shoko Akikawa erfahren hatte.

»Ich hatte es mir schon gedacht«, sagte Menshiki. »In einem Fall wie diesem ist die Polizei keine große Hilfe.«

»Warum glauben Sie das?«

»Marie Akikawa ist kein gewöhnliches Mädchen, und ihr Verschwinden ist unter ganz anderen Umständen erfolgt, als sie normalerweise bei Teenagern auftreten. Ich kann mir auch nicht vorstellen, dass sie entführt wurde. Darum werden die üblichen Methoden der Polizei kaum dazu beitragen, sie zu finden.«

Dazu wollte ich mich nicht äußern. Aber vermutlich hatte er recht. Wir hatten eine Gleichung mit vielen Unbekannten und ohne konkrete Zahl vor uns. Also mussten wir zumindest eine dieser vielen Unbekannten herausfinden.

»Wollen wir noch einmal zur Grube gehen und nachschauen?«, fragte ich. »Vielleicht hat sich etwas verändert.«

»Gut, gehen wir«, sagte Menshiki.

Ohne es auszusprechen, waren wir uns einig, dass wir *ohnehin nichts anderes tun konnten.* Ich überlegte, ob in unserer Abwesenheit vielleicht Shoko Akikawa anrufen oder diese ominöse »Einladung« an mich ergehen würde, von der der Commendatore gesprochen hatte, ahnte aber, dass es noch nicht so weit war.

Wir zogen unsere Jacken an und traten ins Freie. Es war ein schöner, klarer Tag. Der Südwestwind hatte die Wolken verscheucht, die in der Nacht den Himmel bedeckt hatten. Er wirkte unnatürlich hoch und endlos transparent. Wenn ich nach oben schaute, hatte ich das Gefühl, auf den Grund einer klaren Quelle zu schauen. Aus weiter Ferne war das monotone Rauschen eines langen Zuges zu hören. Es gibt solche Tage, an denen durch die klare Luft und eine bestimmte Windrichtung weit entfernte, für gewöhnlich nicht hörbare Geräusche merkwürdig deutlich zu vernehmen sind. Heute war ein solcher Morgen.

Schweigend gingen wir den Pfad, der durch das Wäldchen zum Schrein führte, entlang zur Grube. Sie war abgedeckt wie am Abend zuvor, auch die Lage der Steine war unverändert. Als wir die Bretter beiseiteräumten, sahen wir, dass auch die Leiter an ihrem Platz stand. Es war niemand in der Steinkammer gewesen. Diesmal brauchte Menshiki nicht hinunterzusteigen, da man im Sonnenschein von oben bis in jeden Winkel hineinsehen konnte. Es hatte sich wirklich nicht das Geringste verändert. Im hellen Licht des Tages wirkte die Grube dennoch ganz anders als bei Nacht, denn sie strahlte überhaupt nichts Verstörendes aus.

Also legten wir die Planken wieder über die Öffnung, sicherten sie mit den Steinen und gingen durch das Wäldchen wieder zurück. Vor dem Haus parkten einträchtig nebeneinander Menshikis makellos gepflegter, eleganter Jaguar und mein staubiger, bescheidener Corolla Kombi.

»Ich werde mich allmählich verabschieden«, sagte Menshiki und blieb vor dem Jaguar stehen. »Momentan bin ich Ihnen ja nur im Weg und kann nicht helfen. Ist Ihnen das recht?«

»Selbstverständlich. Fahren Sie nach Hause und ruhen Sie sich aus. Sobald sich etwas ergibt, rufe ich Sie an.«

»Heute ist doch Samstag, nicht wahr?«, fragte Menshiki.

»Ja, genau.«

Menshiki nickte, zog seinen Autoschlüssel aus der Tasche seiner Windjacke und betrachtete ihn eine Weile. Er schien über etwas nachzudenken. Offenbar musste er sich ein Herz fassen. Ich wartete, bis er zu Ende überlegt hatte.

Endlich rückte er mit der Sprache heraus. »Es gibt da etwas, das ich Ihnen sagen sollte.«

Gegen die Tür meines Corollas gelehnt, wartete ich darauf, dass er fortfuhr.

»Da es sich um etwas sehr Persönliches handelt, habe ich lange gezögert, aber ich glaube, aus Gründen des Anstands und um unnötige Missverständnisse zu vermeiden … Also, ich unterhalte eine – wie soll ich sagen? – eine intime Beziehung zu Shoko Akikawa.«

»Sie meinen, eine Liebesbeziehung?«, fragte ich unumwunden.

»Ja«, sagte Menshiki nach kurzem Zögern. Er schien mir sogar ein wenig rot zu werden. »Es ging vielleicht ein bisschen schnell.«

»Die Geschwindigkeit ist meiner Meinung nach nicht unbedingt die Frage.«

»Stimmt«, pflichtete Menshiki mir bei. »Da haben Sie völlig recht. Es geht nicht ums Tempo.«

»Die Frage ist …«, setzte ich an und brach ab.

»Die Frage ist die Absicht. Das wollen Sie doch sagen, nicht wahr?«

Ich schwieg. Aber er wusste natürlich, dass mein Schweigen ein Ja bedeutete.

»Ich will, dass Sie eins wissen. Ich hatte das nicht von vorneherein geplant und die Dinge auch nicht absichtlich in diese Richtung gelenkt. Es hat sich ganz natürlich ergeben. Auf einmal war es passiert. Sie werden mir das vielleicht nicht abnehmen.«

Ich seufzte und beschloss, ehrlich zu sein. »Ich weiß allerdings, dass es, wenn Sie so etwas von Anfang an vorgehabt hätten, sehr einfach gewesen wäre. Und das meine ich nicht ironisch.«

»Da gebe ich Ihnen recht«, sagte Menshiki. »*Vielleicht* wäre es einfach oder zumindest nicht sehr schwierig gewesen. Aber so war es wirklich nicht.«

»Das heißt also, Sie haben sich spontan und auf den ersten Blick in Shoko Akikawa verliebt?«

Menshiki schürzte ein wenig verlegen die Lippen. »*Verliebt?* So weit würde ich, ehrlich gesagt, nicht gehen. Das letzte Mal, dass ich verliebt war – oder es zumindest zu sein glaubte –, ist sehr lange her. Ich kann mich kaum noch erinnern, wie das war. Aber zweifellos fühle ich mich als Mann zu ihr als Frau stark hingezogen.«

»Und wäre das auch so, wenn es Marie nicht gäbe?«

»Es fällt mir schwer, mir das vorzustellen. Sie war ja der eigentliche Grund für unsere Begegnung. Sie meinen, wenn es Marie nicht gäbe, würde ich mich eventuell nicht zu Shoko hingezogen fühlen?«

Tja, wer weiß?, dachte ich. Würde ein Mann mit einer so komplizierten Psyche wie Menshiki sich *stark* zu einer so – wie sollte ich sagen? – unbekümmerten Frau wie Shoko Akikawa hingezogen fühlen? Ich wusste es nicht, denn die Regungen des menschlichen Herzens sind unerforschlich. Vor allem wenn es um Liebesangelegenheiten geht.

»Gut, ich verstehe«, sagte ich. »Jedenfalls bin ich dankbar, dass Sie ehrlich zu mir waren. Ehrlichkeit ist am Ende das Beste, finde ich.«

»Die wünsche ich mir aber auch von Ihnen.«

»Um die Wahrheit zu sagen, weiß Marie bereits davon. Dass ihre Tante und Sie eine Beziehung haben, meine ich. Sie hat mich vor einigen Tagen deshalb um Rat gebeten.«

Menshiki wirkte überrascht.

»Sie ist ein scharfsinniges Mädchen«, sagte er. »Dabei haben wir uns solche Mühe gegeben, uns nichts anmerken zu lassen.«

»Sie ist ein *sehr* scharfsinniges Mädchen. Aber dass sie es gemerkt hat, ist nicht Ihre Schuld. Es lag am Verhalten ihrer Tante.«

Shoko Akikawa war zwar eine intelligente, wohlerzogene Dame, die ihre Gefühle bis zu einem gewissen Grad gut unter Kontrolle zu halten vermochte, aber so gut nun auch wieder nicht. Das war natürlich auch Menshiki klar.

»Und halten Sie es für möglich, dass Maries Verschwinden etwas mit dieser Erkenntnis zu tun hat?«

Ich zuckte mit den Schultern. »Das weiß ich nicht. Ich kann nur sagen, dass ich es für gut hielte, wenn Sie einmal allein mit

Shoko sprechen würden. Sie ist sehr bestürzt und verunsichert über Maries Verschwinden. Wahrscheinlich braucht sie dringend Unterstützung und Ermutigung. Von Ihnen.«

»Ich verstehe. Ich werde sie anrufen, sobald ich zu Hause bin«, sagte er.

Er überlegte und stieß dann einen Seufzer aus. »Ehrlich gesagt, bin ich nicht in sie verliebt. Es ist ein wenig anders. Anscheinend habe ich keine große Neigung zu so etwas. Ich weiß selbst nicht genau, ob ich mich auch zu Shoko Akikawa hingezogen gefühlt hätte, wenn es Marie nicht gäbe. Ich kann da keine genaue Grenze ziehen.«

Ich schwieg.

»Aber ich hatte es nicht im Vorhinein geplant«, fuhr Menshiki fort. »Wenigstens das müssen Sie mir glauben.«

»Herr Menshiki«, sagte ich. »Ihre Gründe und Ihre Gedanken sind mir unerklärlich, aber grundsätzlich halte ich Sie für einen ehrlichen Menschen.«

»Danke«, sagte er und lächelte ein wenig. Es war ein feines, etwas unbehagliches Lächeln, das jedoch keineswegs bekümmert wirkte.

»Darf ich Ihnen noch etwas ganz ehrlich sagen?«, fragte Menshiki.

»Natürlich.«

»Mitunter fühle ich mich wie ein Nichts«, vertraute er mir nun an. Noch immer umspielte dieses leichte Lächeln seine Lippen.

»Ein Nichts?«

»Ja, ein hohler Mensch. Es klingt vielleicht eingebildet, aber früher habe ich mich in der Vorstellung gesonnt, intelligent und tüchtig zu sein. Über hervorragende Intuition, ausgezeichnetes Urteilsvermögen und außergewöhnliche Entschlusskraft zu verfügen. Auch körperlich fühlte ich mich kräftig. Alles, was ich anfasste, gelang. In der Regel bekam ich, was ich wollte. Meinen Gefängnisaufenthalt in Tokio hatte ich mir natürlich selbst zuzuschreiben. Da habe ich versagt, aber das war die große Ausnahme. Als ich noch jung war, glaubte ich, alles erreichen zu können. Ich würde in der Zukunft den vollkommenen Menschen darstellen. Aus schwindelnder Höhe auf die ganze Welt hinunterblicken. Doch wenn ich heute mit über fünfzig vor dem Spiegel stehe, erkenne ich, dass ich nur eine leere Hülle bin. Ein Nichts. Eine ›Strohpuppe‹, wie T. S. Eliot es genannt hat.«

Ich wusste nicht, was ich sagen sollte, also hielt ich den Mund.

»Ich denke dann, mein ganzes bisheriges Leben war ein Irrtum. Irgendwo habe ich einen falschen Weg eingeschlagen und nur sinnloses Zeug getan. Deshalb beneide ich Sie, wie gesagt.«

»Aber worum denn zum Beispiel?«, fragte ich.

»Selbst wenn Sie sich etwas wünschen, haben Sie die Kraft, darauf zu verzichten, sollte es unerreichbar für Sie sein. Aber wenn ich etwas will, kann ich nicht anders, als danach zu streben.«

Vermutlich sprach er von Marie Akikawa. Sie war wohl »das Unerreichbare«, das er sich so sehr wünschte. Dazu konnte ich mich nicht äußern.

Menshiki stieg langsam in seinen Wagen, ließ eigens das Fenster herunter, um sich bei mir zu bedanken, startete dann den Motor und fuhr los. Ich schaute ihm nach, bis er verschwunden war, und ging ins Haus zurück. Es war gegen acht Uhr.

Kurz nach zehn klingelte das Telefon. Masahiko Amada war am anderen Ende der Leitung.

»Hoffentlich kommt das nicht zu plötzlich«, sagte er. »Aber ich fahre jetzt nach Izu zu meinem Vater. Hast du Lust? Du sagtest doch kürzlich, du würdest meinen Vater gern kennenlernen?«

Am Samstagmorgen werdet Ihr einen Anruf erhalten, und jemand wird Euch zu etwas einladen. Diese Einladung dürft ihr mitnichten und um keinen Preis ablehnen.

»In Ordnung. Ich komme mit. Holst du mich ab?«, sagte ich.

»Ich bin gerade auf der Tomei-Autobahn von Tokio nach Nagoya und rufe von der Raststätte Kohoku an. Bis zu dir brauche ich noch etwa eine Stunde. Ich hole dich ab, und wir fahren auf das Plateau von Izu.«

»Gibt es einen Grund, dass du so plötzlich fährst?«

»Ja, das Heim hat mich angerufen. Meinem Vater geht es wohl nicht so gut. Also will ich nach ihm sehen. Außerdem habe ich heute frei.«

»Macht es dir auch nichts aus, wenn ich mitkomme? In so einer kritischen Zeit und wo ich nicht mal zur Familie gehöre.«

»Nein, das spielt keine Rolle. Mach dir keine Gedanken. Außer mir werden auch keine Verwandten dort sein. Ich bin froh über etwas Gesellschaft«, erklärte Masahiko. Dann legte er auf.

Nachdem ich ebenfalls aufgelegt hatte, schaute ich mich im Zimmer um. Ich dachte, der Commendatore sitze vielleicht irgendwo. Aber es war nichts von ihm zu sehen. Offenbar war er nach seiner Prophezeiung irgendwohin verschwunden. Vielleicht durchstreifte er als Idee ein Reich, in dem es weder Zeit noch Raum noch Wahrscheinlichkeit gab. Und tatsächlich hatte heute Vormittag jemand angerufen und mich zu etwas aufgefordert. Bis jetzt war seine Vorhersage eingetroffen. Es war ja auch zwecklos, zu Hause zu sitzen und sich über das Verschwinden von Marie zu grämen. Außerdem hatte der Commendatore mich eindeutig darauf hingewiesen, dass ich die Einladung unter keinen Umständen ablehnen durfte. Die Sache mit Marie konnte ich vorläufig Menshiki überlassen. Die Verantwortung lag bei ihm.

Ich setzte mich in einen Sessel, um auf Masahiko zu warten, und las in dem Buch über die unbesiegbare Armada. Viele der mit ihren havarierten Schiffen an die irische Küste geworfenen Spanier wurden von Einheimischen getötet. Die bitterarmen Küstenbewohner, die von der Strandpiraterie lebten, brachten die meisten Soldaten und Seeleute um, um ihnen ihre Besitztümer zu rauben. Die Spanier hatten gehofft, die Iren würden ihnen als katholische Brüder zur Seite stehen, doch darin täuschten sie sich. Der Hunger war ein stärkerer Antrieb als religiöse Solidarität. Auch Schiffe, die Reichtümer geladen hatten, um einflussreiche Engländer zu bestechen, sanken vor der Küste Englands. Niemand wusste etwas über den Verbleib dieser Schätze.

Es war kurz vor elf, als Masahiko Amada in seinem altmodischen schwarzen Volvo vorfuhr. In Gedanken noch bei den unermesslichen spanischen Schätzen auf dem Meeresgrund, zog ich meine Lederjacke an und ging nach draußen.

Masahiko entschied sich für die Route, die über den Hakone Turnpike in die Izu Skyline mündete, und fuhr dort vom Amagi- hinunter zum Izu-Plateau. Er sagte, dies sei der schnellste Weg, da an Wochenenden die Küstenstraße überfüllt sei; dennoch herrschte eine Menge Ausflugsverkehr. Die Zeit der Laubfärbung war noch nicht vorüber, und es gab viele Sonntagsfahrer, die mit den kurvigen Bergstraßen nicht vertraut waren. Also brauchten wir länger als erwartet.

»Deinem Vater geht es also nicht so gut?«, fragte ich.

»Ja, vermutlich dauert es nicht mehr lange«, sagte Masahiko gleichmütig. »Es ist ganz klar nur eine Frage der Zeit. Er leidet eben an Altersschwäche. Er kann nicht mehr richtig essen und könnte jederzeit eine Lungenentzündung bekommen. Aber er will auf keinen Fall künstlich ernährt werden oder überhaupt an irgendeinen Tropf. Das heißt, wenn er nicht mehr selbst essen kann, lassen sie ihn in Ruhe sterben. Er hat, als er geistig noch klar war, eine solche Verfügung bei einem Rechtsanwalt unterschrieben. Also werden auf keinen Fall lebenserhaltende Maßnahmen bei ihm durchgeführt. Es wäre daher kein Wunder, wenn er in Kürze sterben würde.«

»Deshalb bist du ständig in Habachtstellung.«

»Genau.«

»Auch nicht einfach.«

»Ja, aber allein zu sterben ist auch eine ziemlich schwere Aufgabe. Da will ich mich nicht beschweren.«

Der altmodische Volvo hatte noch ein Kassettenteil und Masahiko jede Menge Kassetten. Jetzt kramte er darin herum und schob, ohne groß nachzusehen, eine in den Schlitz. Es waren Hits aus den 1980er-Jahren. Duran Duran, Huey Lewis und dergleichen. *»The Look of Love«* von ABC ertönte.

»Vor deinem Auto hat die Evolution aber auch haltgemacht«, sagte ich.

»Ich mag keine CDs. Sie glänzen mir zu sehr. Man kann sie sehr gut an der Dachrinne aufhängen, um die Krähen zu vertreiben, aber für Musik sind sie nicht geeignet. Ihr Klang ist schrill und die Mischung irgendwie unnatürlich. Und es ist so öde, dass es keine A- und B-Seiten gibt. Den Wagen hier fahre ich auch noch, weil ich Musik auf Kassette hören will. Die neuen haben ja keine Kassettendecks mehr. Meinen werten Mitbürgern sei Dank. Aber da kann man nichts machen. Ich habe eine ganze Sammlung von Mitschnitten zu Hause. Die will ich ja nicht umsonst gemacht haben.«

»Jedenfalls hätte ich nicht gedacht, dass ich in meinem Leben noch einmal *›The Look of Love‹* von ABC zu hören bekäme.«

Masahiko warf mir einen etwas beleidigten Blick zu. »Das ist doch ein schöner Titel«, sagte er.

So hörten wir auf unserer Fahrt durch die Berge von Hakone Radiohits aus den 1980er-Jahren. Und sooft wir um eine Kurve bogen, leuchtete der Fuji blau vor uns auf.

»Ihr seid schon ein seltsames Paar«, sagte ich. »Der Vater hört nur LPs, und der Sohn hält hartnäckig an Kassetten fest.«

»Du hast es gerade nötig zu sagen, ich sei rückwärtsgewandt. Wer hat denn kein Mobiltelefon? Und benutzt so gut wie nie das Internet? Ich laufe immerhin, wie es sich gehört, mit einem Handy durch die Gegend, und wenn ich etwas nicht weiß, schaue ich sofort bei Google nach. In der Firma erstelle ich sogar Grafiken auf dem Mac. Ich bin vollkommen auf der Höhe der Zeit.«

Die Musik wechselte zu *»Key Largo«* von Bertie Higgins. Eine Wahl ganz nach dem Geschmack eines Menschen, der sich gesellschaftlich auf der Höhe der Zeit befindet.

»Hast du in letzter Zeit mal wieder jemanden kennengelernt?«, fragte ich, um das Thema zu wechseln.

»Du meinst, eine Frau?«, fragte Masahiko.

»Ja, genau.«

Er zuckte mit den Schultern. »Ich kann nicht sagen, dass es gut läuft. Wie üblich. Mir ist in letzter Zeit etwas Seltsames aufgefallen, weshalb ich immer skeptischer werde.«

»Was denn Seltsames?«

»Frauen haben zwei Gesichter. Die rechte und die linke Hälfte unterscheiden sich. Hast du das gewusst?«

»Natürlich. Es gibt keinen Menschen, bei dem die rechte und die linke Seite symmetrisch sind. So sind zum Beispiel Größe und Form der Brüste und Hoden links und rechts immer verschieden. Das weiß doch jeder, der malt. Der Mensch ist asymmetrisch, aber gerade das macht ihn interessant.«

Masahiko schüttelte mehrmals den Kopf, ohne den Blick von der Straße zu wenden. »Selbstverständlich weiß ich das. Was ich sagen will, ist etwas anderes. Ich glaube, diese Zweigesichtigkeit wirkt sich auf den Charakter aus.«

Ich wartete darauf, dass er fortfuhr.

»Vor etwa zwei Monaten habe ich mal eine Frau fotografiert, mit der ich zusammen war. Es war eine Nahaufnahme von vorn mit einer Digitalkamera. Anschließend habe ich mir das Bild im Büro auf einem großen Bildschirm angeschaut. Aus irgendeinem Grund schaute ich mir dann ihre beiden Gesichtshälften getrennt an. Ich ließ die rechte verschwinden und sah nur die linke, dann umgekehrt … Verstehst du ungefähr, was ich meine?«

»Ja, klar.«

»Und dabei fiel es mir auf. Bei genauerem Hinsehen war es, als gehörten die rechte und die linke Seite zu zwei verschiedenen Personen. Wie bei Two-Face in *Batman*.«

»Ich habe die Filme nicht gesehen.«

»Solltest du aber. Sie sind ganz schön spannend. Jedenfalls hat mich diese Entdeckung ziemlich erschreckt, und ich fügte jede der Hälften zu einem Gesicht zusammen, also eins nur aus der rechten und eins nur aus der linken. Am Computer geht das ganz leicht. Heraus kamen zwei Frauengesichter, die auf völlig verschiedene Persönlichkeiten schließen ließen. Ganz erstaunlich. Mit anderen Worten: Es verbargen sich zwei unterschiedliche Charaktere in dem einen Gesicht. Hast du darüber schon einmal nachgedacht?«

»Nein«, sagte ich.

»Danach sammelte ich immer mehr Aufnahmen von Frauengesichtern und probierte das Gleiche. Das Ergebnis war eindeutig: Mehr oder weniger alle Frauen hatten zwei Gesichter. Und seit ich das weiß, verstehe ich die Frauen nicht mehr. Wenn ich mit einer schlafe, frage ich mich, ob ich es mit ihrer linken oder ihrer rechten Seite tue. Und wenn es die rechte ist, wo ist dann die linke und was denkt sie? Als ich einmal angefangen hatte, darüber nachzudenken, wurde alles sehr kompliziert. Verstehst du, was ich meine?«

»Nicht ganz, aber dass es kompliziert ist, kann ich mir vorstellen.«

»Ja, das ist es tatsächlich.«

»Hast du dieses Verfahren mal auf Männergesichter angewendet?«, fragte ich.

»Ja, aber bei Männern tritt dieses Phänomen nicht so stark zutage. Nicht annähernd so drastisch wie bei Frauen.«

»Vielleicht solltest du mal einen Psychiater oder Therapeuten aufsuchen und das Ganze mit ihm besprechen«, sagte ich.

Masahiko seufzte. »Ich habe mich mein Leben lang für einen ziemlich normalen Menschen gehalten.«

»Das ist eine gefährliche Einstellung.«

»Sich für einen normalen Menschen zu halten?«

»Scott Fitzgerald schreibt in einem seiner Romane, Menschen, die sich selbst als normal bezeichnen, solle man nicht trauen.«

Masahiko überlegte einen Moment lang. »Das könnte bedeuten, auch Mittelmäßigkeit ist etwas Einmaliges und nicht zu ersetzen.«

»So könnte man es sicher auch ausdrücken.«

Masahiko lenkte eine Weile schweigend, ehe er sprach.

»Willst du das mit den Gesichtshälften nicht mal ausprobieren?«

»Mir ist dieses Phänomen bekannt. Immerhin male ich seit einer Ewigkeit Porträts und kenne mich ziemlich gut aus mit der menschlichen Physiognomie. Man könnte sogar sagen, ich bin ein Experte auf diesem Gebiet. Aber ich bin bisher nicht auf die Idee gekommen, die rechte und die linke Gesichtshälfte in Persönlichkeiten zu unterteilen.«

»Aber eigentlich hast du doch fast nur Männer porträtiert?«

Masahiko hatte recht. Bisher war ich nicht ein einziges Mal mit einem Frauenporträt beauftragt worden. Aus irgendeinem Grund sollten immer nur Männer porträtiert werden. Die einzige Ausnahme war Marie Akikawa, aber sie war eher noch ein Kind als eine Frau. Außerdem war ihr Bild noch nicht fertig.

»Zwischen Männern und Frauen besteht nämlich ein Riesenunterschied«, erklärte Masahiko.

»Ich möchte dich etwas fragen«, sagte ich. »Du behauptest also, bei fast allen Frauen repräsentieren die linke und die rechte Gesichtshälfte unterschiedliche Persönlichkeiten.«

»Ja, genau. Zu diesem Schluss bin ich gelangt.«

»Kommt es dann vor, dass du eine Seite des Gesichts lieber hast als die andere? Beziehungsweise eine Seite *nicht so gern hast*?«

Masahiko überlegte. »Nein, es funktioniert nicht auf der Ebene, dass ich eine Seite lieber hätte als die andere, dass eine heiterer und die andere düsterer oder eine hübscher und die andere weniger hübsch wäre. Mein Problem ist lediglich die Tatsache, *dass sie sich unterscheiden*. Die Kluft verwirrt mich und macht mir mitunter sogar Angst.«

»In meinen Ohren klingt das nach einer Art Zwangsneurose«, sagte ich.

»In meinen auch, wenn ich mich so reden höre«, sagte Masahiko. »Aber es ist *wirklich* so. Du solltest es selbst ausprobieren.«

Ich würde es ausprobieren, sagte ich, obwohl ich eigentlich nicht die Absicht hatte. Ich hatte Probleme genug und wollte mich nicht noch mehr in Schwierigkeiten bringen.

Danach sprachen wir über Tomohiko Amada und seine Zeit in Wien.

»Mein Vater hat einmal ein Konzert der Wiener Philharmoniker besucht, bei dem Richard Strauss eine Sinfonie von Beethoven dirigierte«, sagte Masahiko. »Es sei eine herrliche Aufführung gewesen. Es war eine der wenigen Episoden, die mein Vater mir aus seiner Wiener Zeit erzählt hat.«

»Was hat er sonst noch über sein Leben in Wien erzählt?«

»Nichts von Belang. Wie das Essen war, der Wein und die Musik. Denn mein Vater liebte Musik über alles. Er hat kaum je über etwas anderes gesprochen. Malerei und Politik kamen überhaupt nicht vor, auch keine Frauen.«

Masahiko schwieg kurz, bevor er fortfuhr. »Es sollte mal jemand eine Biografie über meinen Vater schreiben. Das wäre bestimmt interessant. Aber das ginge heutzutage gar nicht mehr, denn es existieren ja kaum noch persönliche Informationen über ihn. Mein Vater hatte keine Freunde. Er lebte von seiner Familie getrennt ganz allein dort oben auf dem Berg und arbeitete. Der Einzige, mit dem er auf einigermaßen vertrautem Fuß stand, war ein Kunsthändler. Ansonsten sprach er mit so gut wie niemandem. Schrieb nie auch nur einen einzigen Brief. Ein eventueller Biograf hätte überhaupt kein Material. Die Biografie meines Vaters hat nicht nur weiße Flecken, man könnte sie eher als weiße Fläche bezeichnen. Oder als einen Käse, der fast nur aus Löchern besteht.«

»Er hat nur seine Werke hinterlassen.«

»Stimmt, außer seinen Werken ist so gut wie nichts von ihm geblieben. Aber wahrscheinlich hat er das so gewollt.«

»Du bist auch eine seiner Hinterlassenschaften«, sagte ich.

»Ich?« Masahiko sah mir erstaunt ins Gesicht, richtete aber seinen Blick sofort wieder auf die Straße. »Ja, stimmt, jetzt, wo du es sagst. Ich gehöre auch zu den Hinterlassenschaften meines Vaters. Wenn auch zu den weniger gelungenen.«

»Aber du bist unersetzlich.«

»Genau. Einmalig in meiner Mittelmäßigkeit«, sagte Masahiko. »Manchmal denke ich, du wärst ein besserer Sohn für ihn gewesen. Vielleicht wäre dann vieles reibungsloser gelaufen.«

»Ach, ich bitte dich!« Ich musste lachen. »Niemand hätte die Rolle von Tomohiko Amadas Sohn ausfüllen können.«

»Wahrscheinlich nicht«, sagte Masahiko. »Aber an dich hätte er sein geistiges Erbe weitergeben können. Du wärst dazu viel besser geeignet als ich.«

Als er das sagte, musste ich plötzlich an *Die Ermordung des Commendatore* denken. Hatte ich das Bild womöglich von Tomohiko Amada *geerbt*? Hatte er mich auf den Dachboden geführt, damit ich es fand? Wollte er mir irgendetwas mitteilen?

Aus dem Kassettenrekorder ertönte *»French Kissin' in the USA«* von Deborah Harry, wenig passend als Hintergrundmusik für unser Gespräch.

»Es war sicher nicht leicht, Tomohiko Amada zum Vater zu haben«, wagte ich mich vor.

»Mit dieser Phase meines Lebens habe ich längst abgeschlossen. Deshalb ist es auch nicht so schwer für mich, wie alle denken. Ich kann einigermaßen von der Malerei leben, aber das Genie meines Vaters ist natürlich ein ganz anderer Maßstab. Dass ich nicht an ihn heranreiche, hat mich nie gestört. Gelitten habe ich nur darunter, dass er sich mir immer nur als der berühmte Maler präsentiert hat. Bis zum Schluss hat mein Vater sich mir nie persönlich zugewandt. Mir nicht einmal so etwas wie eine Botschaft mit auf den Weg gegeben.«

»Er hat dir also nie etwas von dem offenbart, was in ihm vorging?«

»Nicht das Geringste. Ich hatte den Eindruck, er hielt es für ausreichend, mir seine DNS vermacht zu haben. Alles Weitere war meine Sache. Aber bei einer zwischenmenschlichen Beziehung geht es doch nicht nur um Erbgut, oder? Ich spreche nicht einmal von Anleitungen für die Lebenspraxis, die hätte ich sowieso nicht gebraucht. Aber es wäre schön gewesen, wenn es eine Art Vater-Sohn-Dialog zwischen uns gegeben hätte. Wenn er mir von seinem Leben und davon, was er darüber dachte, erzählt hätte. Ich wäre ja schon mit ganz wenig zufrieden gewesen.«

Ich hörte schweigend zu.

Als wir länger an einer Ampel standen, nahm Masahiko seine Ray-Ban-Sonnenbrille ab und polierte sie mit einem Taschentuch. »Ich vermute, mein Vater hütete ein schwerwiegendes persönliches Geheimnis, mit dem er sich allmählich immer mehr von der Welt zurückzog. Es war, als wäre sein Herz ein unbezwingbarer Tresor, in dem er sein Geheimnis aufbewahrte. Den Schlüssel hatte er weggeworfen oder irgendwo versteckt. Und wusste nicht mehr, wo.«

Und so würde das, was 1938 in Wien geschehen war, ein Rätsel bleiben, und er würde sein Geheimnis mit ins Grab nehmen, ohne dass jemand davon erfuhr. Plötzlich kam mir der Gedanke, dass *Die Ermordung des Commendatore* vielleicht dieser verlorene Schlüssel sein könnte. Ob der alte Maler sich vielleicht am Ende seines Lebens in einen lebendigen Geist verwandelt hatte und auf den Berg gekommen war, um das Bild noch einmal zu sehen?

Ich drehte mich kurz um und warf einen Blick auf die Rückbank. Ich hatte das Gefühl, der Commendatore könnte dort sitzen. Aber es war niemand da.

»Was ist los?«, fragte Masahiko und folgte meinem Blick.

»Ach, nichts«, antwortete ich.

Die Ampel wurde grün, und er trat aufs Gas.

49 SO VIEL LEBEN, SO VIEL TOD

Unterwegs sagte Masahiko, er müsse zur Toilette, und wir machten in einem Familienrestaurant halt. Man führte uns an einen Tisch am Fenster, und wir bestellten Kaffee. Da es Zeit zum Mittagessen war, nahm ich ein Roastbeef-Sandwich dazu. Masahiko bestellte das Gleiche, stand auf und ging in den Waschraum. In seiner Abwesenheit blickte ich gedankenverloren durch die Scheibe nach draußen. Der Parkplatz war voller Autos, von denen die meisten Familien gehörten. Mir fiel auf, wie viele Minivans es waren. Sie sahen alle gleich aus. Wie Dosen für nicht besonders schmackhafte Kekse. Am Rand des Parkplatzes gab es eine Aussichtsplattform, von der die Besucher mit kleinen Digitalkameras oder Smartphones Fotos vom Fuji schossen, der von hier besonders gut zu sehen war. Es war vielleicht ein albernes Vorurteil, aber ich konnte mich einfach nicht damit anfreunden, dass Leute mit ihren Telefonen Fotos schossen. Ganz zu schweigen davon, dass sie einen Fotoapparat benutzten, um zu telefonieren.

Während ich leicht abwesend die Szenerie betrachtete, bog ein weißer Subaru Forester in den Parkplatz ein. Ich kenne mich nicht mit Autos aus (und kann nicht behaupten, dass ich einen Subaru Forester an seinen besonderen Merkmalen erkenne), aber ich sah auf den ersten Blick, dass es der Wagentyp war, den der *Mann mit weißem Subaru Forester* fuhr. Auf der Suche nach einem freien Platz fuhr er langsam durch die vollgeparkten Reihen, und als er einen gefunden hatte, parkte er zügig vorwärts ein. Auf der am Heck befestigten Reifenhülle befand sich tatsächlich ein großes Logo mit der Aufschrift *Subaru Forester*. Es war das gleiche Modell, das ich damals in dem Küstenort in der Präfektur Miyagi gesehen hatte. Das Nummernschild konnte ich nicht lesen, aber je länger ich hinsah, desto überzeugter wurde ich, dass es derselbe Wagen war, den ich im Frühjahr in der kleinen Hafenstadt gesehen hatte. Es war nicht nur der identische Wagentyp, offenkundig war es *derselbe* Wagen.

Ich habe ein außergewöhnlich präzises visuelles Gedächtnis, das Inhalte auch über einen langen Zeitraum speichert. Und der ungepflegte Zustand und die besonderen Merkmale des Wagens stimmten in meiner Erinnerung mit jenen des *bewussten Subaru Foresters* überein. Mir stockte der Atem. Ich strengte die Augen an, um zu erkennen, wer ausstieg. Just in diesem Moment bog ein großer Reisebus in den Parkplatz ein und versperrte mir die Sicht. Es war so voll, dass der Bus nicht voranzukommen schien. Also sprang ich auf, lief nach draußen und um den stecken gebliebenen Bus herum an die Stelle, an der der weiße Subaru Forester parkte. Aber es war niemand mehr im Wagen. Offenbar war der Fahrer bereits ausgestiegen. Vielleicht befand er sich im Restaurant oder machte ein Foto auf der Aussichtsplattform. Ich ließ meinen Blick aufmerksam schweifen, aber der Mann mit dem weißen Subaru Forester war nirgends zu sehen. Natürlich konnte nur er es sein, der den Wagen fuhr.

Als ich dann die Nummer überprüfte, stellte ich fest, dass der Wagen tatsächlich aus Miyagi stammte und an der hinteren Stoßstange einen Speer-Aufkleber hatte. Genau wie der, den ich damals gesehen hatte. Kein Zweifel: *Der Mann war hier.* Es überlief mich kalt. Ich wollte ihn finden. Ich wollte den Mann noch einmal sehen, um herauszufinden, warum ich sein Porträt nicht vollenden konnte. Vermutlich hatte ich irgendetwas an ihm übersehen. Für alle Fälle prägte ich mir das Autokennzeichen ein. Vielleicht würde mir das helfen. Vielleicht auch nicht.

Eine Zeit lang lief ich auf dem Parkplatz herum und hielt Ausschau nach einem Mann, der infrage käme. Ich stieg sogar auf die Aussichtsplattform. Aber ich fand keine Spur von dem *Mann mit weißem Subaru Forester.* Dem hochgewachsenen Mann mit dem kurz geschorenen graumelierten Haar und dem sonnenverbrannten Gesicht. Beim letzten Mal hatte er eine abgewetzte schwarze Lederjacke und eine Golferkappe mit dem Logo von Yonex getragen. Ich hatte sein Gesicht auf einem Blatt aus meinem Notizbuch skizziert und es der jungen Frau gezeigt, die mir gegenübersaß. *Sie können aber gut zeichnen,* hatte sie lobend gesagt.

Nachdem ich mich vergewissert hatte, dass von den Männern im Freien keiner infrage kam, ging ich ins Restaurant zurück und drehte dort eine Runde. Aber von dem Mann war nichts zu sehen. Das Restaurant war beinahe voll besetzt. Masahiko saß schon wieder an unserem Tisch und trank seinen Kaffee. Unsere Sandwiches hatte man auch schon gebracht.

»Wo warst du denn?«, fragte mein Freund.

»Ich habe durch das Fenster jemanden gesehen, der aussah wie ein Bekannter. Also habe ich draußen nach ihm gesucht.«

»Hast du ihn gefunden?«

»Nein, wahrscheinlich habe ich mich getäuscht«, sagte ich.

Ich ließ nun den weißen Subaru Forester auf dem Parkplatz nicht mehr aus den Augen. Vielleicht würde der Fahrer zurückkommen. Aber selbst wenn – was sollte ich dann tun? Zu ihm hingehen und ihn ansprechen? Ihm sagen, wir hätten uns im vergangenen Frühjahr zweimal in dieser Küstenstadt in der Präfektur Miyagi gesehen? Wahrscheinlich würde er sagen, dass er sich nicht an mich erinnere. Sogar sehr wahrscheinlich.

Warum verfolgen Sie mich?, könnte ich ihn fragen. Wovon reden Sie? Ich verfolge Sie doch gar nicht, würde er antworten. Warum sollte ich jemanden verfolgen, den ich überhaupt nicht kenne? Damit wäre das Gespräch beendet.

Außerdem kam der Fahrer des Subaru Foresters sowieso nicht zurück. Der stämmige weiße Wagen erwartete auf dem Parkplatz geduldig die Rückkehr seines Besitzers. Auch als Masahiko und ich unsere Sandwiches verzehrt und unseren Kaffee getrunken hatten, ließ der Mann sich nicht blicken.

»Wir sollten allmählich gehen. Wir haben nicht mehr so viel Zeit«, sagte Masahiko mit einem Blick auf seine Uhr und griff nach der Sonnenbrille, die vor ihm auf dem Tisch lag.

Wir erhoben uns, bezahlten und gingen nach draußen, wo wir in seinen Volvo stiegen und sogleich den überfüllten Parkplatz hinter uns ließen. Ich hätte gern auf die Rückkehr des *Mannes mit weißem Subaru Forester* gewartet, aber der Besuch bei Masahikos Vater hatte jetzt Vorrang. *Diese Einladung dürft ihr mitnichten und um keinen Preis ablehnen*, hatte der Commendatore mir eingeschärft.

Also musste ich die erneute Begegnung mit dem *Mann im weißen Subaru Forester* hintanstellen. Aber er wusste, dass ich hier war, und hatte mir den Umstand, dass er *auch hier war*, vor Augen geführt. Seine Absicht war eindeutig. Er war nicht nur zufällig hier. Und natürlich war es auch kein Zufall, dass der Reisebus ihn meinem Blick entzogen hatte.

Zu Tomohiko Amadas Seniorenresidenz mussten wir, nachdem wir die Izu Skyline verlassen hatten, eine lange kurvige Gebirgsstraße hinauffahren. Wir kamen an einer neu erschlossenen Ferienhaussiedlung vorbei, einem hübschen Café, einer rustikalen Pension mit allem Komfort, einem Bioladen mit einheimischem Gemüse und einem kleinen Museum für Touristen. Während ich mich in den Kurven am Türgriff festklammerte, dachte ich an den *Mann mit weißem Subaru Forester*. Was hinderte mich daran, sein Porträt fertigzustellen? Wahrscheinlich scheiterte es daran, dass ich nicht in der Lage war, ein bestimmtes für die Fertigstellung unerlässliches Element zu entdecken. So wie wenn bei einem Puzzle ein entscheidendes Teil fehlt. Das war mir bisher noch nie passiert. Sooft ich ein Porträt in Angriff nahm, hatte ich schon vorher alle nötigen Teile beisammen. Aber bei diesem *Mann mit weißem Subaru Forester* wollte mir das nicht gelingen. Vielleicht war es der Mann selbst, der mich daran hinderte. Vielleicht verweigerte er sich, weil er aus irgendeinem Grund nicht wollte, dass ich ein Bild von ihm malte.

Der Volvo verließ die Straße und fuhr durch ein großes geöffnetes Eisentor mit einem sehr kleinen Schild. Man konnte den Eingang leicht übersehen, wenn man nicht genau aufpasste. Offenbar hielt die Einrichtung es nicht für nötig, auf sich aufmerksam zu machen. Am Tor befand sich ein Häuschen mit einem uniformierten Wachmann, dem Masahiko seinen Namen und den seines Vaters nannte. Der Wachmann führte ein Telefonat, um die Richtigkeit von Masahikos Angaben zu überprüfen. Auf der Weiterfahrt kamen wir durch ein dichtes Wäldchen mit hohen immergrünen Bäumen, die kühle Schatten warfen. Über eine hübsche Asphaltstraße gelangten wir zu einer breiten kreisförmigen Auffahrt, in deren Mitte ein rundes, hügelförmiges Blumenbeet angelegt war. Es war von prächtigem Zierkohl eingefasst, und in der

Mitte blühten frische Blumen in verschiedenen lebhaften Rottönen. Alles wirkte sehr gepflegt.

Masahiko fuhr auf den Besucherparkplatz und stellte den Wagen ab. Nur zwei weitere Fahrzeuge waren dort geparkt – ein weißer Minivan von Honda und eine dunkelblaue Audi-Limousine. Zwischen den beiden nagelneu blitzenden Wagen wirkte der Volvo wie ein alter Ackergaul. Aber Masahiko schien das nicht das Geringste auszumachen (ihm war es wichtiger, auf seinem Kassettendeck Bananarama hören zu können). Vom Parkplatz hatte man einen Ausblick auf den im frühwinterlichen Sonnenschein matt schimmernden Pazifik, auf dem einige mittelgroße Fischkutter unterwegs waren. Über dem offenen Meer segelten ein paar Vögel, und zu unseren Füßen lag die Halbinsel Manazuru. Es war inzwischen Viertel vor zwei.

Nachdem wir ausgestiegen waren, schritten wir auf den Eingang des Gebäudes zu, das offenbar erst vor verhältnismäßig kurzer Zeit gebaut worden war. Alles war sauber und adrett, doch dem schlichten Beton fehlte jede persönliche Note. Soweit ich sehen konnte, hatte der für den Entwurf zuständige Architekt keine sonderlich lebhafte Fantasie an den Tag gelegt. Aber vielleicht hatte auch sein Auftraggeber dem Zweck des Gebäudes entsprechend einen möglichst einfachen, konservativen Entwurf gewünscht. Das quadratische zweistöckige Gebäude bestand ausschließlich aus geraden Linien – alles wie mit dem Lineal gezogen. Im Erdgeschoss war viel Glas verwendet worden, um einen Eindruck von Helligkeit zu vermitteln. Es gab auch eine große Holzveranda mit Liegestühlen, aber da der Winter bereits begonnen hatte, saß dort niemand in der Sonne, obwohl es ein klarer und angenehmer Tag war. In der komplett verglasten Cafeteria waren fünf oder sechs ältere Leute zu sehen. Zwei saßen im Rollstuhl. Was sie taten, war nicht zu erkennen. Wahrscheinlich schauten sie auf den großen Bildschirm eines an der Wand installierten Fernsehapparats. Purzelbäume schlugen sie jedenfalls nicht.

Wir gingen durch den Vordereingang, und Masahiko sprach an der Rezeption mit einer jungen Dame mit schönem langen, schwarzen Haar und einem liebenswerten runden Gesicht. Sie trug einen dunkelblauen Uniformblazer mit einem Namensschild auf der Brust. Die beiden schienen sich zu kennen und unterhielten sich eine Zeit lang vertraut miteinander. Ich wartete in angemessener Entfernung, bis sie fertig waren. In der Eingangshalle stand eine große Vase mit einem prächtigen, kunstvoll gebundenen Strauß frischer Blumen. Gegen Ende des Gesprächs trug Masahiko sich mit Kugelschreiber in eine Besucherliste ein und fügte nach einem Blick auf seine Armbanduhr die Zeit hinzu. Er verließ die Theke und kam zu mir.

»Der Zustand meines Vaters scheint einigermaßen stabil zu sein«, sagte Masahiko, die Hände in den Hosentaschen. »Er hat den ganzen Morgen über gehustet und bekam schlecht Luft, sodass der Arzt schon befürchtete, eine Lungenentzündung sei im Anmarsch, aber seit Kurzem geht es ihm besser, und er scheint jetzt fest zu schlafen. Lass uns mal auf sein Zimmer gehen.«

»Stört es dich denn auch bestimmt nicht, wenn ich mitkomme?«

»Natürlich nicht«, sagte Masahiko. »Du hast doch gesagt, du wolltest ihn kennenlernen. Deshalb bist du doch hier, oder?«

Wir nahmen den Aufzug in den zweiten Stock. Der Gang dort war sehr einfach und konventionell. Auf Dekoration hatte man weitgehend verzichtet. Nur an wenigen Stellen des langen weißen Korridors hingen Gemälde, ausschließlich Landschaftsbilder, die die Küste zeigten. Offenbar hatte der Maler verschiedene Küstenabschnitte aus verschiedenen Perspektiven gemalt. Man konnte die Bilder schwerlich als »herausragende Kunstwerke« bezeichnen, aber zumindest war der Maler so freigiebig mit Farbe umgegangen, dass sie den überwältigenden Minimalismus der Architektur durchbrachen. Der Boden war mit blitzblankem Linoleum ausgelegt, auf dem meine Gummisohlen aufdringlich quietschten. Ein Pfleger schob eine zierliche, weißhaarige alte Dame im Rollstuhl auf uns zu, die uns, obwohl sie uns mit großen, weit geöffneten Augen passierte, keines Blickes würdigte. So als wäre sie fest entschlossen, ein bedeutendes *Zeichen* an einem gewissen Punkt im Raum vor ihr auf keinen Fall zu verpassen.

Tomohiko Amada bewohnte ein geräumiges Einzelzimmer am Ende des Flurs. An der Tür hing ein Namensschild, auf dem aber kein Name stand, vielleicht um seine Privatsphäre zu schützen. Tomohiko Amada war schließlich ein berühmter Mann. Der Raum hatte in etwa die Größe einer Hotelsuite und verfügte über ein Bett sowie über eine bequem wirkende Couchgarnitur. Durch das große Fenster im Südosten hatte man einen herrlichen, ungehinderten Blick aufs Meer. In einem Hotel hätte man allein für diese Aussicht einen ziemlich hohen Aufpreis gezahlt. Es gab nicht ein Bild an der Wand, nur einen Spiegel und eine runde Uhr. Obwohl auf dem Tisch eine große Vase mit violetten Schnittblumen stand, war die Luft im Raum völlig geruchlos. Es roch weder nach einem alten, kranken Menschen noch nach Medikamenten, Blumen oder muffigen, vergilbten Gardinen, es roch einfach nach gar nichts, was mich sehr erstaunte. So sehr, dass ich mich schon fragte, ob vielleicht mit meinem Geruchssinn etwas nicht stimmte. Was musste man tun, um jeglichen Geruch so zu vertreiben?

Die herrliche Aussicht von seinem Bett, das direkt neben dem Fenster stand, ignorierend, schlief Tomohiko Amada tief und fest. Seine Augen waren geschlossen, und die langen weißen Brauen hingen ihm wie natürliche Schutzdächer über die alten Lider. Seine Stirn war von tiefen Furchen durchzogen. Er war bis zum Hals zugedeckt, und man konnte nur an seinen Augen sehen, dass er schwach atmete.

Auf den ersten Blick erkannte ich in ihm den rätselhaften alten Mann, der neulich nachts im Atelier gesessen hatte. Ich hatte ihn zwar nur ganz kurz im flüchtigen Mondlicht gesehen, aber an seinem Gesicht und dem langen, weißen Haar konnte ich Tomohiko Amada eindeutig identifizieren. Ich war nicht sonderlich überrascht, denn das war mir von Anfang an klar gewesen.

»Er schläft die ganze Zeit«, sagte Masahiko zu mir. »Wir können nur warten, dass er irgendwann von selbst aufwacht. Wenn er überhaupt aufwacht.«

»Immerhin erfreulich, dass sein Zustand vorläufig stabil ist«, sagte ich und warf einen Blick auf die Wanduhr. Es war fünf nach zwei. Plötzlich fiel mir Menshiki ein. Hatte er Shoko Akikawa angerufen? Ob es irgendwelche neuen Entwicklungen gab? Im Augenblick jedoch musste ich mich auf Tomohiko Amada konzentrieren.

Masahiko und ich setzten uns in die Sessel der Couchgarnitur, um zu warten, bis Tomohiko Amada aufwachte. Wir hatten uns Kaffee aus einem Automaten im Flur geholt. Währenddessen erzählte Masahiko mir von Yuzu. Ihre Schwangerschaft sei in der letzten Phase, und sie fühle sich offenbar wohl. Bis zur Geburt seien es noch etwa sechs Wochen. Auch ihr gut aussehender Freund freue sich sehr auf das Kind.

»Das einzige Problem – also *sein* einziges Problem – ist, dass sie ihn nicht heiraten will«, sagte Masahiko.

»Nicht?« Das verstand ich jetzt wieder nicht. »Sie will also ledig bleiben?«

»Yuzu will das Kind. Aber sie will ihn nicht heiraten, auch nicht mit ihm zusammenziehen oder das Sorgerecht mit ihm teilen … so ist wohl die Lage. Der gute Mann ist ganz verstört. Er wollte heiraten, sobald eure Scheidung durch ist, aber sie weigert sich.«

Ich überlegte. Doch je mehr ich nachdachte, desto größer wurde meine Verwirrung.

»Ich verstehe das nicht. Yuzu hat immer gesagt, sie wolle keine Kinder. Und jedes Mal, wenn ich sie gefragt habe, ob wir nicht allmählich ein Kind bekommen sollten, hat sie nur gesagt, es sei zu früh. Warum will sie jetzt so unbedingt ein Kind?«

»Sie hatte nicht die Absicht, schwanger zu werden, aber als sie es dann einmal war, wollte sie das Kind unbedingt haben. Anscheinend kommt so etwas bei Frauen häufiger vor.«

»Aber das Kind alleine großzuziehen bringt doch viel zu viele praktische Probleme mit sich. Allein ihren Arbeitsplatz zu behalten wird schwierig. Warum will sie den Typ nicht heiraten? Wo es doch sogar sein Kind ist?«

»Das weiß der Mann auch nicht. Er hatte geglaubt, ihre Beziehung laufe sehr gut, und sich gefreut, Vater zu werden. Deshalb ist er ja so verstört. Er hat mich gefragt, aber ich konnte ihm auch keinen Rat geben.«

»Hast du Yuzu mal direkt gefragt?«, fragte ich.

Masahiko verzog das Gesicht. »Offen gesagt: Ich habe beschlossen, mich so weit wie möglich aus der Sache herauszuhalten. Ich mag Yuzu, und der Mann ist ein Kollege von mir. Und natürlich kenne ich dich schon so lange. Ich bin in einer heiklen Lage. Je mehr ich damit zu tun habe, desto weniger weiß ich, wie ich mich verhalten soll.«

Ich schwieg.

»Ich dachte immer, ihr versteht euch so gut. Und dass eure Ehe ewig halten würde«, sagte Masahiko bekümmert.

»Das habe ich schon mal gehört.«

»Vielleicht habe ich es schon mal gesagt«, entgegnete Masahiko. »Aber es ist die Wahrheit.«

Wir blickten schweigend auf die Uhr an der Wand und das sich vor dem Fenster ausbreitende Meer. Tomohiko Amada lag weiter bewegungslos in seinem Bett und schlief. Er lag so absolut reglos da, dass ich mich beinahe besorgt fragte, ob er noch lebte. Aber da sich außer mir niemand Sorgen zu machen schien, war das wohl normal.

In die Betrachtung seiner schlafenden Gestalt versunken, versuchte ich ihn mir als Student in Wien vor Augen zu rufen. Aber natürlich war es fast unmöglich, sich ihn als jungen Mann vorzustellen. Vor mir hatte ich einen weißhaarigen, runzligen Greis, der langsam, aber sicher seinem völligen körperlichen Zerfall entgegenging. Was geboren wird, muss sterben, unweigerlich, und er war jetzt an diesem Punkt angekommen.

»Du willst dich also nicht von dir aus bei Yuzu melden?«, fragte Masahiko.

Ich schüttelte den Kopf. »Im Augenblick nicht.«

»Ich glaube, es wäre gut, wenn ihr euch einmal richtig aussprechen würdet. Vertraulich.«

»Ich habe bereits über einen Anwalt die Scheidungsformulare ausgefüllt. Yuzu wollte es so. Und sie wird bald das Kind eines anderen Mannes zur Welt bringen. Dass sie ihn nicht heiraten will, ist letztendlich sein Problem. Ich fühle mich nicht aufgerufen, dazu Stellung zu beziehen. Uns *richtig aussprechen* … Was sollen wir denn da reden?«

»Aber möchtest du nicht wissen, was passiert ist?«

Ich schüttelte den Kopf. »Nein, was ich nicht wissen muss, will ich nicht wissen. Es würde mich nur verletzen.«

»Ich verstehe«, sagte Masahiko.

Doch um ehrlich zu sein, wusste ich mitunter gar nicht, ob ich überhaupt verletzlich war. Besaß ich wirklich die Fähigkeit, verletzt zu werden? Aber Fähigkeit oder nicht, ein Mensch ist natürlich verletzt, wenn er verletzt sein muss.

»Ich kenne den Mann aus dem Büro«, sagte Masahiko kurz darauf. »Er ist ein ehrlicher Kerl, macht seine Arbeit gut und hat auch einen guten Charakter.«

»Gar nicht zu reden von seinem guten Aussehen.«

»Ja, er sieht auch fantastisch aus. Und die Frauen fliegen auf ihn. Das ist ja ganz natürlich. Beneidenswert. Aber er hat eine seltsame Neigung, die man nur mit Skepsis betrachten kann.«

Ich hörte schweigend zu.

»Er sucht sich immer die unmöglichsten Frauen aus. Obwohl er die freie Wahl hat, hatte er aus irgendeinem Grund immer Freundinnen, über die man sich nur wundern konnte. Natürlich trifft das nicht auf Yuzu zu. Sie ist wahrscheinlich die erste ordentliche Frau, die er sich ausgesucht hat. Davor waren es stets regelrechte Schlampen. Warum, weiß ich nicht.«

Die Erinnerung ließ ihn den Kopf schütteln.

»Vor einigen Jahren war er einmal kurz davor zu heiraten. Die Räumlichkeiten für die Feier waren gemietet, die Einladungskarten gedruckt und die Hochzeitsreise auf die Fidschi-Inseln oder so gebucht. Er hatte Urlaub genommen und die Flugtickets gekauft. Aber die Frau war außergewöhnlich unattraktiv. Als er sie präsentierte, fand ich sie auf den ersten Blick erstaunlich unansehnlich. Natürlich kann man einen Menschen nicht nur nach seinem Äußeren beurteilen, aber soweit ich erkennen konnte, war auch ihr Charakter nicht gerade bewundernswert. Doch aus irgendeinem Grund war er völlig hingerissen von ihr. Jedenfalls passten sie überhaupt nicht zusammen. Alle dachten das, auch wenn keiner sich etwas zu sagen traute. Aber unmittelbar vor der Hochzeit machte sie plötzlich einen Rückzieher. *Sie* war es, die ihn sitzenließ. Ob es ein Glück oder ein Unglück war, weiß ich nicht. Zumindest kam es völlig überraschend.«

»Hatte sie einen bestimmten Grund?«

»Er hat mir keinen Grund genannt. Und weil er mir so leidtat, wollte ich ihn auch nicht fragen. Aber ich vermute, er wusste es selbst nicht. Sie ist einfach *abgehauen*. Sie wollte ihn nicht heiraten. Wahrscheinlich hatte sie sich irgendetwas eingebildet.«

»Und warum hast du mir das jetzt erzählt?«, fragte ich.

»Weil vielleicht die Möglichkeit besteht, dass Yuzu und du noch einmal zusammenkommt. Natürlich nur, wenn du willst.«

»Aber Yuzu bekommt ein Kind von diesem Mann.«

»Ja, das könnte ein Problem sein.«

Darauf schwiegen wir erneut.

Es war kurz vor drei, als Tomohiko Amada aufwachte. Er bewegte sich ganz langsam. Er holte merklich tief Luft, sodass sich die Decke über seiner Brust hob und senkte. Masahiko stand auf, trat ans Bett und sah seinem Vater von oben ins Gesicht. Der Greis schlug langsam die Augen auf. Seine buschigen weißen Brauen zitterten.

Masahiko griff nach einer Schnabeltasse auf dem Nachttisch und befeuchtete die trockenen Lippen des alten Mannes. Dann wischte er ihm mit einem Baumwolltuch übergetretene Flüssigkeit aus den Mundwinkeln. Der Vater schien mehr Wasser zu wollen, und er flößte es ihm behutsam Tropfen für Tropfen ein. Masahikos Bewegungen waren geübt, als würde er dies häufiger tun. Bei jedem Schluck bewegte sich der Adamsapfel des alten Mannes heftig auf und ab. Jetzt war auch ich davon überzeugt, dass er noch lebte.

»Vater, hör mal«, sagte Masahiko und deutete auf mich. »Er wohnt jetzt in deinem Haus in Odawara. Er ist Maler und benutzt dein Atelier. Er ist ein Studienfreund von mir. Er ist ein bisschen schwer von Begriff, und seine bezaubernde Frau ist ihm davongelaufen, aber als Maler ist er gar nicht so schlecht.«

Es war nicht ersichtlich, inwieweit der Vater verstand, was Masahiko sagte. Immerhin wandte er das Gesicht langsam in meine Richtung, als folgte er dem Finger seines Sohnes. Seine Augen ruhten auf mir, obwohl seine Miene völlig ausdruckslos blieb. Er sah etwas, doch hatte dieses *Etwas* für ihn offenbar keine Bedeutung. Zugleich aber schien sich hinter dem weißlichen Schleier auf seinen Augäpfeln ein erstaunlich klares Licht zu verbergen, dessen Leuchten vermutlich etwas Bedeutsamerem als mir vorbehalten war.

»Eventuell versteht er nicht, wovon ich rede. Aber der behandelnde Arzt hat mich angewiesen, über alles, was ihm vertraut ist, ganz frei und natürlich zu reden. Man kann einfach nicht wissen, wie viel er versteht. Deshalb reden wir am besten ganz normal. Mir fällt das leicht. Sprich du ihn auch ruhig an. Irgendwas ganz Alltägliches genügt.«

»Guten Tag, ich freue mich, Sie kennenzulernen«, sagte ich und nannte ihm meinen Namen. »Ich habe die Ehre, derzeit in Ihrem Haus in den Bergen bei Odawara zu wohnen.«

Tomohiko Amada schien mich anzusehen, aber seine Miene blieb unverändert. Masahiko machte mir ein Zeichen, dass ich weiterreden solle. Irgendetwas.

»Ich male Ölbilder. Lange Zeit hatte ich mich berufsmäßig auf Porträts spezialisiert, aber damit habe ich jetzt aufgehört und male, was mir gefällt. Hin und wieder übernehme ich auch einen Auftrag für ein Porträt. Gesichter zu malen interessiert mich. Masahiko kenne ich von der Kunsthochschule.«

Tomohiko Amadas Augen waren noch immer auf mich gerichtet. Auf ihnen lag tatsächlich eine Art blasser Schleier. Er wirkte wie eine zarte Spitzengardine, die Leben und Tod trennte. Mehr und mehr Gardinen würden seinen Blick verschleiern und sein Inneres zunehmend unsichtbar machen, bis zum Schluss der letzte schwere Vorhang fallen würde.

»Ihr Haus ist wunderbar«, fuhr ich fort. »Die Arbeit geht mir dort ausgezeichnet von der Hand. Ich hoffe, Sie nehmen mir das nicht übel, aber ich habe mir auch erlaubt, einige Ihrer Schallplatten zu hören, vor allem Opern. Masahiko meinte, Sie hätten sicher nichts dagegen. Sie haben eine beeindruckende Sammlung. Und dann war ich neulich auch auf dem Dachboden.«

Bei dem letzten Satz hatte ich zum ersten Mal den Eindruck, dass in seinen Augen etwas aufleuchtete. Es war nur ein schwacher Funke, und hätte ich nicht so genau hingesehen, hätte ich ihn nicht bemerkt. Aber da ich ihm unentwegt in die Augen blickte, war mir dieses Aufblitzen nicht entgangen. Vielleicht hatte das Wort »Dachboden« eine Erinnerung in ihm angestoßen.

»Eine Eule hat dort oben Unterschlupf gefunden«, erzählte ich ihm. »Ich hörte nachts etwas rascheln und dachte, es könnten Mäuse sein. Und als ich tagsüber einmal hinaufstieg, sah ich die Eule auf einem Balken schlafen. Ein schöner Vogel. Die Drahtverkleidung über einer der Lüftungen hat einen Riss, durch den sie beliebig herein- und wieder hinauskann. Sie benutzt den Dachboden also tagsüber als Schlafplatz.«

Die Augen des alten Herrn waren noch immer fest auf mich gerichtet, als wartete er auf weitere Informationen.

»Es ist gut für ein Haus, wenn es eine Eule gibt«, fügte Masahiko zustimmend hinzu. »Eulen im Haus sind ein gutes Omen.«

»Es sind auch sehr hübsche Tiere. Aber der Dachboden ist nicht nur wegen der Eule interessant«, ergänzte ich.

Tomohiko Amada starrte mich reglos aus seinem Bett an. Sein Atem wurde wieder flacher. Seine Augäpfel waren unverändert verschleiert, aber das geheimnisvolle Licht schien heller zu werden.

Ich hätte gern weiter über den Dachboden gesprochen, aber in Gegenwart seines Sohnes konnte ich ihm nicht von dem *gewissen Gegenstand* erzählen, den ich dort entdeckt hatte. Masahiko hätte natürlich wissen wollen, worum es sich dabei handelte. Aber das Thema stand im Raum, und Tomohiko Amada und ich sahen einander wie forschend ins Gesicht.

Was ich jetzt sagte, war genau überlegt. »Der Dachboden eignet sich nicht nur für Eulen, er ist sicher auch ein idealer Platz für Bilder. Sehr geeignet, um Gemälde aufzubewahren. Besonders Nihonga-Bilder mit ihren empfindlichen, leicht veränderlichen Materialien. Im Gegensatz zu einem Keller herrscht dort kaum Feuchtigkeit, der Raum ist gut durchlüftet, und wegen der Sonneneinstrahlung braucht man sich auch keine Sorgen zu machen, da es kein Fenster gibt. Natürlich besteht das Risiko, dass Regen hineingeweht wird, deshalb muss man die Objekte gut einpacken, wenn man sie über längere Zeit dort aufbewahren will.«

»Ich habe noch nie einen Blick auf diesen Dachboden geworfen«, sagte Masahiko. »Ein Nachteil ist wahrscheinlich, dass es dort sehr staubig ist.«

Ich ließ Tomohiko Amada nicht aus den Augen, wie auch er seinen Blick nicht von mir abwandte. Der Gedanke schien den Weg in seinen Kopf zu finden. Eule, Dachboden, die Aufbewahrung von Bildern … Er versuchte die einzelnen Wörter, an deren Bedeutung er sich erinnerte, miteinander zu verknüpfen, was nicht mehr leicht für ihn war. *Überhaupt nicht leicht.* Wahrscheinlich war es, als würde er sich mit verbundenen Augen durch ein Labyrinth tasten. Aber er spürte, dass es wichtig für ihn war, sie zu verbinden. Er spürte das *sehr stark.* Ruhig beobachtete ich sein einsames Ringen.

Ich überlegte, ob ich ihm von dem Schrein im Wäldchen und der seltsamen Grube dahinter erzählen sollte und wie wir sie geöffnet hatten. Was wir dort vorgefunden hatten. Doch ich entschied mich dagegen. Es war besser, nicht zu viel auf einmal anzusprechen. Schon eine Sache zu verarbeiten musste für das, was von seinem Bewusstsein geblieben war, eine ziemlich große Belastung bedeuten. Und diese äußerst begrenzte Fähigkeit hing nur noch an einem Faden.

»Möchtest du noch ein bisschen Wasser?«, fragte Masahiko und griff nach der Schnabeltasse. Doch sein Vater zeigte keine Reaktion auf diese Geste. Die Worte seines Sohnes erreichten ihn nicht. Masahiko beugte sich etwas näher zu ihm und wiederholte die Frage, gab aber auf, als er merkte, dass sein Vater nicht reagierte. Die Augen des alten Mannes wandten sich dem Sohn nicht mehr zu.

»Mein Vater scheint großes Interesse an dir zu haben«, sagte Masahiko etwas betroffen. »Er sieht dich die ganze Zeit so inbrünstig an. Es ist schon ziemlich lange her, dass er solches Interesse an jemandem oder etwas gezeigt hat.«

Ich sah Tomohiko Amada weiter stumm in die Augen.

»Das ist doch erstaunlich. Mich guckt er nicht einmal an, wenn ich etwas sage, aber dich lässt er nicht mehr aus den Augen.«

Ich konnte nicht umhin, einen Anflug von Eifersucht in Masahikos Ton festzustellen.

Er wollte von seinem Vater *gesehen werden*. Wahrscheinlich wünschte er sich das bereits seit seiner Kindheit.

»Vielleicht rieche ich nach Farbe«, sagte ich. »Und dieser Geruch ruft Erinnerungen in ihm hervor.«

»Ja, stimmt, das muss es sein. Ich habe ja schon ewig keine echte Farbe mehr in der Hand gehabt.«

Er klang nun nicht mehr bedrückt, sondern war wieder ganz mein alter unbekümmerter Freund Masahiko. In dem Moment begann sein kleines Mobiltelefon auf dem Tisch zu vibrieren.

Masahiko sah überrascht auf. »Also wirklich, jetzt habe ich doch vergessen, es auszuschalten. Eigentlich ist die Benutzung von Mobiltelefonen in den Zimmern nicht gestattet. Ich gehe kurz raus. Kann ich dich einen Augenblick mit ihm allein lassen?«

»Klar.«

Er nahm das Telefon, schaute nach, wer anrief, und ging zur Tür. »Vielleicht dauert es ein bisschen«, sagte er noch. »Könntest du dich so lange mit meinem Vater unterhalten?«

Masahiko hob ab, verließ flüsternd den Raum und schloss leise die Tür hinter sich.

Tomohiko Amada und ich waren nun allein. Der alte Herr starrte mich weiter unablässig an. Vermutlich bemühte er sich weiter, mich zu verstehen. Mir wurde das Atmen ein wenig schwer, also stand ich auf und ging um das Fußende seines Bettes herum zum Fenster, das nach Südosten zeigte. Das Gesicht an die große Scheibe gelegt, blickte ich auf den Pazifischen Ozean, der sich draußen erstreckte. Horizont und Himmel stießen in gerader Linie aufeinander. Mit den Augen folgte ich der Linie von einem zum anderen Ende. Eine so lange und schöne gerade Linie vermochte kein Mensch zu ziehen, mit keinem noch so langen Lineal. Unterhalb dieser Linie wimmelte es von unzähligen Lebewesen, doch so viel Leben es gab, so viel Tod gab es auch.

Auf einmal spürte ich hinter mir eine Präsenz und drehte mich um. Tomohiko Amada und ich waren nicht allein.

»Nein, meine Herren, Ihr seid nicht allein«, sagte der Commendatore.

50 EIN OPFER UND EINE PRÜFUNG

»Nein, meine Herren, Ihr seid hier nicht allein«, sagte der Commendatore.

Er hatte sich auf dem Sessel niedergelassen, auf dem Masahiko bis vor Kurzem gesessen hatte. Sein Gewand, seine Haartracht, sein Schwert und seine Körpergröße, alles wie immer. Wortlos starrte ich ihn an.

»Euer Freund wird eine Zeit lang nicht zurückkommen«, erklärte der Commendatore mit erhobenem rechten Zeigefinger. »Sein Telefonat wird aus verschiedenen Gründen etwas länger dauern. Ihr könnt also ganz beruhigt sein und was Euch beliebt mit Herrn Amada besprechen. Ihr wolltet ihn doch einiges fragen? Allerdings bezweifle ich, dass Ihr Antworten bekommen werdet.«

»Haben Sie dafür gesorgt, dass Masahiko geht?«

»Aber nein, niemals«, sagte der Commendatore. »Ihr überschätzt mich. Mitnichten besitze ich solche Macht. Anders als Ihr und ich, meine Herren, ist der junge Herr Masahiko in einer Firma angestellt und immer sehr beschäftigt. Bedauerlicherweise gönnt man ihm nicht einmal das Wochenende.«

»Waren Sie die ganze Zeit hier bei uns? Sind Sie mit uns im Wagen hergekommen?«

Der Commendatore schüttelte den Kopf. »Im Automobil? Mitnichten. Von Odawara bis hierher ist es ein langer Weg, und ich werde schnell reisekrank.«

»Aber Sie sind hergekommen, obwohl Sie nicht eingeladen waren?«

»Wenn man es genau nimmt, war ich nicht eingeladen. Aber meine Anwesenheit ist erwünscht. Der Unterschied zwischen eingeladen und erwünscht ist sehr gering. Es ist Tomohiko Amada, der meine Anwesenheit wünscht. Und da ich glaube, Euch zu Diensten sein zu können, bin ich hier.«

»Zu Diensten?«

»Gewiss. Immerhin bin ich Euch verpflichtet. Ihr habt mich aus dieser unterirdischen Kammer befreit, und ich konnte wieder als Idee auf dieser Welt erscheinen. Wie Ihr kürzlich selbst sagtet. Ich dachte, irgendwann muss ich es Euch vergelten. Auch Ideen empfinden bisweilen eine moralische Verpflichtung und stehen zwischen Verstand und Gefühl.«

Zwischen Verstand und Gefühl?

»Ja, schon gut. *Oder so etwas Ähnlichem.*« Der Commendatore hatte offenbar wieder meine Gedanken gelesen. »Jedenfalls ist es Euch dringend darum zu tun, den Aufenthaltsort von Marie Akikawa zu erfahren und sie wieder auf diese Seite zu bringen. Daran besteht doch mitnichten ein Zweifel?«

Ich nickte. Mitnichten. »Wissen Sie denn, wo sie ist?«

»Ja, das weiß ich. Ich bin ihr ja gerade erst begegnet.«

»Sie sind ihr begegnet?«

»Ja, ich sprach auch kurz mit ihr.«

»Aber dann sagen Sie mir doch, wo sie ist!«

»Ich weiß es, aber mitnichten könnt Ihr es aus meinem Mund erfahren.«

»Wieso nicht?«

»Ich bin nicht qualifiziert.«

»Aber gerade eben haben Sie doch gesagt, Sie seien hier, um mir zu Diensten zu sein.«

»Das habe ich tatsächlich gesagt.«

»Und dennoch können Sie mir nicht sagen, wo Marie Akikawa sich aufhält?«

Der Commendatore schüttelte den Kopf. »Das ist mitnichten meine Aufgabe. Bedauerlicherweise.«

»Und wessen Aufgabe ist es?«

Der Commendatore wies mit ausgestrecktem Zeigefinger auf mich. »Eure. Ihr müsst es Euch selbst sagen. Einen anderen Weg, Marie Akikawas Aufenthaltsort zu erfahren, gibt es nicht.«

»Ich soll es mir selbst sagen?«, fragte ich. »Aber wie soll ich das machen, wenn ich nicht einmal eine Ahnung habe, wo sie ist?«

Der Commendatore seufzte. »Doch, ihr wisst es. Ihr wisst nur nicht, dass Ihr es wisst.«

»Was soll das? Diese Diskussion dreht sich doch im Kreis.«

»Mitnichten. Das werdet Ihr bald merken. An einem anderen Ort als hier.«

Diesmal war es an mir zu seufzen.

»Sagen Sie mir bitte nur eins. Wurde Marie Akikawa von jemandem entführt? Oder hat sie sich verirrt?«

»Das werdet Ihr erfahren, wenn Ihr sie gefunden und hierher zurückgebracht habt.«

»Ist sie in Gefahr?«

Der Commendatore legte den Kopf schräg. »Zu beurteilen, ob jemand in Gefahr ist oder nicht, ist die Aufgabe des Menschen und mitnichten die einer Idee. Doch wenn Ihr die Jungfrau zurückbringen wollt, solltet Ihr Euch eilends auf den Weg machen.«

Mich eilends auf den Weg machen? Auf was für einen Weg? Ich sah dem Commendatore ins Gesicht. Das alles klang wie ein Rätsel. Eines, für das es eine richtige Lösung gab.

»Und welche Hilfe haben Sie mir hier und jetzt anzubieten?«

»Ich kann Euch jetzt an den Ort befördern, an dem Ihr Euch selbst zu begegnen vermögt. Doch das ist keineswegs einfach. Es bringt ein nicht unerhebliches Opfer und eine schwere Prüfung mit sich. Konkret gesagt, ist es die Idee, die das Opfer bringt, und Ihr seid es, der die Prüfung auf sich nimmt. Seid Ihr einverstanden?«

Ich hatte keine Ahnung, was er mir sagen wollte.

»Und was konkret soll ich tun?«

»Ganz einfach: Ihr sollt mich töten«, sagte der Commendatore.

51 ES IST SO WEIT

»Ganz einfach: Ihr sollt mich töten«, sagte der Commendatore.

»Wie? Was? Sie töten?«, rief ich.

»Ja, Ihr müsst mich umbringen wie auf dem Bild *Die Ermordung des Commendatore.*«

»Ich soll Sie mit einem Schwert durchbohren?«

»Genau. Glücklicherweise habe ich eines bei mir. Wie ich Euch bereits sagte, ist es echt, und wenn man damit zusticht, fließt Blut. Es ist nicht groß, aber das bin ich ja auch nicht. Es müsste also für diesen Zweck genügen.«

Ich stand wie angewurzelt am Fußende des Bettes und starrte den Commendatore an. Ich wollte etwas sagen, aber mir fehlten die Worte. Sogar Tomohiko Amada, der weiter reglos in seinem Bett lag, hatte sein Gesicht dem Commendatore zugewandt. Ob er ihn wirklich wahrnahm, war jedoch nicht zu erkennen. Offenbar konnte sich der Commendatore aussuchen, wer ihn sehen konnte.

Endlich bekam ich den Mund auf. »Indem ich Sie mit diesem Schwert ersteche, erfahre ich den Aufenthaltsort von Marie Akikawa?«

»Mitnichten – um die Wahrheit zu sagen. Ihr ersticht mich

hier. Macht mir den Garaus. Die Kettenreaktion, die dadurch ausgelöst wird, wird Euch zu dem Mädchen führen.«

Ich versuchte zu verstehen, was er damit meinte.

»Aber was denn für eine Kettenreaktion? Wird sie auch erwartungsgemäß in Gang kommen? Selbst wenn ich Sie töte, könnten die Dinge sich doch auch anders entwickeln. Dann wären Sie umsonst gestorben.«

Der Commendatore zog eine Braue hoch und sah mich an. Er hatte jetzt eine unglaubliche Ähnlichkeit mit Lee Marvin in dem Film *Point Blank*. Richtig cool wirkte er. Allerdings konnte ich mir kaum vorstellen, dass der Commendatore *Point Blank* gesehen hatte.

»Da habt Ihr recht«, sagte er. »Die Dinge verknüpfen sich vielleicht nicht notwendigerweise in der gewünschten Art. Was ich sage, ist letztlich nicht mehr als eine Voraussage oder eine Schlussfolgerung. Vielleicht gibt es zu viel *vielleicht* dabei. Aber um es deutlich auszudrücken: Wir haben keine andere Möglichkeit. Von Überfluss kann man da nicht sprechen.«

»Aber wenn ich Sie töte, sind Sie doch *für mich* gestorben! Heißt das, dass Sie für immer verschwinden?«

»Sehr wahr. Als Idee bin ich dann für Euch gestorben. Es ist einer der zahllosen Tode einer Idee. Auch wenn es sich fraglos um einen eigenständigen Tod handelt.«

»Aber verändert es nicht die Welt, wenn eine Idee stirbt?«

»O doch«, sagte der Commendatore und zog abermals à la Lee Marvin die Braue hoch. »Wie könnte es anders sein? Welche Bedeutung hätte eine Welt, in der sich nichts verändern würde, auch wenn eine Idee erlischt? Und welche Bedeutung hätte eine solche Idee?«

»Sie meinen also, ich soll Sie töten, auch wenn sich die Welt dadurch verändert?«

»Ihr habt mich aus dieser Grube befreit. Und jetzt müsst Ihr mich töten. Andernfalls kann sich der Kreis nicht schließen. Und ein geöffneter Kreis muss irgendwo geschlossen werden. Eine Alternative gibt es nicht.«

Ich warf einen Blick auf Tomohiko Amada in seinem Bett. Seine Augen waren starr auf den Commendatore im Sessel gerichtet.

»Kann Herr Amada Sie sehen?«, fragte ich.

»Ja, er müsste mich eigentlich sehen«, sagte der Commendatore. »Und unsere Stimmen ziemlich deutlich hören. Bald wird er auch verstehen, worum es hier geht. Er mobilisiert gerade seine letzten ihm noch verbliebenen physischen und geistigen Kräfte.«

»Was wollte er auf *Die Ermordung des Commendatore* abbilden?«

»Das müsst Ihr nicht mich, sondern ihn fragen«, sagte der Commendatore. »Denn schließlich habt Ihr in ihm den Schöpfer des Bildes vor Euch.«

Ich setzte mich wieder in meinen Sessel und wandte mich dem alten Herrn in seinem Bett zu.

»Ich habe das Bild gefunden, das Sie auf dem Dachboden versteckt haben, Herr Amada«, sagte ich zu ihm. »Sie haben es doch versteckt? Aus der gründlichen Verpackung schließe ich, Sie wollten nicht, dass jemand es sieht. Aber ich habe es ausgepackt. Das verärgert Sie vielleicht, aber ich konnte meine Neugier nicht zügeln. Und seit ich herausgefunden habe, was für ein herrliches Bild *Die Ermordung des Commendatore* ist, kann ich meine Augen nicht mehr davon abwenden. Es ist wahrhaft genial. Es muss eines Ihrer bedeutendsten Werke sein. Und ich bin nun beinahe der Einzige, der weiß, dass es existiert. Auch Masahiko habe ich es nicht gezeigt. Außer mir hat es nur noch ein dreizehnjähriges Mädchen namens Marie Akikawa gesehen. Und sie ist seit gestern verschwunden.«

Der Commendatore hob die Hand, um mich aufzuhalten. »Sie sollten jetzt eine Pause machen. So viel auf einmal kann sein begrenzter Intellekt nicht aufnehmen.«

Ich verstummte und blickte Tomohiko Amada an. Es war nicht auszumachen, ob das, was ich ihm erzählt hatte, ihn erreicht hatte. Seine Miene war weiterhin völlig ausdruckslos. Aber als ich ihm in die Augen sah, nahm ich wieder diese Lichtquelle darin wahr. Sie ließ mich an das Blitzen einer kleinen, scharfen Klinge denken, die auf den Grund einer tiefen Quelle gesunken war.

Behutsam setzte ich meine Rede fort. »Ich frage mich, wozu Sie dieses Bild gemalt haben. Es unterscheidet sich in Sujet, Aufbau und Stil so sehr von Ihren anderen Nihonga-Gemälden. Außerdem scheint es mir eine profunde persönliche Botschaft zu enthalten. Was bedeutet dieses Bild? Ein Mensch tötet einen anderen? Wer ist der Commendatore? Und wer ist Don Giovanni, sein Mörder? Und was ist mit dem seltsamen bärtigen Mann mit dem langen Gesicht, der am linken Bildrand den Kopf aus der Erde steckt?«

Wieder hob der Commendatore einhaltgebietend die Hand, und ich schwieg.

»Das reicht jetzt mit den Fragen«, sagte er. »Es dauert bestimmt eine ganze Weile, bis die alle zu ihm durchgedrungen sind.«

»Wird er antworten? Meinen Sie, er hat noch die Kraft?«

Der Commendatore schüttelte den Kopf. »Mitnichten. Wahrscheinlich bekommt Ihr keine Antwort mehr von ihm. So viel Kraft kann er nicht mehr aufbringen.«

»Aber warum lassen Sie mich die Fragen dann stellen?«

»Das sind keine Fragen. Ihr tut ihm lediglich kund, dass Ihr *Die Ermordung des Commendatore* auf dem Dachboden gefunden habt und nun wisst, dass es sie gibt. Das ist die erste Stufe. Damit müssen wir anfangen.«

»Und was ist die zweite Stufe?«

»Dass Ihr mich tötet, natürlich.«

»Gibt es eine dritte?«

»Die sollte es geben, natürlich.«

»Und worin besteht die?«

»Das wisst Ihr nicht, oder?«

»Nein.«

»Wir werden die Bedeutung, die sich im Inneren des Bildes verbirgt, hier reproduzieren und ›Langgesicht‹ herauslocken. Ihn hierher in dieses Zimmer bringen. Und auf diese Weise werdet Ihr Marie Akikawa zurückholen.«

Einen Moment lang war ich sprachlos. Ich hatte keine Ahnung mehr, wohin es mich hier verschlagen hatte.

»Das ist mitnichten eine leichte Sache«, sagte der Commendatore feierlich. »Aber es führt kein Weg daran vorbei. Und deshalb müsst Ihr nun mit aller Entschlossenheit meine Ermordung durchführen.«

Wir warteten, bis die von mir gelieferten Botschaften sich in Tomohiko Amadas Bewusstsein ausbreiteten. Das würde dauern. Unterdessen hatte ich einige Fragen, die ich unbedingt klären wollte.

»Warum hat Tomohiko Amada auch noch nach dem Krieg so beharrlich über die Ereignisse geschwiegen? Was hat ihn daran gehindert, seine Erlebnisse preiszugeben?«

»Seine Geliebte wurde grausam von den Nazis ermordet. Man hat sie langsam zu Tode gefoltert. Alle seine Freunde wurden getötet, und er wurde als Einziger aus politischer Rücksichtnahme verschont. Das hat eine tiefe Wunde in seinem Herzen hinterlassen. Außerdem war auch er verhaftet, zwei Monate lang von der Gestapo festgehalten und grausam gefoltert worden. Seine Häscher achteten darauf, dass er nicht zu Tode kam und dass keine sichtbaren körperliche Spuren zurückblieben; dennoch gingen sie gründlich und brutal zu Werke. Mit ihren sadistischen Quälereien zerstörten sie seine Psyche. Innerlich war er bereits gestorben. Danach wurde er mit der strengen Auflage, unter allen Umständen über die Ereignisse zu schweigen, nach Japan deportiert.«

»Und kurz zuvor hatte Tomohiko Amadas jüngerer Bruder vermutlich wegen seiner traumatischen Erlebnisse bei der Erstürmung von Nanjing seinem Leben ein Ende gesetzt. Gleich nachdem er nach Japan zurückgekehrt und aus dem Heeresdienst entlassen worden war, nicht?«

»Ja, so verlor Tomohiko Amada in den heftigen Wirren der Geschichte kurz hintereinander zwei Menschen, die ihm unersetzlich waren. Überdies war er selbst bis in sein Innerstes verwundet. Zorn und Trauer müssen tiefe Wurzeln in ihm geschlagen haben, ebenso das Gefühl der Ohnmacht und Verzweiflung darüber, sich dem Lauf der Welt nicht entgegenstellen zu können, ganz gleich, was er tat. Hinzu kam die seelische Belastung, als Einziger überlebt zu haben. Deshalb blieb sein Mund versiegelt, und nie kam ein Wort über die Geschehnisse in Wien über seine Lippen. Es war ihm unmöglich, darüber zu sprechen.«

Ich sah Tomohiko Amada ins Gesicht. Ihm war weiterhin nicht anzusehen, ob er etwas von unserem Gespräch verstanden hatte.

»Und so malte Herr Amada irgendwann – wann, wissen wir nicht – *Die Ermordung des Commendatore*«, sagte ich. »Und verlieh darin den Dingen, die er nicht aussprechen konnte, symbolischen Ausdruck. Mehr konnte er nicht tun. Es ist ein herausragendes, kraftvolles Werk.«

»Mit dem er das, was ihm in Wirklichkeit nicht gelungen war, in Form eines Gemäldes – sozusagen getarnt – umsetzte. Ein Ereignis, das nicht stattgefunden hatte, aber *hätte stattfinden sollen*.«

»Doch schließlich versteckte er das fertige Bild fest verschnürt auf dem Dachboden, ohne es jemals der Öffentlichkeit zu präsentieren«, sagte ich. »Denn auch wenn das Bild sehr symbolisch war und alles stark veränderte, waren die Ereignisse für ihn noch immer viel zu lebendig. Meinen Sie nicht auch?«

»Genau. Es ist ein pures Extrakt seiner lebendigen Seele. Und eines Tages habt Ihr das Bild entdeckt.«

»Heißt das, mit meiner Entdeckung des Bildes hat alles angefangen? Dadurch hat sich der *Kreis geöffnet*?«

Der Commendatore breitete, die Handflächen nach oben gerichtet, stumm die Arme aus.

Nicht lange danach bekam Tomohiko Amadas Gesicht allmählich Farbe. Der Commendatore und ich beobachteten aufmerksam die Veränderung darin. Das geheimnisvolle, tief in seinen Augen verborgene kleine Licht stieg langsam an die Oberfläche, als würde es auf die Rückkehr des Blutes in Tomohiko Amadas Gesicht reagieren. So wie ein Taucher, der sich über längere Zeit in großer Tiefe aufgehalten hat, wegen des Druckausgleichs nur langsam nach oben kommen kann. Auch die Trübung der Augäpfel verschwand allmählich, und bald blickte er mit klaren Augen in die Welt. Ich hatte nun keinen hinfälligen Greis an der Schwelle des Todes mehr vor mir. Einen Moment lang glomm in seinen Augen der Wille, weiter auf dieser Welt zu verweilen. Um Zeuge eines für ihn entscheidenen Moments zu werden.

»Er hat jetzt genügend Kraft gesammelt«, erklärte mir der Commendatore. »Er bemüht sich, so viel wie möglich von seinem Bewusstsein zurückzuerlangen. Sein Körper gibt besondere Substanzen ab, um die physischen Schmerzen zu tilgen. Durch sie kann ein Mensch ruhig und ohne allzu heftige Schmerzen sein Leben aushauchen. Aber mit dem Bewusstsein werden auch die

Schmerzen zurückkehren. Doch es gibt etwas, das er tun muss, auch wenn er dadurch sehr leiden wird.«

Wie um die Prognose des Commendatore zu bestätigen, erschien allmählich ein gequälter Ausdruck auf Tomohiko Amadas Gesicht. Er spürte jetzt wieder, dass sein Körper alt und ausgezehrt war und vermutlich bald seine Funktionen einstellen würde. Doch ließ sich dies unter keinen Umständen vermeiden. Sein Leben ging unausweichlich seinem Ende entgegen. Es tat weh, ihn so zu sehen. Vielleicht sollte man ihn lieber bewusstlos und ohne Schmerzen sein Leben aushauchen lassen, ohne ihn noch einmal zu quälen.

»Aber das ist Tomohiko Amadas eigene Entscheidung«, antwortete der Commendatore auf meine Gedanken. »Es ist bedauerlich, aber nicht zu vermeiden.«

»Kommt Masahiko nicht zurück?«, fragte ich.

Der Commendatore schüttelte kurz den Kopf. »Nein, im Augenblick nicht. Er führt ein wichtiges berufliches Telefonat. Es kann ziemlich lange dauern.«

Tomohiko Amadas Augen waren jetzt weit geöffnet. Die tief in die faltigen Höhlen zurückgezogenen Augäpfel traten hervor, gerade so, wie wenn ein Mensch sich aus dem Fenster beugt. Das Luftholen fiel ihm jetzt so schwer, dass es sowohl beim Ein- als auch beim Ausatmen laut rasselte. Sein Blick war starr auf den Commendatore gerichtet. Kein Zweifel, Tomohiko Amada konnte den kleinen Mann sehen. Auf seinem Gesicht lag ein unmissverständlicher Ausdruck von Verblüffung. Er traute seinen Augen nicht. Vermutlich konnte er das tatsächliche Erscheinen einer fiktiven Person, die er gemalt hatte, nicht begreifen.

»Mitnichten«, antwortete der Commendatore auf meine Gedanken. »Was Tomohiko Amada da sieht, hat nicht die gleiche Gestalt wie das, was Ihr vor Augen habt.«

»Und was sieht er, wenn er Sie nicht so sieht, wie ich Sie sehe?«

»Ich bin schließlich eine Idee. Meine Gestalt wandelte sich von Fall zu Fall. Sie liegt im Auge des Betrachters.«

»Und wie sehen Sie in Herrn Amadas Augen aus? «

»Das weiß ich auch nicht. Denn ich bin nur ein Spiegel seines Herzens.«

»Aber als Sie mir erschienen sind, hatten Sie doch mit Absicht diese Gestalt gewählt. Die des Commendatore. Oder stimmt das nicht?«

»Mitnichten. Um es genau zu sagen, besteht hier ein kompliziertes Geflecht von Ursache und Wirkung. Indem ich die Gestalt des Commendatore annahm, ist eine Reihe von Dingen in Bewegung geraten, doch zugleich war es auch aufgrund einer Reihe gewisser Umstände unerlässlich, seine Gestalt anzunehmen. Es ist ziemlich schwierig, Euch das unter Berücksichtigung der zeitlichen Gegebenheiten Eurer Welt zu erklären, aber wenn man es in einem Wort ausdrücken will, so war es etwas *Vorherbestimmtes.*«

»Wenn Sie als Idee ein Spiegel der Vorgänge im Herzen eines Menschen sind, sieht Herr Amada dann, was er sehen will?«

»Er sieht, *was er sehen muss*«, korrigierte mich der Commendatore. »Und der Anblick ist wahrscheinlich äußerst schmerzlich für ihn. Aber er muss das sehen. Bevor er stirbt.«

Wieder sah ich Tomohiko Amada ins Gesicht. In den Ausdruck des Erstaunens mischte sich nun heftiger Abscheu. Unerträgliche Qual. Es war nicht der Schmerz, der mit dem Bewusstsein zurückgekehrt war, sondern seine eigene bodenlose psychische Marter.

»Er hat seine letzten Kräfte mobilisiert und das Bewusstsein zurückerlangt, um mich zu sehen«, sagte der Commendatore. »Um noch einmal ein junger Mann von wenig mehr als zwanzig Jahren zu sein. Ungeachtet der furchtbaren Qual.«

Tomohiko Amadas Gesicht war inzwischen stark gerötet. Seine schmalen, trockenen Lippen zitterten, und er atmete keuchend und unregelmäßig, die runzligen Finger verzweifelt in das Laken verkrallt.

»So, und jetzt müsst Ihr mich töten. Solange er noch so beieinander ist«, sagte der Commendatore. »Ihr solltet Euch beeilen, denn dieser Zustand ist vielleicht nicht von langer Dauer.«

Der Commendatore zog sein Schwert aus der Scheide. Seine etwa zwanzig Zentimeter lange Klinge sah scharf aus. Obwohl sie kurz war, konnte man mit dieser Waffe einem Menschen das Leben nehmen, daran bestand kein Zweifel.

»Los, ersticht mich damit«, sagte der Commendatore. »Wiederholt die Szene in *Die Ermordung des Commendatore.* Beeilt Euch. Ihr habt keine Zeit zu trödeln.«

Ohne mich entscheiden zu können, blickte ich vom einen zum anderen. Mit Mühe begriff ich, dass Tomohiko Amada inbrünstig nach etwas verlangte und der Commendatore äußerst fest entschlossen war. Der Einzige, der sich kein Herz fassen konnte, war ich.

Ich hörte den Flügelschlag der Eule und das nächtliche Läuten der Glöckchen.

Alles war irgendwie miteinander verbunden.

»Ja genau, alles ist irgendwie verbunden«, las der Commendatore in mir. »Und dem könnt Ihr nicht entrinnen. Wohlan, tötet mich nun. Empfindet keine Schuld! Tomohiko Amada verlangt meinen Tod. Eure Tat wird ihn erlösen. Lasst hier und jetzt geschehen, was ihm gebührt. Jetzt ist die Zeit. Nur Ihr könnt ihn zu guter Letzt befreien.«

Ich erhob mich, ging zu dem Sessel, in dem der Commendatore saß, und nahm sein schon gezücktes Schwert entgegen. Ich konnte kein Urteil darüber fällen, was richtig und was falsch war.

In einer Welt jenseits von Raum und Zeit existierte ja nicht einmal ein Gefühl für vorher und nachher oder oben und unten. Mir war ja schon, als wäre ich nicht mehr der Mensch, der ich war. Zwischen mir und mir selbst tat sich eine Kluft auf.

Plötzlich merkte ich, dass der Griff des Schwertes viel zu klein für meine Hand war. Schließlich war es ein Miniaturschwert, gemacht für einen sehr kleinen Menschen. Wie scharf die Klinge auch sein mochte, es wäre unmöglich, mit diesem zierlichen Ding den Commendatore zu erstechen. Ich war erleichtert.

»Dieses Schwert ist zu klein für mich«, erklärte ich. »Ich kann es nicht benutzen.«

»Ach?« Der Commendatore stieß einen kleinen Seufzer aus. »Da kann man nichts machen. Dann nehmen wir eben etwas anderes, auch wenn wir damit von der Darstellung auf dem Bild abweichen.«

»Was denn anderes?«

Der Commendatore deutete auf eine kleine Kommode in einer Ecke des Zimmers. »Macht einmal die oberste Schublade auf.«

Ich ging zur Kommode und öffnete die oberste Schublade.

»Darin müsste ein Messer zum Filetieren von Fisch sein«, sagte der Commendatore.

Als ich die Schublade öffnete, lag auf einigen ordentlich zusammengefalteten Gesichtshandtüchern tatsächlich das Filetiermesser, das Masahiko für die Zubereitung der Seebrasse mit zu mir nach Hause gebracht hatte. Die etwa zwanzig Zentimeter lange, solide Klinge war sorgfältig geschärft. Masahiko hatte schon immer sehr auf seine Sachen geachtet. Natürlich waren sie auch gut gepflegt.

»Damit stoßt Ihr jetzt richtig zu«, befahl der Commendatore. »Ob Schwert oder Fischmesser, das ist wohl egal. Wir stellen die Szene aus *Die Ermordung des Commendatore* ja nur nach. Aber nun ist Eile geboten. Wir haben nicht mehr viel Zeit.«

Das Messer wog schwer in meiner Hand, als wäre es aus Stein gemacht. Es fing das helle Sonnenlicht ein, das durchs Fenster fiel, und seine Klinge glänzte weiß und kalt. Masahikos Messer war aus meiner Küche verschwunden und hatte in dieser Schublade hier im Zimmer auf mich gewartet. Demzufolge hatte Masahiko es für seinen Vater geschärft. Offenkundig konnte ich meinem Schicksal nicht entrinnen.

Obgleich noch immer unentschlossen, ging ich, das Messer fest in meiner rechten Hand, um den Sessel des Commendatore herum. Tomohiko Amada beobachtete mich aus weit geöffneten Augen vom Bett aus wie jemand, vor dem sich ein bedeutendes historisches Ereignis abspielt. Sein Mund stand offen, und die unregelmäßigen Zähne und seine weiß belegte Zunge waren sichtbar. Die Zunge bewegte sich langsam, als versuche er irgendwelche Worte zu formen, die die Welt wohl niemals zu hören bekommen würde.

»Ihr seid kein gewalttätiger Mensch«, wandte der Commendatore sich an mich. »Das weiß ich sehr wohl. Es liegt nicht in Eurer Natur, jemanden zu erstechen. Aber es gibt Fälle, in denen ein Mensch etwas tun muss, was ihm widerstrebt, um etwas Bedeutendes zu bewahren oder für einen hehren Zweck. Und so ein Fall liegt jetzt vor. Los, tötet mich. Ich bin klein und leiste auch keinen Widerstand. Ich bin nur eine Idee. Ihr könnt mir die Klinge ins Herz stoßen. Es ist ganz einfach.«

Der Commendatore deutete mit seinem kleinen Finger auf sein Herz. Beim Gedanken an sein Herz musste ich unwillkürlich an das Herz meiner kleinen Schwester denken. Ich erinnerte mich noch genau daran, wie sie an der Uniklinik operiert worden war. Es war eine äußerst komplizierte und heikle Operation gewesen. Ihr fehlerhaftes Herz zu retten war ein fast unmögliches Unterfangen gewesen. Man hatte mehrere Spezialisten und eine große Menge Blutkonserven gebraucht. Aber ein Herz zu zerstören war eben auch nicht *ganz einfach*.

»Es nützt nichts, an solche Dinge zu denken«, ermahnte mich der Commendatore. »Um Marie Akikawa zurückzubringen, müsst Ihr es tun – unbedingt. Auch wenn es Euch noch so widerstrebt. Ihr müsst glauben, was ich sage. Werft Euer Gewissen ab und verschließt Euer Bewusstsein. Nur die Augen dürft Ihr nicht verschließen. Die müsst Ihr offen halten.«

Ich hob das Messer, konnte aber nicht zustoßen. Auch wenn es nur einer von zahllosen Toden war, die diese Idee erlitt, war ich nicht imstande, das Leben vor meinen Augen zu vernichten. Wäre dies denn nicht das Gleiche wie die Morde, zu denen der junge Offizier Tsuguhiko Amada damals in Nanjing gezwungen hatte?

»Mitnichten und ganz und gar nicht«, sagte der Commendatore. »In unserem Fall fordere ich Euch ja selbst dazu auf. Ich *verlange*, getötet zu werden. Mein Tod dient der Wiedergeburt. Wohlan, fasst Euch ein Herz und schließt den Kreis!«

Ich presste meine Lider aufeinander und erinnerte mich, wie ich in dem »Love Hotel« in Miyagi die Frau gewürgt hatte. Natürlich hatte ich nur so getan, als würde ich sie würgen, weil sie es so gewollt hatte. Doch letzten Endes konnte ich nicht so lange weitermachen, wie sie es verlangte, weil ich sie dann vielleicht wirklich umgebracht hätte. Es war eine nie gekannte ingrimmige Wut, die ich einen Augenblick lang dort auf dem Bett in dem »Love Hotel« empfunden hatte. Sie wurde zu einem schwarzen, zähen Strudel, der wie blutiger Schlamm in meiner Brust kreiste und mich zweifellos in die Nähe eines realen Todes brachte.

Ich weiß, wo du warst und was du getan hast, sagte der Mann.

»Los, stoßt schon zu«, sagte der Commendatore. »Ihr könnt es. Nicht ich bin es, den Ihr tötet. Ihr tötet hier und jetzt den bösen Vater, und sein Blut wird von der Erde aufgesogen.«

Böser Vater?

Wer war für mich der böse Vater?

»Wer für Euch der böse Vater ist?«, las der Commendatore meine Gedanken. »Wohl doch der Mann, den Ihr damals zufällig gesehen habt. Oder nicht?«

Finger weg von meinem Bild, sagte der Mann. Und zeigte aus einem dunklen Spiegel auf mich. Seine Fingerspitze durchbohrte mich wie eine scharfe Klinge.

Bei diesem Schmerz verschloss ich reflexartig mein Herz. Öffnete die Augen weit, verbannte alle Gedanken (wie Don Giovanni in *Die Ermordung des Commendatore*), erstickte jedes Gefühl in mir, löschte jeden Ausdruck und stieß die scharfe Klinge direkt in das kleine Herz, auf das der Commendatore deutete. Das lebendige Fleisch reagierte heftig, obwohl der Commendatore selbst keinerlei Gegenwehr leistete. Die Finger seiner kleinen Hände griffen ins Leere, doch das war seine einzige Bewegung. Aber der Körper, der ihn beherbergte, mobilisierte all seine Kräfte und kämpfte darum, dem drohenden Tod zu entrinnen. Der Commendatore war eine Idee, doch sein Körper war es nicht. Die Idee hatte sich ihn nur ausgeliehen, und er hatte nicht die Absicht, seinen Tod widerstandslos hinzunehmen. Er folgte der Logik des Fleisches. Ich musste seinen Widerstand mit roher Gewalt brechen, um ihm vollständig den Garaus zu machen. »Tötet mich!«, rief der Commendatore. Aber eigentlich tötete ich den Körper eines *anderen*.

Es drängte mich, alles stehen und liegen zu lassen und aus dem Zimmer zu flüchten. Aber die Worte des Commendatore klangen mir in den Ohren. *Um Marie Akikawa zurückzubringen, müsst Ihr es tun – unbedingt. Auch wenn es Euch noch so widerstrebt.*

Also stieß ich dem Commendatore das Messer bis zum Heft in die Brust. Ich konnte ja nicht mittendrin aufhören. Das Messer durchdrang seinen schmalen Körper und kam am Rücken wieder heraus. Sein weißes Gewand war von rotem Blut getränkt. Auch meine Hände, mit denen ich das Heft des Messers umklammerte, waren blutüberströmt, obwohl es nicht so herausschoss wie auf dem Bild. *Er ist nur Illusion*, bemühte ich mich, mir einzureden. Was ich da tötete, war nicht mehr als eine Illusion, die Ermordung des Commendatore gleichsam ein symbolischer Akt.

Dennoch wusste ich, dass es nicht nur eine Illusion war. Es mochte vielleicht ein symbolischer Akt sein, aber was ich da umbrachte, war *mitnichten* ein Trugbild. Keine Frage, ich tötete einen lebendigen Körper. Er war nur sechzig Zentimeter groß, fiktiv und aus Tomohiko Amadas Pinsel geflossen, aber seine Lebenskraft war weitaus stärker, als ich es mir je vorgestellt hätte. Ich hatte seine Haut durchstoßen, ihm mehrere Rippen gebrochen und das kleine Herz bis an die Sessellehne durchbohrt. Das war keine Illusion.

Tomohiko Amada hatte die Augen noch weiter aufgerissen und starrte auf die Szene, die sich vor ihm abspielte. Die Szene, in der ich den Commendatore erstach. Doch halt, so war es ja nicht – in seinen Augen war die Person, die hier und jetzt von mir niedergestochen wurde, gar nicht der Commendatore. Aber wer war sie dann? Der Nazifunktionär, auf den er in Wien das Attentat hatte verüben wollen? Der junge Leutnant, der bei der Erstürmung von Nanjing seinen jüngeren Bruder dazu gezwungen hatte, drei chinesische Gefangene mit einem japanischen Schwert zu enthaupten? Oder war es ein fundamental *Böses*, das aus allen gemeinsam geboren war? Natürlich konnte ich das nicht wissen. Aus Tomohiko Amadas Gesicht war keine solche Empfindung abzulesen. Sein Mund stand die ganze Zeit über offen, aber er war nicht imstande, die Lippen zu bewegen. Nur seine sich windende Zunge fuhr in ihrem vergeblichen Bemühen fort, irgendwelche Worte zu formen.

Kurze Zeit später wich die Kraft aus Hals und Armen des Commendatore. Sein Körper verlor rapide an Spannung, und er fiel wie eine Marionette, bei der man die Fäden durchgeschnitten hatte, in sich zusammen. Dennoch ließ ich das Messer in seinem Herzen stecken. Alles im Raum verharrte unbewegt in derselben Anordnung.

Es war Tomohiko Amada, der zuerst eine Regung zeigte. Nachdem der Commendatore das Bewusstsein verloren hatte, schien auch der alte Mann seine geistige Kraft aufgebraucht zu haben. Wie um zu sagen: »Ich habe gesehen, was ich sehen musste«, atmete er einmal aus und schloss dann die Augen. So langsam und gewichtig, als ließe er einen schweren Rollladen herunter. Sein Mund blieb geöffnet, die Zunge jedoch war nicht mehr zu sehen. Nur die gelblichen Zähne, unregelmäßig wie der schadhafte Gartenzaun eines unbewohnten Hauses, waren sichtbar. Auch der qualvolle Ausdruck auf seinem Gesicht war entspannter Ruhe gewichen. Offenbar war es ihm gelungen, in die friedliche Welt des Komas zu Bewusst- und Schmerzlosigkeit zurückzukehren. Was mich für ihn freute.

Endlich entkrampften sich meine Hände, und ich zog das Messer aus dem Körper des Commendatore. Genau wie auf *Die Ermordung des Commendatore* schoss nun Blut aus der Wunde. Der Commendatore sank kraftlos im Sessel zusammen, als hätte er jeden Halt verloren. Seine Augen waren weit geöffnet, und sein Mund war schmerzverzerrt. Die zehn kleinen Finger hielt er in den leeren Raum vor sich gestreckt. Das Leben war vollständig aus ihm gewichen, und das Blut bildete eine rote Lache zu seinen Füßen. Es überraschte mich, welche Menge davon seinem zierlichen Körper entströmt war.

Der Commendatore – beziehungsweise die Idee, die sich in ihm verkörpert hatte – war tot, und Tomohiko Amada war wieder ins Koma gefallen. Masahikos blutbeflecktes Küchenmesser in der Hand, stand ich da, als Einziger im Raum noch bei Bewusstsein. Demnach konnte das heftige atemlose Keuchen in meinen Ohren nur mein eigenes sein. Doch so war es nicht. Die Unruhe, die ich wahrnahm, kam nicht von mir. Sie war etwas zwischen Geräusch und Präsenz. *Ihr müsst die Ohren spitzen*, sagte der Commendatore. Also lauschte ich.

Es war etwas im Zimmer. Etwas bewegte sich. Das blutige Messer noch in der Hand, schaute ich mich um, ohne dabei meine Haltung zu verändern. Woher kam das Geräusch? Aus dem Augenwinkel entdeckte ich eine Gestalt in einer Ecke des Zimmers.

Langgesicht.

Durch die Ermordung des Commendatore hatte ich Langgesicht hier heraufgezogen.

52 DER MANN MIT DER ORANGEN ZIPFELMÜTZE

Mir präsentierte sich die gleiche Szene wie jene am linken unteren Bildrand von Tomohiko Amadas Gemälde *Die Ermordung des Commendatore*.

Langgesicht steckte seinen Kopf aus einer Öffnung, die sich in der Ecke des Zimmers aufgetan hatte, und schaute, die viereckige Luke mit einer Hand aufdrückend, verstohlen ins Zimmer. Sein langes Haar war zerzaust, und er trug einen dichten Vollbart. Er hatte einen länglichen, vorstehenden Kiefer, der seinem Gesicht die mir bereits vertraute gebogene Form einer Aubergine gab. Seine Augen waren außergewöhnlich rund, und er hatte eine kurze, flache Nase. Die Lippen schimmerten frisch und rot wie irgendein Obst. Er wirkte nicht groß, aber ausgewogen proportioniert. Wie der Commendatore war er die verkleinerte Kopie eines normal großen Menschen. Anders als auf dem Gemälde starrte Langgesicht nun mit entsetzter Miene und wie vom Donner gerührt auf die Leiche des Commendatore. Sein Mund stand offen, als könnte er seinen Augen nicht trauen. Ich konnte nicht wissen, wie lange er sich schon dort aufhielt. Schließlich hatte die Ermordung des Commendatore meine Aufmerksamkeit in Anspruch genommen, während ich außerdem Tomohiko Amada im Auge behalten hatte. So war mir die Anwesenheit Langgesichts im Raum völlig entgangen, obwohl der seltsame kleine Mann von Anfang bis Ende Zeuge der Vorgänge gewesen sein musste. Denn aus irgendeinem Grund war er auch auf Tomohiko Amadas Gemälde abgebildet, wo er als fester Bestandteil der Komposition am Bildrand verharrte. Versuchsweise bewegte ich mich ein wenig, doch Langgesicht zeigte keine Reaktion. Mit einer Hand die viereckige Klappe stützend, die Augen weit geöffnet, starrte er in der gleichen Haltung wie auf Tomohiko Amadas Gemälde auf den Commendatore, ohne auch nur ein einziges Mal zu blinzeln.

Nach und nach lockerte sich die Anspannung, die meinen ganzen Körper ergriffen hatte, und ich wollte mich nun aus der festgelegten Komposition stehlen, um mich katzengleich an Langgesicht heranzuschleichen. Das blutverschmierte Küchenmesser hatte ich noch in der Hand. Er durfte nicht unter die Erde zurückkehren. Um Marie Akikawa zu retten, hatte der Commendatore sein Leben geopfert, indem er das Bild von seiner Ermordung nachstellte und auf diese Weise Langgesicht aus dem Untergrund lockte. Sein Opfer durfte nicht vergebens gewesen sein.

Doch wie sollte ich die nötigen Informationen über Marie aus Langgesicht herausbekommen? Ich wusste weder, wie seine Existenz und Maries Verschwinden zusammenhingen noch, *wer oder was* dieser Mann eigentlich war. Der Commendatore hatte, was ihn betraf, auch eher in Rätseln gesprochen. Eines war jedoch sicher – ich musste mir Langgesicht um jeden Preis schnappen. Über alles Weitere konnte ich später nachdenken.

Die Luke, aus der der kleine Mann herausschaute, war ungefähr sechzig Quadratzentimeter groß und bestand aus dem gleichen blassgrünen Linoleum wie der Fußboden. Sobald sie zufiele, wäre sie nicht mehr vom Fußboden zu unterscheiden beziehungsweise verschwunden.

Auch als ich näher kam, rührte er sich nicht. Er schien buchstäblich erstarrt zu sein, wie ein Wildtier im direkten Scheinwerferlicht eines Wagens mitten auf der Straße in Starre fällt. Vielleicht hatte er auch den Befehl, die Anordnung des Bildes im Zimmer so lange wie möglich aufrechtzuerhalten. Was auch immer es war, für mich war es ein Glück, dass er sich zeitweise nicht bewegen konnte. Andernfalls hätte er vielleicht in meinem Näherkommen eine Bedrohung gesehen und wäre unter die Erde geflüchtet. Und war die Luke einmal geschlossen, könnte ich sie womöglich von außen nicht mehr öffnen.

Ich schlich mich behutsam um Langgesicht herum, legte das Messer ab und packte ihn rasch mit beiden Händen von hinten am Kragen. Der kleine Mann trug dunkle, verhältnismäßig knapp sitzende grobe Arbeitskleidung, die eindeutig aus einem anderen Stoff war als das vornehme Gewand des Commendatore. Sie fühlte sich rau an und war hier und da geflickt.

Als ich Langgesicht am Kragen packte, erwachte er plötzlich aus seiner Starre und wollte sich losreißen, um panisch unter die Erde zu flüchten. Aber ich hielt ihn am Kragen fest und versuchte ihn unter Aufbietung all meiner Kräfte von dem Loch wegzuzerren, denn ich durfte ihn unter keinen Umständen entkommen lassen. Langgesicht wehrte sich wie ein Wilder, indem er sich mit beiden Händen an den Rand der Öffnung klammerte und sich steif machte. Es gelang mir einfach nicht, ihn auf die Erde zu ziehen. Er war erstaunlich stark und versuchte sogar mich in die Hand zu beißen. So blieb mir nichts anderes übrig, als seinen langen Schädel resolut auf eine Kante der Öffnung zu schlagen. Es erfolgte jedoch nur umso heftigere Gegenwehr, sodass ich mich gezwungen sah, es noch einmal zu tun. Beim zweiten Mal verlor er das Bewusstsein, und sein Körper erschlaffte. Endlich konnte ich ihn aus dem Loch ins Tageslicht ziehen.

Langgesicht war ein wenig größer als der Commendatore, vielleicht siebzig oder achtzig Zentimeter groß. Er trug eine zweckmäßige feste Tunika und eine Arbeitshose wie ein Bauer bei der Feldarbeit oder ein Diener, der den Garten fegt. Diese Kleidung wurde von einem Strohseil um seine Mitte gehalten. Schuhwerk hatte er keines. Vermutlich ging er immer barfuß, denn seine Sohlen waren hart und schwarz vor Schmutz. Sein Haar war lang, und es gab keine Anzeichen dafür, dass er es in letzter Zeit einmal gewaschen oder gekämmt hatte. Die Hälfte seines Gesichts war von einem schwarzen Bart verdeckt. Der nicht bedeckte Teil sah blass und etwas ungesund aus. Überhaupt wirkte der Mann nicht sehr reinlich, doch seltsamerweise hatte er keinen Körpergeruch.

Aus seiner äußeren Erscheinung schloss ich, dass Langgesicht ein Gemeiner und von niedriger Geburt war, während der Commendatore wohl der damaligen Aristokratie angehört hatte. So wie Langgesicht hatten wohl die einfachen Leute in der Asuka-Zeit ausgesehen. Oder besser gesagt: So hatten sie in Tomohiko Amadas Fantasie ausgesehen. Aber ich legte keinen Wert auf historische Genauigkeit. Vor allem musste ich jetzt aus diesem Mann mit dem seltsamen Gesicht herausbekommen, wie ich Marie Akikawa finden konnte.

Ich drehte Langgesicht auf den Bauch, nahm den Gürtel eines Bademantels, der dort hing, und band ihm die Hände auf den Rücken. Dann schleifte ich seinen leblosen Körper in die Mitte des Raums. Seiner Größe entsprechend, war er nicht besonders schwer. Er wog etwa so viel wie ein mittelgroßer Hund. Ich löste die Vorhangschnur und fesselte damit eines seiner Beine an einen Bettpfosten. So konnte er, auch wenn er das Bewusstsein zurückerlangte, nicht in das Loch entkommen.

Langgesicht wirkte mitleiderregend, wie er bewusstlos und gefesselt im nachmittäglich hellen Sonnenschein auf dem Linoleum lag. Das erschreckend Unheimliche an seinem Gesicht, als er mich aus dem dunklen Loch beobachtet hatte, war völlig verschwunden. Aus der Nähe betrachtet, wirkte er nicht wie ein Wesen, das böse oder unheilvolle Absichten hegte. Dazu fehlte es ihm wohl auch an Intelligenz. Aus seinem Äußeren sprach eher eine Art einfältiges Pflichtbewusstsein. Und eine gewisse Furchtsamkeit. Er war ein Mensch, der Anweisungen von oben erhielt und sie gehorsam ausführte, ohne selbst zu planen oder zu urteilen.

Tomohiko Amada lag weiter reglos und mit geschlossenen Augen im Bett. Es war ihm nicht anzusehen, ob er noch lebte oder bereits gestorben war. Lauschend hielt ich mein Ohr an seinen Mund und vernahm wie sehr fernes Meeresrauschen seinen Atem. Er war also noch nicht tot, sondern ruhte in den Tiefen seines Komas. Diese Erkenntnis erleichterte mich ein wenig, denn ich wollte nicht, dass er starb, solange Masahiko draußen war. Tomohiko Amadas Gesichtsausdruck konnte man nun – anders als noch vor Kurzem – als ruhig und zufrieden bezeichnen. Er war Zeuge geworden, wie ich den Commendatore (oder wer auch immer hatte getötet werden sollen) erstochen hatte, und vielleicht hatte sich ihm damit ein lang gehegter Wunsch erfüllt.

Der Commendatore lag noch immer mit aufgerissenen Augen im Sessel. Seine kleine Zunge hatte sich in seinem leicht geöffneten Mund zusammengerollt. Noch immer quoll Blut aus seinem Herzen, aber nicht mehr so viel. Als ich seine rechte Hand ergriff, war sie ganz schlaff. Es war noch Wärme darin, aber die Haut fühlte sich bereits distanziert an. Das Leben war allmählich aus ihr gewichen. Ich verspürte den Wunsch, den Leichnam des Commendatore zurechtzumachen und ihn in einen seiner Größe angemessenen Sarg zu legen. In einen Kindersarg. Um ihn in der Grube hinter dem Schrein zur Ruhe zu betten. Niemand sollte ihn stören. Doch im Augenblick konnte ich nicht mehr tun, als ihm sanft die Augen zu schließen.

Ich setzte mich in den anderen Sessel und wartete darauf, dass Langgesicht das Bewusstsein zurückerlangte. Vor dem Fenster glitzerte der von der Sonne beschienene Pazifik, auf dem noch immer Fischerboote unterwegs waren. Ein silbrig blitzendes Flugzeug bewegte sich langsam gen Süden. Es war eine Vierpropellermaschine mit einer Antenne am Heck, vermutlich ein Aufklärungsflugzeug der Marine der Selbstverteidigungsstreitkräfte auf seinem Weg zur Basis Atsugi, das auch am Samstagnachmittag pflichtgemäß seinen Dienst tat. Während ich auf der Suche nach einem verschwundenen dreizehnjährigen Mädchen im sonnendurchfluteten Pflegezimmer einer erstklassigen Seniorenresidenz mit einem Küchenmesser den Commendatore erstach und Langgesicht aus der Erde zerrte und fesselte. Jedem das Seine.

Langgesicht wachte eine ganze Zeit lang nicht auf. Immer wieder sah ich auf meine Armbanduhr.

Was würde Masahiko, wenn er jetzt plötzlich zurückkam, von der Szene halten, die sich ihm hier darbot? Der Commendatore erstochen in seinem Blut liegend und Langgesicht gefesselt auf dem Boden. Beide nicht einmal einen Meter groß und in sonderbare altertümliche Gewänder gekleidet. Überdies lag Tomohiko Amada im Koma, während ein leichtes seliges Lächeln (oder etwas Ähnliches) seine Lippen umspielte und in einer Ecke des Zimmers ein dunkles, viereckiges Loch im Fußboden klaffte. Wie sollte ich Masahiko die Umstände erklären, die zu alldem geführt hatten?

Doch er kam natürlich nicht. Wie der Commendatore gesagt hatte, musste er sich um eine dringende berufliche Angelegenheit kümmern und deshalb ewig mit seinem Handy telefonieren. Da dies vorherbestimmt gewesen war, konnte ich meine Aufgabe ungestört erledigen. Ich saß im Sessel und beobachtete Langgesicht. Bei dem Schlag auf den Kopf hatte er nur so etwas wie eine Gehirnerschütterung davongetragen. Es konnte nicht mehr lange dauern, bis er wieder zu sich kam. Später würde ihm wahrscheinlich eine große Beule auf der Stirn wachsen. Mehr konnte es nicht sein.

Bald darauf erlangte er das Bewusstsein zurück. Zuerst wand er sich auf dem Fußboden und stieß unverständliche Laute aus. Dann öffnete er vorsichtig die Augen wie ein Kind, das etwas Furchterregendes erwartet und nicht hinschauen will, aber hinschauen muss.

Ich sprang sofort vom Sessel auf und kniete mich neben ihn.

»Wir haben keine Zeit«, sagte ich, zu ihm hinuntergebeugt. »Ich will, dass du mir sagst, wo Marie Akikawa ist. Dann lasse ich dich frei, und du kannst zurück.«

Ich deutete auf das Loch in der Ecke des Zimmers. Die viereckige Klappe stand noch offen. Mir war nicht klar, ob meine Worte zu ihm durchgedrungen waren. Aber es blieb mir ja nichts anderes übrig, als es zu versuchen.

Langgesicht schüttelte nur mehrmals heftig den Kopf, ohne etwas zu sagen. Das konnte entweder heißen, dass er nichts wusste, oder, dass er mich nicht verstand.

»Wenn du es mir nicht sagst, bringe ich dich um«, drohte ich. »Du siehst, ich habe den Commendatore erstochen. Einen oder zwei, das macht keinen Unterschied.«

Ich hielt Langgesicht das blutverschmierte Küchenmesser an den Hals. Dabei dachte ich an die Fischer auf dem Meer und die Piloten der Selbstverteidigungsstreitkräfte. *Jeder muss seine Pflicht erfüllen.* Und das war jetzt meine. Natürlich hatte ich nicht die Absicht, ihn wirklich zu töten, aber die Schärfe der Klinge war echt. Langgesicht zitterte vor Angst am ganzen Körper.

»Haltet ein!«, krächzte er. »Ich bitte Euch, haltet ein.«

Seine Ausdrucksweise war ein wenig seltsam, doch ich war anscheinend zu ihm durchgedrungen. Ich hielt das Messer nicht mehr so dicht an seinen Hals.

»Weißt du, wo Marie Akikawa sich aufhält?«

»Nein, ich kenne diese Person überhaupt nicht. Das ist die Wahrheit.«

Ich sah Langgesicht streng in die großen Augen. Es war leicht, in ihnen zu lesen. Ich hatte den Eindruck, dass er die Wahrheit sagte.

»Was machst du dann überhaupt hier?«, fragte ich.

»Es ist meine Aufgabe, Dinge zu bezeugen und aufzuzeichnen. Also fungiere ich hier als Zeuge. Das ist die Wahrheit.«

»Bezeugen? Wozu?«

»Mir wurde befohlen, das zu tun, mehr weiß ich nicht.«

»Aber was bist du? Auch eine uralte Idee?«

»Nein, ich bin keine Idee oder so was. Ich bin nur eine Metapher.«

»Eine Metapher?«

»Ja, genau. Ein bescheidenes Sinnbild. Ein Wesen, das Dinge mit Bildern verknüpft. Ihr müsst also entschuldigen.«

In meinem Kopf herrschte Verwirrung. »Wenn du eine Metapher bist, nenne mir eine aus dem Stegreif. Irgendwas wirst du doch zustande bringen«, sagte ich.

»Ich bin nur eine niedere Metapher. Keine aus der Oberschicht oder so.«

»Das spielt keine Rolle. Dazu brauchst du nicht aus der Oberschicht zu sein. Los, sag gefälligst was.«

Langgesicht überlegte eine ganze Weile. »Der Mann ist so auffällig wie jemand mit einer orangen Zipfelmütze im Gedränge des Berufsverkehrs.«

Das war wirklich nicht gerade ein erstklassiges Beispiel. Es war nicht einmal eine Metapher.

»Das ist keine Metapher, das ist ein Vergleich«, bemerkte ich.

»Verzeiht mir. Ich sage etwas anderes.« Langgesicht trat der Schweiß auf die Stirn. »Er lebte, als würde er eine orange Zipfelmütze im Berufsverkehr tragen.«

»Das ergibt überhaupt keinen Sinn. Außerdem ist es wieder keine richtige Metapher. Ich kann nicht glauben, dass du eine Metapher bist. Mir bleibt nichts anderes übrig, als dich zu töten.«

Langgesichts Lippen bebten vor Angst. Er hatte zwar einen prachtvollen Bartwuchs, aber anscheinend winzige Eier.

»Verzeiht, ich bin noch so was wie ein Lehrling. Mir fallen keine schlauen Sinnbilder ein. Bitte vergebt mir. Aber ich bin eine echte Metapher und ohne Falsch.«

»Hast du einen Vorgesetzten, der dir Befehle erteilt?«

»Nein. Oder vielleicht doch, aber ich habe ihn noch nie gesehen. Ich bewege mich nur, wie der Stellenwert der Ereignisse es vorgibt. Wie eine armselige Qualle, die ein Spielball der Wellen ist. Bitte, tötet mich nicht! Verschont mich.«

»Ich kann dich verschonen«, sagte ich, während ich das Messer weiter an seinen Hals hielt. »Aber dafür musst du mich dorthin führen, von wo du gekommen bist.«

»Nein, das kann ich nicht«, widersprach mir Langgesicht so entschieden, wie er es bisher nicht getan hatte. »Der Weg, auf dem ich hierhergekommen bin, ist der ›Gang der Metaphern‹. Er ist für jeden anders und für niemanden derselbe. Durch Euren Gang kann ich Euch nicht führen.«

»Das heißt also, ich muss ihn allein gehen. Meinen eigenen Weg finden. Stimmt das?«

Langgesicht schüttelte heftig den Kopf. »Es ist viel zu gefährlich für Euch, diesen Gang zu betreten. Einen lebendigen Menschen, der sich dort verirrt, führt er an einem schaurigen Ort. Und überall lauern Doppelmetaphern auf ihn.«

»Was sind Doppelmetaphern?«

Langgesicht schlotterte vor Angst. »Doppelmetaphern sind besonders schurkische und gefährliche Kreaturen, die in der Finsternis lauern.«

»Macht mir nichts«, sagte ich. »Ich habe mich schon an die grausigsten, absurdesten Orte verirrt. Ich merke gar nicht mehr, ob etwas mehr oder weniger gruselig ist. Ich habe den Commendatore mit meinen eigenen Händen getötet. Sein Tod darf nicht vergebens sein.«

»Dann kann ich nichts machen. Aber nehmt wenigstens einen Rat von mir an.«

»Und der wäre?«

»Ihr solltet ein Licht mit Euch führen. Denn es ist sehr dunkel dort unten. Dann solltet Ihr irgendwo an einem Fluss herauskommen. Auch er ist eine Metapher, aber sein Wasser ist echt. Er ist tief und seine Strömung kalt und reißend. Ohne Boot kann man ihn nicht überqueren. Aber es gibt eine Fähre.«

»Und was passiert, wenn ich den Fluss mit der Fähre überquere?«, fragte ich.

Langgesicht glotzte mich an. »Auch die Welt am anderen Ufer des Flusses hat keinen festen Bezug. Ihr könnt sie nur mit eigenen Augen sehen.«

Ich sah in dem Nachtschrank an Tomohiko Amadas Bett nach und fand wie vermutet eine Taschenlampe. In solchen Einrichtungen war man stets für Notfälle gerüstet. Versuchsweise schaltete ich sie ein – sie funktionierte. Die Batterie war nicht verbraucht. Ich zog meine Lederjacke an, die über der Sessellehne gehangen hatte, und wandte mich dem Loch in der Ecke des Raums zu.

»Ich bitte Euch«, flehte Langgesicht. »Könnt Ihr mir nicht

die Fesseln lösen? Hier zurückzubleiben wäre mir sehr unangenehm.«

»Wenn du wirklich eine Metapher bist, kannst du dich doch leicht selbst befreien. Begriffe oder Ideen oder so was müssten sich doch ungehindert überallhin bewegen können.«

»O nein, Ihr überschätzt mich. Über solche hervorragenden Kräfte verfüge ich nicht. Was Ihr als ›Konzepte‹ oder ›Ideen‹ bezeichnet, das sind höherklassige Metaphern.«

»Die mit den orangen Zipfelmützen?«

Langgesicht zog eine traurige Miene. »Verspottet mich nicht. Nicht einmal ich bin unverletzlich.«

Ich zögerte noch, aber schließlich beschloss ich, seine Fesseln zu lösen. Da ich ihn ziemlich fest verschnürt hatte, brauchte ich länger dazu. Seinen Äußerungen nach zu schließen, schien er kein übler Bursche zu sein. Er wusste zwar nicht, wo Marie war, aber vielleicht konnte er mir andere nützliche Hinweise geben. Wenn ich ihn freiließ, würde er mich sicher nicht stören, und vielleicht würde es mein Schade nicht sein. Außerdem konnte ich ihn ja schlecht gefesselt hier liegen lassen. Falls ihn jemand fand, würde alles noch komplizierter. Jetzt saß er auf dem Boden und rieb sich die abgeschnürten kleinen Handgelenke. Dann betastete er seine Stirn. Vermutlich bekam er jetzt eine Beule.

»Ich danke Euch. Nun kann ich in meine Welt zurückkehren.«

»Du gehst vor«, sagte ich und deutete auf das Loch in der Zimmerecke. »Ich lasse dich als Ersten hinunterklettern. Ich werde dir folgen.«

»Dann gehe ich mal zuerst, danke. Schließt nur die Luke ordentlich hinter Euch. Sonst tritt vielleicht jemand versehentlich hinein und fällt. Oder jemand wird neugierig und steigt zu uns herunter. Immerhin trage ich die Verantwortung.«

»Ich verstehe. Ich werde die Luke ganz bestimmt schließen.«

Langgesicht trottete zur Luke und hängte seine Beine hinein. Dann schaute sein Gesicht nur noch zur Hälfte heraus. Seine Glotzaugen glänzten unheimlich. Wie auf *Die Ermordung des Commendatore*.

»Also, gebt auf Euch Acht«, sagte Langgesicht. »Ich hoffe, Ihr findet diese *Soundso*. ›Komichi‹ habt Ihr gesagt, nicht?«

»Nein, nicht Komichi«, sagte ich. Es lief mir kalt den Rücken hinunter. Meine Kehle fühlte sich an wie zugeschnürt, und ich konnte einen Moment lang nicht sprechen. »Nicht Komichi, Marie Akikawa. Woher kennst du den Namen Komichi?«

»Ich kenne ihn doch gar nicht«, rief Langgesicht erschrocken. »Er kam mir nur plötzlich in meinen dummen metaphorischen Kopf. Bloß ein Versehen. Vergebt mir.«

Und Langgesicht verschwand hastig in dem Loch. So wie Rauch, der vom Wind davongeblasen wird.

Wie gelähmt stand ich mit der Taschenlampe in der Hand da. Komichi? Warum tauchte hier und jetzt der Name meiner jüngeren Schwester auf? Hatte auch Komi etwas mit der Verkettung dieser Ereignisse zu tun? Doch mir fehlte die Zeit, weiter darüber nachzudenken. Ich schwang die Beine in das Loch und leuchtete mit der Taschenlampe hinein. Zu meinen Füßen war es dunkel und ging leicht bergab. »Merkwürdig« war gar kein Ausdruck. Gar nicht zu reden davon, dass dieses Zimmer im zweiten Stock lag und sich darunter natürlich noch der erste befand. Aber auch im Licht der Taschenlampe konnte ich nicht in den Gang hineinsehen. Ich ließ mich ganz in das Loch hinunter, griff nach oben und schloss die quadratische Luke sorgfältig hinter mir. Undurchdringliche Dunkelheit umfing mich.

In der bodenlosen Schwärze verlor ich zunächst die Orientierung, da ich meine fünf Sinne nicht richtig einsetzen konnte. Es war, als wäre die Verbindung zwischen den Informationen meines

Bewusstseins und meinem Körper gekappt und ich nicht länger ich selbst. Ein äußerst merkwürdiges Gefühl. Dennoch musste ich sehen, dass ich vorankam.

Der Commendatore hatte gesagt, um Marie zu finden, müsse ich ihn töten.

Er brachte das Opfer, und ich stellte mich der Prüfung. Also blieb mir nichts anderes übrig, als vorwärtszugehen. Ich schaltete die Taschenlampe ein und drang mit ihr als einziger Verbündeter in den dunklen »Gang der Metaphern« vor.

53 VIELLEICHT WAR ES EIN FEUERHAKEN

Dichte, lückenlose Finsternis, die über einen eigenen Willen zu verfügen schien, hüllte mich ein. Nicht das winzigste Pünktchen einer Lichtquelle war zu entdecken. Es war, als schritte ich über den Grund der Tiefsee, in den kein Lichtstrahl drang. Das gelbliche Licht der Taschenlampe in meiner Hand war meine einzige Verbindung zur Welt. Der Gang führte stetig sanft bergab. Er hatte eine schöne zylindrische Form wie ein in den Fels geschlagener Tunnel, der Boden war fest und größtenteils eben. Wegen der niedrigen Decke musste ich die ganze Zeit über gebückt gehen, um mir nicht den Kopf zu stoßen. Die Luft unter der Erde war kühl, und ich fröstelte, aber sie hatte keinen Geruch. Sie war geradezu erstaunlich geruchlos und womöglich sogar anders beschaffen als über der Erde.

Natürlich wusste ich nicht, wie lange die Batterie der Taschenlampe halten würde. Bis jetzt schien ihr Lichtstrahl unvermindert hell und stabil, aber wenn die Batterie unterwegs den Geist aufgäbe (was sie natürlich irgendwann unweigerlich tun würde), bliebe ich allein und hilflos in dieser lückenlosen Dunkelheit zurück, in der, wenn ich den Worten Langgesichts Glauben schenkte, irgendwo die schurkischen »Doppelmetaphern« lauerten.

Die Hand, mit der ich die Taschenlampe umklammert hielt, war schweißnass vor Aufregung. Mein Herz klopfte so heftig, dass es mich an den kriegerischen Rhythmus nächtlicher Buschtrommeln erinnerte. *Ihr solltet ein Licht mit Euch führen. Denn es ist sehr dunkel dort unten*, hatte Langgesicht mich gewarnt. Was wohl bedeutete, dass der ganze unterirdische Gang in völliger Dunkelheit lag. Ich wünschte, es wäre etwas heller geworden. Und auch, dass die Decke etwas höher gewesen wäre. Dunkle, enge Räume zerrten immer sehr an meinen Nerven. Wenn das noch lange so weiterging, würde ich womöglich einen Erstickungsanfall bekommen. Ich musste es, so gut es ging, vermeiden, an die Enge und die Dunkelheit zu denken. Dazu musste ich meine Gedanken auf etwas anderes richten. Ich beschwor das Bild eines Käsetoasts vor meinem inneren Auge herauf. Warum es ausgerechnet ein Käsetoast sein musste, wusste ich selbst nicht. Jedenfalls kam er mir plötzlich und grundlos in den Kopf. Ein viereckiger Käsetoast auf einem einfachen weißen Teller. Das Brot war gleichmäßig geröstet und auch der Käse gerade richtig geschmolzen. Ich hätte danach greifen können. Und daneben ein dampfend heißer Becher Kaffee. Schwarz wie ein mond- und sternenloser Himmel. Wehmütig dachte ich an meinen Frühstückstisch. An das geöffnete Fenster, die große Weide davor und das Gezwitscher der Vögel, die akrobatisch auf ihren Zweigen schaukelten. All das erschien mir momentan unermesslich fern.

Dann dachte ich an den *Rosenkavalier*. Wie gern hätte ich zu meinem Kaffee und meinem knusprigen Käsetoast seine Musik gehört. Von der glänzend schwarzen Schallplatte der englischen Firma Decca. Ich würde die schwere Vinylscheibe auf den Plattenteller legen und behutsam den Tonarm mit der Nadel aufsetzen. Die Wiener Philharmoniker, dirigiert von Georg Solti. Fließende, feinsinnige Klänge. »Ich kann sogar einen Besen mit Tönen beschreiben«, hatte Richard Strauss sich auf der Höhe seines Ruhms gelobt. Oder war es gar kein Besen gewesen? Vermutlich nicht. Vielleicht war es ein Regenschirm oder ein Feuerhaken? Egal. Aber wie konnte man einen Besen mit Musik beschreiben? Ob man heißen Käsetoast, Füße mit Hornhaut oder den Unterschied zwischen Gleichnis und Metapher und solche Dinge tatsächlich musikalisch darstellen konnte?

Richard Strauss dirigierte einst vor dem Krieg (vor oder nach dem Anschluss?) die Wiener Philharmoniker. An diesem Tag stand die feierliche und stürmische 7. Sinfonie von Beethoven auf dem Programm, die eingebettet ist zwischen ihrer heiteren, aufgeschlossenen jüngeren Schwester (der 6. Sinfonie) und der leicht schüchternen, schönen älteren (8. Sinfonie). Im Publikum saß der junge Tomohiko Amada, neben ihm ein hübsches Mädchen.

Ich dachte an Wien – Wiener Walzer, Sachertorte, flatternde Hakenkreuzfahnen an den Häusern.

Meine Gedanken breiteten sich ungehindert in Richtungen aus, denen es in der Dunkelheit an Sinn fehlte. Oder vielleicht sollte ich sagen: in richtungslose Richtungen. Aber ich konnte sie nicht kontrollieren, sie waren mir bereits entglitten. In lückenloser Dunkelheit die eigenen Gedanken festzuhalten war kein leichtes Unterfangen. Sie wurden zu rätselhaften Bäumen, die ihre Äste frei in die Dunkelheit streckten (Metapher). Doch wie dem auch sei, ich musste *etwas* denken, um mich aufrechtzuerhalten. Einfach *irgendetwas*, egal, was. Andernfalls hätte ich vor Angst und Aufregung hyperventiliert.

Während ich meine Gedanken unentwegt um alle möglichen Themen kreisen ließ, wanderte ich endlos den Gang hinunter. Es ging immer nur geradeaus, es gab keine Biegungen, keine Ecken und keine Abzweigungen. So lange ich auch ging, es änderte sich nichts – weder die Höhe der Decke noch der Grad der Dunkelheit, die Beschaffenheit der Luft oder das Gefälle. Ich hatte so gut wie jedes Zeitgefühl verloren, doch ich musste auf meinem endlosen Weg bergab bereits tief unter die Erde gelangt sein. Andererseits war diese Tiefe nur fiktiv, denn ich konnte ja höchstens vom zweiten Stock des Seniorenheims abwärts in den Keller gegangen sein. So war vermutlich auch die Dunkelheit fiktiv. Ich versuchte mich auf den Gedanken zu konzentrieren, dass alles hier nur Begriffe oder Metaphern seien. Trotzdem war die Dunkelheit, die mich so vollständig umfing, immer echte Dunkelheit und die bedrückende Tiefe immer echte Tiefe.

Als mir von der gebückten Haltung allmählich der Nacken wehtat, tauchte endlich ein schwaches Licht vor mir auf. Es kamen mehrere leichte Biegungen, und hinter jeder wurde es ein wenig heller, sodass ich jetzt etwas von der Landschaft um mich herum erkennen konnte. Wie wenn im Morgengrauen der Himmel heller wird. Ich schaltete die Taschenlampe aus, um Batterie zu sparen.

Obwohl es jetzt heller war, gab es noch immer keine Gerüche, und auch kein Laut war zu hören. Bald endete der schmale, dunkle Gang, und ich betrat unvermittelt einen offenen Raum. Ich blickte nach oben, aber hoch über mir war nicht der Himmel, sondern es schien eine Art milchig weiße Decke zu geben – genau zu erkennen war das jedoch nicht. Die Umgebung war in ein sonderbares mildes Licht wie von unzähligen Leuchtkäfern getaucht. Endlich war es nicht mehr stockdunkel, und ich musste nicht mehr gebückt gehen. Ich atmete auf.

Als ich aus dem Gang herauskam, wurde der Untergrund felsig und zerklüftet. Es gab keinen Weg, sondern nur felsbedeckte Ödnis, so weit das Auge reichte. Statt bergab zu führen, stieg das Gelände nun leicht an. Vorsichtig den rauen Boden im Auge behaltend, wanderte ich weiter, ohne zu wissen, welche Richtung ich einschlagen sollte. Ich warf einen Blick auf meine Armbanduhr, aber ihre Zeiger waren bedeutungslos. Mir wurde sofort klar, dass hier nichts mehr eine Bedeutung hatte. Auch die anderen Dinge, die ich bei mir trug, hatten jeden Sinn verloren. Schlüsselbund, Portemonnaie, Führerschein, ein bisschen Kleingeld, Taschentuch – ich hatte nicht einen Gegenstand dabei, der mir jetzt etwas genützt hätte.

Das Gelände wurde immer steiler, bis ich buchstäblich auf allen vieren vorwärtsklettern musste. Ich hoffte, von oben einen Ausblick auf die Umgebung zu erhalten. Also arbeitete ich mich schnaufend, aber unermüdlich den Hang hinauf. Noch immer drang kein Laut an meine Ohren. Alles, was ich hörte, waren die Geräusche, die ich mit meinen Händen und Füßen verursachte. Und selbst diese wirkten irgendwie künstlich und nicht echt. Soweit ich sehen konnte, gab es weder Baum noch Strauch und nicht einen Vogel in der Luft. Es wehte nicht einmal ein Wind. Das Einzige, was sich bewegte, war ich. Alles andere war still und starr, als wäre die Zeit stehen geblieben.

Endlich auf dem Gipfel angekommen, bot sich mir, wie vermutet, ein Rundblick. Doch durch die weiße Dunstschicht, die alles bedeckte, konnte ich nicht so weit sehen, wie ich gehofft hatte. Eines wurde mir jedoch klar: In dieser öden Gegend gab es nicht ein einziges Zeichen von Leben, so weit mein Auge reichte. Die wüste, von schroffen Felsen bedeckte Landschaft breitete sich in alle Richtungen aus. Und noch immer war kein Himmel sichtbar. Alles lag unter diesem milchweißen, deckenartigen Zelt. Ich fühlte mich wie ein Astronaut, den es beim Absturz seines Raumschiffs auf einen unbekannten menschenleeren Planeten verschlagen hat. Ich musste dankbar sein, dass es zumindest dieses schwache Licht und Luft zum Atmen gab.

Als ich lauschte, hatte ich auf einmal das Gefühl, einen sehr leisen Ton zu vernehmen. Anfangs dachte ich, es sei eine Täuschung oder ein Ohrgeräusch, das aus mir selbst kam, doch schließlich erkannte ich, dass es sich tatsächlich um ein von einem natürlichen Phänomen hervorgerufenes Geräusch von außen handelte. Es klang wie das Rauschen von Wasser. Vielleicht der Fluss, von dem Langgesicht gesprochen hatte. Ich wandte mich in die Richtung, aus der das Rauschen kam, und tastete mich im dämmrigen Licht vorsichtig den zerklüfteten Abhang hinunter.

Das Rauschen brachte mir zu Bewusstsein, dass ich fürchterlichen Durst hatte. Tatsächlich hatte ich während meiner ganzen Wanderung keinen Tropfen getrunken. Doch war mir, vermutlich vor Aufregung, der Gedanke an Flüssigkeit überhaupt nicht in den Kopf gekommen. Aber als ich nun den Fluss hörte, wurde mein Verlangen nach Wasser plötzlich so überwältigend, dass ich es kaum aushielt. Aber war das Wasser des Flusses – falls das Rauschen wirklich daher kam – auch zum Trinken geeignet? Vielleicht war es trüb und schlammig oder enthielt irgendwelche gefährlichen Substanzen oder Bakterien. Oder vielleicht war es nur metaphorisches Wasser, das sich gar nicht schöpfen ließ. Doch vorläufig blieb mir ja nichts anderes übrig, als mich an Ort und Stelle zu überzeugen.

Mit fortschreitendem Weg wurde das Rauschen stetig lauter und deutlicher. Es klang wie die starke Strömung eines Flusses, der sich durch eine felsige Landschaft wand. Aber sehen konnte ich ihn noch nicht. Während ich dem Rauschen folgte, stieg das Gelände zu beiden Seiten meines Weges an, bis er zu einem schmalen, von über zehn Meter hohen schroffen Felswänden flankierten Durchgang geworden war, der sich serpentinenartig bald hierhin und bald dorthin schlängelte, sodass ich nie einen Einblick in seinen weiteren Verlauf erhielt. Offensichtlich war er nicht von Menschen angelegt worden, sondern auf natürliche Weise entstanden und führte wahrscheinlich zum Fluss.

Also wanderte ich entschlossen durch die Klamm, in der weder Baum noch Strauch wuchs, ja nicht einmal ein Büschel Gras. Nirgends gab es ein Anzeichen von Leben. Vor mir nichts als stumme Felsformationen. Eine leblose, monochrome Welt. Sie glich einem Landschaftsbild, bei dem der Maler die Lust verloren und keine Farben mehr hinzugefügt hatte. Meine Schritte waren fast lautlos, als schluckten die mich umgebenden Felsen jedes Geräusch.

Der zunächst ebene Weg stieg bald langsam an. Nach einer Weile gelangte ich an eine Stelle, ab der ich ein längeres Stück über spitze Felsen klettern musste. Danach kam endlich der Fluss in Sicht. Sein Rauschen war jetzt viel lauter. Es schien kein großer Fluss zu sein, wahrscheinlich war er nur fünfzig oder sechzig Meter breit. Doch seine Strömung war reißend. Wie tief er war, konnte ich nicht erkennen. Die an manchen Stellen aufschäumenden Wellen deuteten auf einen unebenen Untergrund hin, was bei der zerklüfteten Landschaft, die er durchschnitt, nur natürlich war. Ich kletterte den felsigen, steilen Abhang hinunter zum Ufer.

Beim Anblick des munter von rechts nach links an mir vorbeirauschenden Wassers beruhigte ich mich ein wenig. In dieser Welt, in der sich sonst nichts bewegte, ja nicht einmal Wind wehte, bewegte sich nun tatsächlich eine größere Menge Wasser von irgendwoher nach irgendwohin. Sein Rauschen bot einen verlässlichen Anhaltspunkt in der sonst leblosen Umgebung. Es erleichterte mich, dass in dieser Welt Bewegung nicht völlig fehlte.

Als Erstes beugte ich mich hinunter und schöpfte Wasser mit der hohlen Hand. Es war angenehm kalt. Vielleicht sammelte sich Wasser aus einer Schneeschmelze in diesem Fluss. Äußerlich wirkte es sauber und klar. Natürlich war der äußere Anschein keine Garantie dafür, dass es trinkbar war.

Ich roch an dem Wasser in meiner Hand. Es war geruchlos (falls ich meinen Geruchssinn nicht eingebüßt hatte). Ich kostete davon. Geschmack hatte es auch keinen (falls ich nicht meinen Geschmackssinn verloren hatte). Gierig stillte ich meinen Durst. Ganz gleich, was dabei herauskommen würde, ich war zu ausgetrocknet, um nicht zu trinken. Es blieb geruch- und geschmacklos. Doch ob nun real oder fiktiv, glücklicherweise löschte es meinen brennenden Durst.

Immer wieder führte ich meine hohlen, mit Wasser gefüllten Hände zum Mund und trank wie besessen. Offenbar war ich durstiger gewesen, als ich gedacht hatte. Dennoch war es ein sonderbares Gefühl, seinen Durst mit geruch- und geschmacklosem Wasser zu stillen. Wenn man großen Durst hat, ist es für gewöhnlich ein unglaublicher Genuss, kaltes Wasser zu trinken. Unser ganzer Körper nimmt jeden Tropfen gierig auf. Jede Zelle begrüßt die Feuchtigkeit, und sämtliche Muskeln gewinnen ihre Geschmeidigkeit zurück. Doch dem Wasser dieses Flusses schien die Eigenschaft zu fehlen, diese Art von Genuss zu erzeugen. Nur mein physischer Durst wurde gelindert und verschwand.

Nachdem ich also meinen Durst gestillt hatte, erhob ich mich und sah mich abermals um. Langgesicht zufolge musste es irgendwo hier am Ufer eine Fähre geben, die mich ans andere Ufer tragen konnte, wo ich (wahrscheinlich) Informationen über Marie Akikawas Aufenthalt erhalten würde. Doch weder flussauf- noch flussabwärts konnte ich so etwas wie ein Boot entdecken. Aber ich musste es finden. Es war zu gefährlich, den Fluss auf eigene Faust zu überqueren. *Die Strömung ist schnell, der Fluss ist kalt und tief. Ohne Boot kann man ihn nicht überqueren,* hatte Langgesicht gesagt. Aber in welche Richtung musste ich gehen, um es zu finden? Flussaufwärts oder flussabwärts? Ich musste mich entscheiden.

Unvermittelt kam mir in diesem Moment Menshikis Vorname in den Sinn. Wataru – was so viel heißt wie »überqueren«. Wataru – *wie in »einen Fluss überqueren«*, hatte er damals gesagt, als er mir seine Karte gab. *Warum man mir diesen Namen gegeben hat, weiß ich nicht.* Und wenig später hatte er plötzlich gesagt, er sei Linkshänder. *Wenn ich die Wahl zwischen rechts und links habe, nehme ich immer links,* hatte er noch hinzugefügt. Die Bemerkung war abrupt und ziemlich zusammenhanglos erfolgt, und mir war damals nicht recht klar gewesen, warum er das auf einmal sagte. Deshalb erinnerte ich mich auch noch so genau daran.

Vielleicht hatte es auch gar nichts zu bedeuten gehabt, und er hatte es einfach zufällig so dahingesagt. Aber ich war hier (laut Langgesicht) in einem Land, das aus Zusammenhängen und Bezügen bestand. Ich musste alle Anspielungen, die sich ergaben, alle *Zufälle* ernst und wörtlich nehmen. Ich beschloss, mich – mit dem Gesicht zum Flussufer stehend – nach links zu wenden und so dem Hinweis zu folgen, den der farblose Herr Menshiki mir unbeabsichtigt gegeben hatte.

Während ich am Ufer des Flusses ohne Geruch und Geschmack entlangwanderte, fragte ich mich, ob es wohl Leben in ihm gab. Vermutlich nicht. Wofür ich natürlich keinen Beweis hatte. Allerdings vermittelte das Wasser nicht den Eindruck, als beherbergte es etwas Lebendiges. Gab es überhaupt Lebewesen, die in so geruch- und geschmacklosem Wasser existieren konnten? Außerdem schien mir der Fluss allzu stark darauf konzentriert zu sein, dass er ein Fluss und damit unaufhörlich mit Fließen beschäftigt war. Gewiss, er hatte die Gestalt eines Flusses, doch ging er über seine *Beschaffenheit* als Wasserlauf nicht hinaus. Kein Zweig, kein Blatt trieb auf ihm. Er beförderte einzig und allein große Mengen Wasser über die Erdoberfläche.

Die Umgebung war noch immer von diesem leichten Dunst bedeckt. Seine undefinierbare, baumwollartige Konsistenz erzeugte einen weichen Widerstand, durch den ich wie durch eine weiße Spitzengardine hindurchschritt. Irgendwann spürte ich in meinem Magen das Wasser, das ich gerade getrunken hatte. Es war kein besonders unangenehmes oder unheilverkündendes Gefühl, wenn auch nicht gerade wohltuend und erfreulich. Es war eher neutral und substanziell ungreifbar. Ich hatte das seltsame Empfinden, dass sich durch die Aufnahme dieses Wassers die Zusammensetzung meines Körpers geändert hatte. War es möglich, dass meine Konstitution sich den Gegebenheiten dieses Landes angepasst hatte, weil ich aus dem Fluss getrunken hatte?

Doch aus irgendeinem Grund empfand ich diese Situation nicht als besonders bedrohlich. Es war wahrscheinlich nicht wichtig, dachte ich optimistisch, obwohl es keinen konkreten Grund für Optimismus gab. Doch schließlich war bislang alles ziemlich problemlos gelaufen. Ich hatte den engen, dunklen Gang unbeschadet passiert, das felsige Terrain ohne Karte und ohne Kompass durchquert, den Fluss gefunden und mit seinem Wasser meinen Durst gestillt. Den in der Dunkelheit lauernden, gefährlichen »Doppelmetaphern« war ich auch nicht begegnet. Vielleicht hatte ich einfach Glück gehabt. Oder alles war bereits so vorherbestimmt gewesen. Wie dem auch sei, falls sich alles weiter so positiv entwickelte, würde ich gut vorankommen. Dachte ich. Oder versuchte ich zumindest zu denken.

Bald tauchte aus dem Dunst etwas vor mir auf. Es war nichts Natürliches, sondern etwas von Menschenhand Gemachtes mit geraden Linien. Als ich näher kam, erkannte ich eine Art Anlegesteg. Eine kleine hölzerne Pier, die in den Fluss hineinragte. Es war also richtig gewesen, nach links zu gehen. Oder Dinge ergaben sich entsprechend den Gesetzen dieser Welt einfach aus meinen Handlungen. Jedenfalls hatte mich Menshikis unbewusst erteilter Hinweis unfehlbar hierhergeführt.

Durch den Dunst erkannte ich, dass auf dem Steg ein hochgewachsener Mann stand. Nach meinem Umgang mit dem Commendatore und Langgesicht erschien er mir fast wie ein Riese. Er stand, an eine dunkle Apparatur (oder so etwas) gelehnt, am Ende der Pier. Reglos, als wäre er tief in Gedanken versunken. Unmittelbar zu seinen Füßen rauschte und gurgelte das Wasser. Er war der erste Mensch, dem ich in diesem Land begegnete. Oder zumindest das erste Wesen, das menschliche Gestalt hatte. Vorsichtig und langsam schritt ich auf ihn zu.

»Guten Tag«, rief ich laut durch den Dunstschleier, als ich den Mann deutlicher sehen konnte. Er antwortete nicht, nur seine Haltung änderte sich ein wenig. Seine dunkle Silhouette schwankte leicht im Dunst. Vielleicht war meine Stimme im Rauschen des Wassers untergegangen, und er hatte mich nicht gehört. Oder die Luft in diesem Land konnte keine Geräusche ertönen lassen.

»Guten Tag«, sagte ich noch einmal, nachdem ich ein wenig näher gekommen war. Doch der Mann blieb stumm. Zu hören war nur das unablässige Rauschen des Wassers. Vielleicht verstand er auch meine Sprache nicht.

»Ich kann dich hören und verstehe auch deine Sprache«, sagte der Mann, der offenbar meine Gedanken gelesen hatte. Seiner Größe entsprechend, hatte er eine tiefe, sonore Stimme. Er sprach ohne jede Betonung, sodass ich seine Stimmung nicht einschätzen konnte. Sie war so tonlos, wie das Wasser aus dem Fluss geruch- und geschmacklos war.

54 DIE EWIGKEIT IST EINE LANGE ZEIT

Der hochgewachsene Mann vor mir hatte kein Gesicht. Natürlich war es nicht so, als hätte er keinen Kopf gehabt. Der saß ganz normal auf seinem Hals. Aber eben ohne Gesicht. An der Stelle, an der das Gesicht hätte sein müssen, war eine Leere, in der eine Art milchweißer Rauch waberte. Aus dieser Leere kam dumpf wie das Heulen des Windes aus einer tiefen Höhle seine Stimme.

Der Mann trug einen dunklen Umhang, der ihm bis fast an die Knöchel reichte und unter dem Stiefel hervorschauten. Er hatte ihn bis zum Hals zugeknöpft, als würde er einen Sturm erwarten.

Wie erstarrt stand ich an der Pier und brachte kein Wort heraus. Aus geringer Entfernung betrachtet, sah er aus wie der Mann mit dem weißen Subaru Forester und auch wie Tomohiko Amada bei seinem nächtlichen Besuch im Atelier. Außerdem hatte er Ähnlichkeit mit dem jungen Mann, der auf dem Bild *Die Ermordung des Commendatore* selbigen mit seinem Schwert durchbohrte. Alle drei waren hochgewachsene Männer. Doch aus der Nähe erkannte ich, dass er keiner von ihnen war. Er war nur »der Mann ohne Gesicht«. Seinen schwarzen, breitkrempigen Hut hatte er tief ins

Gesicht gezogen, sodass der Rand die milchweiße Leere zur Hälfte verdeckte.

»Ich habe dich gehört und verstehe dich«, wiederholte der Mann, natürlich ohne die Lippen zu bewegen. Denn er hatte ja keine Lippen.

»Ist hier die Anlegestelle der Fähre?«, fragte ich.

»Ja«, sagte der Mann ohne Gesicht. »Hier ist die Fähre. Nur hier kann man den Fluss überqueren.«

»Ich muss ans andere Ufer.«

»Was sonst?«

»Kommen viele Leute hierher?«

Der Mann antwortete nicht. Die Leere sog meine Frage in sich ein. Das Schweigen schien endlos zu dauern.

»Was ist auf der anderen Seite?«, fragte ich. Wegen des weißen Dunstes über dem Fluss konnte man das andere Ufer nicht sehen.

Der Mann ohne Gesicht sah mich aus der Leere an. »Was sich am anderen Ufer befindet, hängt davon ab, was einer dort sucht.«

»Ich bin auf der Suche nach einem Mädchen namens Marie Akikawa.«

»Dann ist sie es, die du auf der anderen Seite suchst, nicht wahr?«

»Ja, sie suche ich. Deshalb bin ich hergekommen.«

»Wie hast du den Weg hierher gefunden?«

»Ich habe im Zimmer eines Seniorenheims auf dem Plateau von Izu eine Idee, die die Gestalt des Commendatore angenommen hatte, mit einem Filetiermesser erstochen. Ich habe den Commendatore mit seinem Einverständnis getötet. Dadurch rief ich Langgesicht herbei und zwang ihn, mir den Zugang zur Unterwelt zu öffnen.«

Der Mann ohne Gesicht wandte mir sein leeres Gesicht zu, ohne etwas zu sagen. Ich konnte nicht beurteilen, ob er den Sinn meiner Rede verstanden hatte.

»Es ist Blut geflossen, nicht wahr?«, sagte er dann.

»Ja, viel Blut«, antwortete ich.

»Und es war echtes Blut, nicht wahr?«

»So sah es aus.«

»Zeig mir deine Hände.«

Ich blickte auf meine Hände, an denen kein Blut mehr war. Wahrscheinlich hatte ich es abgewaschen, als ich vorhin das Wasser aus dem Fluss geschöpft und getrunken hatte. Es musste eine Menge Blut daran gewesen sein.

»Egal«, sagte der Mann ohne Gesicht. »Ich werde dich mit dem Boot hier ans andere Ufer bringen. Aber es gibt eine Bedingung.«

Ich wartete darauf, dass er sie nannte.

»Du musst einen angemessenen Preis zahlen. Das ist so festgelegt.«

»Und wenn ich ihn nicht bezahle, setzen Sie mich nicht über?«

»Genau. Dann bleibt dir nichts anderes übrig, als ewig auf dieser Seite des Flusses zu bleiben. Er ist kalt, die Strömung ist reißend, und tief ist er auch. Und die Ewigkeit ist eine lange Zeit. Das ist nicht nur eine rhetorische Wendung.«

»Aber ich habe nichts, um Sie zu bezahlen.«

»Zeig mal, was du in deinen Taschen hast«, sagte der Mann ruhig.

Ich förderte den gesamten Inhalt meiner Jacken- und Hosentaschen zutage. Im Portemonnaie hatte ich zwei Zehntausend-Yen-Scheine, Kredit- und Bankkarte, meinen Führerschein und einen Tankgutschein. Dann waren da noch ein Schlüsselbund mit drei Schlüsseln, ein cremefarbenes, dünnes Taschentuch, ein

Wegwerfkugelschreiber und fünf oder sechs Münzen. Das war alles. Und natürlich die Taschenlampe.

Der Mann ohne Gesicht schüttelte den Kopf. »Tut mir leid, für diesen Kram kann ich dich nicht übersetzen. Geld hat hier keine Bedeutung. Hast du nicht noch irgendetwas anderes?«

Hatte ich nicht. Außer der Uhr an meinem linken Handgelenk, aber die Zeit hatte hier ja auch keinen Wert.

»Wenn ich ein Blatt Papier hätte, könnte ich Sie porträtieren. Das Einzige, was ich noch besitze, ist die Fähigkeit, Bilder zu malen.«

Der Mann ohne Gesicht lachte. Oder ich dachte, dass er vielleicht lachte. Aus der Leere hallte ein leises, irgendwie belustigtes Echo.

»Also, tatsächlich habe ich kein Gesicht. Wie willst du jemanden ohne Gesicht porträtieren? Es sei denn, du kannst das Nichts malen?«

»Ich bin Profi«, sagte ich. »Ich kann porträtieren, auch wenn kein Gesicht da ist.« Obwohl ich es mir eigentlich nicht zutraute, den Mann ohne Gesicht malen zu können. Aber einen Versuch war es wert.

»Es würde mich sehr interessieren, welche Art von Porträt dabei herauskäme«, sagte der Mann ohne Gesicht. »Aber leider haben wir hier kein Papier.«

Ich richtete meinen Blick auf den Boden. Vielleicht konnte ich mit einem Stock in den Staub malen. Aber der Untergrund bestand lediglich aus unnachgiebigem Fels. Daraus wurde nichts.

»Und du hast wirklich gar nichts weiter bei dir?«

Ich wühlte sicherheitshalber noch einmal in sämtlichen Taschen. In der Lederjacke war rein gar nichts. Alles leer. Aber in einer Hosentasche fühlte ich etwas Winziges – den kleinen Plastikpinguin, den Menshiki in der Steinkammer gefunden und mir gegeben hatte. Er hatte ein Bändchen, mit dem Marie ihn als Glücksbringer an ihrem Handy befestigt hatte, als er in der Grube gelandet war.

»Zeig mal, was du da in der Hand hast«, sagte der Mann ohne Gesicht. Ich öffnete die Hand und zeigte ihm den Plastikpinguin.

Der Mann ohne Gesicht musterte ihn aus leeren Augen.

»Das nehme ich«, sagte er. »Das reicht mir als Lohn.«

Ich war unsicher, ob ich dem Mann den Pinguin überhaupt geben durfte. Immerhin war er ein Glücksbringer, der Marie viel bedeutete. Er gehörte mir nicht. Durfte ich ihn einfach so weggeben? Und würde ihr, wenn ich es täte, womöglich etwas Schlimmes zustoßen?

Aber ich hatte keine Wahl. Wenn ich dem gesichtslosen Mann den Pinguin nicht aushändigte, käme ich nicht ans andere Ufer, und wenn ich nicht ans andere Ufer gelangte, würde ich Marie nicht finden. Und der Commendatore wäre umsonst gestorben.

»Gut, Sie können ihn haben«, sagte ich entschieden. »Bitte bringen Sie mich ans andere Ufer.«

Der Mann ohne Gesicht nickte. »Vielleicht werde ich dich irgendwann bitten, mich zu porträtieren. Sollte es dir gelingen, gebe ich dir den Pinguin zurück.«

Der Mann ging voraus und stieg in ein kleines Boot, das an der hölzernen Pier festgemacht war. Eigentlich glich es eher einer viereckigen, flachen Pralinenschachtel als einem Boot. Es war aus solidem Holz gezimmert und ungefähr zwei Meter lang. Viele Leute auf einmal konnte man damit wahrscheinlich nicht transportieren. In der Mitte hatte es einen dicken Mast mit einem soliden Eisenring von etwa zehn Zentimetern Durchmesser an der Spitze. Durch den Ring ging ein dickes Seil, das von einem Ufer zum anderen gespannt war und wohl als Führung diente, damit die Fähre bei der Überfahrt nicht von der starken Strömung mitgerissen wurde. Sie war offenbar von alters her in Benutzung und hatte weder Antrieb noch Kiel. Mehr als eine einfache Holzkiste auf dem Wasser war sie nicht.

Ich kletterte dem Mann hinterher ins Boot und setzte mich auf das dafür vorgesehene Brett. Der Mann ohne Gesicht stand wort- und ausdruckslos an den hohen Mast in der Mitte gelehnt, als würde er auf etwas warten. Auch ich schwieg. Mehrere Minuten vergingen, bis sich das Boot langsam in Bewegung setzte, als hätte es sich jetzt erst dazu entschlossen. Ich konnte nicht feststellen, ob es von irgendetwas angetrieben wurde, aber jedenfalls fuhren wir lautlos auf das andere Ufer zu. Weder das Brummen eines Motors noch sonst ein Antriebsgeräusch war zu hören. An meine Ohren drang lediglich das Plätschern der Wellen, die unablässig an die Seiten der sich im Schritttempo vorwärtsbewegenden Fähre schlugen. Dabei schwankte sie in der reißenden Strömung und brach mitunter zur Seite aus, wurde aber dank des robusten Seils im Ring nicht abgetrieben. Der Mann hatte recht, es war unmöglich, den Fluss ohne Boot zu überqueren. Er stand ruhig und ungerührt gegen den Mast gelehnt, auch wenn wir noch so sehr schwankten.

»Werde ich auf der anderen Seite erfahren, wo Marie Akikawa ist?«, fragte ich ungefähr in der Mitte des Flusses.

»Es ist meine Aufgabe, dich auf die andere Seite zu bringen. Dich durch den Spalt zwischen Sein und Nichtsein schlüpfen zu lassen. Alles Weitere liegt nicht bei mir.«

Binnen Kurzem stieß die Fähre mit einem leichten Aufprall an die Anlegestelle am anderen Ufer. Obwohl wir nun standen, verharrte der Mann ohne Gesicht noch einen Moment lang in derselben Haltung. Als würde er, so an den Mast gelehnt, noch etwas überdenken. Dann seufzte er aus tiefster Leere und stieg vom

Boot auf den Anlegesteg. Ich folgte ihm. Die Pier und auch die Vorrichtung mit der Winsch glichen jenen an unserem Ausgangspunkt. Und zwar so sehr, dass man hätte meinen können, lediglich eine Rundfahrt gemacht zu haben und nun wieder am gleichen Ort angekommen zu sein. Doch als ich mich ein Stück vom Anlegesteg entfernte, erkannte ich sofort, dass das nicht stimmte, denn der Boden war hier nicht von schroffen Felsen bedeckt wie am anderen Ufer, sondern von gewöhnlicher Erde.

»Ab jetzt bist du auf dich gestellt«, sagte der Mann ohne Gesicht.

»Aber ich kenne weder Richtung noch Weg.«

»Das ist auch nicht nötig«, tönte seine tiefe Stimme aus der milchweißen Leere. »Du hast gewiss schon aus dem Fluss getrunken. Also ergeben sich die Zusammenhänge deinem Handeln entsprechend. So funktioniert das hier.«

Das war alles, was der Mann sagte, bevor er sich den breitkrempigen, schwarzen Hut in das nichtvorhandene Gesicht zog, mir den Rücken zukehrte und zur Fähre zurückging. Er stieg hinein, und sie wurde wieder auf die andere Seite gezogen wie ein zahmes Haustier. Das Boot und der Mann ohne Gesicht verschmolzen, ehe sie ganz im Dunst verschwanden.

Ich ließ die Anlegestelle hinter mir und beschloss, vorläufig flussabwärts zu wandern. Vermutlich war es besser, sich nicht vom Fluss zu entfernen. So konnte ich, sooft ich Durst bekam, aus ihm trinken. Als ich mich, nachdem ich ein Stück gegangen war, noch einmal umdrehte, war der Anlegesteg bereits im weißen Dunst verschwunden, als hätte er nie existiert.

Je weiter ich flussabwärts kam, desto breiter wurde der Fluss und desto ruhiger die Strömung. Er schäumte nicht mehr, und auch das Rauschen des Wassers war kaum noch zu hören. Eigentlich wäre es doch praktischer gewesen, die Fährstation an einer ruhigen Stelle wie dieser hier einzurichten, als den Fluss ausgerechnet dort zu überqueren, wo die Strömung am heftigsten war. Auch wenn die Entfernung sich dadurch ein wenig vergrößerte, wäre es hier doch viel leichter gewesen. Doch wahrscheinlich hatte diese Welt ihre eigene Logik und Denkweise. Oder hier, wo die Strömung ruhiger war, lauerten ungeahnte andere Gefahren.

Versuchsweise steckte ich die Hände in die Hosentaschen. Aber der Plastikpinguin war wirklich nicht mehr da. Unwillkürlich verunsicherte mich der Verlust des Glücksbringers (der jetzt wohl auf immer verschwunden war). Vielleicht hatte ich mich falsch entschieden? Aber welche Wahl hatte ich denn gehabt, als mich von dem Mann übersetzen zu lassen? Ich hoffte, dass Marie Akikawa in Sicherheit war, auch wenn ich mich von ihrem Talisman getrennt hatte. Denn außer hoffen konnte ich momentan nichts tun.

Die Taschenlampe aus Tomohiko Amadas Nachttisch in der Hand, wanderte ich weiter den Fluss entlang. Ich hatte sie ausgeschaltet und achtete besonders darauf, wo ich hintrat. Es war zwar nicht gerade hell, aber auch nicht so dunkel, dass man eine Taschenlampe gebraucht hätte. Der Boden war normal sichtbar, und ich konnte ungefähr vier oder fünf Meter weit sehen. Links neben mir strömte der Fluss langsam und ruhig dahin. Das gegenüberliegende Ufer war nur hin und wieder undeutlich zu sehen.

Während ich ging, nahm vor mir zunehmend eine Art Weg Gestalt an. Es war nicht eindeutig ein Weg, schien aber ganz klar die Funktion eines solchen zu erfüllen. Ich hatte den vagen Eindruck, dass Leute ihn schon vor mir gegangen waren. Er schien jedoch allmählich vom Fluss fortzuführen. Irgendwann blieb ich stehen und zögerte. Sollte ich weiter wie bisher am Fluss entlang der Strömung folgen? Oder sollte ich diese *Art Weg* einschlagen und mich vom Fluss entfernen?

Nach einiger Überlegung entschied ich mich, den Fluss zu verlassen und weiter den Weg entlangzugehen, da ich das Gefühl hatte, er würde mich irgendwohin führen. *Die Zusammenhänge ergeben sich deinem Handeln entsprechend. So funktioniert das hier*, hatte der gesichtslose Fährmann gesagt. Dieser Weg war bestimmt auch einer dieser Zusammenhänge. Ich beschloss, diesem spontanen Hinweis (oder was es war) zu folgen.

Als ich mich vom Fluss entfernte, führte der Weg nach und nach bergauf. Unversehens war das Rauschen des Wassers nicht mehr zu hören. Gleichmäßigen Schrittes wanderte ich den sanft ansteigenden, fast geraden Weg hinauf. Der Dunst hatte sich aufgelöst, aber das Licht war dämmrig und von fahler Eintönigkeit. Weit konnte ich nicht sehen. Auf meine Füße achtend und regelmäßig atmend, schritt ich vorwärts.

Wie lange war ich nun schon unterwegs? Mein Zeitgefühl hatte ich längst verloren, ebenso meinen Orientierungssinn. Auch weil ich beim Gehen die ganze Zeit über grübelte. Es gab so vieles, worüber ich nachdenken musste. Aber eigentlich waren meine Gedanken nicht mehr als zusammenhanglose Fetzen. Sobald ich über etwas Bestimmtes nachdenken wollte, kam mir sofort etwas anderes in den Sinn. Dieser neue Gedanke verschlang den vorherigen, wie ein großer Fisch einen kleinen verschlingt. So schweifte ich ständig, ohne es zu wollen, hierhin und dorthin ab, bis ich zum Schluss überhaupt nicht mehr wusste, was ich eigentlich gerade dachte oder denken wollte.

Weil ich auf diese Weise so völlig durcheinandergeriet, dass ich mich nicht mehr konzentrieren konnte, wäre ich beinahe frontal in das *Ding* hineingerannt. Doch in diesem Moment stolperte ich zufällig über etwas, drohte zu fallen, konnte mich aber gerade so halten, blieb stehen und hob den Kopf. Ich spürte auf der Haut, dass die Luft sich plötzlich verändert hatte. Als ich mich etwas gesammelt hatte, sah ich, dass direkt vor mir eine dunkle Masse aufragte. Mir stockte der Atem. Einen Augenblick lang war ich ganz verstört. Was war das? Ich brauchte ein wenig, um zu begreifen, dass es sich um einen Wald handelte. Wo bisher weder ein Grashalm noch ein Blatt zu sehen gewesen war, gab es plötzlich einen Wald. Wie sollte man da nicht überrascht sein?

Aber es war ein Wald, daran bestand kein Zweifel. Die Bäume waren dicht und nahezu lückenlos zu einem mächtigen Blätterwesen verbunden. »Ein Meer aus Bäumen« war vielleicht eine zutreffendere Beschreibung. Ich stand davor und lauschte, aber es war nichts zu hören. Kein Rascheln von Zweigen im Wind und auch kein Vogelgezwitscher. Kein Laut drang an meine Ohren. Es herrschte völlige Stille.

Ich verspürte eine instinktive Furcht davor, den Wald zu betreten. Die komplizierten Verflechtungen der Bäume und die tiefe Dunkelheit darin erschienen mir undurchdringlich. Ich kannte die Gesetze dieses Waldes nicht und wusste auch nicht, wie weit der Weg noch bestehen würde. Vielleicht verzweigte er sich zu einem Labyrinth, aus dem ich nicht wieder herausfände, wenn ich mich darin verirrte. Doch der Weg vor mir führte direkt in den Wald hinein (wie Eisenbahnschienen in einen Tunnel). Jetzt, da ich so weit gekommen war, konnte ich nicht mehr an den Fluss zurückkehren. Außerdem gab es keine Gewissheit, dass es bei meiner Rückkehr dort noch einen Fluss gab. Es blieb mir also nichts anderes übrig, als meinen Mut zusammenzunehmen und dem Weg zu folgen. Ich musste mich unter allen Umständen vorwärtsbewegen.

Entschlossen betrat ich den dunklen Wald. Ob es Morgen, Mittag oder Abend war, ließ sich aus dem dämmrigen Zwielicht nicht schließen, da es zu keiner Zeit eine Veränderung zeigte. Wahrscheinlich existierte in dieser Welt ohnehin keine Zeit, und das Licht blieb ewig so, ohne dass jemals die Sonne auf- oder unterging.

Der Wald nahm mich in seine dunklen Schwingen auf. Seine Äste verdeckten in dichten Lagen den Himmel. Dennoch schaltete ich die Taschenlampe nicht ein. Meine Augen gewöhnten sich allmählich an die Dunkelheit, sodass ich ungefähr sehen konnte, wohin ich trat, und es war unnötig, die Batterien zu verschwenden. Ich bemühte mich, möglichst nicht zu denken, denn meine Grübeleien würden mich nur in düstere Gefilde führen. Resolut setzte ich meinen Weg durch den dunklen Wald fort. Es ging stetig leicht bergauf. Ich hörte nur meine eigenen Schritte, aber auch sie waren so leise, dass ich sie unterwegs beinahe aus den Ohren verlor. Gut, dass ich noch keinen Durst hatte, denn der Fluss musste jetzt schon zu weit weg sein, um zurückzugehen und zu trinken.

Bald wusste ich nicht mehr, wie lange ich schon gegangen war. Der Wald war endlos tief, und weder die Szenerie noch das Licht zeigten die geringste Wandlung, so weit ich auch ging. Außer meinen nahezu geräuschlosen Schritten drang kein Laut an mein Ohr. Die Luft blieb unverändert geruch- und geschmacklos. Wie Wände ragten die dichten Bäume zu beiden Seiten des Weges auf, und außer ihnen war nichts zu sehen. Ob es in diesem Wald Tiere gab? Wahrscheinlich nicht. Bisher hatte ich weder einen Vogel noch ein Insekt wahrgenommen.

Dennoch hatte ich das unangenehm lebhafte Gefühl, beobachtet zu werden. Aus der Dunkelheit und durch die Ritzen in den Wänden aus Bäumen schienen unzählige Augen jede meiner Bewegungen zu überwachen. Ich spürte die scharfen Blicke schmerzhaft auf meiner Haut, als wären sie durch ein Brennglas gebündelte Strahlen. Es war ihr Reich, und ich war ein einsamer Eindringling. Sie begehrten zu erfahren, was ich hier zu suchen hatte. Aber wirklich zu sehen bekam ich die Augen nicht. Vermutlich war alles nur eine Sinnestäuschung, denn Furcht und Argwohn konnten im Finsteren allerlei eingebildete Blicke hervorbringen.

Aber auch Marie hatte Menshikis Blicke durch das Fernglas über das ganze Tal hinweg deutlich gespürt. Sie wusste, dass jemand sie Tag für Tag beobachtete. Und ihr Gefühl hatte sie nicht getrogen. Sie hatte sich diese Blicke nicht eingebildet.

Dennoch beschloss ich anzunehmen, dass die Augen, die mich vermeintlich beobachteten, meiner Fantasie entsprangen und nicht wirklich existierten. Es gab dort keine Augen. Ich zwang mich, in ihnen nur eine Sinnestäuschung zu sehen, die mein furchtsames Herz mir eingab. Es half nichts, ich musste eben den riesigen Wald (von dem ich nicht wusste, wie groß er war) bis zu seinem Ende durchqueren. Und dabei so weit wie möglich einen klaren Kopf behalten.

Glücklicherweise gab es keine Abzweigungen. Weshalb ich mich auch nicht verlaufen und nicht in ein undurchdringliches Labyrinth geraten konnte. Außerdem gab es auch keine knorrigen Äste, die mir den Weg versperrten. Ich war froh, diesen einen Pfad immer weitergehen zu können.

Wie lange war ich nun schon unterwegs? Vermutlich eine ganze Weile (auch wenn die Zeit hier keine Bedeutung hatte). Dennoch empfand ich keine Müdigkeit. Dazu waren meine Nerven wohl zu angespannt. Doch als mir allmählich die Beine schwer wurden, tauchte weit vor mir ein kleines Licht auf. Ein winziger gelblicher Punkt wie von einem Leuchtkäfer. Aber es war kein Insekt, denn der einsame Punkt bewegte sich nicht und blinkte auch nicht. Offenbar handelte es sich um ein künstliches stationäres Licht, das, je näher ich ihm kam, allmählich größer und heller wurde. Kein Zweifel: *Ich ging auf etwas zu.*

Natürlich konnte ich nicht wissen, ob es etwas Gutes oder Schlechtes war. Etwas, das mir helfen würde, oder etwas Unerfreuliches? Was auch immer es war, mir blieb keine andere Wahl, als mich mit eigenen Augen zu vergewissern. Wenn mir das nicht gefiel, hätte ich gar nicht erst herkommen dürfen. Also bewegte ich mich Schritt für Schritt auf die Lichtquelle zu.

Kurz darauf war der Wald plötzlich zu Ende. Die Baumwände verschwanden, und ich fand mich unversehens auf einem freien Gelände wieder. Der Wald hatte mich freigegeben. Der Boden des halbmondförmigen Platzes war eben. Endlich konnte ich den Himmel sehen. Um mich herum herrschte wieder das bekannte Dämmerlicht. Der Platz lag vor einer steil aufragenden Felswand, in der sich eine Höhle auftat, aus deren Dunkelheit das Licht schimmerte, das ich gesehen hatte.

Hinter mir lag das dichte Meer aus Bäumen, und vor mir ragte die steile Felswand (die nicht aussah, als könne man sie erklimmen) mit dem Höhleneingang auf. Ich schaute noch einmal nach oben und um mich herum. Einen anderen Weg als den, in die Höhle hineinzugehen, schien es nicht zu geben. Also holte ich mehrmals tief Luft und sammelte mich. Die Zusammenhänge würden sich aus der Aktion ergeben, hatte der Mann ohne Gesicht gesagt. Ich war durch die Lücke zwischen Sein und Nichtsein geschlüpft. Schenkte ich seinen Worten Glauben, konnte ich nichts anderes tun, als diesem Umstand zu folgen.

Vorsichtig betrat ich die Höhle. Etwas fiel mir sofort auf. *Ich war schon einmal hier gewesen.* Ich erinnerte mich genau daran. Auch an die Luft erinnerte ich mich. Alles wurde wieder in mir lebendig. Es war die Windhöhle am Fuji, die meine jüngere Schwester Komi und ich in den Sommerferien, als wir bei unserem Onkel gewesen waren, besichtigt hatten. Und Komi war allein in einen winzigen Seitengang gekrochen und so lange nicht wieder herausgekommen, dass mich die Angst gepackt hatte, sie könnte womöglich verschwunden sein. Die Angst, dass das unterirdische Labyrinth sie für alle Ewigkeit verschlungen hatte.

Die Ewigkeit ist eine lange Zeit, hatte der Mann ohne Gesicht gesagt.

Ich ging weiter in Richtung des gelben Lichts in die Höhle hinein. Ich bemühte mich, möglichst leise aufzutreten und meinen Herzschlag im Zaum zu halten. An einer Biegung konnte ich die Lichtquelle sehen. Es war eine Laterne. Eine altmodische Laterne mit einem schwarzen, eisernen Rahmen, wie die Bergleute sie früher im Schacht benutzt hatten. Sie hing an einem stabilen, in die Felswand geschlagenen Nagel, und in ihr brannte eine dicke Kerze.

»Kerze« hieß auf Lateinisch »candela«, wie ich vor Kurzem gelernt hatte. So hatte der Name der studentischen Widerstandsgruppe gelautet, der Tomohiko Amada damals in Wien angehört hatte. Alle möglichen Dinge verbanden sich.

Unter der Laterne stand eine Frau. Sie war so klein, dass ich sie zuerst nicht bemerkt hatte. Nur ungefähr sechzig Zentimeter groß. Ihr Haar war sorgfältig nach oben frisiert, sie trug ein altertümliches weißes Gewand und stammte eindeutig aus dem Bild *Die Ermordung des Commendatore*. Sie war die schöne junge Frau, die mit schreckgeweiteten Augen, die Hände vor den Mund geschlagen, Zeugin wurde, wie der Commendatore niedergestochen wurde. In Mozarts Oper *Don Giovanni* spielte sie die Rolle der Donna Anna, also die der Tochter des Commendatore.

Das Licht der Laterne warf ihren dunklen Schatten schwankend und stark vergrößert an die Felswand hinter ihr.

»Ich habe Euch schon erwartet«, sagte die kleine Donna Anna.

55 WIDER DIE VERNUNFT

»Ich habe Euch bereits erwartet«, sagte die kleine Donna Anna. Sie hatte eine etwas schrille hohe Stimme.

Mittlerweile war mir die Fähigkeit, mich über irgendetwas zu wundern, größtenteils abhandengekommen. Vielmehr erschien es mir ganz natürlich, dass sie auf mich gewartet hatte. Die edlen Züge der kleinen Dame strahlten eine selbstverständliche Vornehmheit aus. Ihre Stimme besaß einen kühlen, befehlsgewohnten Klang. Obwohl sie nur sechzig Zentimeter groß war, verfügte sie eindeutig über ein gewisses, für Männer sehr attraktives Etwas.

»Ich werde Euch führen«, sagte sie. »Nehmt bitte die Laterne.«

Wie geheißen, nahm ich die Laterne von dem Haken in der Wand. Wer sie dort hinaufgehängt hatte, wusste ich natürlich nicht; jedenfalls war es unmöglich für sie, die Laterne zu erreichen. Oben an der Laterne befand sich ein Eisenring, an dem man sie aufhängen oder tragen konnte.

»Sie haben also auf mich gewartet?«, fragte ich.

»Ja«, erwiderte sie. »Schon ziemlich lange.«

War auch sie womöglich eine Art Metapher? Ich traute mich nicht, sie so direkt danach zu fragen.

»Wohnen Sie in dieser Gegend?«

»Sie meinen, hier?«, fragte sie verwundert. »Nein, ich habe hier nur auf Euch gewartet. Ansonsten kenne ich mich in dieser Gegend überhaupt nicht aus.«

Ich gab es auf, weitere Fragen zu stellen. Sie war Donna Anna und hatte hier meine Ankunft erwartet.

Sie trug ungefähr das gleiche weiße – vermutlich seidene – Gewand wie der Commendatore. Es bestand aus mehreren Lagen von Stoff, die als Obergewand dienten. Darunter schaute eine weite Hose hervor. Ihre Körperformen waren nicht genau zu erkennen, aber sie machte einen schlanken, geschmeidigen Eindruck. Ihre kleinen schwarzen Schuhe schienen aus irgendeinem Leder gefertigt zu sein.

»Lasst uns jetzt gehen«, sagte Donna Anna. »Wir haben keine Zeit zu verlieren. Der Weg ist schmal und steil. Bitte folgt mir. Mit der Laterne.«

Ich gehorchte, während ich die Laterne über ihren Kopf hielt und die Umgebung beleuchtete. Donna Anna eilte mir im Laufschritt ins Innere der Höhle voran. Das Licht der Laterne schwankte, während ich lief, und kleine Schatten tanzten wie ein lebendiges Mosaik auf den Felswänden.

»Es sieht hier aus wie in einem Windloch am Fuji, das ich einmal besichtigt habe«, sagte ich. »Könnte das sein?«

»Alle Dinge hier sind *wie irgendetwas*«, sagte Donna Anna, den Blick in das Dunkel vor ihr gerichtet, ohne sich zu mir umzudrehen.

»Heißt das, diese Dinge sind nicht wirklich?«

»Niemand weiß, was wirkliche Dinge sind«, erwiderte sie kurz angebunden. »Alles Sichtbare ist letztlich das Produkt eines Zusammenhangs, einer Verbindung. Das Licht hier ist ein Gleichnis des Schattens und der Schatten ein Gleichnis des Lichts. Aber das ist Euch ja bekannt.«

Ich hatte nicht das Gefühl, genau verstanden zu haben, was sie meinte, aber ich hielt mich mit weiteren Fragen zurück. Alles endete nur in einer symbolischen philosophischen Debatte.

Je weiter wir vordrangen, desto enger wurde die Höhle. Auch die Decke wurde niedriger, und ich musste ein wenig gebückt gehen. Genau wie damals in dem Windloch am Fuji. Bald darauf blieb Donna Anna stehen. Sie wandte sich um und sah mit ihren kleinen, schwarzen Augen zu mir auf.

»Bis hierher kann ich Euch führen. Ab hier müsst Ihr vorangehen, und ich werde Euch noch ein Stück folgen. Aber ab einem gewissen Punkt müsst Ihr allein weitergehen.«

Ab hier musste ich vorangehen? Wie denn? Die Höhle endete hier. Wir standen vor einer dunklen Felswand. Ratlos beleuchtete ich sie mit der Laterne. Der Gang war hier definitiv zu Ende.

»Es sieht aus, als ginge es hier nicht weiter«, sagte ich.

»Seht bitte einmal genauer hin. Links müsste es einen Gang geben«, sagte Donna Anna.

Noch einmal leuchtete ich mit der Laterne in einen Winkel links an der Wand. Als ich mich nah heranbeugte, fiel mir im Schatten eines großen Felsens verborgen eine Ausbuchtung auf. Um sie zu untersuchen, quetschte ich mich zwischen den Felsen und die Wand. Es war tatsächlich der Eingang zu einer weiteren Höhle. Sie hatte große Ähnlichkeit mit jener, in die Komi damals in dem Windloch am Fuji hineingekrochen war. Wobei die in meiner Erinnerung noch enger gewesen war.

Ich wandte mich zu Donna Anna um.

»Dort müsst Ihr hinein«, sagte die vornehme, nur etwa sechzig Zentimeter große Donna Anna.

Fragend sah ich in ihr schönes Gesicht. An der Wand schwankte im gelben Licht der Laterne ihr lang gestreckter Schatten.

»Ich weiß wohl, dass Ihr seit langer Zeit eine starke Furcht vor dunklen, engen Räumen hegt. An solchen Orten flieht Euch der Atem, nicht wahr? Mitnichten müsst Ihr es wagen, dort einzutreten. Tut Ihr es jedoch nicht, könnt Ihr das, was Ihr sucht, nicht erlangen.«

»Wohin führt dieser Gang?«

»Das weiß ich auch nicht. Denn über das Ziel entscheidet Ihr selbst – Euren Absichten gemäß.«

»Aber meine Absichten erfüllen mich auch mit Furcht«, sagte ich. »Und es beunruhigt mich, dass ich, irregeleitet von ihr, eine falsche Richtung einschlagen könnte.«

»Ich wiederhole: Ihr entscheidet selbst über den Weg. Ihr habt den Weg, den Ihr gehen müsst, bereits gewählt. Ihr habt ein großes Opfer gebracht und mit der Fähre den Fluss überquert. Ihr könnt nicht mehr zurück.«

Ich betrachtete noch einmal den Eingang zu der Seitenhöhle. Bei dem Gedanken, in diese dunkle Enge zu kriechen, war ich wie gelähmt. Aber ich musste es tun. Donna Anna hatte recht, es gab kein Zurück. Ich stellte die Laterne auf dem Boden ab und zog die Taschenlampe aus der Hosentasche. Mit der Laterne würde ich nie in diesen schmalen Gang passen.

»Glaubt an Euch«, sagte Donna Anna mit ihrer leisen, aber tragenden Stimme. »Ihr habt doch aus dem Fluss getrunken, nicht wahr?«

»Ja, weil ich es vor Durst nicht mehr aushalten konnte.«

»Das genügt«, sagte sie. »Jener Fluss fließt durch die Schlucht zwischen Sein und Nichtsein. Und eine gute Metapher vermag das verborgene Potenzial des Flusses überall hervorzubringen. Ebenso wie ein ausgezeichneter Dichter es vermag, aus einer Szene eine neue erstehen zu lassen. Es ist kaum erwähnenswert, aber die beste Metapher wird zum besten Gedicht. Ihr dürft Euren Blick nicht von jener *anderen neuen Szene* abwenden.«

Auch Tomohiko Amadas *Die Ermordung des Commendatore* war wahrscheinlich eine solche »andere Szene«. Dieses Gemälde war zur besten Metapher geworden und hatte der Welt eine andere neue Wirklichkeit geschenkt, ebenso wie es die Worte eines herausragenden Dichters taten.

Ich schaltete meine Taschenlampe ein, um ihren Schein zu überprüfen. Er flackerte nicht. Die Batterie würde noch eine Weile halten. Außerdem beschloss ich, meine Lederjacke auszuziehen und hier zu lassen. So dick angezogen, passte ich nicht durch den engen Gang. Darunter trug ich einen dünnen Pullover und Bluejeans, und es war weder besonders kalt noch besonders warm in der Höhle.

Endlich fasste ich mir ein Herz, bückte mich und kroch fast auf allen vieren mit dem Oberkörper voran in den Spalt. Um ihn herum waren Felsen, aber ihre Oberfläche war glatt, so als wäre sie über einen sehr langen Zeitraum ständig von etwas geschliffen worden. Es gab so gut wie keine spitzen Vorsprünge, weshalb es trotz der Enge nicht so schwierig war, wie ich gedacht hatte. Der Fels fühlte sich kühl und leicht feucht an. Den Strahl der Taschenlampe nach vorn gerichtet, arbeitete ich mich langsam wie ein Insekt voran. Ich vermutete, dass einst Wasser durch diesen Gang geflossen war.

Er war etwa sechzig oder siebzig Zentimeter hoch, die Breite betrug etwas weniger als einen Meter. Ich konnte mich nur kriechend vorwärtsbewegen. Die natürliche dunkle Röhre setzte sich, mal enger, mal breiter werdend – scheinbar – endlos fort. Hin und wieder machte sie eine Biegung, führte aufwärts oder abwärts. Glücklicherweise war das Gefälle nie extrem. Plötzlich durchfuhr mich ein Schreck. Falls dieser Gang tatsächlich ein unterirdischer Wasserlauf war, könnte durchaus auf einmal eine große Menge Wasser hindurchschießen. Bei dem Gedanken, in dieser dunklen

Enge jämmerlich ertrinken zu müssen, lähmte mich wieder die Angst, und ich war außerstande, auch nur ein Glied zu rühren.

Am liebsten wäre ich umgekehrt. Doch es war nicht daran zu denken, in diesem engen Gang die Richtung zu ändern. Offenbar war er, ohne dass ich etwas davon bemerkt hatte, immer schmaler geworden. Es wäre unmöglich, die bis jetzt zurückgelegte Distanz rückwärtszukriechen. Angst beherrschte mich von Kopf bis Fuß. Ich steckte buchstäblich fest. Konnte weder vor noch zurück. Jede Zelle meines Körpers gierte nach frischer Luft, und ich keuchte heftig. Ich fühlte mich unendlich verlassen und ohnmächtig, ohne jeden Hoffnungsschimmer.

»Haltet nicht ein. Bewegt Euch! Vorwärts!«, befahl Donna Anna mit scharfer Stimme. Ich konnte nicht beurteilen, ob ich eine Halluzination hatte oder ob sie wirklich mit mir sprach.

»Ich kann mich nicht bewegen«, presste ich mit erstickter Stimme hervor, in der Hoffnung, sie sei hinter mir. »Atmen kann ich auch nicht.«

»Haltet Euer Herz fest«, sagte Donna Anna. »Ihr dürft es nicht sich selbst überlassen. Sobald es ins Wanken gerät, wird es zur Beute Eurer Doppelmetapher.«

»Was ist meine Doppelmetapher?«

»Das solltet Ihr bereits wissen.«

»Ich? Woher?«

»Weil sie in Euch ist«, sagte Donna Anna. »Sie schnappt sich die für Euch vorteilhaften Gedanken, frisst sie in sich hinein und wird immer fetter und fetter davon. Die Doppelmetapher haust schon lange in der tiefen Finsternis, die in Eurem Inneren wohnt.«

Der Mann mit dem weißen Subaru Forester, sagte mir meine Intuition. Ich wollte nicht, dass es so war. Aber ich konnte nicht anders als so denken. Wahrscheinlich hatte mich dieser Mann damals verleitet, die Frau zu würgen. Und mich in die dunkelsten Abgründe meines Herzens blicken lassen. Er zeigte sich mir, um mich an die Existenz dieser Abgründe zu erinnern. Das war wahrscheinlich die Wahrheit.

Ich weiß, wo du warst und was du getan hast, hatte er zu mir gesagt.

Natürlich wusste er alles. Denn er lebte in mir.

In meinem Herzen herrschte düsterste Verwirrung. Ich schloss die Augen, um es an einen sicheren Ort zu bringen. Ich biss die Zähne zusammen. Aber was musste ich tun, um mein Herz in Sicherheit zu bringen? Wo war überhaupt das Herz? Ich suchte meinen Körper Stück für Stück ab. Aber das Herz fand ich nicht. Wo war mein Herz?

»Das Herz ist in deinem Gedächtnis, es ernährt sich von Bildern. So hält es sich am Leben«, sagte eine Mädchenstimme. Aber es war nicht die von Donna Anna. Es war Komis. Die Stimme meiner toten zwölfjährigen Schwester.

»Such in deinem Gedächtnis«, sagte die vertraute Stimme. »Such irgendwas Konkretes. Etwas, dass du anfassen kannst.«

»Komi?«, sagte ich.

Keine Antwort.

»Komi, bist du das?«, fragte ich.

Wieder keine Antwort.

Ich suchte im Dunkel meiner Erinnerungen, als würde ich in einer alten Umhängetasche kramen. Aber sie – also mein Gedächtnis – schien leer zu sein. Ich konnte mich nicht einmal daran erinnern, was ein Gedächtnis überhaupt war.

»Mach die Lampe aus und hör auf das Rauschen des Windes«, sagte Komi.

Ich knipste die Taschenlampe aus und lauschte, wie geheißen, auf den Wind. Aber ich konnte nichts hören. Alles, was ich hörte, war das Schlagen meines eigenen Herzens. Es schlug so heftig und laut wie eine Fliegengittertür im Sturm.

»Lausche dem Wind«, wiederholte Komi.

Noch einmal lauschte ich konzentriert und mit angehaltenem Atem. Und diesmal vernahm ich jenseits meines Herzschlags wirklich das leise Geräusch eines Luftzugs. Es wurde mal lauter und mal leiser. Als würde irgendwo in weiter Ferne ein Wind wehen. Dann spürte ich einen leichten Luftzug auf meinem Gesicht. Er schien also von vorne zu kommen. Und dieser Luftzug hatte einen Geruch. Den unverwechselbaren Duft nach feuchter Erde. Es war das erste Mal, das ich etwas roch, seit ich das Land der Metaphern betreten hatte. Dieser Gang führte an einen Ort, an dem es Gerüche gab. Das musste bedeuten, dass er in die wirkliche Welt führte.

»Weiter geht's«, rief Donna Anna. »Denn die Zeit, die uns bleibt, ist begrenzt.«

Die Taschenlampe noch immer ausgeschaltet, kroch ich durch die Dunkelheit. Dabei versuchte ich, ein wenig von der echten Luft einzuatmen, die mir von irgendwoher entgegenwehte.

»Komi?«, rief ich noch einmal.

Natürlich keine Antwort.

Wie wild durchwühlte ich mein Gedächtnis. Komi und ich hatten damals eine Katze gehabt. Besser gesagt: einen Kater. Er war schwarz und sehr klug gewesen. Wir hatten ihn »Koyasu« genannt (weshalb wir ihm ausgerechnet diesen Namen gegeben hatten, wusste ich nicht mehr). Jemand hatte den kleinen Kater wohl ausgesetzt. Komi hatte ihn auf dem Heimweg von der Schule aufgesammelt, und wir hatten ihn großgezogen. Doch irgendwann war er verschwunden. Wir zeigten wer weiß wie vielen Leuten ein Foto von ihm, aber Koyasu tauchte nicht mehr auf.

Den verlorenen schwarzen Kater vor Augen kroch ich weiter

durch den schmalen Gang. Ich versuchte mir vorzustellen, wie ich mit meiner Schwester in der Dunkelheit nach ihm ausspähte. Hörte ihn miauen. Ein schwarzer Kater ist etwas sehr Konkretes, und ich konnte mich sehr deutlich an sein weiches Fell, seine Wärme, seine festen Pfoten und sein Schnurren erinnern.

»Ja, so ist es gut«, sagte Komi. »Erinnere dich weiter.«

Ich weiß genau, wo du warst und was du getan hast, sprach mich plötzlich der Mann mit dem weißen Subaru Forester an. Er trug die schwarze Lederjacke und seine Golfermütze mit dem Yonex-Logo. Seine Stimme war heiser von der salzigen Luft. Überrumpelt von seinem plötzlichen Auftauchen, fuhr ich zusammen.

Eifrig bestrebt, weiter an den schwarzen Kater zu denken, versuchte ich zugleich, den leicht erdigen Duft, den der Wind herantrug, in meine Lungen einzusaugen. Er kam mir bekannt vor. Ich hatte ihn erst vor Kurzem irgendwo gerochen, konnte mich aber partout nicht erinnern, wo. Woher nur kannte ich diesen Geruch? Während ich mir vergeblich das Hirn zermarterte, entglitt mir die Erinnerung mehr und mehr.

Du musst mich jetzt würgen, sagte die Frau. Ihre rosa Zunge flatterte zwischen ihren Lippen. Unter dem Kopfkissen lag der Gürtel des Bademantels bereit. In ihrem schwarzen Schamhaar glitzerten Tropfen wie in regennassem Gras.

»Denk an etwas Vertrautes«, drängte mich Komi. »Mach schnell, beeil dich.«

Erneut versuchte ich Koyasu heraufzubeschwören. Aber ich konnte mich schon nicht mehr an ihn erinnern. Ich bekam das Bild des schwarzen Katers einfach nicht mehr in den Kopf. Wahrscheinlich hatte die Macht der Dunkelheit es verschlungen, als ich an die Frau dachte. Ich musste rasch etwas anderes in mir heraufbeschwören. Ich hatte das abscheuliche Gefühl, der dunkle

Gang würde sich zunehmend zusammenziehen. Vielleicht lebte der Gang und bewegte sich. »Die Zeit läuft ab«, sagte Donna Anna. Kalter Schweiß lief mir in Strömen unter den Achseln hervor.

»Los, erinnere dich an etwas«, spornte Komi mich an. »Etwas, dass du berühren kannst. Etwas, das du sofort zeichnen könntest.«

In Gedanken klammerte ich mich an meinen Peugeot 205 wie ein Ertrinkender an eine Boje. Den alten französischen Wagen, mit dem ich durch Tohoku und Hokkaido getourt war. Das schien mir unglaublich lange her zu sein, aber das dumpfe Klopfen des Vierzylinders hatte sich mir unauslöschlich eingeprägt. Auch das Haken der Kupplung, wenn ich vom zweiten in den dritten Gang geschaltet hatte, war mir im Gedächtnis geblieben. Ein halbes Jahr lang war dieser Wagen mein Gefährte und einziger Freund gewesen. Inzwischen hatte man ihn bestimmt verschrottet.

Dennoch wurde die Höhle immer enger. Obwohl ich ja schon kroch, stieß ich mit dem Kopf an die Decke. Ich wollte die Taschenlampe einschalten.

»Macht kein Licht an«, warnte Donna Anna.

»Aber dann kann ich nicht sehen, was vor mir ist.«

»Das dürft Ihr auch nicht«, sagte sie. *»Ihr dürft nicht mit den Augen sehen.«*

»Der Gang wird immer enger. Wenn das so weitergeht, bleibe ich stecken und sitze fest.«

Keine Antwort.

»Was soll ich machen, wenn ich nicht mehr weiterkann?«, fragte ich.

Wieder keine Antwort, weder von Donna Anna noch von Komi. Anscheinend waren sie nicht mehr da. Es herrschte nichts als tiefe Stille.

Der Gang wurde jetzt so eng, dass ich kaum noch vorwärtskam. Panik überwältigte mich. Meine Glieder waren wie gelähmt, und das Atmen fiel mir schwerer und schwerer. *Du bist in einem kleinen Sarg eingeschlossen,* flüsterte mir eine Stimme ins Ohr. *Du kannst weder vor noch zurück und wirst bis in alle Ewigkeit hier begraben sein. In dieser engen Finsternis, in die niemandes Hand reicht, von allen Menschen vergessen.*

In diesem Moment hatte ich den Eindruck, dass sich mir von hinten etwas näherte. Etwas Flaches kroch in der schwarzen Dunkelheit auf mich zu. Es war weder Donna Anna noch Komi. Ich konnte ein schlurfendes Geräusch vernehmen und ein unregelmäßiges Schnaufen spüren. Als es unmittelbar hinter mir war, hörten die Bewegungen auf. Ein paar Minuten, in denen es still war, verstrichen. Anscheinend hielt es den Atem an und lauerte. Dann berührte etwas Kaltes, Schleimiges meinen entblößten Knöchel. Eine Art Tentakel. Namenlose, unbeschreibliche Angst kroch in mir hoch.

War das die Doppelmetapher?

Ich weiß genau, wo du warst und was du getan hast.

Ich konnte mich an nichts mehr erinnern, nicht an eine einzige Sache. Der schwarze Kater, mein Peugeot 205, der Commendatore – alles verschwunden. Mein Gedächtnis war komplett leer.

Mit aller Gewalt kroch ich vorwärts, um dem Tentakel zu entkommen. Der Gang war bereits so schmal, dass ich mich kaum noch bewegen konnte. Ich wollte meinen Körper durch einen Raum pressen, der eindeutig zu klein für ihn war. Aber so etwas ist ausgeschlossen. Es ist wider alle Vernunft und physikalisch unmöglich.

Dennoch wand ich mich verzweifelt und mit aller Kraft. Donna Anna hatte recht, ich hatte diesen Weg gewählt, und es gab keine Möglichkeit mehr, sich für einen anderen zu entscheiden. Der Commendatore war dafür gestorben. Ich hatte ihn *mit mei-*

nen eigenen Händen getötet. Hatte seinen kleinen Körper in ein Meer von Blut getaucht. Sein Tod durfte nicht vergebens gewesen sein. Und von hinten versuchte dieses Etwas, mich mit seinen kalten Tentakeln zu fassen zu bekommen.

Ich nahm all meine Kraft zusammen und kroch vorwärts. Mein Pullover verfing sich an den Felsen, riss und ging in Fetzen. Beinahe wie ein Schlangenmensch im Zirkus wand ich mich mühsam durch den engen Gang. Ich kam nicht schneller vorwärts als eine Raupe. Der Gang umschloss mich mittlerweile wie ein gewaltiger Schraubstock. Meine Knochen und Muskeln schrien vor Schmerz, und dieser undefinierbare kalte Tentakel kroch langsam meinen Knöchel hinauf. Fraglos würde ich mich in Kürze nicht mehr rühren können und auf ewig begraben sein. Ich würde nicht mehr ich sein.

Alle Vernunft vergessend, drückte ich mich mit aller Kraft auf eine enge Ritze zu. Mein Körper wehrte sich mit heftigem Schmerz. Doch ich musste um jeden Preis vorwärtskommen. Und wenn ich mir die Gelenke ausrenken müsste. Ganz gleich, wie weh es tat. Denn alles an diesem Ort war ein Produkt von Zusammenhängen. Es gab hier kein Absolutes. Sogar der Schmerz war eine Metapher. Ebenso wie dieser Tentakel. Alles war relativ. Licht war Schatten, Schatten war Licht. Mir blieb nichts übrig, als es zu glauben. Oder nicht?

Urplötzlich war der Gang zu Ende. Ich wurde aus der Enge hinausgeschleudert, wie ein Klumpen Gras, der eine Abwasserleitung verstopft, von der Kraft des Wassers ins Freie gespült wird. Und ehe ich mich noch wundern konnte, stürzte ich unaufhaltsam aus einer Höhe von wenigstens zwei Metern zu Boden. Glücklicherweise fiel ich nicht auf harten Fels, sondern auf ein vergleichsweise weiches Stück Erde. Außerdem hatte ich spontan Kopf und Schultern eingezogen und auf diese Weise verhindert, dass ich mit dem Kopf aufschlug. Es war fast wie ein Reflex beim Judo. Ich prallte ziemlich hart mit Schultern und Hüfte auf den Boden, aber ich spürte es kaum.

Um mich herum war alles dunkel. Meine Taschenlampe war nicht mehr da. Sie musste mir beim Sturz aus der Hand geglitten sein. Ich kniete auf allen vieren in der Dunkelheit und konnte nichts sehen und nichts denken. Alles, was ich in diesem Moment einigermaßen mitbekam, war der Schmerz in meinen Gelenken, der sich nun meldete. Meine Knochen und Muskeln, die bei meiner Kriechtour so enorm gelitten hatten, machten sich heftig bemerkbar.

Allmählich wurde mir klar, dass ich es irgendwie geschafft hatte, mich durch den Gang zu quetschen. Lebhaft spürte ich noch das Gefühl dieses unheimlichen, ekligen Tentakels an meinem Knöchel. Was auch immer das für ein Ding gewesen war, ich war von Herzen dankbar, ihm entkommen zu sein.

Und wo war ich jetzt?

Es wehte kein Wind. Aber es roch nach etwas. Der erdige Geruch, den ich ganz leicht in dem Gang wahrgenommen hatte, umgab mich jetzt ganz. Aber mir fiel noch immer nicht ein, woher ich ihn kannte. Jedenfalls war es sehr ruhig hier. Kein Laut drang an meine Ohren.

Ich musste unter allen Umständen meine Taschenlampe wiederfinden. Sorgfältig tastete ich, auf allen vieren meinen Radius erweiternd, den leicht feuchten Boden ab. Ich fürchtete, im Dunkeln auf etwas Widerliches zu stoßen, aber es gab dort nicht einmal einen Kiesel. Nichts als ebene Erde – so eben, als hätte jemand sie geglättet.

Endlich fand ich die Taschenlampe. Sie lag etwa einen Meter von der Stelle entfernt, auf die ich gefallen war. Dieses Plastikding wieder in der Hand zu halten war vermutlich eines der freudvollsten Ereignisse meines bisherigen Lebens.

Bevor ich sie einschaltete, schloss ich die Augen und atmete mehrmals tief durch. Es war, als würden sich allmählich einige der komplizierten Knoten lösen, die sich gebildet hatten. Endlich regulierte sich meine Atmung. Auch mein Herzschlag normalisierte sich, und meine Muskeln entkrampften sich. Nachdem ich noch einmal tief Luft geholt und dann langsam ausgeatmet hatte, schaltete ich die Taschenlampe ein. Ihr gelber Lichtstrahl huschte durch die Dunkelheit. Einen Moment lang konnte ich nichts erkennen. Als meine Augen sich an die Dunkelheit gewöhnt hatten und ich dann direkt ins Licht sah, verspürte ich einen scharfen Schmerz in meinem Hinterkopf.

Ich bedeckte die Augen mit einer Hand, spreizte sie langsam und betrachtete die Umgebung durch die Finger. Offenbar befand ich mich in einer Art runder, ausgemauerter Kammer. Sie war nicht sehr groß und hatte eine Decke. Nein, keine Decke. Eher so etwas wie eine Klappe, durch die aber kein Licht fiel.

Kurz darauf hatte ich eine Eingebung. Ich befand mich in der Grube hinter dem Schrein im Wäldchen. Ich war aus dem Gang in der Höhle, in der ich Donna Anna begegnet war, auf den Boden der Steinkammer gefallen. In eine reale Grube in der realen Welt. Keine Ahnung, warum. Jedenfalls war ich wieder an meinen Ausgangspunkt zurückgekehrt. Aber warum fiel nicht ein einziger Lichtstrahl in die Grube? Zwischen den Planken, die sie abdeckten, waren Lücken, und durch diese Lücken hätte eigentlich etwas Licht fallen müssen. Weshalb war die Dunkelheit dennoch so vollkommen?

Ich konnte mir keinen Reim darauf machen.

Allerdings hegte ich nun keinen Zweifel mehr, dass ich auf dem Boden der Grube hinter dem Schrein gelandet war. Ich erkannte es am Geruch. Wieso war mir das bisher nicht eingefallen? Ich leuchtete gründlich alles ab. Auch von der Metallleiter, die an der Wand hätte lehnen müssen, war nichts zu sehen. Anscheinend hatte jemand sie heraufgezogen und weggebracht. Was hieß, dass ich in der Grube eingesperrt war und sie nicht verlassen konnte.

Und seltsamerweise – das war doch seltsam – fand ich, obwohl ich die Mauern gründlich absuchte, nichts, was ein Zugang zu der Höhle hätte sein können. Ich war aus dem Gang – wie ein Säugling aus dem Geburtskanal – in die Grube gefallen. Dennoch war keine Öffnung zu dem Gang zu entdecken. Offenbar hatte er sich, nachdem er mich ausgespien hatte, sofort wieder nahtlos geschlossen.

Irgendwann stieß ich mit der Taschenlampe auf einen bekannten Gegenstand, der auf dem Boden lag. Es war der alte Glockenstab, den der Commendatore geläutet hatte, als er hier festgesessen hatte. Durch das Läuten hatte ich die Grube entdeckt. Mit dem Läuten hatte alles angefangen. Später hatte ich den Stab in das Regal im Atelier gelegt. Doch dann war er unversehens verschwunden. Ich nahm den Stab mit dem alten Holzgriff in die Hand und betrachtete ihn genau im Licht der Taschenlampe. Kein Zweifel – es waren *die bewussten* Glöckchen.

Lange betrachtete ich sie verständnislos. Ob jemand sie hierher in die Grube gelegt hatte? Nein, die Glöckchen waren sicher aus eigener Kraft hierher zurückgekehrt. *Sie gehören dorthin,* hatte der Commendatore gesagt. Was sollte das eigentlich bedeuten? Ich war geistig und körperlich zu erschöpft, um darüber nachzudenken. Und um mich herum war kein Stützpfeiler der Logik in Sicht, an den ich mich hätte anlehnen können.

Also setzte ich mich auf den Boden, lehnte mich mit dem Rücken an die Mauer und schaltete die Taschenlampe aus. Jetzt musste ich erst einmal darüber nachdenken, was ich tun sollte beziehungsweise wie ich aus der Grube herauskommen könnte. Zum Nachdenken brauchte ich kein Licht, und ich musste mich davor hüten, die kostbaren Batterien der Taschenlampe zu verschwenden.

Also, was sollte ich tun?

56 LÜCKEN AUFFÜLLEN

Es gab hier so einige Dinge, die mir unbegreiflich waren. Das größte Kopfzerbrechen bereitete mir jedoch die Frage, warum nicht ein einziger Lichtstrahl in die Grube drang. Jemand musste die Öffnung sehr gründlich verschlossen haben. Aber wer sollte so etwas tun? Und warum?

Ich hoffte inständig, dass dieser Jemand (wer auch immer) nicht so rigoros gewesen war, die schweren Steine wieder zu dem ursprünglichen Tumulus aufzutürmen. In dem Fall wäre die Wahrscheinlichkeit, dieser Finsternis zu entrinnen, gleich null gewesen.

Einer plötzlichen Eingebung folgend, schaltete ich die Taschenlampe ein und sah auf meine Armbanduhr. Die Zeiger standen auf 4:32 Uhr. Der Sekundenzeiger wanderte ordnungsgemäß um das Zifferblatt. Es verstrich also Zeit. Zumindest befand ich mich in einer Welt, in der so etwas wie eine ordnungsgemäß in eine Richtung verlaufende Zeit existierte.

Zeit – was war das überhaupt? Aus praktischen Gründen maßen wir ihren Verlauf mithilfe von Uhrzeigern. Aber war das wirklich angemessen? Verlief die Zeit wirklich so regelhaft und in eine Richtung? Oder waren wir in dieser Hinsicht womöglich einem großen Missverständnis erlegen?

Ich schaltete die Taschenlampe wieder aus und stieß in der nun wieder herrschenden vollkommenen Schwärze einen langen Seufzer aus. Ich sollte aufhören, über die Zeit nachzudenken. Und ebenso über den Raum. Es führte zu nichts, über solche Dinge nachzugrübeln. Im Gegenteil, damit rieb ich mich nur unnötig auf. Ich musste an etwas Konkretes denken, etwas Sichtbares, das ich mit meinen Händen greifen und mit meinen Augen sehen konnte.

Also dachte ich an Yuzu. Ja, genau, ich musste sie sehen und berühren (falls ich jemals wieder Gelegenheit dazu erhielte). Und jetzt war sie schwanger. Im Januar nächsten Jahres würde sie das Kind – eines Mannes, der nicht ich war – zur Welt bringen. Irgendwo fern von mir entwickelten sich Dinge, mit denen ich nichts zu tun hatte. Ein neues Leben würde auf die Welt kommen. Und sie hatte diesbezüglich keine Ansprüche an mich. Aber warum wollte sie diesen anderen Mann nicht heiraten? Ich kannte ihre Gründe nicht. Falls sie beabsichtigte, ihr Kind allein großzuziehen, würde sie wohl ihre Stelle in dem Architekturbüro, in dem sie jetzt arbeitete, kündigen müssen. Die kleine private Firma würde es sich kaum leisten können, ihr einen längeren Mutterschaftsurlaub zu gewähren.

Aber so sehr ich auch überlegte, ich konnte keine befriedigende Antwort finden. Ich saß nur hilflos in der Dunkelheit, die mein Gefühl der Hilflosigkeit noch verstärkte.

Sollte ich jemals wieder aus dieser Grube herauskommen, musste ich Yuzu unter allen Umständen wiedersehen. Natürlich war ich verletzt und wütend, dass sie eine Affäre begonnen und mich plötzlich verlassen hatte (ich hatte lange gebraucht, um mir meinen Zorn einzugestehen). Aber ich konnte ja nicht den Rest meines Lebens in diesem Gefühl verbringen. Wenigstens einmal noch wollte ich mich mit Yuzu aussprechen. Ich musste mich vergewissern, was sie inzwischen empfand und wollte. Solange es noch nicht zu spät war ... Nachdem ich diesen Entschluss gefasst hatte, fühlte ich mich etwas leichter. Wenn sie wollte, dass wir Freunde würden, könnten wir es versuchen. Vielleicht war es nicht ganz unmöglich. Wenn ich nur wieder auf die Erde hinaufkäme, würden wir vielleicht einen guten Weg finden.

Schlaf überkam mich. Da ich, um in den Gang hineinzukommen, meine Lederjacke (was wohl aus ihr geworden war?) zurückgelassen hatte, war mir allmählich kalt geworden. Über meinem kurzärmligen T-Shirt trug ich nur einen dünnen Pullover, der von meiner Tour de Force durch den Gang auch noch völlig zerfetzt war. Außerdem war ich aus der Welt der Metaphern in die wirkliche Welt zurückgekehrt, in der Zeit und Temperatur herrschten. Dennoch hatte meine Erschöpfung die Kälte besiegt, und ich schlief, gegen die harte Mauer gelehnt, ein. Mein Schlaf war tief, traumlos und entrückt. In ihm war ich so unerreichbar wie auf tiefsten Meeresgrund versunkenes spanisches Gold.

Als ich aufwachte, war es noch immer so stockdunkel, dass ich die Hand nicht vor Augen sah. Die absolute Finsternis hinderte mich daran, die Grenze zwischen Schlafen und Wachen zu erkennen, sodass mir nicht gleich klar war, wo das Reich des einen endete und das des anderen begann. Auf welcher Seite war ich? Oder befand ich mich auf keiner der beiden Seiten? Ich zog die Tasche mit meinen Erinnerungen hervor und zählte die Dinge ab wie Goldmünzen. Ich dachte an meinen Peugeot 205, an Menshikis weiße Villa, an die Platte mit dem *Rosenkavalier* und an den kleinen Plastikpinguin. Ich konnte mir eines nach dem anderen deutlich ins Gedächtnis rufen. Mein Herz war offenbar noch nicht von einer Doppelmetapher verschlungen worden. Im Dunkeln war es mir nur schwergefallen, Schlafen und Wachen auseinanderzuhalten.

Ich schaltete die Taschenlampe ein, bedeckte sie mit der Hand und schaute im Licht, das durch meine Finger fiel, auf das Zifferblatt meiner Uhr. Die Zeiger standen auf 1:18 Uhr. Als ich das letzte Mal nachgeschaut hatte, war es 4:32 Uhr gewesen! Hieß das, ich hatte neun Stunden geschlafen? In dieser unbequemen Haltung? Das konnte ich mir nicht vorstellen. Mir hätte alles viel weher tun müssen. Es lag näher, dass die Zeit unbemerkt drei Stunden zurückgestellt worden war. Aber sicher konnte ich mir nicht sein. Vielleicht war mein Zeitgefühl durcheinandergeraten, weil ich mich schon so lange in dieser undurchdringlichen Schwärze aufhielt.

Jedenfalls war ich noch durchgefrorener als vorher. Außerdem empfand ich das dringende Bedürfnis zu urinieren. Es war so dringend, dass mir nichts anderes übrig blieb, als an einer Stelle der Grube auf den Boden zu pinkeln. Ich urinierte lange, doch die Flüssigkeit wurde sofort vom Boden aufgenommen. Ein leichter Geruch nach Ammoniak stieg auf, war aber auch gleich wieder verschwunden. Kaum war ich von dem Druck auf meine Blase erlöst, als ich auch schon meinen leeren Magen spürte. Offenbar passte mein Organismus sich langsam, aber sicher wieder an die Gegebenheiten der Realität an, und die Wirkung des Wassers aus dem Metaphernfluss ließ nach.

Erneut wurde mir dringlich bewusst, dass ich so schnell wie möglich aus der Grube herausmusste. Andernfalls würde ich in nicht allzu langer Zeit hier verschmachten. Ohne Wasser und Nahrung konnte ein Mensch sich nicht lange am Leben erhalten. Das war eine der Grundregeln der *wirklichen Welt*. In der Grube gab es weder Wasser noch etwas zu essen. Immerhin war Sauerstoff vorhanden (die Öffnung war zwar dicht verschlossen, aber ich hatte den Eindruck, dass von irgendwoher Luft eindrang). Luft, Liebe und Ideale sind wichtige Dinge, aber von ihnen allein kann man nicht leben.

Ich rappelte mich hoch und überlegte, ob ich doch irgendwie die glatte Mauer hinaufklettern könnte. Aber wie erwartet, erwies sich ein solches Unterfangen als aussichtslos. Eine senkrechte Mauer ohne Vorsprünge hinaufzuklettern war unmöglich für einen Menschen ohne besondere Fähigkeiten, auch wenn sie nur etwa drei Meter hoch war. Und selbst wenn ich dazu imstande wäre, so war die Öffnung doch verschlossen, und um die Abdeckung anzuheben, hätte ich festen Boden unter den Füßen gebraucht oder etwas, woran ich mich festhalten konnte.

Resigniert ließ ich mich wieder auf die Erde sinken. Mir blieb nur eines: die Glöckchen zu läuten. So wie es der Commendatore getan hatte. Aber zwischen ihm und mir gab es einen großen Unterschied. Der Commendatore war eine Idee und ich ein lebendiger Mensch. Eine Idee verspürte keinen Hunger, auch wenn sie nichts aß, ich hingegen sehr wohl. Sie konnte nicht verhungern, während das bei mir verhältnismäßig leicht passieren konnte. Der Commendatore konnte hundert Jahre lang ununterbrochen läuten (Zeit war für ihn kein Faktor), während ich ohne Essen und Trinken höchstens drei oder vier Tage dazu imstande wäre. Danach würde ich nicht einmal mehr die Kraft haben, so etwas Leichtes wie den Glockenstab zu bewegen.

Also saß ich in der Dunkelheit und läutete. Mehr konnte ich nicht tun. Natürlich hätte ich um Hilfe rufen können. Aber die Grube lag in einem menschenleeren Wäldchen, das sich zudem im Privatbesitz der Familie Amada befand. Wer würde sich grundlos dorthin verirren? Überdies hatte man die Grube jetzt mit etwas verrammelt, das nicht einmal einen Lichtstrahl hindurchließ. Ich konnte schreien, so laut ich wollte, hören würde mich niemand. Ich würde nur heiser und bekäme noch mehr Durst. Da war es schon besser, die Glöckchen zu läuten.

Denn ihr Klang war außergewöhnlich und hatte offenbar eine besondere Wirkung.

Eigentlich war er gar nicht so laut. Dennoch hatte ich ihn aus großer Entfernung nachts in meinem Bett ganz deutlich vernommen. Währenddessen war das Lärmen der herbstlichen Insekten völlig verstummt. Als hätte man ihnen das Zirpen streng untersagt.

Weshalb ich an die Mauer gelehnt dasaß und unentwegt mit möglichst leerem Herzen läutete, indem ich mein Handgelenk leicht von links nach rechts bewegte. Ich läutete eine Weile, hörte kurz auf und fing dann wieder an. Genau wie der Commendatore es getan hatte. Mich von meinen Gedanken zu befreien war überhaupt nicht schwierig. Dem Läuten zu lauschen fühlte sich sehr natürlich an und erlöste mich von meinem Bedürfnis zu denken. Der Glockenstab klang im Dunkeln ganz anders als im Hellen. Wahrscheinlich war der Klang auch objektiv ein anderer. Während ich allein in dieser ausweglosen tiefen Dunkelheit eingeschlossen läutete, verspürte ich weder Angst noch Ungewissheit. Selbst Hunger und Kälte vergaß ich. Auch verspürte ich so gut wie kein Bedürfnis, nach logischen Gründen zu forschen. Unnötig zu erwähnen, dass ich äußerst dankbar für diesen Zustand war.

Wenn ich des Läutens müde wurde, fiel ich, an die Mauer gelehnt, in Schlaf. Sooft ich aufwachte, schaltete ich die Taschenlampe ein, um nach der Uhrzeit zu sehen. Und jedes Mal war mir klar, dass sie unsinnig war. Natürlich war es nicht die Uhr, die den Unsinn fabrizierte, sondern vermutlich ich. Aber auch das war mir egal. Ich bewegte in der Dunkelheit mein Handgelenk, läutete selbstvergessen die Glöckchen, fiel, sobald ich müde wurde, in einen tiefen Schlaf und läutete, wenn ich aufwachte, weiter. In endloser Wiederholung. Und diese Wiederholung schien mein Bewusstsein auszudünnen.

Kein Geräusch drang in die Grube. Weder Vogelstimmen noch das Rauschen des Windes waren zu hören. Wie kam das? Warum hörte ich nichts? Angeblich war ich doch in die reale Welt zurückgekehrt, in der man Hunger verspürte und auch auf die Toilette musste. Und die reale Welt war naturgemäß von Geräuschen erfüllt.

Ich hatte keine Ahnung, wie viel Zeit verstrichen war. Mittlerweile hatte ich es völlig aufgegeben, auf die Uhr zu schauen. Offenbar gab es zwischen mir und der Zeit keinen Berührungspunkt mehr. Und Dinge wie Datum und Wochentage überstiegen meinen Horizont noch weiter als die Uhrzeit. Schließlich gab es in der Finsternis weder Tag noch Nacht. Inzwischen konnte ich dort im Dunkeln nicht einmal mehr die Anwesenheit meines eigenen Körpers verorten. Ich hatte wohl nicht nur den Kontakt zur Zeit, sondern auch zu mir selbst verloren. Und ich konnte nicht verstehen, was das bedeutete. Sogar das Gefühl, verstehen zu wollen, war mir abhandengekommen. Also läutete ich nur unentwegt die Glöckchen, bis ich mein Handgelenk kaum noch spürte.

Als eine Ewigkeit vergangen zu sein schien (oder nachdem sie wie Wellen am Strand gekommen und gegangen war) und mein Hungergefühl unerträglich geworden war, hörte ich endlich über mir ein Geräusch. Es klang, als versuchte jemand den Rand der Welt anzuheben und zu verschieben. Aber für meine Ohren klang es nicht wie ein echtes Geräusch. Und wer sollte den Rand der Welt verschieben? Wie sollte das gehen? Was würde passieren, wenn das geschähe? Käme eine neue Welt zum Vorschein, oder wäre die alte einfach für immer weg? Allerdings war mir das auch ziemlich egal. Es lief wahrscheinlich auf das Gleiche hinaus.

Ich schloss ruhig die Augen in der Dunkelheit und wartete darauf, dass das Geschiebe aufhörte. Aber die Welt wurde nicht weggeschoben, sondern der Lärm über mir wurde nur allmählich lauter. Irgendwie schien er doch real zu sein. Es war der Lärm realer Gegenstände unter Einwirkung physischer Aktion. Mutig öffnete ich die Augen und blickte nach oben. Leuchtete mit der Taschenlampe an die Decke. Ich wusste nicht, was dort im Gange war, aber offenbar veranstaltete jemand oberhalb der Grube irgendeinen Krach, ein undefinierbares lautes Geraschel.

Zunächst wusste ich nicht, ob es gefährlich oder günstig für mich war. Doch was auch immer es war, ich konnte nur in der Grube sitzen und läutend der Dinge harren, die dabei herauskamen. Bald fiel ein länglicher Lichtstrahl von oben in die Grube. Er durchschnitt die Dunkelheit, als würde die breite, scharfe Klinge einer Guillotine ein großes Stück Gelee durchtrennen, und hatte blitzschnell den Grund der Grube erreicht. Die Klinge fiel genau auf meine Knöchel. Ich legte den Glockenstab auf den Boden und bedeckte das Gesicht mit beiden Händen, um meine Augen zu schützen.

Nun wurden die Bretter von der Grube geräumt, und noch mehr Sonnenlicht fiel hinein. Obwohl ich beide Augen geschlossen hielt und die Hände vors Gesicht gelegt hatte, sah ich, dass es davor weiß und hell wurde. Als Nächstes strömte frische Luft zu mir herunter. Sie war schneidend kalt und roch nach Winter. Ein vertrauter Geruch, der die Erinnerung in mir weckte, wie ich als Kind um diese Zeit morgens stets einen Schal getragen hatte. Das Gefühl von weicher Wolle auf der Haut.

Von oben rief jemand meinen Namen. Wahrscheinlich war es mein Name. Erst jetzt fiel mir wieder ein, dass ich einen hatte. Immerhin hatte ich mich längere Zeit in einer Welt aufgehalten, in der so etwas wie ein Name bedeutungslos war.

Es dauerte ein bisschen, bis ich merkte, dass es Wataru Menshiki war, der mich rief. Ich erhob meine Stimme, um ihm zu antworten. Anstelle von Worten stieß ich laute, sinnlose Schreie aus, um zu zeigen, dass ich noch am Leben war. Ich vertraute kaum darauf, dass meine Stimme die Luft dort oben in Schwingungen versetzen würde, doch ich konnte meine Schreie gut hören. Sie klangen wie das seltsame wilde Gebrüll eines erfundenen Tieres.

»Ist alles in Ordnung?«, rief Menshiki mir zu.

»Herr Menshiki?«, fragte ich.

»Ja, ich bin's, Menshiki«, rief er. »Sind Sie verletzt?«

»Ich glaube nicht«, antwortete ich. Endlich funktionierte meine Stimme wieder normal. »Wahrscheinlich nicht«, fügte ich hinzu.

»Seit wann sind Sie da unten?«

»Ich weiß es nicht. Auf einmal war ich hier.«

»Schaffen Sie es, die Leiter hinaufzusteigen, wenn ich sie herunterlasse?«

»Ich glaube, ja«, sagte ich. Wahrscheinlich.

»Einen Augenblick noch. Ich hole sie.«

Während er die Leiter holte, gewöhnten sich meine Augen allmählich an die Helligkeit. Ich konnte sie noch nicht ganz öffnen, doch zumindest brauchte ich mir nicht mehr beide Hände vors Gesicht zu halten. Zum Glück schien die Sonne nicht so stark. Es war zwar eindeutig Tag, aber der Himmel war wohl bewölkt. Oder es war später Nachmittag. Kurz darauf hörte ich, wie Menshiki die Leiter zu mir herunterließ.

»Geben Sie mir noch etwas Zeit«, sagte ich. »Meine Augen haben sich noch nicht ganz an die Helligkeit gewöhnt. Das Licht blendet mich noch so stark.«

»Selbstverständlich. Lassen Sie sich nur Zeit«, sagte Menshiki.

»Aber warum war es denn hier unten so dunkel? Es kam ja nicht einmal der winzigste Lichtstrahl herein.«

»Ich hatte die Öffnung vor zwei Tagen mit einer Plastikplane abgedichtet. Es sah aus, als hätte sich jemand an der Grube zu schaffen gemacht. Also habe ich eine feste Plastikplane von zu Hause geholt, ein paar Heringe in den Boden geschlagen und sie mit Schnüren daran befestigt, damit niemand die Bretter entfernen konnte. Ich hatte Angst, ein Kind könnte hineinfallen oder so was. Natürlich hatte ich mich zuvor gründlich vergewissert, dass niemand in der Grube war. Sie war auf jeden Fall leer.«

Das war also der Grund. Jetzt wusste ich es. Menshiki hatte eine Plastikplane über die Bretter gelegt. Deshalb war es so stockdunkel in der Grube gewesen! Jetzt ergab alles einen Sinn.

»Aber es gab keine Anzeichen dafür, dass jemand die Plane angehoben hat. Alles war noch genau so wie zu dem Zeitpunkt, als ich sie darübergelegt hatte. Wie um alles in der Welt haben Sie es geschafft, dort hinunterzukommen? Das ist mir unbegreiflich«, sagte Menshiki.

»Mir auch«, sagte ich. »Auf einmal war ich hier.«

Eine bessere Erklärung konnte ich ihm nicht liefern. Und hatte auch nicht die Absicht, es zu tun.

»Soll ich runterkommen?«, fragte Menshiki.

»Nein, bitte bleiben Sie oben. Ich komme rauf.«

Es dauerte nicht lange, und ich konnte meine Augen halbwegs öffnen. Auf meiner Iris wirbelten noch ein paar rätselhafte Formen, aber mein Verstand arbeitete reibungslos. Ich nahm die an die Wand gelehnte Leiter kurz in Augenschein und machte mich an den Aufstieg, obwohl meine Beine sich noch kraftlos anfühlten und so, als gehörten sie nicht richtig zu mir. Deshalb stieg ich langsam und vorsichtig die Metallsprossen hinauf, indem ich mich bei jedem Schritt vergewisserte, dass ich Halt hatte. Je näher ich der Erdoberfläche kam, desto frischer wurde die Luft. Jetzt hörte ich auch Vogelgezwitscher.

Als ich den Rand erreicht hatte, umfasste Menshiki meine Handgelenke und zog mich mit einem Ruck hinauf. Vertrauensvoll überließ ich mich seiner ungewöhnlichen Kraft und war von Herzen dankbar dafür. Als ich wieder festen Boden unter den Füßen hatte, ließ ich mich rücklings auf die Erde fallen und sah in den Himmel. Wie ich es mir gedacht hatte, war er von grauen Wolken bedeckt. Wie viel Uhr es sein mochte, war nicht zu ersehen. Kleine, feste Regentropfen schlugen mir ins Gesicht, und ich genoss ihr unregelmäßiges Prasseln. Es war mir bisher gar nicht bewusst gewesen, wie belebend sich Regen anfühlte. Auch ein kalter frühwinterlicher Regen wie dieser.

»Ich habe schrecklichen Hunger. Und Durst. Außerdem ist mir unheimlich kalt. Ich fühle mich wie eingefroren«, sagte ich. Mehr brachte ich nicht heraus. Meine Zähne klapperten einfach zu laut.

Menshiki legte mir den Arm um die Schultern, und wir machten uns auf den Weg durch das Wäldchen. Ich konnte nicht mit ihm Schritt halten, also trug er mich mehr, als dass ich ging. Er war wesentlich stärker, als er aussah. Bestimmt, weil er jeden Tag in seiner Villa trainierte.

»Haben Sie Ihren Hausschlüssel?«, fragte Menshiki.

»Er liegt unter dem Blumentopf rechts von der Eingangstür. Vermutlich.« Ich konnte es nur *vermuten*, denn es gab nichts mehr auf dieser Welt, was ich mit Überzeugung hätte vertreten können. Noch immer zitterte ich vor Kälte, und meine Zähne klapperten, als hätten ihre Wurzeln sich gelockert, sodass ich meine eigenen Worte kaum verstehen konnte.

»Übrigens ist Marie am Nachmittag offenbar wohlbehalten wieder zu Hause angekommen«, sagte Menshiki. »Ich bin sehr froh und erleichtert. Shoko Akikawa hat mich vor etwa einer Stunde angerufen. Sie hatte es immer wieder bei Ihnen probiert, aber es ist nie jemand ans Telefon gegangen. Also habe ich mir irgendwie Sorgen gemacht und bin hergekommen. Dann habe ich aus dem Wäldchen das leise Läuten gehört. Also dachte ich, ich ziehe mal die Plane herunter.«

Schließlich kamen wir am Haus an. Menshikis silberfarbener Jaguar parkte wie üblich auf dem freien Platz davor. Und wie üblich haftete kein Stäubchen daran.

»Ich frage mich, warum Ihr Wagen immer so schön sauber ist«, sagte ich zu Menshiki. Vielleicht war das unter diesen Umständen keine passende Frage, aber ich hatte sie ihm schon immer stellen wollen.

»Tja, warum?«, sagte Menshiki ziemlich unbeteiligt. »Wenn ich nichts Besseres zu tun habe, wasche ich meinen Wagen. Ich reinige ihn sehr gründlich. Außerdem lasse ich einmal im Monat einen Fachmann kommen, der ihn poliert. Natürlich steht er auch in der Garage, so kann das Wetter ihm nichts anhaben. Das ist alles.«

Das ist alles, dachte ich. Mein Toyota Kombi, der das ganze Jahr über im Regen stand, wäre sicher völlig fertig, wenn er das hörte. Im schlimmsten Fall würde er ohnmächtig.

Menshiki nahm den Schlüssel unter dem Blumentopf hervor und schloss die Tür auf.

»Was ist übrigens heute für ein Wochentag?«, fragte ich.

»Heute? Dienstag.«

»Dienstag? Sind Sie sicher?«

Menshiki ging zur Sicherheit noch einmal sein Gedächtnis durch. »Gestern hat die Müllabfuhr die Flaschen und Dosen abgeholt, also war Montag. Demnach muss heute Dienstag sein.«

Es war Samstag gewesen, als ich Tomohiko Amada im Seniorenheim besucht hatte. Drei Tage waren also vergangen. Allerdings hätte ich mich auch nicht gewundert, wenn es drei Wochen, drei Monate oder sogar drei Jahre gewesen wären. Aber es waren drei Tage, prägte ich mir ein. Ich fuhr mir mit der Hand übers

Kinn, das erstaunlich glatt war. Von einem Drei-Tage-Bart keine Spur. Wie konnte das sein?

Als Erstes schickte Menshiki mich ins Bad. Er sorgte dafür, dass ich eine heiße Dusche nahm und mich umzog. Meine Kleidung war völlig verdreckt und zerrissen. Ich warf alles in den Abfalleimer. An meinem Körper fanden sich ein paar Blutergüsse, aber von einer ernst zu nehmenden Verletzung war nichts zu sehen. Zumindest hatte ich nicht geblutet.

Dann setzte er mich auf einen Stuhl im Esszimmer und gab mir Wasser zu trinken. Während ich nach und nach eine große Flasche Mineralwasser leerte, holte er ein paar Äpfel aus dem Kühlschrank und schälte sie. Bewundernd sah ich zu, wie geschickt und schnell er mit dem Küchenmesser umging. Die geschälten, auf einem Teller arrangierten Äpfel wirkten sehr appetitlich, ja beinahe elegant.

Ich aß drei oder vier und war richtig ergriffen davon, wie köstlich sie waren. Tiefe Dankbarkeit gegenüber dem Schöpfer, der diese Frucht erfunden hatte, erfüllte mein Herz. Nachdem ich die Äpfel gegessen hatte, setzte Menshiki mir Kräcker vor, von denen er irgendwo eine Schachtel entdeckt hatte. Sie waren ein wenig feucht, aber dennoch die köstlichsten Kräcker der Welt. Während ich aß, erhitzte Menshiki Wasser und brühte schwarzen Tee auf, dem er etwas Honig hinzufügte. Auch hiervon trank ich mehrere Tassen. Der schwarze Tee mit Honig wärmte durch und durch.

Im Kühlschrank war nicht viel außer einem größeren Vorrat an Eiern.

»Möchten Sie ein Omelett?«, fragte Menshiki.

»Wenn es geht, sehr gern«, sagte ich. Ich hatte das Bedürfnis, meinen Magen mit irgendetwas zu füllen.

Menshiki nahm vier Eier aus dem Kühlschrank, schlug sie in einer Schüssel auf, verquirlte sie rasch mit einem Paar Stäbchen, fügte Milch, Salz und Pfeffer hinzu und verrührte alles mit geübter Hand. Er schaltete das Gas ein, erhitzte eine kleine Pfanne, strich sie mit Butter aus, nahm einen Pfannenwender aus der Schublade und briet mir ein Omelett.

Erwartungsgemäß war es perfekt. Wie aus einer Kochsendung im Fernsehen. Sämtliche Hausfrauen im ganzen Land wären von diesem Anblick hingerissen gewesen. Menshiki war ein Meister bei der Zubereitung von Omeletts oder besser gesagt: Er war ein Meister in *allem*, ein Muster an Klugheit, Geschick, Fachwissen und kultivierter Lebensart. Voller Bewunderung sah ich ihm zu. Gleich darauf legte er das Omelett auf einen Teller, fügte etwas Ketchup hinzu und servierte es mir.

Es war so schön, dass ich unwillkürlich den Wunsch verspürte, es zu zeichnen. Dennoch schnitt ich ohne Zögern hinein und steckte mir eilig ein Stück in den Mund. Es sah nicht nur schön aus, es schmeckte auch köstlich.

»Dieses Omelett ist vollkommen«, sagte ich.

Menshiki lachte. »Aber nein. Ich habe schon viel bessere Omeletts zubereitet.«

Wie war das möglich? Vielleicht welche, die so luftig waren, dass sie auf zarten Schwingen in weniger als zwei Stunden von Tokio nach Osaka flogen?

Als ich das Omelett gegessen hatte, räumte Menshiki den Teller ab. Mein Hunger schien endlich gestillt zu sein, und er setzte sich mir gegenüber an den Tisch.

»Können wir uns ein bisschen unterhalten?«, fragte er mich.

»Natürlich«, sagte ich.

»Sind Sie nicht müde?«

»Ja, vielleicht. Aber ich habe Ihnen allerlei zu erzählen.«

Menshiki nickte. »Ja, es gibt einige Lücken in den letzten Tagen, die wir auffüllen müssen.«

Wenn es Lücken sind, die man auffüllen kann, dachte ich.

»Eigentlich war ich schon am Sonntag einmal bei Ihnen«, sagte Menshiki. »Ich hatte Sie immer wieder angerufen, aber nie erreicht, deshalb machte ich mir Sorgen und wollte nach Ihnen sehen. Es war nachmittags gegen eins.«

Ich nickte. Zu dem Zeitpunkt war ich *irgendwo anders* gewesen.

»Als ich klingelte, öffnete Tomohiko Amadas Sohn mir die Tür. Masahiko heißt er, nicht wahr?«

»Genau, Masahiko Amada. Er ist ein alter Freund von mir. Ihm gehört das Haus, und er hat einen Schlüssel, daher kann er jederzeit hinein, auch wenn ich nicht da bin.«

»Er wirkte – wie soll ich sagen? – sehr besorgt um Sie. Er erzählte mir, Sie beide hätten am Samstagnachmittag seinen Vater im Seniorenheim besucht, und Sie seien plötzlich aus dessen Zimmer verschwunden.«

Ich nickte, ohne etwas zu sagen.

»Während er wegen eines beruflichen Telefonats hinausgegangen war. Das Heim liegt auf dem Plateau von Izu, und zu Fuß ist es zu weit bis zum nächsten Bahnhof. Es gab auch keinen Hinweis darauf, dass Sie ein Taxi genommen hätten. Außerdem hatten weder die Rezeptionistin noch ein Wachmann Sie hinausgehen sehen. Als er Sie später zu Hause anrufen wollte, nahm niemand ab. Deshalb machte sich Herr Amada Sorgen und kam hierher. Er war ernsthaft um Ihre Sicherheit besorgt und fürchtete, es könnte Ihnen etwas zugestoßen sein.«

Ich seufzte. »Ich werde Masahiko alles erklären. Jetzt hat er schon eine so schwere Zeit mit seinem Vater, und ich mache ihm auch noch Sorgen. Wie geht es denn dem alten Herrn Amada?«

»Anscheinend schläft er die ganze Zeit und kommt nicht mehr zu Bewusstsein. Sein Sohn sagte, er habe die Nacht in der Nähe des Heims verbracht. Auf seinem Rückweg nach Tokio hat er hier Station gemacht, um nachzusehen, was los war.«

»Ich sollte ihn anrufen«, sagte ich kopfschüttelnd.

»Ja, nicht wahr?«, sagte Menshiki und legte beide Hände auf den Tisch. »Aber wenn Sie Masahiko anrufen, sollten Sie eine schlüssige Erklärung parat haben, wo Sie in den drei Tagen gewesen und wie Sie aus dem Heim verschwunden sind. Einfach zu sagen, es sei Ihnen plötzlich etwas eingefallen und Sie seien zurückgefahren, überzeugt niemanden.«

Menshiki runzelte leicht die Stirn und überlegte für einen Moment. »Ich bin es seit Langem gewohnt, logisch und schlüssig zu denken«, sagte er dann. »Darin habe ich Übung. Aber offen gesagt, entzieht sich diese Steinkammer hinter dem Schrein aus irgendeinem Grund meiner Logik. Auch wenn dort gar nichts Seltsames passiert, kommt mir das so vor. Und seit ich damals eine Stunde allein darin verbracht habe, hat sich dieses Gefühl noch verstärkt. Das ist nicht einfach nur ein Loch im Boden. Aber jemand, der diese Erfahrung nicht am eigenen Leib gemacht hat, kann das vermutlich nicht verstehen. Oder was meinen Sie?«

Ich schwieg. Was sollte ich darauf antworten?

»Ich meine, es bleibt Ihnen nichts anderes übrig, als darauf zu bestehen, dass Sie sich *an nichts erinnern*«, sagte Menshiki. »Inwieweit Masahiko Ihnen Glauben schenken wird, weiß ich nicht, aber einen anderen Weg gibt es nicht.«

Ich nickte. Wahrscheinlich gab es wirklich keinen anderen Weg.

»Im Leben gibt es einige Dinge, die man nicht erklären kann, und auch einige, die man *nicht erklären sollte*. Denn in den meisten Fällen geht dabei das Wichtigste verloren.«

»Sie haben auch diese Erfahrung gemacht, nicht?«

»Natürlich«, sagte Menshiki und lächelte fein. »Immer wieder.«

Ich trank den Rest des Tees.

»Und Marie Akikawa ist unverletzt?«

»Anscheinend war sie sehr schmutzig und hatte ein paar leichte Verletzungen, aber nichts Ernstes. Nur Kratzer, als wäre sie gestürzt. So wie Sie.«

Wie ich? »Wo ist sie in den letzten Tagen gewesen?«

Menshiki machte ein ratloses Gesicht. »Darüber weiß ich überhaupt nichts. Ich weiß nur, dass Marie vor Kurzem wieder nach Hause gekommen ist. Dass sie schmutzig war und ein paar Kratzer hatte. Mehr habe ich nicht erfahren. Shoko war noch immer zu verstört, um am Telefon alles genau zu schildern. Wenn sich alles wieder beruhigt hat, sollten Sie sie selbst fragen. Oder, wenn möglich, Marie.«

Ich nickte. »Sie haben recht. Das mache ich.«

»Sollten Sie nicht allmählich etwas schlafen?«, fragte Menshiki.

Erst jetzt merkte ich, wie schrecklich müde ich war. Unerträglich müde, obwohl ich in der Grube so tief geschlafen hatte (geschlafen haben musste).

»Sie haben recht. Ich sollte etwas schlafen«, sagte ich und betrachtete unverwandt Menshikis schön geformte Hände auf dem Tisch.

»Ruhen Sie sich aus. Das ist das Beste. Kann ich noch irgendetwas für Sie tun?«

Ich schüttelte den Kopf. »Im Augenblick fällt mir nichts ein. Danke.«

»Dann werde ich mich jetzt zurückziehen. Sollte etwas sein, zögern Sie nicht, mich anzurufen. Ich bin die ganze Zeit zu Hause.« Menshiki erhob sich langsam vom Esstisch. »Ich bin sehr froh, dass Marie wieder da ist. Und ich Sie dort herausholen konnte. Ehrlich gesagt, ich habe in diesen Tagen auch kaum geschlafen. Also werde ich mich jetzt zu Hause ein bisschen aufs Ohr legen.«

Damit verabschiedete er sich. Wie immer hörte ich das Zuschnappen seiner Wagentür und das tiefe Brummen des Jaguars. Nachdem es sich entfernt hatte und verklungen war, zog ich mich aus und ging ins Bett. Den Kopf auf dem Kissen, dachte ich noch einen Augenblick lang an den alten Glockenstab (den ich übrigens wie die Taschenlampe einfach in der Grube hatte liegen lassen) und fiel dann in einen tiefen Schlaf.

57 FESTE VORSÄTZE

Als ich aufwachte, war es 2:15 Uhr. Es herrschte tiefe Dunkelheit. Einen Moment lang glaubte ich, noch in der Grube zu sein, bemerkte meinen Irrtum aber sofort. Die vollkommene Schwärze auf dem Grund der Grube und die nächtliche Dunkelheit auf der Erde hatten ganz unterschiedliche Qualitäten. Hier oben gab es auch in der finstersten Nacht immer ein bisschen Licht. Das lichtlose Dunkel dort unten war etwas anderes. Hier war die Sonne um Viertel nach zwei in der Nacht einfach zufällig auf der anderen Seite der Erdkugel. Mehr nicht.

Ich schaltete die Nachttischlampe an, stand auf und ging in die Küche, wo ich mehrere Gläser kaltes Wasser trank. Es war alles ruhig. Zu ruhig. Ich spitzte die Ohren, ohne einen Laut zu vernehmen. Es wehte kein Wind. Und jetzt im Winter gab es auch keine Insekten. Nicht einmal der Schrei eines Nachtvogels ertönte. Auch kein Läuten. Mir fiel ein, dass es genau um diese Uhrzeit gewesen war, als ich die Glöckchen zum ersten Mal gehört hatte. Es war die Stunde, in der sehr leicht etwas Ungewöhnliches passierte.

Ich würde nicht mehr schlafen können. Sämtliche Müdigkeit war wie weggeblasen. Also zog ich mir einen Pullover über den

Schlafanzug und ging ins Atelier, in das ich seit meiner Rückkehr noch keinen Fuß gesetzt hatte. Ich machte mir Gedanken wegen der Bilder. Vor allem wegen der *Ermordung des Commendatore*. Menshiki zufolge war Masahiko in meiner Abwesenheit hier gewesen. Vielleicht hatte er das Bild gesehen. Wenn, dann hatte er natürlich auf den ersten Blick erkannt, dass es sich um ein Werk seines Vaters handelte. Allerdings hatte ich es, damit niemand es sah, von der Wand abgehängt und sicherheitshalber mit einem Tuch aus leichter Baumwolle abgedeckt. Sofern Masahiko es nicht angehoben hatte, hatte er auch das Bild nicht gesehen.

Ich betrat das Atelier und betätigte den Lichtschalter an der Wand. Auch hier herrschte vollkommene *Stille*. Natürlich war niemand dort. Weder der Commendatore noch Tomohiko Amada. Ich war allein im Raum.

Die Ermordung des Commendatore stand noch immer in das Tuch eingehüllt auf dem Boden. Es gab keine Anzeichen dafür, dass jemand es berührt hatte. Natürlich hatte ich keinen Beweis, aber es machte jedenfalls nicht den Eindruck. Ich nahm das Tuch ab. Das Bild hatte sich nicht verändert, seit ich es zuletzt gesehen hatte. Der Commendatore war darauf. Und Don Giovanni, der ihn erstach. Neben ihm stand mit angehaltenem Atem sein Diener Leporello, und die schöne Donna Anna hielt erschrocken die Hände vor den Mund. Und in der linken Ecke steckte Langgesicht seinen merkwürdigen Kopf aus der quadratischen Öffnung im Boden.

Um die Wahrheit zu sagen, hatte ich insgeheim die Befürchtung gehegt, dass sich das Bild durch meine Aktionen verändert haben könnte. Zum Beispiel, dass Langgesichts Luke geschlossen und er demzufolge aus dem Bild verschwunden sei. Oder dass der Commendatore statt mit einem Schwert mit einem Küchenmesser getötet würde. Doch auch bei genauster Betrachtung konnte ich nicht die geringste Veränderung wahrnehmen. Langgesicht hielt unverändert die Luke auf, steckte das seltsam geformte Gesicht heraus und blickte mit Glotzaugen um sich. Dem Commendatore wurde das Schwert ins Herz gestoßen, und frisches Blut schoss aus seiner Brust. Das Gemälde präsentierte sich ganz und gar in der vertrauten Anordnung. Nachdem ich seinen vollkommenen Anblick eine Weile genossen hatte, deckte ich es wieder mit dem Baumwolltuch zu.

Daraufhin wandte ich mich den beiden Ölbildern zu, die ich selbst in Arbeit hatte und die jeweils auf ihrer Staffelei nebeneinanderstanden. *Grube im Wäldchen* hatte ein längliches, horizontales Format, das *Porträt von Marie Akikawa* war vertikal angelegt. Aufmerksam verglich ich sie miteinander. Beide waren genau so, wie ich sie das letzte Mal gesehen hatte. Es hatte sich nicht das Geringste an ihnen verändert. Das eine Bild war bereits fertig, das andere wartete darauf, dass ich letzte Hand anlegte.

Anschließend drehte ich *Mann mit weißem Subaru Forester*, das mit dem Gesicht zur Wand lehnte, zu mir um und setzte mich davor auf den Boden, um es erneut zu betrachten. Der Mann starrte mich aus dem Gemenge mehrerer Farben an. Sein Gesicht war nicht konkret ausgeführt, aber für mich war deutlich erkennbar, was sich in ihm verbarg. Seine nachtvogelscharfen Augen blickten mir aus den dick mit Spachtel aufgetragenen Farben des Hintergrunds entgegen. Seine Miene war völlig ausdruckslos. Der Mann verweigerte die Fertigstellung seines Porträts – und damit die Konkretisierung seiner selbst. Er wollte nicht aus der Dunkelheit ins Licht gezerrt werden.

Dennoch würde ich ihn irgendwann genau abbilden. Ihn aus seiner Dunkelheit hervorzerren, und wenn er sich noch so sehr sträubte. Im Augenblick war es wahrscheinlich zwecklos. Doch eines Tages musste es mir gelingen.

Nun richtete ich den Blick auf das *Porträt von Marie Akikawa*. Es war so weit fertig, dass sie mir nicht mehr Modell sitzen musste. Es bedurfte nur noch einiger technischer Verbesserungen. Vielleicht war es von allen Bildern, die ich bisher gemalt hatte, das überzeugendste. Zumindest gab es die hübsche dreizehnjährige Marie sehr lebendig und frisch wieder. Allein darauf bildete ich mir etwas ein. Aber auch hier war es mir unmöglich, das Bild ganz fertigzustellen. Um ihr *Etwas* zu schützen, musste ich es unvollendet lassen. Das wusste ich.

Es gab einiges für mich zu erledigen, und zwar möglichst schnell. Zum einen musste ich Shoko Akikawa anrufen, um aus ihrem Mund Details über Maries Rückkehr zu erfahren. Als Nächstes musste ich Yuzu um ein Treffen und eine Aussprache bitten, wie ich es mir in der finsteren Grube fest vorgenommen hatte. Die Zeit war reif. Außerdem musste ich mich natürlich auch bei Masahiko melden und ihm erklären, warum ich so plötzlich aus dem Heim auf dem Plateau von Izu verschwunden und drei Tage lang nicht auffindbar gewesen war (bislang hatte ich noch keine Ahnung, wo ich diese Erklärung hernehmen sollte). Ich musste auf den richtigen Moment warten. Mit der Zeit würde er schon kommen – wenn die Zeit sich normal bewegte. Während ich warme Milch trank und Kekse knabberte, sah ich aus dem Fenster. Draußen war alles dunkel. Kein Stern zu sehen. Es würde noch dauern, bis die Sonne aufging. Es war die Jahreszeit der langen Nächte.

Was sollte ich jetzt machen? Das Vernünftigste wäre gewesen, wieder ins Bett zu gehen und zu schlafen, aber ich war noch immer nicht müde. Zum Lesen hatte ich keine Lust und zum Arbeiten auch nicht. Aus Ermangelung anderer Einfälle beschloss ich, ein Bad zu nehmen. Ich legte mich aufs Sofa, um zu warten, bis die Wanne vollgelaufen war, und sah zur Decke.

Warum hatte ich diese unterirdische Welt durchwandern müssen? Und mit eigener Hand den Commendatore erstechen müssen, um dorthin zu gelangen? Er hatte sein Leben geopfert, und ich hatte eine schwere Prüfung auf mich genommen. Dafür hatte es natürlich einen Grund gegeben. In der Unterwelt herrschten unbestreitbare Gefahren und absoluter Schrecken. Die absurdesten Dinge konnten dort geschehen, ohne dass es verwunderlich war. Doch indem ich diese Welt durchquert und diese Abenteuer bestanden hatte, war es mir *irgendwie* gelungen, Marie Akikawa *aus irgendeiner Gefangenschaft* zu befreien. Zumindest war sie wohlbehalten wieder zu Hause angekommen. Wie der Commendatore es vorausgesagt hatte. Dennoch war ich außerstande, einen konkreten Zusammenhang zwischen meinen Erlebnissen in der Unterwelt und Maries Rückkehr zu erkennen.

Wahrscheinlich hatte das Wasser des unterirdischen Flusses eine nicht unerhebliche Rolle gespielt. Als ich davon trank, hatte mein Organismus sich wohl verwandelt und dieser anderen Welt angepasst. Dafür gab es keine logische Erklärung, dennoch hatte ich diese Verwandlung als sehr real wahrgenommen. Nur durch sie hatte ich es geschafft, mich durch den engen Gang zu zwängen – was normalerweise physikalisch unmöglich gewesen wäre – und auf die andere Seite zu gelangen. Und Donna Anna und meine Schwester Komi hatten mir geholfen, meine tief verwurzelte Angst vor abgeschlossenen Räumen zu überwinden. Aber vielleicht waren Donna Anna und Komi ja auch zu *einem Wesen* verschmolzen, das mich und auch Marie Akikawa vor der Macht der Dunkelheit schützte.

Doch wo war Marie eingesperrt gewesen? Und vor allem: War sie wirklich eingesperrt gewesen? Hatte es ihr geschadet, dass ich dem »Mann ohne Gesicht« den Pinguinanhänger als Lohn für die Überfahrt gegeben hatte? (Obwohl ich ja nicht anders gekonnt hatte.) Oder hatte der kleine Glücksbringer sogar zu ihrer Rettung beigetragen?

Fragen und noch mehr Fragen.

Vielleicht würde sich alles aufklären, wenn ich die Geschichte aus Maries Mund hörte. Ich konnte nur warten. Aber vielleicht würde sich auch überhaupt nichts klären. Womöglich würde Marie sich gar nicht an das erinnern, was ihr zugestoßen war. Und wenn doch, hatte sie vielleicht (genau wie ich) beschlossen, mit niemandem darüber zu reden.

Was auch immer es war, ich musste Marie noch einmal hier in der realen Welt sehen und allein mit ihr reden. Wir mussten unser Wissen über die Ereignisse der vergangenen Tage austauschen. Wenn die Möglichkeit bestand.

Aber befand ich mich hier *wirklich in der realen Welt*?

Ich schaute mich noch einmal um. Es bot sich der gewohnte Anblick. Der Wind wehte den gleichen Geruch durchs Fenster, und aus der Umgebung ertönten vertraute Geräusche.

Aber vielleicht sah alles nur auf den ersten Blick wie die Realität aus und war eigentlich etwas ganz anderes. Vielleicht bildete ich mir nur ein, mich in der Realität zu befinden. Ich hatte mich auf dem Plateau von Izu in einen Gang hinuntergelassen und war durch ein unterirdisches Reich gewandert. Nach drei Tagen war ich in den Bergen bei Odawara wieder herausgekommen. Konnte es nicht sein, dass ich einen falschen Ausgang genommen hatte? Es gab nirgendwo einen Beweis, dass der Ort, an den ich zurückgekehrt war, derselbe wie der war, den ich verlassen hatte.

Ich rollte mich vom Sofa, zog mich aus und ging ins Bad. Noch einmal seifte ich mich gründlich bis in jeden Winkel meines Körpers ab. Auch die Haare wusch ich mir sorgfältig. Ich putzte mir die Zähne, reinigte mir mit einem Wattestäbchen die Ohren und schnitt mir die Nägel. Außerdem rasierte ich mich (obwohl mein

Bart nicht sonderlich gesprossen war). Ich zog mir wieder frische Unterwäsche, ein gebügeltes weißes Baumwollhemd und khakifarbene Chinos mit Bügelfalte an, um der Realität wenigstens einigermaßen anständig entgegenzutreten. Doch die Sonne ging noch immer nicht auf. Vor dem Fenster war es stockdunkel. So dunkel, dass ich fürchtete, es würde niemals Morgen werden.

Doch es dauerte nicht lange, und es wurde Morgen. Ich machte frischen Kaffee und aß Toast mit Butter. Der Kühlschrank war leer bis auf zwei Eier, eine abgelaufene Milch und etwas Gemüse. Ich musste unbedingt einkaufen.

Während ich in der Küche meine Kaffeetasse und meinen Teller abwusch, fiel mir ein, dass ich meine verheiratete Freundin schon eine Zeit lang nicht gesehen hatte. Ich überlegte, wie lange ich nichts von ihr gehört hatte. Ohne Kalender konnte ich mich nicht an den genauen Tag erinnern. Jedenfalls war es ziemlich lange her. Wegen der vielen Dinge, die sich hier zugetragen hatten – außergewöhnliche Ereignisse, mit denen ich nie gerechnet hätte –, war mir bisher nicht aufgefallen, dass sie sich schon länger nicht gemeldet hatte.

Woran das wohl lag? Bisher hatte sie mich mindestens zweimal pro Woche angerufen, um sich nach mir zu erkundigen. Aber ich konnte sie ja von mir aus nicht erreichen. Sie hatte mir ihre Handynummer nicht gegeben, und ich schrieb keine E-Mails. Also blieb mir nichts anderes übrig, als auf ihren Anruf zu warten, auch wenn ich sie noch so gern gesehen hätte.

Um kurz nach neun, als ich gerade an sie dachte, rief meine Freundin an.

»Ich muss etwas mit dir besprechen«, sagte sie. Die Begrüßung übersprang sie.

»Gern, kannst du machen«, sagte ich.

Ich nahm das Telefon und lehnte mich gegen die Küchentheke. Die dichten Wolken, die bis dahin den Himmel bedeckt hatten, rissen auf, und eine frühwinterliche Sonne spähte dazwischen hervor. Anscheinend erholte sich das Wetter. Doch das, was sie mir zu sagen hatte, war nicht gerade von der erfreulichen Art.

»Es ist besser, wenn wir uns nicht mehr sehen«, sagte sie. »Auch wenn es schade ist.«

Aus dem Klang ihrer Stimme konnte ich nicht schließen, ob sie es wirklich bedauerte. Es fehlte ihr zu sehr an Intonation.

»Dafür gibt es mehrere Gründe.«

»Mehrere Gründe also«, wiederholte ich.

»Zum einen ist mein Mann misstrauisch geworden. Es könnte sein, dass er etwas ahnt.«

»Er ahnt also etwas«, wiederholte ich abermals.

»Frauen merkt man häufig an, wenn sie eine Affäre haben. Sie achten dann mehr auf ihr Make-up oder ihre Kleidung, tragen ein anderes Parfüm oder stürzen sich in eine Diät. Ich habe zwar darauf geachtet, keine solchen Signale auszusenden, aber wer weiß?«

»Ich verstehe.«

»Außerdem hat es keinen Sinn, so etwas bis in alle Ewigkeit auszudehnen.«

»So etwas«, wiederholte ich erneut.

»Mit anderen Worten: Es gibt keine Zukunft. Keine Lösung.«

Damit hatte sie ganz gewiss recht. Unsere Beziehung hatte absolut *keine Zukunft*, und dafür gab es auch *keine Lösung*. Und das Risiko wuchs, je länger wir so weitermachten. Ich hatte nichts zu verlieren, aber sie hatte eine Familie, hatte zwei Töchter im Teenageralter, die auf eine private Mädchenschule gingen.

»Und noch etwas«, fuhr sie fort. »Es gibt Probleme mit meiner Tochter. Der älteren.«

Die ältere Tochter. Wenn meine Erinnerung mich nicht trog,

war sie das brave Mädchen mit den guten Noten, das seinen Eltern gehorchte und bisher keine Probleme verursacht hatte.

»Was für Probleme denn?«

»Wenn sie morgens aufwacht, kommt sie nicht aus dem Bett.«

»Sie kommt nicht aus dem Bett?«

»Musst du alles wiederholen wie ein Papagei?«

»Tut mir leid«, entschuldigte ich mich. »Aber was heißt das denn, dass sie nicht aus dem Bett kommt?«

»Genau das. Sie ist seit zwei Wochen nicht aufgestanden. Sie geht auch nicht zur Schule. Sie bleibt den ganzen Tag im Bett – im Schlafanzug. Und wenn wir sie ansprechen, gibt sie keine Antwort. Sie isst kaum etwas, obwohl ich ihr das Essen ans Bett bringe.«

»Hast du mal einen Psychologen konsultiert?«

»Natürlich«, sagte sie. »Ich habe mit dem Schulpsychologen gesprochen. Aber das hat überhaupt nichts geholfen.«

Ich überlegte. Aber was sollte ich dazu sagen? Außerdem hatte ich das Mädchen ja noch nie gesehen.

»Auch aus diesem Grund kann ich mich nicht mehr mit dir treffen«, sagte sie.

»Weil du zu Hause bleiben und dich um sie kümmern musst?«

»Das auch. Aber das ist es nicht allein.«

Sie sagte nichts mehr, aber ich konnte mir ungefähr vorstellen, was in ihr vorging. Sie hatte Angst, als Mutter versagt zu haben.

»Das ist sehr bedauerlich«, sagte ich.

»Ich glaube, für mich ist es bedauerlicher als für dich.«

Da mochte sie recht haben, dachte ich.

»Zum Schluss möchte ich noch eins sagen«, sagte sie und stieß einen kurzen, tiefen Seufzer aus.

»Und was?«

»Ich glaube, du kannst ein guter Maler werden. Ich meine, ein noch besserer als jetzt.«

»Danke«, sagte ich. »Das ist sehr ermutigend.«
»Leb wohl.«
»Mach's gut«, sagte ich.

Nachdem wir aufgelegt hatten, ging ich ins Wohnzimmer, legte mich aufs Sofa, blickte zur Decke und dachte an sie. Im Nachhinein fiel mir auf, dass ich nie daran gedacht hatte, sie zu porträtieren, obwohl wir uns so häufig getroffen hatten. Aus irgendeinem Grund hatte ich nie das Bedürfnis verspürt. Stattdessen hatte ich mehrere Skizzen von ihr mit einem 2B-Bleistift in mein kleines Skizzenbuch gezeichnet. Die meisten zeigten sie nackt. Auf einer hatte sie die Beine gespreizt, und man sah ihr Geschlechtsteil. Auch beim Geschlechtsverkehr hatte ich sie gezeichnet. Es waren einfache Bilder, aber jedes war sehr naturgetreu. Und sie waren schmutzig. Ihr hatten sie viel Vergnügen bereitet.

»Du bist wirklich gut darin, schweinische Bilder zu zeichnen. Obwohl du sie nur so hinwirfst, sind sie total sexy.«

»Ist doch nur Spaß«, sagte ich.

Natürlich hatte ich all diese Skizzen weggeworfen, denn ich konnte nicht riskieren, dass jemand sie sah. Aber eine hätte ich vielleicht heimlich aufbewahren sollen. Als Beweis für mich selbst, dass meine verheiratete Freundin wirklich existiert hatte.

Langsam stand ich vom Sofa auf. Mein Tag hatte gerade erst begonnen, und es gab ein paar Menschen, mit denen ich dringend reden musste.

58 EIN IDYLLISCHER KANAL AUF DEM MARS

Gegen halb zehn am Vormittag rief ich Shoko Akikawa an, eine Uhrzeit, um die die meisten Menschen ihr Tagewerk bereits begonnen haben. Doch es ging niemand ans Telefon. Nach mehrmaligem Klingeln sprang der Anrufbeantworter an. Man sei leider im Moment nicht verfügbar. *Bitte hinterlassen Sie eine Nachricht …* Ich hinterließ keine Nachricht. Wahrscheinlich hatte Shoko nach dem Verschwinden und Wiederauftauchen ihrer Nichte eine Menge zu erledigen. Ich ließ etwas Zeit vergehen und rief noch mehrmals an, doch ohne Erfolg.

Anschließend hätte ich gern mit Yuzu gesprochen, aber da sie während ihrer Arbeitszeit nicht angerufen werden wollte, zügelte ich mich. Mit etwas Glück konnte ich in der Mittagspause mit ihr reden. Es musste ja nicht lange sein. Konkret ging es ja nur um die Frage, ob wir uns in nächster Zeit einmal treffen könnten. Sie brauchte nur Ja oder Nein zu sagen. Falls ja, konnten wir Ort und Zeit bestimmen. Falls nein, war das Gespräch ohnehin beendet.

Also rief ich – schweren Herzens – Masahiko an. Er war sofort am Apparat. Als er meine Stimme hörte, stieß er einen lauten Seufzer aus.

»Und? Bist du zu Hause?«

Ich bejahte.

»Macht es dir etwas aus, wenn ich dich gleich zurückrufe?«

Es machte mir nichts aus. Fünfzehn Minuten später klingelte das Telefon. Anscheinend rief er von irgendwo auf dem Dach des Gebäudes mit seinem Handy an.

»Wo in aller Welt warst du?«, fragte er in für seine Verhältnisse ungewöhnlich strengem Ton. »Du verschwindest einfach, ohne was zu sagen, und ich habe keine Ahnung, wo du bist. Ich bin extra nach Odawara ins Haus gefahren, um nachzusehen.«

»Das war unverzeihlich von mir«, sagte ich.

»Seit wann bist du zurück?«

»Seit gestern Abend.«

»Wo hast du dich von Samstagvormittag bis Dienstagabend herumgetrieben?«

»Um die Wahrheit zu sagen, habe ich nicht die geringste Erinnerung davon, wo ich war und was ich gemacht habe«, log ich.

»Du kannst dich an nichts erinnern, aber irgendwann kamst du wieder zu dir und bist nach Hause gefahren?«

»Ja genau.«

»Ist das dein Ernst?«

»Eine andere Erklärung habe ich nicht.«

»Für mich klingt das nach einer Lüge.«

»Aber in Filmen und Romanen kommt so was doch häufig vor oder nicht?«

»Verschone mich! Wenn ich im Fernsehen einen Film oder eine Serie sehe, wo einer das Gedächtnis verliert, schalte ich sofort ab. Das ist mir zu primitiv!«

»Aber sogar bei Hitchcock kommt Gedächtnisverlust vor.«

»*Ich kämpfe um dich*? Das ist ein zweitklassiges Werk«, sagte Masahiko. »Und was ist jetzt die *Wahrheit*?«

»Im Augenblick weiß ich selbst nicht genau, was passiert ist. Ich kriege die Einzelheiten einfach nicht mehr zusammen. Vielleicht kommt die Erinnerung ja mit der Zeit zurück. Dann erzähle ich dir alles. Aber im Moment geht es nicht. Tut mir leid, du musst dich gedulden.«

Masahiko überlegte kurz. »Einverstanden«, sagte er ergeben. »Für den Augenblick lasse ich den Gedächtnisverlust gelten. Aber Drogen, Alkohol, geistige Umnachtung, Verführung durch Schlampen oder Entführung durch Außerirdische sind nicht im Spiel, oder?«

»Nein, ich habe nicht gegen das Gesetz oder die gesellschaftliche Moral verstoßen.«

»Da bin ich ja froh«, sagte Masahiko sarkastisch. »Aber eins würde ich gern wissen.«

»Was denn?«

»Wie hast du es geschafft, dich aus der Seniorenresidenz zu verdrücken? Die Wachleute an der Einfahrt lassen keinen durch. Nicht wenige von den Bewohnern sind Prominente, deshalb wird besonders auf den Schutz ihrer Privatsphäre geachtet. Keine persönlichen Informationen sollen nach außen dringen. Die Rezeption ist immer besetzt, und das Tor wird rund um die Uhr von einer Sicherheitsfirma bewacht. Außerdem gibt es Überwachungskameras. Aber du bist am helllichten Tag ungesehen plötzlich verschwunden. Du warst nicht mal auf einer der Überwachungskameras.«

»Es gibt einen Fluchtweg«, sagte ich.

»Einen Fluchtweg?«

»Einen Tunnel, durch den man ungesehen hinauskommt.«

»Und woher wusstest du davon? Du warst doch zum ersten Mal dort?«

»Dein Vater hat es mir gesagt. Oder hat mich darauf hingewiesen, sollte ich wohl sagen. Indirekt, verstehst du?«

»Mein Vater?«, sagte Masahiko. »Ich weiß nicht, wovon du redest. Zwischen dem Gehirn meines Vaters und einem gekochten Blumenkohl besteht kaum noch ein Unterschied.«

»Auch das gehört zu den Dingen, die ich nicht gut erklären kann.«

»Da kann man nichts machen.« Masahiko seufzte. »Bei einem normalen Menschen würde ich mir verarscht vorkommen und sauer werden, aber bei dir bin ich machtlos. Immerhin bist du nur ein Spinner, der sein Leben mit Bildermalen fristet.«

»Danke«, sagte ich. »Wie ist übrigens sein Zustand?«

»Als ich am Samstag nach meinem Telefonat ins Zimmer zurückkam und du weg warst, hatte ich den Eindruck, mein Vater würde nicht noch einmal aufwachen. Er atmete nur noch ganz schwach, und ich war ganz schön in Panik. Was war da passiert? Ich konnte mir nicht vorstellen, dass du irgendwas getan hattest, aber was sollte ich denn denken?«

»Es tut mir sehr leid«, sagte ich wahrheitsgemäß, war jedoch zugleich ungemein erleichtert, dass weder die Leiche des Commendatore noch die Blutlache zurückgeblieben waren.

»Das möchte ich mir auch ausgebeten haben. Jedenfalls habe ich in einer Pension in der Nähe ein Zimmer genommen, aber weil seine Atmung sich wieder stabilisierte und eine leichte Besserung eintrat, bin ich am Nachmittag darauf nach Tokio zurückgefahren. Irgendwann muss ich ja auch mal arbeiten. Nächstes Wochenende fahre ich wieder hin.«

»Die ganze Sache ist auch für dich nicht einfach.«

»Das lässt sich nicht ändern. Wie gesagt, es ist eine große Aufgabe für einen Menschen, allein zu sterben. Am schwersten hat es die Person selbst, ich kann da nicht klagen.«

»Ich wünschte, ich könnte dir irgendwie helfen«, sagte ich.

»Du brauchst mir nicht zu helfen«, sagte Masahiko. »Ich wäre dir schon dankbar, wenn du mir keine zusätzlichen Sorgen bereiten würdest … Ach ja, als ich auf meinem Rückweg nach Tokio – aus Sorge um dich! – in Odawara haltmachte, kam dieser Herr Menshiki vorbei. Ein gut aussehender, weißhaariger Herr in einem silberfarbenen Jaguar.«

»Ja, ich habe ihn inzwischen gesehen. Er sagte, dass er hier gewesen sei und mit dir gesprochen habe.«

»Wir haben ja nur kurz an der Tür geredet, aber er scheint ein recht interessanter Mann zu sein.«

»Ein *sehr* interessanter Mann«, korrigierte ich zurückhaltend.

»Was macht er?«

»Nichts. Er hat genügend Geld und braucht nicht zu arbeiten. Er handelt mit Aktien und Devisen im Internet, aber das ist wohl mehr ein Hobby. Eine Art Zeitvertreib, mit dem er gleichzeitig Profit macht.«

»Klingt wunderbar«, sagte Masahiko beeindruckt. »Als würdest du mir von einem idyllischen Kanal auf dem Mars erzählen. Auf dem die Marsmenschen mit goldenen Rudern elegante schmale Boote steuern, während sie mit den Ohren Honigzigaretten rauchen. Allein davon zu hören, wärmt mir das Herz … Ach so, ja, hast du übrigens das Küchenmesser gefunden, das ich neulich bei dir liegen gelassen habe?«

»Nein, tut mir leid«, sagte ich. »Keine Ahnung, wo es geblieben ist. Ich kaufe dir ein neues.«

»Mach dir keine Gedanken. Wahrscheinlich ist es irgendwo hingegangen und hat einen Gedächtnisverlust erlitten – wie du. Es wird schon wiederkommen.«

»Wahrscheinlich«, sagte ich. Offenbar war das Messer ebenso aus Tomohiko Amadas Zimmer verschwunden wie die Leiche des Commendatore und die Blutlache. Masahiko hatte recht, es würde bestimmt wieder auftauchen.

Damit endete unser Gespräch. Wir verabredeten, uns möglichst bald wieder zu treffen, und legten auf.

Anschließend setzte ich mich in meinen verstaubten Corolla Kombi und fuhr in den Ort hinunter, um Einkäufe zu machen. Im Supermarkt mischte ich mich unter die gesammelten Hausfrauen aus der Nachbarschaft, die vormittags nie sehr fröhlich wirkten. Vermutlich passierte in ihrem Leben nie etwas sonderlich Aufregendes. Schon gar nicht, dass sie im Reich der Metaphern mit der Fähre einen Fluss überquerten.

Ich legte Fleisch, Fisch, Gemüse, Milch, Tofu und was mir sonst noch in den Sinn kam in den Wagen und bezahlte. Eine Einkaufstasche hatte ich mitgebracht. So brauchte ich keine Tüte zu kaufen und sparte fünf Yen. Danach kaufte ich einen Karton mit vierundzwanzig Dosen Sapporo-Bier bei einem Getränkediscounter. Zu Hause lud ich meine Einkäufe aus und räumte das meiste in den Kühlschrank. Was eingefroren werden musste, verpackte ich und legte es auf Eis. Von dem Bier stellte ich sechs Dosen kalt. Dann erhitzte ich Wasser in einem großen Topf und blanchierte Spargel und Brokkoli für einen Salat. Außerdem kochte ich ein paar Eier. Auf diese Weise konnte ich zumindest etwas Zeit totschlagen. Mir fiel ein, dass ich zu diesem Zweck – Menshikis Vorbild folgend – auch meinen Wagen waschen könnte, aber der Gedanke, dass er ohnehin sofort wieder staubig werden würde, hielt mich davon ab. Da war es doch gewinnbringender, in der Küche zu stehen und Gemüse zu kochen.

Kurz nach zwölf rief ich in Yuzus Architekturbüro an. Eigentlich hatte ich erst in einigen Tagen, nachdem sich die erste Aufregung bei mir gelegt hatte, mit ihr sprechen wollen, aber jetzt wollte ich ihr doch gleich sagen, was ich in der Grube beschlossen hatte. Andernfalls würde ich vielleicht meine Meinung ändern.

Doch bei der Vorstellung, jetzt mit Yuzu zu reden, fühlte der Hörer sich unsäglich schwer an. Am Telefon ertönte eine junge, heitere Frauenstimme, und ich nannte meinen vollen Namen. Ich würde gern mit Yuzu sprechen, fügte ich hinzu.

»Sind Sie ihr Mann?«, fragte sie freundlich.

Ich bejahte. Genau genommen, war ich ja nicht mehr ihr Mann, aber ich sah keinen Grund, das am Telefon zu erklären.

»Bitte warten Sie einen Moment«, sagte sie.

Sie ließ mich ziemlich lange warten. Aber da ich nichts Besonderes zu tun hatte, wartete ich, den Hörer am Ohr, auf die Küchentheke gestützt, in Ruhe darauf, dass Yuzu abhob. Eine große Krähe flog flügelschlagend direkt am Fenster vorbei. Ihr schwarzes Gefieder glänzte im Sonnenschein.

»Hallo?«, sagte Yuzu.

Wir tauschten eine kurze Begrüßung aus. Ich hatte keine Ahnung, wie ein frisch geschiedenes Ehepaar sich begrüßte und was eine angemessene Distanz war. Deshalb beließ ich es bei einer möglichst kurzen und nüchternen Begrüßung. Wie geht es dir? – Danke, gut. Und dir? Die wenigen Worte wurden vom trockenen Boden der Realität aufgesogen wie Regentropfen im Hochsommer.

»Ich würde dich gern sehen und einige Dinge von Angesicht zu Angesicht mit dir besprechen«, sagte ich mutig.

»Was sind das für Dinge?«, fragte Yuzu.

Da ich mit dieser Frage nicht gerechnet hatte (warum eigentlich nicht?), war ich um eine Antwort verlegen. Genau, was für Dinge überhaupt?

»Das habe ich mir noch nicht so genau überlegt«, murmelte ich.

»Aber du möchtest *einige Dinge* besprechen?«

»Ich denke schon. Wir haben ja nie richtig geredet, und alles ist einfach so gekommen.«

Sie überlegte einen Moment lang. »Ich bin schwanger, weißt du. Wir können uns treffen, aber mein Bauch ist schon ziemlich rund, also erschrick bitte nicht.«

»Ja, ich weiß, Masahiko hat mir davon erzählt. Er meinte, du hättest ihn gebeten, es mir zu sagen.«

»Ja, stimmt«, sagte sie.

»Ich weiß nicht, wie es mit deinem Bauch ist, aber wenn es dir nichts ausmacht, wäre ich sehr froh, dich zu sehen.«

»Kannst du kurz warten?«, sagte sie.

Ich wartete. Offenbar sah sie in ihrem Terminkalender nach. Währenddessen versuchte ich mich zu erinnern, welche Lieder die Go-Go's gesungen hatten. Unfassbar, dass Masahiko diese Gruppe gut fand; aber vielleicht hatte er ja recht, und meine Weltsicht war schräg.

»Passt es dir nächsten Montag? Am frühen Abend?«

Ich rechnete nach. Heute war Mittwoch. Also noch fünf Tage bis Montag. Der Tag, an dem bei Menshiki die leeren Flaschen und Dosen abgeholt wurden. Ein Tag, an dem ich nicht an der Malschule unterrichten musste. Ich hatte keinen Terminkalender, aber auch nichts vor. Was Menshiki wohl anhatte, wenn er den Müll hinausbrachte?

»Montag passt mir gut«, sagte ich. »Ich kann jederzeit überallhin kommen. Du bestimmst Treffpunkt und Uhrzeit.«

Sie nannte mir ein Café in der Nähe der Station Shinjuku Gaienmae. Der Name weckte Erinnerungen. Das Café war in der Nähe ihrer Arbeitsstelle, und wir hatten uns, als wir noch ein Ehepaar gewesen waren, häufig dort getroffen, um nach ihrer Arbeit zusammen zu essen. Ein Stück davon entfernt gab es eine kleine Bar, in der man verhältnismäßig günstig frische Austern bekam. Sie liebte es, kleine Austern mit viel Rettich zu essen und gut gekühlten Chablis dazu zu trinken. Ob es die Austern-Bar noch gab?

»Können wir uns gegen sechs dort treffen?«

»In Ordnung«, sagte ich.

»Vielleicht verspäte ich mich ein bisschen.«

»Macht nichts. Ich warte.«

»Gut, bis dann«, sagte sie und legte auf.

Einen Moment lang betrachtete ich den Hörer in meiner Hand. Ich würde mich mit Yuzu treffen. Mit meiner geschiedenen Frau, die bald das Kind eines anderen Mannes bekommen würde. Ort und Zeit unseres Treffens standen fest. Es hatte kein Problem gegeben. Doch auf einmal war ich mir nicht mehr sicher, ob ich das Richtige tat. Der Hörer fühlte sich unverändert schwer an. Als wäre er in der Steinzeit gemacht worden.

Aber gab es überhaupt etwas auf dieser Welt, das völlig richtig oder völlig falsch war? Auf unserer Welt bestand mitunter zu dreißig Prozent oder zu siebzig Prozent die Möglichkeit, dass es regnen würde. Vielleicht war es ja mit der Wahrheit das Gleiche. Etwas war zu dreißig oder zu siebzig Prozent wahr. In dem Punkt hatten die Krähen es leicht. Ihnen war es egal, ob es regnete oder nicht regnete. Prozentzahlen kamen ihnen nie in den Sinn.

Nach dem Gespräch mit Yuzu war ich einige Augenblicke lang unfähig, etwas zu tun. Ich saß am Esstisch und ließ die Zeit verstreichen, während ich auf die Zeiger der Uhr starrte. Am nächsten Montag würde ich mich mit Yuzu treffen. Und »einige Dinge« besprechen. Seit jenem März hatten wir uns nicht gesehen. Seit jenem kalten Sonntagnachmittag im März, an dem leise der Regen gefallen war. Jetzt war sie im siebten Monat schwanger. Das war eine große Veränderung. Ich dagegen war noch immer nur ich. Vor ein paar Tagen hatte ich den Fluss überquert, der Sein und Nichtsein trennte, und das Wasser im Reich der Metaphern getrunken. Ob sich dadurch in mir etwas verändert hatte.

Ich griff nach dem Hörer und rief noch einmal Shoko Akikawa an. Doch es nahm wieder niemand ab. Nur der Anrufbeantworter schaltete sich ein. Ich gab auf und setzte mich im Wohnzimmer aufs Sofa. Ich hatte meine Anrufe erledigt, und es blieb mir nichts weiter zu tun. Ich hätte wieder einmal Lust gehabt, ins Atelier zu gehen und etwas zu malen, aber mir fiel nichts ein.

Also legte ich *The River* von Bruce Springsteen auf und lauschte mit geschlossenen Augen der Musik. Als die A-Seite zu Ende war, drehte ich die Platte um und hörte die B-Seite. Wieder einmal dachte ich, dass man *The River* von Bruce Springsteen genau auf diese Weise hören sollte. Die Platte, nachdem die A-Seite mit *Independence Day* geendet hatte, mit beiden Händen aufnehmen, herumdrehen und die Nadel behutsam am Anfang der B-Seite aufsetzen, sodass *Hungry Heart* begann. Worin bestand der Wert eines Albums wie *The River*, wenn man das nicht tun konnte? Meiner ganz persönlichen Meinung nach war das kein Album, das man in einem Zug auf CD hören konnte. Das Gleiche galt für *Rubber Soul* und *Pet Sounds*. Es gibt einen Stil, in dem man gute Musik hören sollte. Und eine Haltung.

Jedenfalls war die Performance der E Street Band auf diesem Album fast perfekt. Die Band inspirierte den Sänger und der Sänger die Band. Während ich mir aufmerksam einen Titel nach dem anderen anhörte, vergaß ich eine Zeit lang meine Kümmernisse.

Als die eine Platte zu Ende war und ich die Nadel hochnahm, überlegte ich, ob ich vielleicht auch Menshiki anrufen sollte. Ich hatte nicht mehr mit ihm gesprochen, seit er mich gestern aus der Grube gerettet hatte. Aber ich hatte irgendwie keine Lust. So ging es mir hin und wieder mit Menshiki. Er war ja wirklich ein sehr interessanter Mensch, aber manchmal fand ich es unglaublich ermüdend, ihn zu sehen oder mit ihm zu sprechen. Er hatte eine so starke Präsenz. Wie das kam, wusste ich nicht. Jedenfalls war mir im Moment nicht danach, seine Stimme zu hören.

Am Ende gab ich den Gedanken auf, Menshiki anzurufen. Das konnte ich später immer noch. Der Tag hatte ja erst angefangen. Also legte ich die zweite Platte des Doppelalbums *The River* auf. Aber als ich auf dem Sofa lag und *Cadillac Ranch* hörte, klingelte genau bei der Zeile *All gonna meet down at the Cadillac Ranch* das Telefon. Ich hob die Nadel von der Platte, ging ins Esszimmer und nahm ab. Ich vermutete, es sei Menshiki. Aber es war Shoko Akikawa.

»Haben Sie vielleicht heute Vormittag schon ein paarmal versucht, mich anzurufen?«, fragte sie als Erstes.

Ja, das hätte ich. »Ich habe gestern von Herrn Menshiki erfahren, dass Marie wieder da ist, und wollte hören, was passiert ist.«

»Ja, Marie ist wohlbehalten zurückgekehrt. Gestern um die Mittagszeit. Ich wollte es Ihnen sagen und habe immer wieder bei Ihnen angerufen, aber Sie waren anscheinend nicht da. Also habe ich Herrn Menshiki kontaktiert. Waren Sie verreist?«

»Ja, ich hatte woanders etwas sehr Dringendes zu erledigen und bin erst gestern Nachmittag zurückgekommen. Ich hätte Sie angerufen, aber dort, wo ich war, gab es kein Telefon, und ich habe kein Handy«, sagte ich, was nicht einmal gelogen war.

»Marie ist gestern völlig verdreckt von selbst nach Hause gekommen. Glücklicherweise ist sie nicht ernsthaft verletzt.«

»Aber wo war sie denn überhaupt?«

»Das weiß ich noch nicht«, sagte Shoko mit gedämpfter Stimme, als fürchtete sie, jemand könnte sie belauschen. »Marie sagt mir nicht, was passiert ist. Wegen der Vermisstenanzeige, die ich aufgegeben hatte, ist auch die Polizei gekommen und hat ihr Fragen gestellt, aber sie hat nicht geantwortet, nur geschwiegen. Also haben die Beamten aufgegeben und gesagt, sie würden sie später noch einmal befragen, wenn sie sich etwas beruhigt habe. Hauptsache, sie ist erst mal wieder hier und in Sicherheit. Jedenfalls gibt sie auch mir oder ihrem Vater keine Antwort. Sie wissen ja, wie stur sie sein kann.«

»Und sie war schmutzig?«

»Ja, völlig verdreckt von oben bis unten. Ihre Schuluniform war zerrissen, und sie hatte kleine Schürfwunden an Händen und Füßen. Aber nicht so, dass man zum Arzt gehen müsste.«

Genau wie bei mir.

Verdreckt und die Kleidung zerrissen. War es möglich, dass Marie durch denselben engen Gang in die Realität zurückgekehrt war?

»Und sie sagt überhaupt nichts?«, fragte ich.

»Nein, seit sie wieder zu Hause ist, hat sie nicht ein Mal den Mund aufgemacht. Kein Wort hat sie gesagt. Als hätte jemand ihre Zunge gestohlen.«

»Meinen Sie, sie hat einen Schock erlitten und kann deshalb nicht sprechen, oder weiß sie nicht, wie sie es sagen soll?«

»Nein, daran liegt es nicht. Ich glaube, sie hat einfach beschlossen, nichts zu sagen, und schweigt. Das ist schon mehrmals vorgekommen, wenn sie sich über etwas sehr geärgert hatte. Und wenn sie einmal einen Entschluss gefasst hat, dann bleibt sie dabei, komme, was wolle.«

»Ein Verbrechen oder so etwas liegt also nicht vor?«, fragte ich. »Zum Beispiel, dass jemand sie entführt und mit Gewalt festgehalten hat?«

»Auch das weiß ich nicht. Genau deshalb will die Polizei sie ja später noch einmal befragen. Wenn sie sich etwas beruhigt hat«, sagte Shoko Akikawa. »Außerdem hätte ich eine etwas egoistische Bitte an Sie.«

»Und die wäre?«

»Könnten Sie vielleicht einmal allein mit Marie reden? Nur wenn es Ihnen nichts ausmacht. Ich habe den Eindruck, sie vertraut Ihnen und würde Ihnen vielleicht sagen, was passiert ist.«

Den Hörer in der rechten Hand, überlegte ich. Ich hatte keine Ahnung, ob und inwieweit ich mit Marie alleine sprechen sollte. Ich hatte mein Rätsel und sie (vermutlich) ihres. Würden zwei Rätsel, wenn man sie zusammenbrachte, eine Lösung ergeben? Aber natürlich musste ich sie sehen. Ich hatte einiges mit ihr zu besprechen.

»Ja, selbstverständlich. Ich rede mit ihr«, sagte ich. »Soll ich irgendwohin kommen?«

»Nein, wir werden wie immer zu Ihnen nach Hause kommen. Ich halte das für das Beste. Natürlich nur, wenn es Ihnen recht ist.«

»In Ordnung«, sagte ich. »Ich habe momentan nichts Bestimmtes vor. Kommen Sie also, wann immer es Ihnen passt.«

»Wie wäre es jetzt gleich? Ich habe sie heute noch zu Hause behalten, sie ist also nicht in der Schule. Vorausgesetzt, Marie ist einverstanden.«

»Richten Sie ihr bitte aus, ich hätte einiges mit ihr zu besprechen. Und sie selbst bräuchte gar nichts zu sagen.«

»Ich werde es ihr so ausrichten. Vielen Dank für Ihre Bereitschaft. Wir machen Ihnen so viele Umstände«, sagte die schöne Tante und legte leise den Hörer auf.

Zwanzig Minuten später rief Shoko Akikawa noch einmal an.

»Wir könnten heute Nachmittag um drei zu Ihnen kommen«, sagte sie. »Marie hat zugestimmt. Das heißt, sie hat einmal kurz genickt.«

Ich sagte, ich würde sie um drei erwarten.

»Ich bin Ihnen sehr dankbar«, sagte Maries Tante. »Ich weiß

nicht, was passiert ist und was ich jetzt machen soll. Ich bin einfach ratlos.«

Am liebsten hätte ich gesagt, es gehe mir genauso, tat es aber nicht. Denn das war gewiss nicht die Antwort, die sie sich erhoffte.

»Ich tue, was ich kann. Aber ich bin nicht sicher, ob es klappt«, sagte ich. Und legte auf.

Danach schaute ich mich vorsichtig um, ob nicht doch irgendwo der Commendatore aufgetaucht war.

Aber es war nichts von ihm zu sehen. Ich hatte ein bisschen Sehnsucht nach ihm. Nach seiner Erscheinung und seiner eigentümlichen Art zu reden. Aber ich würde ihn nie wiedersehen. Ich hatte mit meinen eigenen Händen sein kleines Herz durchbohrt. Mit dem Küchenmesser, das Masahiko Amada mitgebracht hatte. Um Marie Akikawa zu befreien. Wo auch immer sie gewesen war. Ich musste herausfinden, *wo* sie gewesen war.

59 BIS DER TOD UNS TRENNTE

Bevor Marie eintraf, sah ich mir noch einmal ihr fast vollendetes Porträt an. Ich konnte mir lebhaft vorstellen, wie es aussähe, wenn es fertig wäre. Aber das würde es nie sein. Das war zwar bedauerlich, aber nicht zu ändern. Ich konnte mir noch immer nicht erklären, warum ich das Bild nicht beenden durfte. Natürlich gab es dafür keine logische Begründung. Ich spürte nur, dass es so sein *musste.* Aber nach und nach würde ich es schon begreifen. Jedenfalls hatte ich es mit etwas sehr Gefährlichem zu tun. Ich musste ausgesprochen auf der Hut sein.

Ich ging auf die Terrasse hinaus, setzte mich in den Liegestuhl und blickte unverwandt zu Menshikis weißer Villa hinüber. Der gut aussehende Herr Menshiki mit dem weißen Haar, der niemals Farbe bekannte. *Wir haben ja nur kurz an der Tür geredet, aber er scheint ein recht interessanter Mann zu sein,* hatte Masahiko gesagt. *Ein* sehr *interessanter Mann,* hatte ich ihn berichtigt. Ein *sehr, sehr* interessanter Mann, korrigierte ich mich jetzt noch einmal.

Kurz vor drei kam der vertraute blaue Toyota Prius den Hang hinauf und parkte an gewohnter Stelle vor dem Haus. Der Motor wurde abgestellt, die Fahrertür ging auf, und Shoko Akikawa schwang sich anmutig mit geschlossenen Knien heraus. Kurz darauf hievte sich Marie aus der Beifahrertür. Missmutig und schwerfällig. Die Wolken, die bis zum Morgen den Himmel bedeckt hatten, waren fortgezogen, und er war nun winterlich klar und blau. Ein kalter Wind zauste das weiche Haar der beiden Frauen. Genervt strich Marie es sich aus der Stirn.

Ausnahmsweise trug sie einen Rock. Einen dunkelblauen, knielangen Wollrock. Dazu eine Strumpfhose in einem stumpfen Blau und über einer weißen Bluse einen weinroten Kaschmirpullover mit V-Ausschnitt. Ihre Füße steckten in dunkelbraunen Slippern. In dieser Aufmachung sah sie aus wie ein ganz normales, gesundes, wohlerzogenes, hübsches Mädchen aus guter Familie. Sie hatte nichts Außergewöhnliches an sich. Allerdings wölbte sich unter ihrem Pullover weiterhin so gut wie nichts.

Shoko Akikawa trug heute eine perfekt sitzende hellgraue Hose und flache schwarze Schuhe, die sorgfältig geputzt waren. Dazu eine lange weiße Strickjacke. In der Hand hielt sie eine schwarze Lacktasche. Frauen hatten ja meist so etwas in der Hand. Was sich wohl darin befinden mochte? Marie trug nichts bei sich. Sonst hatte sie die Hände immer in den Hosentaschen, aber das ging ja heute nicht, also ließ sie sie herunterhängen.

Ungeachtet des Altersunterschieds sahen Tante und Nichte gleichermaßen gut aus. Als ich die beiden hübschen Frauen durch den Spalt im Vorhang beobachtete, erschien es mir, als würden sie die Welt ein wenig heller machen. Als wären Weihnachten und Neujahr auf einen Tag gefallen.

Es läutete, und ich ging an die Tür. Shoko Akikawa begrüßte mich höflich. Ich bat die beiden ins Haus. Marie hatte die Lippen zusammengepresst und sagte kein einziges Wort. Als hätte man ihre Ober- und Unterlippe zusammengenäht. Sie war wirklich ein willensstarkes Mädchen. Hatte sie einmal einen Entschluss gefasst, wich sie nicht mehr davon ab.

Wie üblich führte ich die beiden ins Wohnzimmer. Als Shoko Akikawa zu länglichen Entschuldigungen ansetzte, welche Umstände sie mir wieder bereiteten und so weiter, unterbrach ich sie. Für gesellschaftliche Konventionen war jetzt nicht der rechte Augenblick.

Ich kam gleich zur Sache. »Wenn Sie nichts dagegen haben, würde ich gern eine Weile allein mit Marie sprechen«, sagte ich. »Ich glaube, es wäre das Beste, wenn Sie in zwei Stunden wiederkämen. Ginge das?«

»Ja, natürlich«, sagte die jugendlich wirkende Tante ein wenig verwirrt. »Das ist mir recht, wenn es Marie recht ist.«

Marie rang sich zu einem winzigen Nicken durch.

Shoko Akikawa sah auf ihre zierliche silberne Uhr. »Dann komme ich gegen fünf zurück. In der Zwischenzeit bin ich zu Hause. Rufen Sie mich bitte an, wenn etwas sein sollte.«

Ich versprach es.

Wortlos ihre schwarze Lacktasche umklammernd, stand Shoko Akikawa da, als hätte sie noch etwas auf dem Herzen. Gleich darauf seufzte sie, als hätte sie es sich anders überlegt, und ging mit einem liebenswürdigen Lächeln durch die Tür. Der Motor ihres Prius sprang an (oder wahrscheinlich tat er das, denn er war kaum zu hören), und der Wagen war bald unseren Blicken entschwunden. Marie und ich waren allein im Haus.

Sie setzte sich aufs Sofa, die Lippen aufeinandergepresst, den Blick auf die fest geschlossenen, von der Strumpfhose umhüllten Knie gerichtet. Ihre weiße Rüschenbluse war sorgfältig gebügelt.

Eine Zeit lang herrschte tiefes Schweigen.

»Du brauchst gar nichts zu sagen«, brach ich das Eis. »Wenn du lieber schweigen willst, kannst du das tun, solange du willst. Du kannst dich entspannen. Ich rede, und du brauchst nur zuzuhören. Einverstanden?«

Marie sah, ohne etwas zu sagen, zu mir auf. Weder nickte sie, noch schüttelte sie den Kopf. Sie sah mich nur an. Ihr Blick war völlig ausdruckslos. Als ich ihr ins Gesicht sah, war mir, als würde ich einen großen, fahlen Wintermond betrachten. Vielleicht hatte sie ihre Gefühle momentan in einen harten Gesteinsbrocken eingeschlossen, der am fernen Himmel stand.

»Aber zuerst einmal brauche ich deine Hilfe«, sagte ich. »Können wir ins Atelier gehen?«

Als ich von meinem Stuhl aufstand, erhob auch sie sich vom Sofa und folgte mir ins Atelier. Es war kalt dort, und ich zündete als Erstes den Ölofen an. Ich zog die Vorhänge auf und ließ die helle Nachmittagssonne herein, die auf den Hängen lag. Auf der Staffelei stand ihr Porträt. Es war fast fertig. Marie warf einen Blick auf das Bild, wandte ihn jedoch gleich wieder ab, als hätte sie etwas gesehen, das sie nicht sehen sollte.

Ich bückte mich zu Tomohiko Amadas *Die Ermordung des Commendatore* hinunter, zog das Tuch weg und hängte das Bild an die Wand. Ich bedeutete Marie, sich auf den Hocker zu setzen, damit sie es von vorn betrachten konnte.

»Du hast dieses Bild schon einmal gesehen, nicht wahr?«

Marie nickte.

»Es trägt den Titel *Die Ermordung des Commendatore*. So stand es zumindest auf seiner Verpackung. Wann Tomohiko Amada es gemalt hat, weiß ich nicht, aber er hat dabei ein enormes Maß an Perfektion erreicht. Die Komposition ist hervorragend, und auch technisch ist es vollkommen. Besonders die Art, in der ihm die Personen gelungen sind, ist äußerst lebendig und überzeugend.«

Ich machte eine Pause, damit meine Erklärungen in Maries Bewusstsein vordringen konnten. Dann fuhr ich fort.

»Aber das Bild war die ganze Zeit auf dem Dachboden hier im Haus versteckt. Auf dem Papier, in das es eingeschlagen war, damit niemand es sieht, hatte sich in all den Jahren eine ganze Menge Staub gesammelt. Ich habe es zufällig entdeckt und hierher ins Atelier gebracht. Wahrscheinlich sind außer seinem Schöpfer wir die Einzigen, die dieses Bild je gesehen haben. Deine Tante müsste es damals auch gesehen haben, aber es scheint ihr nicht aufgefallen zu sein. Warum Tomohiko Amada es auf dem Speicher versteckt hatte, weiß ich nicht. Man fragt sich wirklich, warum er ausgerechnet dieses wunderbare Meisterwerk vor allen versteckt hielt.«

Marie saß stumm auf dem Hocker, den Blick mit großem Ernst auf *Die Ermordung des Commendatore* gerichtet.

»Nachdem ich es entdeckt hatte, geschah ein seltsames Ereignis nach dem anderen, als hätte es das Signal dazu gegeben. Mitten in der Nacht hörte ich es plötzlich irgendwo läuten, und als ich dem Geräusch folgte, kam ich zu der Grube. Besser gesagt: Das Läuten schien unter den Steinen hervorzukommen, die man darüber aufgetürmt hatte. Sie waren viel zu groß und zu schwer, um sie mit bloßen Händen beiseitezuräumen. Herr Menshiki hat dann einen Gartenbauunternehmer beauftragt, sie mit einem Bagger zu entfernen. Warum er diese Mühe auf sich nahm, ist mir bis heute unklar. Aber jedenfalls hat er die ganze Aktion bezahlt und die Steine entfernen lassen. Dabei kam diese runde, sorgfältig gemauerte Steinkammer von fast zwei Metern Durchmesser zum Vorschein. Es ist ein Rätsel, zu welchem Zweck man sie angelegt hat. Natürlich hast du sie dir inzwischen auch angesehen, stimmt's?«

Marie nickte.

»Nachdem die Grube geöffnet worden war, erschien der Commendatore. Derselbe, der hier auf dem Bild ist.«

Ich deutete auf das Bildnis des Commendatore. Marie musterte ihn, aber ihr Gesicht blieb ausdruckslos.

»Er sah genauso aus und trug auch die gleiche Kleidung. Allerdings war er nur sechzig Zentimeter groß, aber normal proportioniert. Und er sprach auf eine eigentümliche Weise. Aber außer mir hat ihn anscheinend nie jemand gesehen. Er selbst sagte, er sei eine Idee. Und dass er in der Grube eingesperrt gewesen sei. Menshiki und ich hätten ihn daraus befreit. Weißt du, was eine Idee im platonischen Sinne ist?«

Sie schüttelte den Kopf.

»Eine Idee ist, vereinfacht gesagt, ein Begriff. Doch nicht alle Begriffe sind Ideen. Zum Beispiel ist die Liebe an sich wahrscheinlich keine Idee. Aber das, was Liebe entstehen lässt, ist fraglos eine Idee. Das heißt, ohne Idee existiert keine Liebe. Aber es wird uferlos, wenn man einmal anfängt, darüber zu reden. Und ehrlich gesagt, kann ich auch gar nicht präzise definieren, was eine Idee ist. Jedenfalls ist ›Idee‹ ein metaphysischer Begriff, und so ein Begriff ist gestaltlos. Er ist nur etwas Symbolisches. Weil eine Idee demnach unsichtbar ist, hat diese Idee die Gestalt des Commendatore aus dem Bild angenommen, sie sich sozusagen ausgeliehen, und ist mir erschienen. Kannst du mir so weit folgen?«

»Einigermaßen.« Marie machte zum ersten Mal den Mund auf. »Ich hab den auch gesehen.«

»Du hast den Commendatore gesehen?« Verblüfft sah ich ihr ins Gesicht. Einen Moment lang war ich sprachlos. Dann erinnerte ich mich daran, was der Commendatore in dem Heim auf dem Plateau von Izu zu mir gesagt hatte. *Ich bin ihr ja gerade erst begegnet.* Und auch, dass er kurz mit ihr gesprochen habe.

»Du hast ihn also getroffen?«

Marie nickte.

»Wann? Wo?«

»Bei Herrn Menshiki«, sagte sie.

»Was hat er zu dir gesagt?«

Marie presste wieder die Lippen aufeinander. Offenbar hieß das, dass sie nicht die Absicht hatte, es mir zu erzählen. Deshalb gab ich es auf, weiter in sie zu dringen.

»Es sind auch noch andere Leute aus diesem Bild aufgetaucht«, sagte ich. »Hier, der Mann mit dem Bart am linken unteren Bildrand.«

Ich deutete auf Langgesicht. »Ich habe ihn ›Langgesicht‹ getauft. Er ist jedenfalls eine sehr seltsame Erscheinung, kompakt und etwa siebzig Zentimeter groß. Auch er ist aus dem Bild gestiegen. Er hat, genau wie dort, eine Klappe im Boden aufgedrückt und mich durch sie in die Unterwelt gebracht. Besser gesagt: Ich war gezwungen, mich von ihm führen zu lassen.«

Marie betrachtete ihn für eine Weile eingehend. Natürlich ohne etwas zu sagen.

Ich fuhr fort. »Also wanderte ich durch diese in Dämmerlicht getauchte Unterwelt und passierte, nachdem ich einen Hügel überquert hatte, einen reißenden Fluss. Am anderen Ufer traf ich eine hübsche junge Frau. Das ist sie. Sie tritt in Mozarts Oper *Don Giovanni* auf und heißt Donna Anna. Natürlich war auch sie die Miniaturausgabe dieser Dame. Sie führte mich in einer Höhle zu einem Seitengang. Gemeinsam mit meiner verstorbenen Schwester ermutigte sie mich, durch diesen Gang zu kriechen. Ohne die beiden hätte ich das nie geschafft und wäre noch immer in der Unterwelt gefangen. Und möglicherweise (das ist natürlich eine reine Vermutung) handelte es sich bei Donna Anna um Tomohiko Amadas Freundin aus der Zeit, in der er als junger Mann in Wien studierte. Sie wurde vor fast siebzig Jahren wegen einer politischen Straftat hingerichtet.«

Marie betrachtete Donna Anna mit einem Blick, der natürlich weiter so unergründlich war wie der bleiche Wintermond.

Oder war Donna Anna vielleicht Marie Akikawas von den

Wespen getötete Mutter, die Marie beschützen wollte? Eventuell verkörperte Donna Anna verschiedene Personen in einer? Doch diese Theorie behielt ich natürlich für mich.

»Und hier ist noch jemand«, sagte ich und drehte *Mann mit weißem Subaru Forester* um, das mit dem Gesicht zur Wand auf dem Boden gestanden hatte. In den Augen eines Außenstehenden wirkte es wohl lediglich wie eine mit drei Farben beschmierte Leinwand. Doch hinter den dicken Farbschichten verbarg sich der Mann mit dem weißen Subaru Forester. Sichtbar nur für mich.

»Dieses Bild hast du doch auch schon mal gesehen, oder?«

Marie nickte kurz, ohne etwas zu sagen.

»Du sagtest damals, das Porträt dieses Mannes sei bereits fertig und ich könne es so lassen.«

Marie nickte erneut.

»Ich bin diesem ›Mann mit dem weißen Subaru Forester‹, wie ich ihn nenne, in einer kleinen Stadt an der Küste der Präfektur Miyagi begegnet. Zweimal habe ich ihn dort gesehen. Es war eine sehr rätselhafte und bedeutungsvolle Begegnung für mich. Dabei habe ich keine Ahnung, wer dieser Mensch ist. Ich kenne nicht einmal seinen Namen. Doch irgendwann wurde mir klar, dass ich ihn malen musste. Das Bedürfnis war *unwiderstehlich*. Also fing ich damit an, konnte aber das Bild nicht beenden. Deshalb ist es bei diesem Gemisch aus Farben geblieben.«

Maries Lippen waren noch immer zu einer Linie zusammengepresst. Dann schüttelte sie den Kopf. »Er macht mir wirklich Angst«, sagte sie.

»Er?«, fragte ich und folgte ihrem Blick, der auf dem Bild ruhte. »Der Mann mit dem weißen Subaru Forester?«

Marie nickte knapp. Anscheinend konnte sie sich gar nicht von dem Bild losreißen.

»Kannst du denn einen Mann erkennen?«

Sie nickte. »Ja. Er steht hinter der Farbe und sieht mich an. Er trägt eine schwarze Mütze.«

Ich nahm das Bild und drehte es wieder zur Wand.

»Interessant, dass du ihn erkennst. Normale Menschen würden ihn wahrscheinlich nicht sehen«, sagte ich. »Aber du solltest ihn jetzt nicht weiter betrachten. Wahrscheinlich brauchst du ihn noch nicht zu sehen.«

Marie nickte zustimmend.

»Ich weiß nicht einmal, ob der Mann mit dem weißen Subaru Forester wirklich existiert oder ob sich jemand oder etwas zeitweise seine Gestalt geliehen hat. So wie diese Idee die Gestalt des Commendatore. Oder er ist nur eine Projektion meiner selbst. Aber in der wahren Dunkelheit ist er vielleicht nicht nur eine Projektion, sondern *etwas*, das fühlt, sich bewegt und lebendig ist. Die Bewohner der Unterwelt nennen so etwas eine ›Doppelmetapher‹. Ich werde dieses Bild irgendwann fertigstellen. Doch jetzt ist es noch zu früh. Und zu gefährlich. Es gibt Dinge auf dieser Welt, die man nicht leichtfertig ans Licht bringen darf. Aber ich ...«

Marie sah mir unverwandt ins Gesicht, ohne etwas zu sagen, und ich konnte meine Erklärung nicht mehr richtig fortsetzen.

»... Jedenfalls habe ich mithilfe verschiedener Personen diese Unterwelt durchquert, bin durch einen stockdunklen, engen Tunnel gekrochen und wieder in der Realität gelandet. Und fast zur selben Zeit bist auch du von dort, wo auch immer du warst, freigekommen und nun wieder hier. Ich kann mir nicht vorstellen, dass diese Übereinstimmung nur ein Zufall ist. Du warst ab Freitag ungefähr vier Tage lang verschwunden. Ich war ab Samstag für drei Tage verschwunden. Und beide sind wir am Dienstag *zurückgekehrt*. Zwischen diesen Ereignissen muss es doch einen Zusammenhang geben. Und der Commendatore ist sozusagen das Bindeglied. Leider ist er nicht mehr auf dieser Welt. Er hat seine Rolle erfüllt und sie verlassen. Wir beide werden den Kreis allein schließen müssen. Glaubst du mir, was ich sage?«

Marie nickte.

»Das war es, was ich dir zu sagen hatte. Deshalb wollte ich mit dir allein sein.«

Marie sah mich weiter an.

»Zwar ist das alles die Wahrheit«, fuhr ich fort, »aber ich kann mir nicht vorstellen, dass jemand anderes in der Lage wäre, diese Geschichte zu verstehen. Man würde mich höchstens für verrückt halten. So ungeheuerlich und realitätsfern ist sie. Aber ich dachte, du würdest mir sicher glauben. Und außerdem musste ich der Person das Bild von der *Ermordung des Commendatore* zeigen. Weil die Geschichte sonst nicht zustande kommt, verstehst du? Doch ich wollte das Bild niemand anderem außer dir zeigen.«

Marie sah mich schweigend an. Es schien, als würden ihre Augen allmählich wieder lebendig.

»Tomohiko Amada hat seine ganze Seele in dieses Bild gelegt. Seine tiefsten Gedanken und Gefühle darin ausgedrückt. Es mit seinem Herzblut gemalt. Es ist die Art von Bild, die man nur ein Mal in seinem Leben malen kann. Er hat es für sich und die Menschen gemalt, die nicht mehr auf der Welt sind, sozusagen zur Purifikation. Um das viele Blut, das vergossen wurde, abzuwaschen.«

»Purifikation?«

»Zur Reinigung. Für seinen Seelenfrieden und den der Toten. Um die Wunden zu heilen. Lob oder Kritik der Öffentlichkeit und finanzieller Gewinn spielten dabei nicht die geringste Rolle für ihn. Vielmehr war die Erschaffung dieses Bild etwas, das er tun musste. Ihm genügte es, dass er es gemalt hatte und es somit irgendwo auf dieser Welt existierte. Auch wenn es verpackt auf dem Dachboden stand, wo niemand es sehen konnte. Und ich möchte seinen Willen respektieren.«

Eine Zeit lang herrschte tiefe Stille.

»Du hast schon früher oft in dieser Gegend gespielt. Und bist auf deinem Geheimpfad hierhergekommen, stimmt's?«

Marie nickte.

»Bist du Tomohiko Amada damals irgendwann begegnet?«

»Ich habe ihn gesehen, aber nie mit ihm gesprochen. Habe nur heimlich von Weitem beobachtet, wie er malte. Immerhin war ich auf seinem Grundstück. Unerlaubt.«

Ich nickte. Ich konnte mir lebhaft vorstellen, wie Marie, im Gebüsch verborgen, heimlich ins Atelier spähte, während Tomohiko Amada völlig versunken auf seinem Hocker saß und mit dem Pinsel hantierte. Vermutlich kam er überhaupt nicht auf den Gedanken, dass jemand ihn beobachten könnte.

»Sie haben gesagt, Sie bräuchten meine Hilfe«, sagte Marie.

»Stimmt«, sagte ich. »Du sollst mir helfen, die beiden Bilder zu verpacken und auf den Dachboden zu bringen. *Die Ermordung des Commendatore* und *Mann mit weißem Subaru Forester*. Denn ich glaube, wir brauchen sie jetzt nicht mehr. Geht das?«

Marie nickte stumm. Eigentlich hätte ich das auch alleine geschafft, aber ich wünschte mir einen Augenzeugen und Mitwisser. Jemanden, der verschwiegen war und mit dem ich das Geheimnis teilen konnte.

Also holte ich Kordel und ein Teppichmesser aus der Küche. Marie und ich verpackten zunächst *Die Ermordung des Commendatore*. Wir schlugen das Bild behutsam in das ursprüngliche braune Packpapier ein, verschnürten es, wickelten es in das weiße Tuch und legten noch ein Stück Kordel darum, das wir fest verknoteten, sodass niemand es so leicht entfernen konnte. Die Farben von *Mann mit weißem Subaru Forester* waren noch nicht ganz trocken, weshalb wir es nur lose einschlugen. Anschließend brachten wir die Bilder in den Wandschrank im Gästezimmer, wo ich auf die Trittleiter stieg, die Luke zum Dachboden öffnete (sie hatte wirklich große Ähnlichkeit mit der von Langgesicht) und auf den Dachboden hinaufkletterte. Es war kühl dort oben, aber es war eine eher angenehme trockene Kühle. Marie reichte mir zuerst *Die Ermordung des Commendatore* hinauf und als Nächstes den *Mann mit weißem Subaru Forester*. Ich lehnte die beiden Bilder nebeneinander an die Wand.

In dem Moment merkte ich, dass ich nicht allein auf dem Dachboden war. Ich spürte eine weitere Präsenz und hielt unwillkürlich den Atem an. Eine Eule. Vermutlich die, die ich schon beim ersten Mal hier gesehen hatte. Der Nachtvogel saß auf dem gleichen Balken und schlief. Meine Anwesenheit schien ihn nicht zu stören. Alles wie beim letzten Mal.

»Komm doch mal rauf«, sagte ich leise zu Marie. »Ich zeige dir etwas Schönes. Aber du musst ganz leise sein.«

Sie stieg vorsichtig die Leiter hinauf und spähte durch die Luke auf den Dachboden. Ich zog sie mit beiden Händen hoch. Der Boden war mit einer dünnen, hellen Staubschicht bedeckt, die ihren neuen Wollrock beschmutzte, aber das schien ihr nichts auszumachen. Ich ging in die Hocke und deutete auf den Balken mit der Eule. Marie kniete sich neben mich und betrachtete sie fasziniert. Der Vogel hatte eine sehr hübsche Form. Beinahe wie eine geflügelte Katze.

»Diese Eule lebt schon die ganze Zeit hier«, flüsterte ich ihr zu. »Nachts jagt sie im Wald nach ihrer Beute, und morgens kommt sie zurück, um hier zu schlafen. Da drüben fliegt sie rein und raus.«

Ich deutete auf den Riss in der Drahtverkleidung vor der Lüftung. Marie nickte. Ich spürte ihren leisen, ruhigen Atem an meinem Ohr.

Eine Zeit lang beobachteten wir stumm die Eule, ohne uns auch nur zu bewegen. Sie schlief in aller Ruhe weiter und nahm keine Notiz von uns. Wir teilten dieses Haus in stillschweigender Übereinkunft. Als Geschöpfe des Tages und der Nacht teilten wir das Reich des Bewusstseins in zwei Hälften.

Marie schob ihre kleine Hand in meine und legte den Kopf an meine Schulter. Ich drückte leicht ihre Hand, wie ich es früher auch bei meiner Schwester Komi getan hatte. Wir hatten uns gut verstanden. Es war uns leichtgefallen, einander unsere Gefühle zu übermitteln. Bis der Tod uns trennte.

Ich spürte, dass Maries Anspannung nachließ. Ihre verkrampfte Haltung lockerte sich allmählich. Ich streichelte ihr den Kopf, der noch an meiner Schulter lag. Ihr glattes, weiches Haar. Als ich ihre Wange berührte, merkte ich, dass sie weinte. Wie Herzblut liefen ihr die heißen Tränen übers Gesicht, während ich sie so umarmt hielt. Diese Tränen waren wohl schon sehr lange überfällig, aber sie hatte nie richtig weinen können. Die Eule und ich wachten über das junge Mädchen.

Die Nachmittagssonne fiel schräg durch den Riss in der Drahtverkleidung. Um uns herum gab es nur Stille und weißen Staub. Stille und Staub, gesandt aus einer fernen alten Zeit. Es war kein Wind zu hören. Und die Eule auf ihrem Balken hütete stumm die unendliche Weisheit des Waldes. Auch die Weisheit stammte aus einer fernen alten Zeit.

Marie Akikawa weinte lange und lautlos. Nur an dem leichten Zittern ihres Körpers erkannte ich, dass sie nicht aufhörte. Ich strich ihr weiter sanft übers Haar. Als würden wir den Fluss der Zeit stromaufwärts gehen.

60 WENN MAN EINEN ZIEMLICH LANGEN ARM HÄTTE

»Ich war bei Herrn Menshiki. Die ganzen vier Tage«, sagte Marie, als sie, nachdem sie lange geweint hatte, wieder sprechen konnte.

Wir waren im Atelier. Marie saß, die Knie unter dem blauen Rock zusammengepresst, auf dem runden Hocker. Ich stand an den Fensterrahmen gelehnt. Sie hatte sehr hübsche Beine, wie ich trotz der dicken Strumpfhose sehen konnte. Später, wenn sie etwas älter wäre, würden sie sicher die Blicke vieler Männer auf sich ziehen. Wenn sich auch ihre Brüste gerundet haben würden. Doch jetzt war sie noch ein verunsichertes junges Mädchen, verstört von seinem Eintritt ins Leben.

»Du warst bei Herrn Menshiki?«, fragte ich. »Das verstehe ich nicht. Kannst du mir das etwas genauer erklären?«

»Ich war in seinem Haus, weil ich ihn besser kennenlernen wollte. Vor allem wollte ich wissen, warum er jeden Abend mit dem Fernglas unser Haus beobachtet. Ich glaube sogar, er hat diese Villa extra gekauft, weil man von dort unser Haus so gut sehen kann. Es war mir total unverständlich, warum er das tun musste. So was ist doch nicht normal. Ich dachte, dafür müsste es doch einen tieferen Grund geben.«

»Deshalb hast du Herrn Menshiki zu Hause aufgesucht?«

Marie schüttelte den Kopf. »Ich habe ihn nicht aufgesucht. Ich habe mich bei ihm eingeschlichen. Heimlich. Aber dann kam ich nicht mehr heraus.«

»Du hast dich hineingeschlichen?«

»Ja, wie ein Einbrecher. Aber eigentlich hatte ich das gar nicht vor.«

Als am Freitag die Mittagspause in der Schule angefangen hatte, war sie durch den Hintereingang hinausgeschlüpft. Wenn ein Kind morgens fehlte, wurde die Familie benachrichtigt. Schlich es sich aber in der Mittagspause davon, um den Unterricht am Nachmittag zu schwänzen, wurde nicht zu Hause angerufen. Warum das so war, wusste niemand, aber so funktionierte das System. Da Marie so etwas noch nie gemacht hatte, vermutete sie, sie würde mit einer Ermahnung ihres Klassenlehrers davonkommen. Sie stieg also in den Bus und fuhr in Richtung ihres Zuhauses. Doch statt heimzugehen, kletterte sie den Hang zu Menshikis Villa hinauf.

Sie hatte ursprünglich gar nicht beabsichtigt, in die Villa einzudringen. Dieser Gedanke war ihr nicht einmal in den Sinn gekommen. Aber an der Tür klingeln und einen offiziellen Besuch bei Menshiki machen, das wollte sie auch nicht. Eigentlich hatte sie überhaupt keinen Plan. Sie war einfach nur von der weißen Villa angezogen worden wie ein Stück Eisen von einem starken Magneten. Aber das Rätsel um Menshiki konnte sie natürlich nicht lösen, indem sie den Zaun seines Hauses betrachtete. Das war ihr auch klar. Sie konnte ihre Neugier nicht zügeln, und ihre Füße marschierten fast wie von allein auf die Villa zu.

Um dorthin zu kommen, musste sie einen langen Hang hinaufsteigen. Wenn sie sich umdrehte, blitzte unter ihr das Meer zwischen den Bergen hervor. Menshikis Anwesen war von einem hohen Zaun umgeben. Zu beiden Seiten des soliden, elektronisch zu öffnenden Tores waren Überwachungskameras installiert. An einem der Pfeiler prangte der Aufkleber einer Sicherheitsfirma. Man konnte sich dem Haus kaum ungesehen nähern. Marie versteckte sich in einem Gebüsch unweit des Tores und wartete. Doch weder im Garten der Villa noch an der Einfriedung regte sich etwas. Niemand ging hinein oder kam heraus, und auch von innen war nicht das geringste Geräusch zu vernehmen. Sie lauerte etwa dreißig Minuten lang, ohne dass sich etwas tat, aber als sie schon aufgeben wollte, kam langsam ein Kleinlaster von einem Lieferdienst die Hangstraße hinauf. Er hielt vor dem Tor an, ein junger uniformierter Mann mit einem Clipboard stieg aus und drückte die an einem Pfeiler angebrachte Klingel. Jemand sagte etwas durch die Sprechanlage. Kurz darauf schwang das große Holztor langsam nach innen auf, und der Mann sprang eilig wieder in den Wagen und fuhr durch das Tor.

Marie hatte keine Zeit, lange zu überlegen. Sobald der Wagen hineingefahren war, sprang sie hinter dem Gebüsch hervor und rannte, so schnell sie konnte, durch das sich bereits schließende Tor. Das Timing war knapp, aber sie gelangte auf das Anwesen, bevor das Tor sich ganz geschlossen hatte. Mindestens eine der Überwachungskameras musste sie aufgenommen haben, aber es machte nicht den Anschein, als kontrollierte sie jemand. Viel mehr fürchtete sie sich vor Hunden. Vielleicht liefen irgendwelche Wachhunde frei hinter dem Zaun herum. Als sie durch das Tor gerannt war, hatte sie gar nicht daran gedacht. Erst nachdem es sich geschlossen hatte, fiel es ihr plötzlich ein. Es wäre nicht verwunderlich gewesen, wenn im Garten eines so großen Hauses Dobermänner oder Schäferhunde herumgelaufen wären. In dem Fall wäre sie geliefert gewesen. Sie konnte nicht mal gut mit Hunden umgehen. Doch glücklicherweise zeigte sich keiner.

Nicht einmal Vogelgezwitscher war zu hören. Außerdem war, als sie mit ihrer Tante hier gewesen war, nicht von Hunden die Rede gewesen.

Marie versteckte sich hinter dichten Pflanzen am Zaun. Ihre Kehle war schrecklich trocken. Wie ein Einbrecher hatte sie sich auf das Anwesen geschlichen. »Hausfriedensbruch« nannte man das wohl – auf jeden Fall verstieß sie gegen das Gesetz. Die Bilder auf der Kamera wären ein unerschütterlicher Beweis.

Sie war sich nicht mehr sicher, ob sie nicht einen Fehler gemacht hatte. Sie hatte gehandelt, ohne darüber nachzudenken, zu welchen Konsequenzen ihre Aktion führen konnte. Alles, was sie in dem Moment gedacht hatte, war gewesen, dass eine solche Gelegenheit nicht wiederkommen würde und sie sie ergreifen müsste. Sie hatte spontan gehandelt, statt logisch nachzudenken. Doch aus irgendeinem Grund bereute sie es nicht.

Aus ihrem Versteck sah sie den Lieferwagen die Auffahrt hinaufkommen. Das Tor schwang wieder langsam nach innen auf, und der Wagen fuhr hinaus. Wenn sie abhauen wollte, ging das nur jetzt. Sie hätte, während das Tor sich schloss, nach draußen rennen können und wäre wieder in Sicherheit gewesen. Und kein Einbrecher mehr. Aber sie tat es nicht. Sie hielt sich weiter im Gebüsch versteckt, sah zu, wie das Tor sich langsam schloss und biss sich dabei auf die Lippen.

Sie stoppte auf ihrer kleinen Casio G-Shock genau zehn Minuten ab, bevor sie ihr Versteck verließ. In gebückter Haltung, um den Kameras auszuweichen, lief sie den leicht abfallenden Hang hinunter auf die Haustür zu. Es war halb drei.

Was sollte sie tun, wenn Menshiki sie entdeckte? Sie überlegte. Aber sie traute sich zu, irgendwie aus der Sache herauszukommen, selbst wenn dieser Fall eintreten sollte. Menshiki schien großes Interesse (oder etwas Ähnliches) an ihr zu haben. Sie sei allein hergekommen, und weil das Tor zufällig offen gewesen war, sei sie hineinspaziert. Aus Spaß. Menshiki würde ihr bestimmt glauben, wenn sie das mit einigermaßen kindlicher Miene vorbrächte. Er schien irgendetwas *glauben zu wollen*, also würde er es auch tun, wenn sie ihm etwas erzählte. Was sie nicht beurteilen konnte, war, welcher Art sein »großes Interesse« war und ob es gut oder schlecht für sie war.

Wenn man der geschwungenen Auffahrt den Hang hinunter folgte, kam man zur Eingangstür. Neben der Tür war eine Klingel, die sie natürlich nicht drückte. Sie bewegte sich im Uhrzeigersinn entlang der Betonmauern des Gebäudes, indem sie die Wendemöglichkeit für die Autos weiträumig umging und sich dabei hinter Bäumen und Büschen versteckte. Neben dem Eingang befand sich eine Doppelgarage mit heruntergelassenem Rollladen. Ein Stück vom Haus entfernt kam sie an ein hübsches cottageartiges Gebäude. Es sah aus wie ein kleines Gästehaus. Ihm gegenüber lag ein Tennisplatz. Marie sah zum ersten Mal ein Haus, zu dem ein Tennisplatz gehörte. Mit wem Menshiki hier wohl Tennis spielte? Allerdings wirkte der Platz, als wäre er schon länger nicht benutzt worden. Das Netz war nicht gespannt, auf dem Boden lagen welke Blätter, und auch die weißen Markierungen waren beinahe verblasst.

Die Fenster der Villa zur Hangseite waren klein und sämtliche Jalousien heruntergelassen. Es war unmöglich, ins Haus zu schauen, aus dessen Innerem noch immer kein Laut zu vernehmen war. Auch kein Gebell. Hin und wieder zwitscherte ein Vogel im hohen Geäst. Hinter dem Haus stieß sie auf eine weitere Doppelgarage. Sie schien im Nachhinein angebaut. Offenbar hatte Menshiki eine Menge Platz für Autos.

Außerdem erstreckte sich an der Schräge des Hangs ein großer japanischer Garten mit einer Treppe. Zwischen kunstvoll arrangierten Felsen schlängelte sich ein kleiner Pfad. Hübsch gestutzte Azaleenbüsche zierten den Garten, und verschiedene Kiefern reckten ihre Äste in den Himmel. Etwas weiter stand eine Art Pavillon, in dem man eine Liege zum Ruhen und Lesen aufgestellt hatte. Einen kleinen Glastisch gab es auch. Hier und da hingen Laternen, und auch Gartenleuchten waren vorhanden.

Marie ging um das Haus herum, bis sie an der Talseite herauskam, wo die große Terrasse lag. Bei ihrem ersten Besuch hatte sie sich sie angeschaut. Von hier aus beobachtete Menshiki ihr Haus. Kaum dass sie sie betreten hatte, war ihr das klar gewesen. Sie hatte es förmlich gespürt.

Marie sah angestrengt in die Richtung ihres Hauses. Es lag direkt gegenüber auf der anderen Seite des Tals. Man hätte es fast berühren können (wenn man einen ziemlich langen Arm gehabt hätte). Von hier aus betrachtet, kam ihr Haus ihr sehr schutzlos vor. Als es gebaut worden war, hatte es auf Menshikis Seite des Tals noch gar keine Häuser gegeben. Erst später (allerdings auch schon vor zehn Jahren) waren die Bauvorschriften gelockert worden, sodass Leute auch hier angefangen hatten zu bauen. Aus diesem Grund war ihr Haus nicht so konstruiert, dass es vor Blicken vom gegenüberliegenden Hang geschützt war, und lag beinahe frei. Mit einem starken Fernglas oder Teleskop konnte man vermutlich direkt hineinsehen. Vielleicht sogar in ihr Zimmer. Natürlich war sie ein umsichtiges junges Mädchen. Weshalb sie, wenn sie sich umzog, immer die Vorhänge schloss. Allerdings konnte sie nicht völlig ausschließen, dass sie einmal nachlässig gewesen war. Was hatte Menshiki bisher gesehen?

Sie ging eine Außentreppe hinunter zum unteren Stockwerk, in dem sich das Arbeitszimmer befand, aber auch hier waren alle Jalousien heruntergelassen. Keine Chance, dort hineinzugelangen. Also stieg sie bis zur untersten Etage hinunter, in der sich hauptsächlich Wirtschaftsräume befanden: die Waschküche, das Bügelzimmer, ein Apartment für eine Haushälterin und auf der anderen Seite der ziemlich große Fitnessraum mit fünf oder sechs Geräten für ein Krafttraining. Im Gegensatz zum Tennisplatz schienen sie ausgiebig genutzt zu werden. Alle wirkten sorgfältig poliert und geölt. Auch ein großer Sandsack zum Boxen hing bereit. Dieses Stockwerk schien Menshiki weniger sorgfältig geheim zu halten. Mehrere Fenster hatten keine Vorhänge, sodass sie von außen hineinsehen konnte. Dennoch waren alle Türen und Glastüren fest verschlossen, und es gab auch hier keine Möglichkeit, ins Haus zu gelangen. Außerdem haftete an allen Türen der Aufkleber der Sicherheitsfirma, um potenzielle Einbrecher zu entmutigen. Bei jeglicher Gewaltanwendung würde sofort der Alarm der Sicherheitsfirma ausgelöst.

Das Haus war so ungeheuer groß, dass Marie sich kaum vorstellen konnte, dass auf dieser ganzen Fläche ein einzelner Mensch wohnte. Sein Leben musste sehr einsam sein. Das Haus war robust und aus Beton gebaut und durch allerlei Maßnahmen vor Eindringlingen geschützt. Nur von einem großen Wachhund war nichts zu sehen (vielleicht mochte der Besitzer auch keine Hunde), aber alle anderen Schutzvorkehrungen waren getroffen.

Was sollte sie jetzt tun? Ihr fiel überhaupt nichts ein. Ins Haus konnte sie nicht, das Anwesen verlassen auch nicht. Zweifellos hielt Menshiki sich momentan im Haus auf, denn er hatte ja den Schalter zum Öffnen des Tores bedient und den Lieferwagen hereingelassen. Und außer ihm lebte dort niemand. Abgesehen davon, dass einmal pro Woche ein Reinigungsdienst kam, betrat für gewöhnlich kein anderer Mensch sein Haus. Das hatte Menshiki ihrer Tante erzählt, als sie neulich hier gewesen waren.

Nicht genug damit, dass sie nicht ins Haus konnte, sie musste auch noch einen Platz finden, an dem sie sich hier draußen verstecken konnte. Wenn sie weiter nur so herumlungerte, würde man sie garantiert irgendwann entdecken. Auf der Suche nach einem Versteck fand sie in einem Winkel des japanischen Gartens einen unverschlossenen Werkzeugschuppen, in dem Gartengeräte, Schläuche und einige Säcke mit Dünger aufbewahrt wurden. Sie schlüpfte hinein und setzte sich auf die Säcke. Natürlich konnte man nicht behaupten, dass es besonders gemütlich war, aber immerhin würden sie die Kameras hier nicht aufspüren. Es war unwahrscheinlich, dass jemand in den Schuppen kam und sie fand. Irgendwann würde sich bestimmt etwas tun. Momentan blieb ihr jedenfalls nichts anderes übrig, als zu warten.

Obwohl sie bis auf Weiteres hier festsaß, empfand sie eine Art ausgelassenen Übermut. Als sie am Morgen nach dem Duschen nackt in den Spiegel gesehen hatte, war ihr aufgefallen, dass ihre Brüste ein klein wenig gewachsen waren. Vielleicht trug dieser Umstand zu ihrem Hochgefühl bei. Natürlich war es möglich, dass sie es sich nur eingebildet hatte, weil sie es sich so wünschte. Aber ganz gleich, aus welchem Winkel sie sich betrachtet hatte, und auch als sie die Stelle befühlt hatte, war es ihr vorgekommen, als wäre dort eine weiche Rundung entstanden, die es bisher nicht gegeben hatte. Ihre Brustwarzen waren noch klein (und kein Vergleich zu denen ihrer Tante, die an Olivenkerne denken ließen), aber sie hatten definitiv etwas Knospendes.

So vertrieb sie sich die Zeit im Schuppen mit Gedanken über die kleine Rundung ihrer Brust. Sie stellte sich vor, wie sie nach und nach größer wurde. Was es wohl für ein Gefühl war, voll entwickelte Brüste zu haben? Sie malte sich aus, wie es wäre, einen echten BH zu tragen wie ihre Tante. Aber das lag noch in ziemlich weiter Ferne. Sie hatte gerade erst in diesem Frühjahr ihre Periode bekommen.

Sie verspürte leichten Durst, aber ein wenig konnte sie schon noch durchhalten. Sie warf einen Blick auf ihre klobige G-Shock-Uhr. Fünf Minuten nach drei. Heute war Freitag, also Malkurs, aber sie hatte von Anfang an geplant zu schwänzen und ihren Malbeutel gar nicht mitgenommen. Wenn sie bis zum Abendessen nicht zu Hause war, würde ihre Tante sich bestimmt Sorgen machen. Sie musste sich noch eine Ausrede überlegen.

Wahrscheinlich war sie kurz eingeschlafen. Sie fand es unglaublich, dass sie an einem solchen Ort unter solchen Umständen hatte einschlafen können, und sei es auch für noch so kurze Zeit. Aber anscheinend war es doch geschehen. Es konnten höchstens fünf oder zehn Minuten gewesen sein, vielleicht noch weniger. Aber es war ein sehr tiefer Schlaf gewesen. Als sie hochschreckte, war sie ganz durcheinander und wusste einen Augenblick lang nicht, wo sie war und was sie dort tat. Es war, als hätte sie irgendeinen zusammenhanglosen Traum gehabt. Einen Traum, der etwas mit vollen Brüsten und Milchschokolade zu tun hatte. Speichel lief ihr im Mund zusammen. Dann erinnerte sie sich sofort. Sie hatte sich auf Menshikis Anwesen geschlichen und versteckte sich in einem Geräteschuppen im Garten.

Irgendein Geräusch hatte sie geweckt. Ein regelmäßiges mechanisches Geräusch. Genauer gesagt: das Geräusch, mit dem eine Garagentür sich öffnete. Der Rollladen der Garage neben der Haustür fuhr ratternd nach oben. Menshiki stieg in seinen Wagen, um irgendwohin zu fahren. Sie verließ sofort den Schuppen und schlich sich in Richtung des Hauses. Der Rollladen war oben und das Geräusch verstummte. Dann wurde der Motor des Wagens angelassen, und der silberfarbene Jaguar steckte langsam seine Schnauze aus der Garage. Menshiki saß auf dem Fahrersitz. Das Fenster war heruntergelassen, und sein weißes Haar glänzte hell in der Nachmittagssonne. Marie beobachtete ihn aus dem Gebüsch.

Hätte Menshiki den Kopf nach rechts gedreht, hätte er vielleicht einen Blick auf die im Gebüsch versteckte Marie erhaschen können, denn die Pflanzen waren etwas zu niedrig, um sie vollständig zu verdecken. Doch Menshiki sah nur geradeaus. Er schien, die Hände ans Steuer gelegt, konzentriert über etwas nachzudenken. Der Jaguar fuhr um die Kurve der Auffahrt und verschwand. Der Metallrollladen der Garage begann sich automatisch wieder langsam zu schließen. Sie rannte hinter dem Gebüsch hervor und rollte sich im letzten Augenblick noch rasch unter ihm hindurch. Wie Indiana Jones in dem Film *Jäger des verlorenen Schatzes*. Auch das war wieder ganz spontan. Etwas sagte ihr, dass sie durch die Garage ins Innere des Hauses gelangen könne. Die Sensoren der Garage reagierten kurzzeitig verwirrt, doch dann fuhr der Rollladen weiter herunter und hatte sich kurz darauf ganz geschlossen.

In der Garage stand ein weiterer Wagen, nämlich das schicke dunkelblaue Sportcabrio mit beigefarbenem Verdeck, das ihre Tante kürzlich so bewundert hatte. Da Marie sich nicht für Autos interessierte, hatte sie es damals kaum eines Blickes gewürdigt. Den langen Kühler zierte natürlich das Logo der Firma Jaguar. Auch Marie, die keine Ahnung von Autos hatte, konnte sich leicht vorstellen, dass dieser Wagen sehr kostspielig und wertvoll war.

In der Garage gab es eine Tür, die ins Haus führte. Sie war unverschlossen, wie sie feststellte, als sie vorsichtig den Knauf drehte. Sie stieß einen Seufzer der Erleichterung aus. Zumindest war die Tür offenbar tagsüber offen. Und das obwohl Herr Menshiki ein so vorsichtiger und argwöhnischer Mensch war. Das hatte sie nicht erwartet. Vielleicht hatte er Wichtigeres im Kopf gehabt. Anscheinend hatte sie Glück.

Sie betrat das Haus. Nicht wissend, wohin mit ihren Schuhen, beschloss sie, sie auszuziehen und in der Hand zu tragen. Sie konnte sie ja nicht stehen lassen.

Im Haus herrschte *absolute* Stille. Als würde alles darin den Atem anhalten. Jetzt, wo Menshiki ausgegangen war, konnte sie darauf vertrauen, dass außer ihr niemand im Haus war. Sie war ganz allein und hatte für eine Weile die Freiheit zu gehen, wohin, und zu tun, was sie wollte.

Beim ersten Mal hatte Menshiki sie ein wenig herumgeführt. Sie konnte sich nicht gut an alles erinnern. Sie ging zuerst in das riesige Wohnzimmer, das die Hälfte des Erdgeschosses einnahm. Von dort konnte man auf die weitläufige Terrasse hinausgehen. Sie hatte eine große Schiebetür aus Glas, und Marie zögerte, sie zu öffnen. Vielleicht schaltete Menshiki, wenn er ausging, die Alarmanlage ein. In dem Fall würde, sobald sie die Tür aufschob, eine Glocke schrillen. Und bei der Sicherheitsfirma würde eine Lampe aufblinken. Von dort würde man hier anrufen, um zu überprüfen, was los war. Der Angerufene müsste ein Passwort nennen. Die schwarzen Slipper noch in der Hand, überlegte Marie. Doch sie gelangte zu dem Schluss, dass Menshiki die Alarmanlage wahrscheinlich nicht eingeschaltet hatte. Denn wenn er nicht einmal die Tür zur Garage abgeschlossen hatte, beabsichtigte er wohl nicht, lange fortzubleiben. Vielleicht kaufte er irgendwo in der Nähe ein oder so etwas. Resolut löste Marie den Riegel von der Glastür und schob sie von innen auf. Sie wartete einen Moment lang, aber weder schrillte eine Alarmglocke, noch rief die Sicherheitsfirma an. Erleichtert legte sie sich die Hand auf die Brust (es wäre bestimmt kein Spaß gewesen, wenn die Sicherheitsfirma in ihrem Wagen angebraust gekommen wäre) und ging hinaus auf die Terrasse, wo sie ihre Schuhe auf den Boden stellte und das große Fernglas aus seiner Kunststoffhülle befreite. Sie wollte es auf dem Terrassengeländer abstützen, weil es für ihre Hände zu groß war, aber das klappte nicht. Als sie sich umschaute, entdeckte sie, dass eine Art Ständer an der Wand lehnte, der Ähnlichkeit mit einem Dreibein für einen Fotoapparat hatte. Er war wie das Fernglas von einem matten Olivgrün. Sie schraubte es auf diesen Ständer, setzte sich auf einen niedrigeren Metallhocker, der dort stand, und sah hindurch. Nun konnte sie es bequem einstellen. Vermutlich konnte man sie von gegenüber nicht sehen. Ganz bestimmt beobachtete Menshiki immer auf diese Weise die andere Seite des Tals.

Man konnte überraschend gut ins Innere ihres Hauses hineinspähen. Durch die Linse erschien alles sogar heller und deutlicher als in Wirklichkeit. Vermutlich verfügte das Fernglas über eine besondere Optik, die dies ermöglichte. Da die Vorhänge mehrerer Zimmer zur Talseite nicht zugezogen waren, war alles bis ins Detail sichtbar und zum Greifen nah. Man konnte sogar die Blumenvase auf dem Tisch und die Zeitschriften ausmachen. Ihre Tante musste eigentlich zu Hause sein, war aber nirgends zu sehen.

Wie sonderbar es war, aus so großer Entfernung in das eigene Haus zu blicken. Marie empfand ein starkes Gefühl von Entfremdung. So als wäre sie bereits gestorben (gehörte aufgrund unbekannter Umstände unversehens zum Kreis der Toten) und blickte aus dem Jenseits in das Haus, in dem sie einst gelebt hatte. Lange hatte sie dorthin gehört, doch nun war ihre Wohnstatt woanders, und jede Möglichkeit, an diesen vertrauten Ort zurückzukehren, war ihr für immer verwehrt.

Nun sah sie ihr Zimmer. Das Fenster lag direkt gegenüber, aber ihre orange gemusterten Vorhänge waren fest zugezogen. Die Sonne hatte sie schon ziemlich ausgebleicht, aber man konnte nicht hindurchsehen. Nur abends, wenn Licht im Zimmer brannte, erkannte man vielleicht die Silhouette der Person darin. Um zu erfahren, wie viel zu sehen war, hätte man nachts herkommen und durch das Fernglas schauen müssen. Marie ließ ihren Blick schweifen. Ihre Tante musste irgendwo im Haus sein, aber es war nichts von ihr zu sehen. Vielleicht bereitete sie hinten in der Küche das Abendessen vor. Oder sie hatte sich in ihrem Zimmer hingelegt. Diese Teile des Hauses waren jedenfalls von hier aus nicht zu sehen.

Plötzlich wallte ein heftiges Gefühl von Heimweh in ihr auf. Sie wollte nach Hause zurück, wollte auf ihrem gewohnten Stuhl im Esszimmer sitzen und heißen schwarzen Tee aus ihrer persönlichen Teetasse trinken. Wollte zusehen, wie ihre Tante in der Küche stand und Essen kochte. Wie schön das doch gewesen wäre. Bisher war ihr nie in den Sinn gekommen, dass sie sich einmal nach diesem Haus sehnen könnte, das sie die ganze Zeit für blöd und hässlich gehalten hatte. Ihr war es nahezu unerträglich erschienen, dort zu wohnen. Sie hatte sich immer gewünscht, möglichst schnell erwachsen zu werden, um es verlassen und in einer eigenen Wohnung nach ihrem Geschmack leben zu können. Doch jetzt, als sie es von der anderen Seite des Tals durch die scharfe Linse des Fernglases betrachtete, wünschte sie sich sehnlichst in dieses Haus zurück. *Denn dort gehörte sie hin.* Dort war sie geschützt.

In diesem Moment nahm sie ein leises Brummen an ihrem Ohr wahr und ließ das Fernglas los. Etwas Schwarzes flog vor ihr durch die Luft. Eine Biene. Mit einem langen, großen Körper. Oder nein, eher eine Wespe. Eines von den aggressiven Biestern, die mit ihren Stacheln ihre Mutter getötet hatten. Voller Panik rannte Marie ins Haus, knallte die Glastür hinter sich zu und verriegelte sie. Die Wespe brummte noch eine Weile drohend vor der Scheibe herum und stieß sogar mehrmals gegen das Glas, bevor sie endlich aufgab und davonflog. Marie stieß einen Seufzer der Erleichterung aus. Sie war noch ganz außer Atem vor Schreck, und ihr Herz klopfte. Wespen gehörten zu den Dingen, vor denen sie sich auf der Welt am meisten fürchtete. Ihr Vater hatte sie immer wieder vor diesen furchterregenden Wesen gewarnt, und Marie hatte sich in einem Bestimmungsbuch mehrmals vergewissert, wie sie aussahen. Und unmerklich hatte die Furcht, eines Tages wie ihre Mutter von Wespen getötet zu werden, von ihr Besitz ergriffen. Zudem vermutete sie, von dieser eine Allergie gegen Wespengift geerbt zu haben. Natürlich musste jeder Mensch irgendwann einmal sterben, doch sollte dies sehr viel später geschehen. Sie wollte wenigstens einmal das Gefühl genießen, volle Brüste und richtige Brustwarzen zu haben. Vorher an Wespenstichen zu sterben wäre wirklich ein Elend.

Marie fand es besser, für alle Fälle erst einmal nicht nach draußen zu gehen. Dieses Vieh flog bestimmt noch irgendwo dort herum. Ihr war, als hätte das Biest es auf sie persönlich abgesehen. Also wollte sie nun, statt noch einmal auf die Terrasse zu gehen, das Haus genauer erkunden.

Zunächst drehte sie eine Runde durch das Wohnzimmer, in dem sich seit ihrem ersten Besuch nichts verändert hatte. Der große Steinway-Flügel stand an seinem Platz. Auf ihm lagen Noten: Inventionen von Bach, Sonaten von Mozart, kürzere Stücke von Chopin und so etwas. Keine technisch sehr schwierigen Werke. Doch allein sie spielen zu können war schon eine Leistung, das wusste Marie. Sie hatte früher einmal Klavierstunden gehabt (aber kaum Fortschritte gemacht, denn sie hatte sich eher zur Malerei hingezogen gefühlt).

Auf der Marmorplatte des Kaffeetischchens lag ein Stapel Bücher, die Menshiki offenbar gerade las, denn in allen steckten Lesezeichen. Ein Buch über Philosophie, eines über Geschichte und zwei Romane (von denen einer auf Englisch geschrieben war). Sie kannte keinen der Titel und hatte auch die Namen der Autoren noch nie gehört. Sie blätterte ein wenig darin herum, aber keines dieser Bücher interessierte sie. Der Hausherr las anscheinend gern schwierige Bücher und übte klassische Musikstücke auf seinem Flügel. Und in den Pausen beobachtete er ihr Haus auf der anderen Seite des Tals.

War er einfach nur pervers? Oder gab es einen schlüssigen Grund für sein Verhalten? Interessierte er sich für ihre Tante? Oder für sie selbst? Oder für beide (auch das war sicher eine Möglichkeit)?

Sie beschloss, als Nächstes die Räume ein Stockwerk tiefer in Augenschein zu nehmen. Sie ging die Treppe hinunter und betrat zuerst das Arbeitszimmer, in dem Menshikis Porträt hing. In der Mitte des Raumes stehend, betrachtete sie es. Sie hatte das Bild schon beim ersten Mal gesehen (aus diesem Grund waren sie damals hergekommen). Doch jetzt, bei genauerer Betrachtung, bekam sie allmählich das Gefühl, Menshiki sei tatsächlich anwesend. Also wandte sie den Blick ab und inspizierte die einzelnen Gegenstände auf seinem Schreibtisch, wobei sie es nach Möglichkeit vermied, das Bild anzusehen. Er hatte einen leistungsstarken Desktop-Computer von Apple, der nicht eingeschaltet war. Der Zugang war bestimmt extrem geschützt, sodass sie nie hineinkäme. Viel mehr lag nicht auf dem Schreibtisch. Ein Kalender mit Tagesübersicht, in den jedoch außer ein paar unverständlichen Zeichen und Zahlen nichts eingetragen war. Vermutlich gab Menshiki seinen eigentlichen Terminplan in den Computer ein, der mit anderen Geräten synchronisiert und gegen jeden Angriff von außen gesichert war. Er war ein sehr wachsamer Mensch, der keine Spuren hinterließ, schon gar nicht aus Nachlässigkeit.

Sonst lag auf der Schreibtischplatte nur noch ganz normales Briefpapier, wie es sich in jedem Büro fand. Alle Bleistifte hatten in etwa die gleiche Länge und waren sauber gespitzt. Die Büroklammern waren ordentlich nach Größe sortiert. Ein weißer Notizblock wartete geduldig darauf, dass etwas auf ihm notiert wurde. Eine Digitaluhr zeigte präzise die Zeit an. Alles war geradezu beängstigend exakt und gut organisiert. *Als wäre er ein Android,* dachte Marie. *Dieser Herr Menshiki hat definitiv etwas Sonderbares an sich.*

Natürlich waren sämtliche Schreibtischschubladen verschlossen. Damit hatte sie gerechnet. Unmöglich, dass er sie nicht abschloss. Weiter gab es in dem Arbeitszimmer für sie nichts zu sehen. Weder die ordentlich in den Regalen aufgereihten Bücher und CDs noch die hochwertige Stereoanlage, die auf dem neusten Stand der Technik zu sein schien, erregten ihr Interesse. Sie waren nur weitere Belege für seinen Geschmack und seine Vorlieben. Was für ein Mensch er war, erfuhr man daraus nicht. Sie standen (wahrscheinlich) in keinerlei Beziehung zu seinem Geheimnis.

Marie verließ das Arbeitszimmer und öffnete einige Türen entlang des dämmrigen Korridors. Alle waren unverschlossen. Bei dem Besuch mit ihrer Tante hatte er ihnen diese Räume nicht gezeigt. Gesehen hatten sie nur das Wohnzimmer im Erdgeschoss und das Arbeitszimmer, das Speisezimmer und die Küche im unteren Geschoss (einmal hatte sie darum gebeten, das Bad im Erdgeschoss benutzen zu dürfen). Eine nach der anderen öffnete Marie nun die Türen zu den unbekannten Zimmern. Hinter der ersten befand sich Menshikis Schlafzimmer, sozusagen das Hauptschlafzimmer. Es war ziemlich groß, hatte einen begehbaren Wandschrank und ein Bad. Das große Doppelbett war akkurat gemacht. Eine Steppdecke lag darauf. Da Menshiki keine Haushälterin hatte, richtete er das Bett wohl selbst, was ihr nicht einmal verwunderlich erschien. Auf dem Kopfkissen lag sauber gefaltet ein einfarbig dunkelbrauner Schlafanzug. An den Wänden hingen mehrere kleine Holzschnitte, anscheinend vom selben Künstler. Am Kopfende des Bettes lag ebenfalls ein Buch, das er gerade las. Offenbar las er häufig und überall. Das Fenster war nicht besonders groß und zeigte zum Tal. Die Jalousie war heruntergelassen.

Marie öffnete die Tür zu dem geräumigen begehbaren Schrank. Reihenweise Kleidungsstücke hingen darin, allerdings nur wenige Anzüge, das meiste waren Jacketts oder lange Blazer. Auch Krawatten besaß er nicht im Überfluss. Offenbar benötigte er nicht so viel Garderobe für offizielle Anlässe. Alle Hemden waren wie frisch aus der Reinigung in Zellophan gehüllt. In dafür vorgesehenen Regalen reihten sich Straßenschuhe aus Leder sowie Sportschuhe aneinander, während an einer anderen Stelle verschiedene dicke Mäntel hingen. Seine sämtlichen Kleidungsstücke waren geschmackvoll, ordentlich sortiert und sehr gut gepflegt. Wie aus einem Modemagazin. Er besaß weder zu viel noch zu wenig. Alles im richtigen Maß.

Strümpfe, Taschentücher, Unterhosen und -hemden waren auf die Schubladen einer Kommode verteilt. Auch hier alles faltenlos glatt zusammengelegt und geordnet. In mehreren Schubladen lagen Jeans, Polohemden und Sweatshirts, eine besonders große war ausschließlich für Pullover reserviert. Es waren schöne Pullover in verschiedenen Farben, aber alle einfarbig. Doch in keiner der Schubladen fand sich ein Hinweis, der zur Lüftung von Menshikis Geheimnis hätte führen können. Alles war wunderbar sauber und unglaublich praktisch geordnet. Kein Stäubchen auf dem Boden und kein schief hängendes Bild an der Wand.

Doch eines war Marie nun eindeutig klar: Niemand konnte mit Menshiki zusammenleben. Für einen normalen Menschen war das völlig unmöglich. Ihre Tante war eine ziemlich ordentliche Frau, aber diesen Grad an Perfektion würde sie nie erreichen.

Der nächste Raum schien eine Art Gästezimmer zu sein. Ein frisch bezogenes Doppelbett stand darin bereit. Am Fenster gab es einen Schreibtisch mit zugehörigem Bürosessel. Auch ein kleines Fernsehgerät war vorhanden. Dennoch machte es nicht den Eindruck, als würden hier tatsächlich hin und wieder Gäste übernachten. Alles wirkte völlig unbenutzt. Vermutlich empfing Herr Menshiki niemals Gäste und hielt diesen Raum nur für alle Fälle (welche, konnte Marie sich nicht vorstellen) bereit.

Das Zimmer nebenan diente eigentlich nur als Abstellkammer. Möbel gab es nicht. Auf dem grünen Teppichboden standen etwa zehn Pappkartons, in denen sich nach ihrem Gewicht zu urteilen Papiere oder so etwas befanden. Sie waren mit Klebeband versiegelt und mit Aufklebern versehen, auf denen mit Kugelschreiber symbolische Zeichen notiert waren. Marie nahm an, dass es sich um berufliche Akten handelte. Möglicherweise bargen diese Kartons schwerwiegende Geheimnisse, die jedoch vermutlich nichts mit ihr, sondern eher mit Menshikis Geschäften zu tun hatten.

Keines der Zimmer war verschlossen. Sämtliche Fenster zeigten in Richtung Tal, und immer waren die Jalousien heruntergelassen. In dieser Etage gab es wohl niemanden, der sich nach hellem Sonnenschein und schöner Aussicht sehnte. Die Räume waren dämmerig und verströmten einen Geruch von Verlassenheit.

Das vierte Zimmer hingegen erregte Maries Neugier weit mehr. Der Raum selbst war nicht sonderlich interessant. Es standen so gut wie keine Möbel darin außer einem Küchenstuhl und einem kleinen, merkmalslosen Holztisch. Die Wände waren ebenfalls kahl, ohne ein einziges Bild. Die Schmucklosigkeit vermittelte den Eindruck, dass der Raum für gewöhnlich nicht benutzt wurde und quasi leer stand. Doch als sie probeweise die Tür des begehbaren Schrankes öffnete, fand sich Damengarderobe darin. Nicht besonders viel, aber alles, was eine erwachsene Frau für einen mehrtägigen Aufenthalt benötigte. Es musste also eine Frau geben, die regelmäßig hier übernachtete und deshalb ausreichend Kleidung in dem Schrank aufbewahrte. Marie runzelte unwillkürlich die Stirn. Ob ihre Tante wusste, dass Menshiki so eine Frau hatte?

Doch sofort wurde ihr klar, dass sie sich irrte. Sämtliche Kleidungsstücke, die dort auf den Bügeln hingen, waren längst aus der Mode gekommen. Die Kleider, Röcke und Blusen waren offenbar kostspielige und einstmals aktuelle Markenartikel, aber keine Frau hätte sie heute noch getragen. Marie kannte sich mit Mode überhaupt nicht aus, aber so viel wusste sie doch. Die Sachen waren wahrscheinlich zu einer Zeit vor ihrer Geburt en vogue gewesen. Außerdem rochen sie intensiv nach Mottenpulver. Sie mussten schon sehr lange hier hängen. Doch weil man sie so gewissenhaft geschützt hatte, war keine Spur von Insektenfraß daran zu entdecken. Nicht die kleinste Verfärbung war sichtbar, da man sie wohl auch den Jahreszeiten entsprechend gut gelüftet und verstaut hatte. Die Besitzerin der Kleidung trug Größe 32. Sie war vermutlich 1,55 Meter groß und hatte, der Weite ihrer Röcke nach zu schließen, eine ziemlich gute Figur. Schuhgröße 35.

Es gab noch ein paar Schubladen mit Unterwäsche, Strümpfen und Nachtwäsche, alles in Plastiktüten verpackt, damit es nicht einstaubte. Marie nahm einige Unterwäscheteile heraus. BH-Größe 65 C. Anhand der Körbchen stellte Marie sich den Busen der Frau vor. Er war wohl ein wenig kleiner als der ihrer Tante (die Form der Brustwarzen ließ sich natürlich nicht ermitteln). Die Unterwäsche war ausnahmslos fein und elegant und tendierte ein wenig in Richtung sexy. Es waren die hochwertigen Dessous einer finanziell gut gestellten Dame, die sie in einem speziellen Geschäft gekauft hatte, um sie für ihren Geliebten zu tragen. Reine Seide und Spitze, alles musste in lauwarmem Wasser mit der Hand gewaschen werden. Keine Wäsche, die man zum

Rasenmähen im Garten trug. Und alles von dem durchdringenden Geruch nach Mottenpulver getränkt. Marie faltete die Sachen wieder sorgsam zusammen, legte sie in ihre Plastikbeutel und schloss die Schublade.

Sie war zu dem Schluss gelangt, dass es sich hier um die Garderobe einer Frau handelte, mit der Menshiki einst – vielleicht vor fünfzehn oder zwanzig Jahren – intimen Umgang gepflegt hatte. Und diese Dame, die Kleidergröße 32, Schuhgröße 35 und BH-Größe 65 C trug, hatte diese geschmackvollen Kleidungsstücke aus irgendeinem Grund hiergelassen. Sie würde nicht wiederkommen. Doch warum hatte sie diese extravaganten Textilien zurückgelassen? Bei einer Trennung würde man so etwas doch normalerweise mitnehmen? Die Gründe waren Marie natürlich unbekannt. Auf alle Fälle bewahrte Menshiki diese wenigen Kleidungsstücke sehr sorgfältig auf. Hütete sie wie die Zwerge das legendäre Rheingold. Und manchmal kam er in dieses Zimmer, um sie zu betrachten und zu berühren. Wechselte je nach Jahreszeit den Insektenschutz (eine Aufgabe, die er nie jemand anderem überließ).

Wo war diese Frau jetzt? Und was tat sie? Vermutlich hatte sie einen anderen geheiratet. Oder sie war krank geworden oder bei einem Unfall ums Leben gekommen. Doch sie verfolgte Menshiki noch immer (natürlich hatte Marie keine Ahnung, dass diese Frau ihre eigene Mutter gewesen war, und *ich* hatte keinen Grund gesehen, es ihr mitzuteilen – dazu hatte allein Menshiki das Recht).

Marie fragte sich, ob Herr Menshiki ihr vielleicht doch etwas sympathischer sein sollte, weil er seit so vielen Jahren schon eine einzige Frau derart liebte und verehrte. Oder sollte sie ihn eher unheimlich finden, weil er die Kleidung dieser Frau so gewissenhaft hütete?

Als sie in ihren Gedanken so weit gekommen war, hörte sie plötzlich, wie der Rollladen der Garage nach oben fuhr. So sehr mit den Kleidern beschäftigt, hatte sie gar nicht bemerkt, dass das Tor sich geöffnet hatte und der Jaguar wieder da war. Sie musste schnellstmöglich die Flucht ergreifen. Irgendwo ein sicheres Versteck finden. In diesem Moment fiel ihr siedend heiß etwas ein. *Etwas furchtbar Wichtiges*. Panik überwältigte sie.

Sie hatte ihre Schuhe auf der Terrasse stehen lassen. Außerdem war das Fernglas noch auf den Ständer montiert. Aus lauter Angst vor der Wespe hatte sie alles stehen und liegen lassen, um ins Haus zu flüchten. Würde Menshiki auf die Terrasse gehen (was früher oder später geschehen musste), würde er sofort merken, dass in seiner Abwesenheit jemand in sein Haus eingedrungen war. Und an der Größe der schwarzen Slipper würde er auf den ersten Blick erkennen, dass es sich um ein junges Mädchen handelte. Menshiki war ein intelligenter Mann. Er würde nicht lange brauchen, um darauf zu kommen, dass es sich nur um Marie handeln konnte. Er würde jeden Winkel des Hauses durchsuchen und sie mühelos finden.

Sie hatte nicht mehr genug Zeit, um noch auf die Terrasse zu rennen, das Fernglas wieder in seine Hülle zu befördern und ihre Schuhe an sich zu raffen. Dabei würde sie nur auf Menshiki stoßen. Was sollte sie tun? Das Atmen fiel ihr schwer, ihr Herz hämmerte, und sie konnte sich nicht rühren.

Der Motor wurde abgeschaltet, der Rollladen schloss sich. Gleich würde Menshiki das Haus betreten. Was, um Himmels willen, sollte sie tun? Was nur? In ihrem Kopf herrschte völlige Leere. Sie ließ sich auf den Boden sinken, schloss die Augen und bedeckte ihr Gesicht mit den Händen.

»Am besten bleibt Ihr ganz ruhig hier sitzen«, sagte jemand.

Das bildete sie sich doch nur ein? Aber als sie die Augen öffnete, sah sie einen etwa sechzig Zentimeter großen älteren Mann in aller Ruhe auf einer kleinen Kommode sitzen. Sein grau meliertes Haar war oben auf dem Kopf zusammengebunden, er trug ein altertümliches weißes Gewand und um die Hüfte ein kleines Schwert. Kein Wunder, dass sie anfangs geglaubt hatte, sie halluziniere, bilde sich in ihrer ausufernden Panik Dinge ein, die es nicht gab.

»Ich bin keine Halluzination. Mitnichten«, erklärte der kleine Mann mit leiser, aber tragender Stimme. »Ich bin der Commendatore. Ich werde Euch helfen.«

61 EIN KLUGES, MUTIGES MÄDCHEN SEIN

»Ich bin keine Halluzination«, wiederholte der Commendatore. »Darüber, ob ich existiere oder nicht, sind die Meinungen geteilt, aber ein Trugbild bin ich jedenfalls nicht. Ich bin hier und werde Euch helfen. Ihr bedürft doch meiner Hilfe, nicht wahr?«

Marie vermutete, dass die Anrede ihr galt. Sie nickte. Seine Art zu reden war ziemlich sonderbar, aber er hatte recht. Sie brauchte wirklich Hilfe.

»Ich kann Eurem Wunsch, auf die Terrasse zu gehen und die Schuhe zu holen, jetzt nicht entsprechen«, sagte der Commendatore. »Auch die Sache mit dem Fernrohr müssen wir aufgeben. Doch seid unbesorgt. Ich werde alles tun, um den Menshiki von der Terrasse fernzuhalten. Zumindest eine Zeit lang. Ich fürchte allerdings, wenn die Sonne untergeht, wird mir das nicht mehr gelingen. Sobald es dunkel wird, wird er von dort mit seinem Fernglas zu Eurem Haus auf der anderen Seite des Tals hinübersehen. Das tut er jeden Tag. Bis dahin müssen wir das Problem lösen. Versteht Ihr, was ich sagen will?«

Marie nickte nur. Sie verstand ungefähr.

»Ihr bleibt jetzt eine Weile in diesem Schrank«, sagte der Commendatore. »Ihr gebt keinen Laut von Euch und rührt Euch nicht vom Fleck. Das ist der einzige Weg. Sobald der Moment günstig ist, sage ich Euch Bescheid. Bis dahin dürft Ihr Euch nicht von hier wegbewegen. Und auf keinen Fall irgendein Geräusch machen, was auch immer geschieht. Das versteht Ihr doch, nicht wahr?«

Marie nickte. Sie fragte sich, ob sie träume. Oder war der kleine Mann ein Elf?

»Ich bin weder ein Traum noch ein Elf.« Der Commendatore hatte natürlich ihre Gedanken gelesen. »Da ich eine Idee bin, habe ich in Wirklichkeit keine Gestalt. Doch da es unpraktisch wäre, nicht von Euch gesehen zu werden, habe ich vorübergehend das Äußere dieses Commendatore angenommen.«

Idee, Commendatore ... Marie wiederholte die beiden Begriffe im Geist, ohne sie auszusprechen. Er konnte ihre Gedanken lesen. Dann fiel es ihr plötzlich ein. Er war eine der Personen auf dem länglichen Nihonga-Gemälde, das sie im Haus von Tomohiko Amada gesehen hatte. Er musste dem Bild entstiegen sein. Deshalb war er so klein.

»Genau so ist es«, sagte der Commendatore. »Ich habe mir die Gestalt des Mannes auf dem Bild ausgeliehen. Dieses Commendatore. Was dieser Name bedeutet, weiß ich nicht genau. Aber so werde ich gegenwärtig genannt. Wartet jetzt hier. Seid ganz ruhig; wenn es so weit ist, hole ich Euch. Habt keine Angst. Diese Gewänder werden Euch beschützen.«

Er meinte wohl die Kleidungsstücke in dem Schrank. Die würden sie beschützen? Sie verstand nicht, wie das gemeint war, erhielt aber keine Antwort auf diese Frage, denn der Commendatore war bereits im nächsten Moment verschwunden. Hatte sich in Luft aufgelöst wie Wasserdampf.

Marie hielt in ihrem Schrank den Atem an. Wie der Commendatore sie geheißen hatte, bewegte sie sich nach Möglichkeit nicht und gab keinen Laut von sich. Menshiki war jetzt im Haus. Offenbar hatte er Einkäufe gemacht, denn es raschelte, als würde er Papiertüten tragen. Als er mit langsamen, durch die Hausschuhe gedämpften Schritten an dem Zimmer vorbeiging, in dem Marie sich versteckte, bekam sie für einen Moment keine Luft mehr.

Der Schrank hatte Lamellentüren, durch die nicht viel, aber ein wenig Licht hereinfiel. Der Raum war nicht sehr hell. Je näher der Abend rückte, desto dunkler würde es werden. Durch die Lamellen war nur ein Stück Teppichboden sichtbar. Es war eng in dem Schrank und roch stark nach Mottenpulver. Und sie war von lauter Wänden umgeben und konnte nirgendwohin flüchten. Am meisten Angst machte es dem jungen Mädchen, keinen Fluchtweg zu haben.

Wenn es so weit ist, hole ich Euch, hatte der Commendatore gesagt. Es blieb ihr nichts anderes übrig, als seinen Worten Glauben zu schenken und zu warten. Außerdem hatte er gesagt, die Gewänder würden sie beschützen. Damit hatte er wohl die Kleidungsstücke im Schrank gemeint. Alte Kleider, die irgendeine unbekannte Frau vor ihrer Geburt getragen hatte. Warum sollten die sie wohl beschützen? Sie streckte die Hand aus und berührte den Saum eines Kleids mit Blumenmuster vor ihr. Der rosafarbene Stoff umschmeichelte weich ihre Finger. Sie behielt ihn ein wenig in der Hand. Die Berührung schien sie aus irgendeinem Grund zu beruhigen.

Marie überlegte, ob sie das Kleid vielleicht anziehen sollte. Diese Dame und sie hatten anscheinend ungefähr die gleiche Größe. Weil sie natürlich keinen Busen hatte, musste sie sich dafür eine Lösung ausdenken. Jedenfalls hätte sie diese Sachen tragen können, hätte sie Lust dazu gehabt oder es aus irgendeinem Grund tun müssen. Bei diesem Gedanken klopfte ihr das Herz, auch wenn sie nicht wusste, warum.

Die Zeit verstrich. Im Zimmer wurde es zunehmend dunkler. Bald würde der Abend kommen. Es war schon zu dunkel, um die Zeiger ihrer Uhr zu erkennen. Sie schaltete die Beleuchtung des Zifferblatts ein. Beinahe halb fünf. Vermutlich ging die Sonne bereits unter. Die Tage wurden um diese Zeit zunehmend kürzer. Und wenn es dunkel wurde, ging Menshiki auf seine Terrasse hinaus, wo ihm sofort klar werden musste, dass jemand in sein Haus eingedrungen war. Bevor das geschah, musste die Angelegenheit mit den Schuhen und dem Fernglas erledigt sein.

Mit klopfendem Herzen wartete Marie darauf, dass der Commendatore sie holen kam. Aber er ließ sich nicht blicken. Vielleicht war die Sache nicht gut gelaufen, und Menshiki hatte ihm keine Gelegenheit gegeben. Außerdem hatte sie ja keine Ahnung, über welche Kräfte dieser Commendatore – oder diese sogenannte »Idee« – tatsächlich verfügte und inwieweit man sich auf ihn verlassen konnte. Doch im Augenblick hatte sie keine andere Möglichkeit, als ihm zu vertrauen. Auf dem Boden des Schranks sitzend, umschlang Marie mit beiden Armen ihre Knie und starrte durch die Lamellen auf den Teppichboden. Hin und wieder streckte sie die Hand nach dem weichen Saum des geblümten Kleids aus, griff danach wie nach einem Rettungsseil.

Als sich die Dunkelheit im Zimmer weiter vertieft hatte, hörte sie wieder Schritte im Flur. Sehr langsame, weiche Schritte. Sie kamen bis vor das Zimmer, in dem sie sich versteckte, und hielten plötzlich inne. Als hätte der Verursacher der Schritte irgendetwas gerochen. Ein Moment verging, dann hörte sie, wie die Tür geöffnet wurde. Die Tür zu diesem Zimmer. Kein Zweifel. Ihr gefror das Blut in den Adern, und ihr blieb beinahe das Herz stehen. Jemand (wahrscheinlich Menshiki, denn sonst war ja niemand im Haus) betrat den Raum und schloss langsam die Tür hinter sich. Klack. *Der Mann war im Zimmer.* Sie wusste, dass er genau wie sie den Atem anhielt, aufmerksam lauschte, die Atmosphäre sondierte. Der Mann schaltete das Licht nicht ein und spähte stattdessen im Halbdunkel des Zimmers umher. Warum schaltete er das Licht nicht ein? Würde man nicht als Erstes Licht machen? Was konnte der Grund dafür sein, dass er es nicht tat?

Marie starrte durch die Lamellen auf den Boden. Sobald er näher herankam, würde sie seine Fußspitzen sehen. Noch war nichts zu entdecken. Dennoch spürte sie die Gegenwart eines Menschen. Eines Mannes. Und dieser Mann – wahrscheinlich Menshiki (es sei denn, es war jetzt noch jemand anderes im Haus) – schien im Dunkeln auf die Schranktüren zu starren, weil er dort irgendetwas Fremdes wahrnahm, das sonst nicht da war. Gleich würde er die Tür öffnen. Anders konnte es nicht sein. Natürlich war sie unverschlossen und leicht zu öffnen. Er brauchte nur die Hand auszustrecken und sie aufzuziehen.

Seine Schritte kamen auf sie zu. Marie wurde von heftiger Panik ergriffen. Kalter Schweiß floss ihr in Strömen aus den Achselhöhlen. Ich hätte nicht herkommen sollen. Warum bin ich nicht brav zu Hause geblieben?, dachte sie. In dem vertrauten Haus am Berghang gegenüber. Hier lauerte *etwas Unheimliches*, das jetzt unweigerlich näher kam. Irgendein Bewusstsein war hier am Werk, zu dem auch diese Wespe gehörte. Und dieses *Etwas* streckte jetzt die Hand nach ihr aus. Zwischen den Lamellen wurden Fußspitzen sichtbar. Sie steckten in braunen Lederhausschuhen. Aber es war zu dunkel, um mehr zu erkennen.

Unwillkürlich umklammerte Marie den Saum des Kleids, das vor ihr hing. Des geblümten Kleids in Größe 32. Sie betete. Bitte hilf mir, beschütze mich, bitte.

Der Mann stand lange reglos vor den beiden Schranktüren. Kein Laut, nicht einmal sein Atem war zu hören. Ohne sich zu rühren, stand er da wie eine steinerne Statue. Es herrschte tiefe Stille, die Dunkelheit nahm zu. Das auf dem Boden kauernde Mädchen zitterte. Ihre Zähne begannen leise zu klappern. Sie wollte die Augen zusammenkneifen und sich die Ohren verstopfen. Sich in Gedanken an einen anderen Ort versetzen. Doch sie tat es nicht. Sie spürte, dass sie es nicht durfte. Ganz gleich, wie groß ihre Furcht war, sie durfte sich von ihr nicht beherrschen lassen. Sie durfte nicht empfindungslos werden. Nicht den Verstand verlieren. Deshalb klammerte sie sich fest an den weichen Stoff des rosa geblümten Kleids, während sie, die Ohren gespitzt, mit weit geöffneten Augen auf die Füße vor dem Schrank starrte.

Das Kleid würde sie beschützen. Daran glaubte sie fest. Die Kleider im Schrank waren ihre Verbündeten. Die Sachen in Größe 32, Schuhgröße 35 und BH-Größe 65 C versteckten sie und machten sie unsichtbar. *Ich bin nicht hier.*

Sie wusste nicht, wie viel Zeit vergangen war, denn die Zeit verlief nicht gleichförmig und besaß keine Ordnung, obwohl sie zu verstreichen schien. In einem bestimmten Moment spürte Marie ganz deutlich, dass der Mann die Hand ausstreckte, um die Schranktüren zu öffnen. Sie machte sich bereit. Die Tür würde aufgehen, und der Mann würde sie natürlich sehen. Und sie den Mann. Was dann geschehen würde, wusste sie nicht. Keine Ahnung. Plötzlich kam ihr ein Gedanke. Vielleicht war dieser Mann gar nicht Menshiki. Und wenn er es nicht war, wer war es dann?

Doch am Ende machte der Mann die Schranktür nicht auf. Nachdem er kurz gezögert hatte, zog er die Hand zurück und entfernte sich von der Tür. Marie hatte keine Ahnung, warum er sich im letzten Augenblick umentschieden hatte. *Etwas* musste ihn abgehalten haben. Der Mann öffnete die Zimmertür, trat in den Flur hinaus und schloss sie hinter sich. Der Raum war wieder leer, ohne jeden Zweifel. Es war kein Trick oder so etwas. Marie war allein im Raum, dessen war sie sich sicher. Sie schloss die Augen und ließ ihren angehaltenen Atem aus der Lunge entweichen.

Ihr Herz schlug noch immer sehr schnell. Es hämmerte – so hätte man es wohl in einem Roman ausgedrückt. Allerdings konnte sie sich nicht genau vorstellen, womit ein Herz hämmern sollte. Sie war wirklich in Gefahr gewesen. Doch etwas hatte sie im allerletzten Moment beschützt. Dennoch war es hier zu gefährlich. Dieser *Jemand* hatte ihre Anwesenheit im Raum gespürt. Auf jeden Fall. Sie konnte sich nicht ewig hier verstecken. Jetzt war es noch einmal gut gegangen. Aber das musste nicht heißen, dass es auch beim nächsten Mal gut gehen würde.

Sie wartete weiter. Immer tiefer wurde die Dunkelheit im Zimmer. Aber sie wartete. Blieb einfach sitzen und unterdrückte ihre Angst und Sorge. Der Commendatore hatte sie bestimmt nicht vergessen. Sie glaubte an seine Worte. Oder besser gesagt: Es blieb ihr gar keine andere Wahl, als auf den kleinen Mann mit der sonderbaren Redeweise zu vertrauen.

Unversehens stand der Commendatore vor ihr.

»Kommt jetzt raus«, flüsterte er. »Es ist so weit. Los, erhebt Euch!«

Marie war überrumpelt. Sie hatte so lange gesessen, dass sie nicht vom Boden hochkam. Neue Furcht überwältigte sie. Welche noch größeren Schrecken warteten dort draußen auf sie?

»Der Menshiki nimmt gerade eine Dusche«, erklärte der Commendatore. »Wie Ihr wisst, ist er ein sehr reinlicher Mann. Er pflegt also ziemlich lange unter der Dusche zu verweilen. Mitnichten jedoch eine Ewigkeit. Jetzt ist die Gelegenheit. Los, wir müssen uns beeilen.«

Marie nahm ihre Kraft zusammen und hievte sich vom Boden hoch, um die Schranktüren nach außen aufzudrücken. Das Zimmer war dunkel und leer. Bevor sie es verließ, drehte sie sich um und warf noch einen Blick auf das im Schrank hängende Kleid. Sie sog die Luft ein und roch das Mottenpulver. Vielleicht würde sie diese Kleidungsstücke nie wiedersehen. Aus irgendeinem Grund empfand sie sie als sehr vertraut.

»Los, beeilen«, sagte der Commendatore. »Ihr habt nicht viel Zeit. Geht nach links!«

Marie hängte sich ihre Tasche um, öffnete die Tür, ging hinaus und lief den Korridor nach links entlang. Sie rannte die Treppe hinauf in das große Wohnzimmer, durchquerte es und öffnete die Glastür zur Terrasse. Ob die Wespe noch irgendwo herumflog? Aber wahrscheinlich stellte sie ihre Aktivitäten im Dunkeln ein. Oder nein, diese Wespe hatte sicher keine Schwierigkeiten in der Dunkelheit. Aber Marie hatte keine Zeit, darüber nachzudenken. Sie schraubte das Fernglas von dem Ständer ab und verstaute es wieder in der Plastikhülle. Anschließend hob sie ihre schwarzen Slipper vom Boden auf. Der Commendatore saß auf einem Hocker und beobachtete das Geschehen. Keine Wespe weit und breit, ein Umstand, der Marie sehr erleichterte.

»Gut gemacht«, sagte der Commendatore und nickte. »Geht jetzt hinein und schließt die Glastür hinter Euch. Dann nehmt Ihr die Treppe im Flur und geht ganz nach unten.«

Ganz nach unten? Das hieß, sie würde tiefer in die Villa hineingehen. Sollte sie sich nicht eher entfernen?

»Ihr könnt jetzt nicht von hier weg.« Der Commendatore, der ihre Gedanken gelesen hatte, schüttelte den Kopf. »Das Tor ist verschlossen. Es bleibt Euch nichts anderes übrig, als Euch noch eine Weile hier zu verstecken. Ihr solltet tun, was ich Euch sage.«

Marie hatte keine Wahl, sie musste ihm vertrauen. Also verließ sie das Wohnzimmer und schlich leise die Treppe ins Untergeschoss hinunter, wo sich auch das Apartment für die Haushälterin befand. Daneben war die Waschküche und daneben wiederum ein Vorratsraum. Am Ende lag der Fitnessraum mit den Geräten. Der Commendatore führte sie in den Wohnbereich für die Haushälterin.

»Hier könnt Ihr Euch jetzt eine Weile verstecken«, sagte er. »Der Menshiki guckt hier nie nach. Er kommt zwar einmal am Tag herunter, um Wäsche zu waschen und zu trainieren, aber hier hinein schaut er so gut wie nie. Wenn Ihr also brav hier abwartet, wird er Euch nicht finden. Es gibt auch ein Badezimmer und einen Kühlschrank. Im Fall eines Erdbebens findet Ihr genügend Mineralwasser und Nahrungsmittel in der Vorratskammer. Ihr müsst also nicht verhungern und könnt hier verhältnismäßig sicher ein paar Tage verbringen.«

Ein paar Tage?, fragte Marie erstaunt (wenn auch stumm), ihre Slipper in der Hand. Ein paar Tage? Hieß das, sie würde noch mehrere Tage hier sein?

»Es tut mir leid, aber früher könnt Ihr hier nicht fort. Mitnichten!«, sagte der Commendatore mit leichtem Kopfschütteln. »Dieser Ort ist streng bewacht. In mehrfacher Hinsicht. Mehr kann ich nicht für Euch tun. Leider haben auch die Fähigkeiten einer Idee ihre Grenzen.«

»Wie lange wird es denn dauern?«, fragte Marie mit leiser Stimme. »Ich muss doch bald nach Hause. Wenn ich nicht komme, macht meine Tante sich Sorgen. Vielleicht meldet sie mich bei der Polizei als vermisst. Das wäre katastrophal.«

Der Commendatore zuckte mit den Schultern. »Es tut mir leid, aber ich kann nichts tun. Ihr könnt nur ruhig hier warten.«

»Ist Herr Menshiki gefährlich?«

»Das ist schwierig zu erklären«, sagte der Commendatore, dem man ansehen konnte, wie schwierig er es fand. »Der Menshiki ist an sich kein böser Mensch. Vielmehr ist er sehr begabt und verfügt über große Fähigkeiten. Tugenden durchaus eingeschlossen. Doch ist etwas in ihm, so etwas wie ein Raum, der Gefahren anzieht, das heißt, Dinge, die nicht normal sind. Das kann Schwierigkeiten bereiten.«

Natürlich konnte Marie nicht genau verstehen, was »Dinge, die nicht normal sind« bedeutete.

»War die Person, die eben vor dem Schrank gestanden hat, Herr Menshiki?«, fragte Marie.

»Er war es und war es auch wieder nicht.«

»Merkt Herr Menshiki selbst etwas davon?«

»Wahrscheinlich«, sagte der Commendatore. »Ja, ich vermute es. Aber er kann nichts dagegen tun.«

Gefährlich und nicht normal? Marie fand, dass das auch auf die Wespe zutraf, die sie gesehen hatte.

»Genau. Ihr solltet Euch sehr vor Wespen in Acht nehmen, denn sie sind ausgesprochen fatale Lebewesen«, sagte der Commendatore, ihre Gedanken lesend.

»Fatal?«

»Das heißt, sie können den Tod bringen«, erklärte der Commendatore. »Jedenfalls könnt Ihr im Augenblick nichts anderes tun als stillhalten. Jetzt hinauszugehen wäre fatal.«

»Fatal«, wiederholte Marie bei sich. Das Wort hatte einen unheilvollen Klang. Sie öffnete die Tür zum Haushälterinnen-Apartment und schlüpfte hinein. Es war nicht viel mehr Platz darin als in dem Schrank in Herrn Menshikis Schlafzimmer. Es gab eine einfache Küchenzeile mit Kühlschrank, Elektroherd, einer kleinen Mikrowelle und einer Spüle. Außerdem ein kleines Bad und ein Bett. Es war nicht bezogen, aber im Schrank lagen Wolldecken, eine Steppdecke sowie ein paar Kissen bereit. Einen einfachen Tisch, an dem man ein bescheidenes Essen einnehmen konnte, gab es auch. Und nur einen Stuhl. Durch das einzige kleine Fenster blickte man über das Tal. Sie konnte es durch einen Spalt im Vorhang sehen.

»Wenn Ihr nicht gefunden werden wollt, bleibt Ihr brav hier und macht möglichst keine Geräusche«, sagte der Commendatore. »Verstanden?«

Marie nickte.

»Ihr seid ein mutiges Fräulein«, sagte der Commendatore. »Ein bisschen voreilig, aber mutig. Und das ist grundsätzlich etwas Gutes. Doch solange Ihr hier seid, müsst Ihr aufpassen *wie ein Luchs.* Ihr dürft Euch nicht die geringste Nachlässigkeit erlauben. Denn dies ist kein gewöhnlicher Ort. Mitnichten! Unheimliche Geschöpfe treiben hier ihr Unwesen.«

»Unwesen?«

»Das heißt, sie lungern hier herum.«

Marie nickte. Sie hätte gern mehr darüber gewusst, warum dies »mitnichten ein gewöhnlicher Ort« war und welche *unheimlichen Geschöpfe* hier ihr *Unwesen* trieben, aber sie wusste nicht, wie sie fragen sollte. Es gab zu viele Dinge, die sie nicht verstand, und außerdem wusste sie nicht, womit sie anfangen sollte.

»Wahrscheinlich kann ich nicht mehr herkommen«, sagte der Commendatore, als würde er ihr ein Geheimnis anvertrauen. »Ich muss jetzt woandershin und mich um etwas anderes kümmern. Dabei handelt es sich um eine Sache von größter Wichtigkeit. Auch wenn es mir aufrichtig leidtut, ich kann Euch nicht weiterhelfen. Ihr müsst Euch aus eigener Kraft durchschlagen.«

»Aber wie soll ich denn aus eigener Kraft hier herauskommen?«

Der Commendatore sah Marie mit zusammengekniffenen Augen an. »Ohren spitzen, Augen aufhalten und den Verstand einsetzen. Das ist der einzige Weg. Ihr werdet wissen, wenn es so weit ist. *Jetzt* ist es so weit, werdet Ihr denken. Ihr seid ein mutiges, kluges Mädchen. Schon der geringste Schnitzer bleibt nicht unbemerkt.«

Marie nickte. Ich muss ein mutiges, kluges Mädchen sein.

»Gehabt Euch wohl«, sagte der Commendatore in aufmunterndem Ton. Dann fiel ihm offenbar noch etwas ein. »Seid unbesorgt. Euer Busen wird bald viel größer werden«, fügte er noch hinzu.

»65 C?«

Der Commendatore wiegte ratlos den Kopf. »Auch wenn ich einiges voraussagen kann, bin ich nur eine einfache Idee und verfüge mitnichten über besondere Kenntnis der Größen von Damenunterwäsche. Doch hinsichtlich des Wachstums Eures Busens besteht kein Zweifel. Macht Euch also keine Sorgen. Die Zeit wird alles richten. Alles, was Form hat, ist der Zeit unterworfen. Sie ist mitnichten unendlich, zeigt aber in gewissen Grenzen beträchtliche Wirkung. Also freut Euch.«

Marie bedankte sich. Das war wirklich mal eine erfreuliche Nachricht. Sie hatte etwas gebraucht, das ihr Mut machte.

Unvermittelt verschwand der Commendatore. Wieder wie Wasserdampf, der in der Luft verfliegt. Als er nicht mehr da war, wurde die Stille um Marie erdrückend. Der Gedanke, dass sie ihn wahrscheinlich nie wiedersehen würde, machte sie traurig. Jetzt habe ich niemanden mehr, auf den ich mich verlassen kann, dachte sie. Sie legte sich auf das kahle Bett und schaute an die Decke, die niedrig und mit einer weißen Gipsplatte verkleidet war. In der Mitte war eine Neonlampe angebracht. Aber natürlich schaltete sie sie nicht ein. Sie konnte hier kein Licht machen.

Wie lange sie wohl noch hier ausharren musste? Allmählich kam die Zeit, zu der es daheim Abendessen gab. Wenn sie bis halb acht nicht kam, würde ihre Tante bestimmt bei der Malschule anrufen. Und erfahren, dass Marie heute nicht am Unterricht teilgenommen hatte. Dieser Gedanke versetzte ihr einen Stich. Ihre Tante machte sich bestimmt furchtbare Sorgen, dass ihr etwas passiert sein könnte. Marie musste ihr irgendwie mitteilen, dass sie in Sicherheit war. Ihr Handy fiel ihr ein, das in ihrer Jackentasche steckte. Es war ausgeschaltet.

Sie holte es hervor und schaltete es ein. Auf dem Display erschien die Meldung »Batterie leer« und erlosch sofort wieder. Sie hatte seit Längerem nicht daran gedacht, das Gerät aufzuladen (sie brauchte es im Alltag kaum und hatte auch kein besonderes Interesse oder Vergnügen daran), es war also kein Wunder, dass der Akku jetzt leer war. Selbst schuld.

Sie stieß einen tiefen Seufzer aus. Sie hätte es wenigstens hin und wieder aufladen sollen. Man konnte ja nie wissen, was passierte. Aber sich das zu sagen half jetzt auch nichts. Sie steckte das tote Mobiltelefon wieder in die Jackentasche. Doch plötzlich fiel ihr etwas auf, und sie zog es wieder heraus. Der kleine Pinguin, den sie immer daran trug, war nicht mehr da. Sie hatte ihn für die Punkte bekommen, die sie im Donut-Shop gesammelt hatte, und trug ihn als eine Art Talisman immer bei sich. Wahrscheinlich hatte sich die Schnur gelöst. Aber wo hatte sie ihn verloren? Sie hatte keine Ahnung. Zumal sie ihr Telefon ja fast nie aus der Tasche nahm.

Dass ihr kleiner Glücksbringer verschwunden war, beunruhigte sie. Aber dann dachte sie noch einmal nach. Sie hatte vielleicht den Pinguin verloren, aber dafür hatte sie in dem Kleiderschrank einen neuen Glücksbringer entdeckt, der ihr geholfen hatte. Und dann hatte der kleine Commendatore, der sich so sonderbar ausdrückte, sie hierhergeführt. *Etwas* beschützte sie immer. Sie sollte aufhören, sich wegen des verlorenen Glücksbringers zu grämen.

Ansonsten hatte sie nur noch Portemonnaie, Taschentuch, Kleingeld, Hausschlüssel und ein halbes Päckchen Pfefferminzkaugummi dabei. In ihrer Umhängetasche waren ein paar Hefte und Stifte. Nichts, das ihr etwas genutzt hätte.

Marie verließ leise das Zimmer, um die Vorratskammer zu inspizieren. Wie der Commendatore gesagt hatte, war hier eine große Menge an Notrationen für den Fall eines Erdbebens gelagert. Da die Bergregion um Odawara einen verhältnismäßig stabilen Untergrund hatte, würden bei einem Erdbeben nicht so viele Schäden entstehen. Die Stadt Odawara war zwar beim Großen Kanto-Erdbeben von 1923 stark betroffen gewesen, aber die Umgegend war relativ glimpflich davongekommen (in der Grundschule hatte sie einmal als Hausaufgabe über die Sommerferien die Zerstörung in der Region Odawara durch das Große Kanto-Erdbeben untersucht). Schwierig war es jedoch, direkt nach einem Erdbeben an Wasser und Nahrungsmittel heranzukommen. Zumindest hier oben auf dem Berg war die Versorgung nicht gewährleistet. Also hielt Menshiki für den Notfall genügend von beidem bereit. Er war wirklich ein sehr vorsichtiger Mensch.

Sie nahm zwei Flaschen Mineralwasser, ein Päckchen Kräcker und eine Tafel Schokolade aus der Vorratskammer mit. Das Fehlen so geringer Mengen würde ihm sicher nicht auffallen. So pedantisch Menshiki auch war, die Mineralwasserflaschen würde er wohl doch nicht nachzählen. Das Wasser hatte sie genommen, um den Hahn möglichst nicht benutzen zu müssen. Die Leitungen würden vielleicht Geräusche verursachen, und der Commendatore hatte sie ermahnt, *möglichst keine Geräusche* zu machen. Sie musste sehr vorsichtig sein.

Zurück im Zimmer, schloss Marie die Tür von innen ab. Obwohl Menshiki wahrscheinlich einen Schlüssel dazu hatte. Aber so konnte sie vielleicht etwas Zeit gewinnen. Zumindest fühlte sie sich dadurch etwas sicherer.

Sie hatte keinen Appetit, knabberte aber ein paar Kräcker und trank Wasser. Es waren völlig normale Kräcker und ganz normales Wasser. Beides noch innerhalb des Haltbarkeitsdatums, wie sie sich sicherheitshalber vergewisserte. Sie würde also nicht verhungern.

Draußen war es nun schon völlig dunkel. Marie schob den Vorhang ein wenig beiseite und blickte auf die andere Seite des Tals. Sie konnte ihr Haus sehen. Ohne Fernglas konnte sie zwar nicht hineinschauen, erkannte aber, dass in einigen Zimmern Licht brannte. Wenn sie die Augen anstrengte, sah sie so etwas wie menschliche Schatten. Dort drüben war ihre Tante, die sicher außer sich vor Aufregung war, weil Marie nicht zur üblichen Zeit nach Hause gekommen war. Ob sie nicht doch irgendwo telefonieren konnte? Es musste doch bestimmt irgendwo einen Festnetzanschluss geben. »Ich bin in Sicherheit, mach dir keine Sorgen.« Ein kurzer Anruf hätte genügt. So kurz, dass Herr Menshiki nichts davon bemerkt hätte. Aber weder hier noch irgendwo anders hatte sie ein Telefon gesehen.

Ob sie sich in der Nacht vielleicht hinausschleichen könnte? Irgendwo eine Leiter finden, über den Zaun steigen und so das Gelände verlassen? Sie erinnerte sich, dass in dem Geräteschuppen im Garten eine Klappleiter stand. Aber dann dachte sie an die Worte des Commendatore. *Dieser Ort ist streng bewacht. In mehrfacher Hinsicht.* Und mit »streng bewacht« hatte er sicherlich nicht nur die Alarmanlage der Sicherheitsfirma gemeint.

Sie musste auf den Commendatore hören. Dies war kein gewöhnlicher Ort. Es war ein Ort, an dem alles Mögliche sein Unwesen trieb. Sie musste sehr wachsam sein. Geduld haben. Sie durfte nichts erzwingen, nichts Übereiltes tun. Sie würde, wie der Commendatore es ihr geraten hatte, eine Zeit lang brav hier ausharren und warten, bis sich ihr eine Gelegenheit bot.

Ihr werdet wissen, wenn es so weit ist. Jetzt *ist es so weit, werdet Ihr denken. Ihr seid ein mutiges, kluges Mädchen.*

Ja, ich muss ein mutiges, kluges Mädchen sein. Ich werde überleben und mit eigenen Augen sehen, wie mein Busen wächst, dachte Marie, während sie auf dem kahlen Bett lag.

Um sie herum war alles dunkel. Und eine noch tiefere Dunkelheit würde kommen.

62 EIN WEITVERZWEIGTES LABYRINTH

Die Zeit schritt nach ihren eigenen Gesetzen voran, ohne sich nach Maries Wünschen und Absichten zu richten. Das junge Mädchen lag auf dem kahlen Bett in dem kleinen Raum, während sie langsam an ihm vorüberzog und es nichts anderes tun konnte, als ihr dabei zuzusehen. Es wäre schön gewesen, etwas zu lesen zu haben, doch selbst wenn, hätte Marie ja kein Licht machen können. So blieb ihr nichts anderes übrig, als dort in der Dunkelheit zu liegen. Sie hatte in der Vorratskammer eine Taschenlampe und Batterien gefunden, aber die wollte sie möglichst nicht einschalten.

Bald kam die Nacht, und sie schlief ein. Es war beunruhigend, an einem unbekannten Ort zu schlafen, und sie hatte eigentlich die ganze Nacht wach bleiben wollen, doch irgendwann wurde sie so müde, dass sie die Augen nicht länger aufhalten konnte. Weil es ohne Bettzeug recht kalt war, holte sie die Woll- und die Steppdecke aus dem Schrank und wickelte sich so fest darin ein, dass sie sich wie eine Biskuitrolle vorkam. Natürlich waren weder Heizung noch Klimaanlage eingeschaltet. (An dieser Stelle eine Anmerkung von mir zum Zeitverlauf: Vermutlich hatte Menshiki, während Marie schlief, das Haus verlassen und war zu mir gefahren. Hatte bei mir übernachtet und war erst am nächsten Morgen zurückgekommen. Demzufolge war Menshiki in jener Nacht nicht zu Hause gewesen. Das Haus war leer gewesen, was Marie jedoch nicht gewusst hatte.)

In der Nacht wachte sie einmal auf und ging zur Toilette, spülte aber nicht. denn in der Stille der Nacht war es noch wahrscheinlicher als am Tag, dass Menshiki das Wasser rauschen hörte. Noch dazu, wo er ein so wachsamer und pedantischer Mensch war. Bestimmt bemerkte er jede noch so kleine Veränderung. Dieser Gefahr durfte sie sich nicht aussetzen.

Als sie auf die Uhr sah, standen die Zeiger auf kurz vor zwei. Zwei Uhr am Samstagmorgen. Der Freitag war vorbei. Sie spähte durch den Vorhang zu ihrem Haus auf der anderen Seite des Tals hinüber. Das Wohnzimmer war hell erleuchtet. Gewiss konnten sie dort drüben nicht schlafen, weil Marie, obwohl es schon lange nach Mitternacht war, noch nicht zu Hause war. Ihr Vater und ihre Tante. Marie wusste, dass sie etwas Schlimmes getan hatte. Sie fühlte sich sogar ihrem Vater gegenüber schuldig (was nur höchst selten vorkam). Sie hätte nie etwas so Unüberlegtes tun dürfen. Ursprünglich hatte sie es ja so auch gar nicht geplant, aber durch ihr impulsives Handeln hatte es sich so ergeben. Das hatte sie jetzt davon.

Doch alle Reue und alle Selbstanklagen halfen nicht. Sie konnte nicht über das Tal hinweg zurück nach Hause fliegen. Im Gegensatz zu den Krähen konnte sie nicht durch die Luft segeln. Oder wie der Commendatore nach Belieben irgendwo erscheinen und wieder verschwinden. Sie war nur ein in einem heranwachsenden Körper gefangenes, durch die Grenzen von Raum und Zeit in seiner Bewegungsfreiheit stark eingeschränktes, ungelenkes Wesen. Sie hatte ja nicht einmal einen Busen. Ein misslungener Pfannkuchen, der nicht aufgegangen war, das war sie.

Natürlich fürchtete sich Marie auch so allein in der Dunkelheit. Ihre eigene Ohnmacht war ihr schmerzlich bewusst. Wäre nur der Commendatore bei ihr gewesen. Es gab so viele Dinge, die sie ihn fragen wollte. Sie wusste nicht, ob er ihr antworten würde, aber zumindest könnte sie mit jemandem reden. Er sprach kein modernes Japanisch und redete überhaupt ziemlich seltsam, was aber dem Verständnis keinen Abbruch tat. Doch bestimmt würde er ihr nun niemals mehr erscheinen. *Ich muss jetzt woandershin und mich um etwas anderes kümmern,* hatte er gesagt, und der Gedanke daran machte sie traurig.

Vor dem Fenster ertönte der dumpfe Ruf eines Nachtvogels. Wahrscheinlich eine Eule oder ein Uhu. Diese Tiere verbargen sich im dunklen Wald und taten weise Dinge. Auch sie musste unnachgiebig nach Weisheit streben. Ein kluges, mutiges Mädchen sein. Doch kaum lag sie wieder in ihre Decken gewickelt auf dem Bett, fielen ihr die Augen zu, und der Schlaf überwältigte sie. Sie schlief tief und traumlos. Als sie das nächste Mal erwachte, dämmerte es bereits. Nach ihrer Uhr war es halb sieben.

Die Welt begrüßte den Samstagmorgen.

Marie verbrachte den ganzen Samstag in dem Haushälterinnenzimmer. Zum Frühstück knabberte sie ein paar Kräcker, aß ein wenig von der Schokolade und trank Mineralwasser. Anschließend schlich sie sich in den Fitnessraum und holte sich rasch mehrere alte Ausgaben der japanischen *National Geographic*, die dort stapelweise lagen. (Menshiki las diese Zeitschrift offenbar, während er auf dem Fahrrad oder dem Crosstrainer trainierte, denn hier und da waren Schweißtropfen darauf.) In ihnen befanden sich Artikel über das Leben der Wölfe in Sibirien, das Mysterium des zu- und abnehmenden Mondes, das Leben der Inuit oder die fortschreitende Zerstörung des tropischen Regenwalds.

Marie las solche Zeitschriften nur selten, aber da sie nichts anderes hatte, verschlang sie sie mehrmals, bis sie sie auswendig kannte. Und starrte beinahe Löcher in die Abbildungen.

Wenn sie vom Lesen genug hatte, legte sie sich hin und schlief ein bisschen oder sah durch einen Vorhangspalt zu ihrem Haus auf der anderen Seite des Tals hinüber. Sie wünschte, sie hätte das Fernglas gehabt. Dann hätte sie erkennen können, was die Menschen im Inneren des Hauses taten. Aber nichts wünschte sie sich mehr, als in ihr Zimmer mit den zugezogenen orangefarbenen Vorhängen zurückzukehren. Ein heißes, ausgiebiges Bad zu nehmen, frische Kleider anzuziehen und sich dann mit ihrer Katze ins Bett zu kuscheln.

Kurz nach neun hörte sie, wie jemand langsam die Treppe hinunterkam. Es waren die Schritte eines Mannes in Hausschuhen. Wahrscheinlich Menshiki. Es war sein Gang. Sie hätte gern durchs Schlüsselloch gespäht, aber die Tür hatte kein richtiges Schlüsselloch. Wie erstarrt kauerte sie in einer Ecke des Zimmers auf dem Boden. Sollte die Tür geöffnet werden, saß sie in der Falle. Immerhin hatte der Commendatore gesagt, Menshiki würde den Raum nicht betreten. Es blieb ihr nichts anderes übrig, als seinen Worten Glauben zu schenken. Aber natürlich konnte niemand wissen, was geschehen würde. So etwas wie hundertprozentige Sicherheit existierte nicht auf dieser Welt. Jede Bewegung vermeidend, beschwor sie die Kleider dort in jenem Schrank und betete: *Lass bitte nichts passieren.* Ihre Kehle war völlig ausgedörrt.

Menshiki schien Wäsche nach unten zu bringen, um sie wie wohl jeden Morgen um diese Zeit zu waschen. Marie lauschte, wie er sie in die Waschmaschine füllte, Waschmittel hinzufügte, das Programm wählte und einschaltete. Routine. Sie konnte alles erstaunlich deutlich hören. Die Trommel begann sich langsam zu drehen. Als er damit fertig war, ging er in den Fitnessraum und fing an zu trainieren. Anscheinend gehörte Krafttraining, während die Waschmaschine lief, zu seinen morgendlichen Gewohnheiten. Dabei hörte er klassische Musik. Aus den an der Decke montierten Lautsprechern ertönte Barockmusik. Bach, Händel, Vivaldi oder so etwas. Marie kannte sich mit klassischer Musik nicht so gut aus, dass sie Bach, Händel und Vivaldi hätte unterscheiden können.

Während sie dem Rotieren der Wäschetrommel, den mechanischen Geräuschen der Trainingsgeräte und Bach, Händel oder Vivaldi lauschte, verging etwa eine Stunde. Eine Stunde voller Anspannung. Hoffentlich würde Menshiki nicht merken, dass von seinem Stapel mehrere Ausgaben *National Geographic* fehlten und dass Mineralwasser, Kräcker und Schokolade in der Vorratskammer sich ein wenig vermindert hatten. Gemessen an der Gesamtmenge war die Veränderung sehr gering, aber *niemand konnte wissen, was passieren würde.* Sie musste auf der Hut sein. Durfte in ihrer Aufmerksamkeit nicht nachlassen.

Irgendwann ertönte ein lauter Summton, und die Waschmaschine hielt an. Menshiki ging mit bedächtigen Schritten in die Waschküche, nahm die Wäsche aus der Maschine, lud sie in den Trockner und schaltete ihn ein. Marie hörte, dass die Trommel anfing, sich zu drehen. Anschließend stieg Menshiki langsam die Treppe hinauf. Offenbar war sein morgendliches Training beendet. Jetzt würde er wohl ausgiebig duschen.

Marie schloss die Augen und stieß einen tiefen Seufzer der Erleichterung aus. Wahrscheinlich würde Menshiki in ungefähr einer Stunde wieder herunterkommen, um die trockene Wäsche zu holen. Doch die größte Gefahr war vorbei – glaubte sie zumindest. Er hatte nicht gemerkt, dass sie sich hier versteckt hielt, was bedeutete, dass er ihre Gegenwart nicht gespürt hatte. Das beruhigte sie über alle Maßen.

Aber wer hatte dann vor der Schranktür gestanden? *Es war der Menshiki und war es auch wieder nicht*, hatte der Commendatore gesagt. Was das nur bedeuten sollte? Marie verstand nicht, was er ihr damit hatte sagen wollen. Es war einfach zu schwierig für sie. Aber dieser *Jemand* hatte auf alle Fälle genau gewusst, dass sie (oder irgendjemand) in dem Schrank war. Er hatte ihre Anwesenheit deutlich wahrgenommen, aber *aus irgendeinem Grund* die Schranktür nicht öffnen können. Was war das für ein Grund gewesen? Hatten diese schönen, altmodischen Kleider sie tatsächlich beschützt?

Sie hätte den Commendatore gern ausführlicher nach einer Erklärung gefragt. Aber der Commendatore war fort. Es gab niemanden, der es ihr hätte erklären können.

Den ganzen Samstag tat Menshiki keinen Schritt aus dem Haus. Zumindest hörte sie nicht, dass die Garage aufging und ein Motor angelassen wurde. Er kam ins Untergeschoss, holte die Wäsche und stieg wieder langsam die Treppe hinauf. Das war alles. Es kam auch niemand von außen in das Haus auf dem Berg am Ende der Straße. Kein Einschreiben wurde zugestellt. Die Türklingel schwieg hartnäckig. Zweimal läutete das Telefon. Es klang leise und weit entfernt, aber sie konnte es hören. Beim ersten Mal nahm er nach dem zweiten Klingeln ab, beim nächsten Mal nach dem dritten (daher wusste sie, dass Menshiki irgendwo im Haus sein musste). Die Melodie von »Annie Laurie« ertönte, und die Müllabfuhr kam langsam den Hang herauf und fuhr langsam wieder hinunter (samstags wurde für gewöhnlich der Müll abgeholt). Sonst war nichts zu hören. Im Haus war es die ganze Zeit über ruhig.

Der Samstagvormittag verging, der Nachmittag brach an, und irgendwann wurde es Abend. (JETZT WIEDER EINE ANMERKUNG VON MIR: WÄHREND MARIE IN DEM WINZIGEN

Apartment den Atem anhielt, tötete ich in dem Zimmer der Seniorenresidenz auf dem Plateau von Izu den Commendatore, packte Langgesicht, als er seinen Kopf aus dem Boden steckte, und stieg in die Unterwelt.) Aber es ergab sich keine Möglichkeit für sie, das Haus zu verlassen. Um zu entkommen, müsse sie geduldig warten, bis es *so weit* sei, hatte der Commendatore gesagt. Wenn der Moment gekommen war, würde sie es wissen.

Aber *dieser Moment* wollte einfach nicht kommen, und das Warten zermürbte sie allmählich. Still zu sitzen und auf etwas zu warten entsprach auch nicht gerade Maries Charakter, und sie fragte sich schon, ob sie jetzt für immer dort ausharren müsste.

Am späten Nachmittag übte Menshiki Klavier. Anscheinend hatte er die Fenster im Wohnzimmer geöffnet, denn die Musik drang bis in ihr Versteck hinunter. Vielleicht war es eine Sonate von Mozart. Eine Sonate in Dur. Sie erinnerte sich an die Noten auf dem Klavier. Nachdem er das langsame Stück einmal im Ganzen gespielt hatte, übte er einige Stellen immer wieder. So lange, bis er überzeugt war. Es gab Teile, bei denen die Griffe anspruchsvoll und die richtigen Töne schwierig anzuschlagen waren, was ihn zu stören schien. Die meisten Mozart-Sonaten gelten gemeinhin als nicht sehr schwierig, doch wer sie überzeugend spielen will, begibt sich häufig in ein weitverzweigtes Labyrinth. Und Menshiki war durchaus kein Mensch, der davor zurückschreckte, ein solches Labyrinth zu betreten. Marie lauschte, wie er geduldig die Gänge dieses Labyrinths auf und ab schritt. Er übte eine Stunde lang. Als er danach den Deckel des Flügels geräuschvoll zuklappte, meinte sie einen Anflug von Verärgerung darin wahrzunehmen. Sie war nicht stark, sondern maßvoll und vornehm. Herr Menshiki verlor nie die Fassung, auch wenn er ganz allein in seiner großen Villa war (oder annahm, es zu sein).

Anschließend verlief alles genauso wie am Tag zuvor. Die Sonne ging unter, es wurde dunkel, und die Krähen kehrten unter lautem Gekrächze in ihre Nester in den Bergen zurück. In den Häusern auf der anderen Seite des Tals gingen nach und nach die Lichter an. Im Haus Akikawa brannten sie die ganze Nacht. Dieses Licht sagte Marie, dass die Menschen dort sich um sie sorgten. Zumindest vermutete sie das. Es quälte sie, dass sie nicht das Geringste tun konnte, um ihre Sorge zu lindern.

Im Gegensatz dazu war im Haus von Tomohiko Amada (in dem *ich* wohnte), das ja auch auf der anderen Seite lag, überhaupt kein Licht zu sehen. Es schien, als wäre das Haus unbewohnt. Auch nach Sonnenuntergang wurde keine Lampe eingeschaltet. Offenbar war niemand zu Hause. Marie fragte sich, was aus dem Maler geworden war. Wusste er, dass sie nicht nach Hause gekommen war?

Um eine bestimmte Uhrzeit wurde Marie wieder sehr schläfrig. Heftige Müdigkeit überwältigte sie. In ihre Schuluniformjacke und die Decken gehüllt, schlief sie zitternd ein. Kurz davor dachte sie noch an ihre Katze. Die könnte sie wärmen. Aus irgendeinem Grund miaute sie so gut wie nie. Sie schnurrte nur, also hätte man sich gut hier mit ihr verstecken können. Aber natürlich war die Katze nicht da, und Marie war allein in diesem dunklen, winzigen Raum eingesperrt und konnte nicht entkommen.

Der Sonntag brach an. Als Marie aufwachte, war es noch dämmerig im Zimmer. Die Zeiger ihrer Armbanduhr standen auf kurz vor sechs. Die Tage wurden rasch kürzer. Draußen regnete es. Es war ein lautloser, feiner Winterregen. Man merkte überhaupt nur, dass es regnete, weil es von den Ästen der Bäume tropfte. Die Luft im Zimmer war kühl und feucht. Marie wünschte, sie hätte einen Pullover. Unter ihrem Wollblazer trug sie nur eine dünne Strickweste und eine Baumwollbluse, unter der sie ein kurzärmliges T-Shirt hatte. Sie war für einen warmen Tag gekleidet. Für einen Wollpullover wäre sie wirklich dankbar gewesen.

Sie erinnerte sich, dass in dem Schrank in *jenem Zimmer* ein Pullover gelegen hatte. Ein warmer Kaschmirpullover in gebrochenem Weiß. Hätte sie sich doch nur nach oben schleichen und ihn holen können. Mit ihm unter ihrem Blazer wäre ihr wärmer gewesen. Aber es war viel zu gefährlich, das Apartment zu verlassen und die Treppe hinaufzugehen. *Besonders in jenes Zimmer.* Also musste sie sich mit dem begnügen, was sie hatte. Natürlich herrschte keine unerträglich eisige Kälte. Keine Kälte wie in den rauen Gegenden, in denen die Inuit lebten. Sie befand sich am Rand von Odawara, und es war erst Anfang Dezember.

Dennoch kroch die Kälte des regnerischen Wintermorgens ihr bis auf die Haut, ja bis ins Mark. Marie schloss die Augen und dachte an Hawaii. Als Kind war sie einmal mit ihrer Tante und deren Schulfreundin auf Hawaii gewesen. Sie hatten am Strand von Waikiki ein kleines Surfbrett für sie geliehen, mit dem sie in den Wellen gespielt hatte. Und als sie müde geworden war, hatte sie sich in den weißen Sand gelegt und gesonnt. Es war sehr warm gewesen und friedlich, und sie hatte sich sehr wohlgefühlt. Hoch über ihr schwankten die Wedel der Palmen im Wind. Sie sah zu, wie die weißen Wolken zum offenen Meer hin zogen, und trank dabei eine kalte Limonade, so kalt, dass ihre Schläfen pochten. Sie erinnerte sich sehr konkret an jedes Detail. Ob sie irgendwann noch einmal einen solchen Ort würde besuchen können? Marie hätte alles dafür gegeben.

Gegen neun rumorte es wieder im Haus, und Menshiki kam die Treppe herunter. Er schaltete die Waschmaschine ein und trainierte eine Stunde lang zu klassischer Musik. Alles wie am Tag zuvor. Nur die Musik war anders, sonst gab es keine Abweichungen. Der Hausherr war fraglos ein Mann von festen Gewohnheiten. Wieder wurde die Wäsche aus der Waschmaschine in den Trockner umgeladen und nach einer Stunde herausgenommen. Danach kam Menshiki nicht mehr ins Untergeschoss herunter. Am Haushälterinnen-Apartment zeigte er nicht das geringste Interesse. (AN DIESER STELLE ERNEUT EINE ANMERKUNG VON MIR: MENSHIKI WAR AN JENEM NACHMITTAG ZU MIR GEFAHREN, ZUFÄLLIG MASAHIKO AMADA BEGEGNET, DER IM HAUS NACH DEM RECHTEN GESEHEN HATTE, UND HATTE SICH KURZ MIT IHM UNTERHALTEN. ABER AUS IRGENDEINEM GRUND HATTE MARIE WIEDER NICHT BEMERKT, DASS ER DAS HAUS VERLASSEN HATTE.)

Marie war froh, dass er seinen Gewohnheiten so regelmäßig nachkam, denn so konnte sie sich darauf einstellen und ihre Aktionen planen. Am meisten zerrte die Sorge an ihren Nerven, dass etwas Unerwartetes eintreten könnte. Aber bisher hatte sie sich Menshikis Lebensgewohnheiten merken und sich ihnen anpassen können. Er ging so gut wie nie aus (zumindest soweit sie wusste). Er beschäftigte sich in seinem Arbeitszimmer, wusch seine Wäsche selbst, kochte für sich selbst, und gegen Abend setzte er sich zum Üben an seinen Steinway-Flügel. Hin und wieder bekam er einen Anruf, aber nicht häufig. Vielleicht einen am Tag. Aus irgendeinem Grund schien er nicht gern zu telefonieren. Wahrscheinlich pflegte er die nötigen Kontakte – wie viele das waren, wusste sie nicht – an dem Computer im Arbeitszimmer.

Menshiki machte selbst sauber, aber einmal in der Woche kam ein Reinigungsdienst. Sie erinnerte sich, das aus seinem Mund gehört zu haben, als sie mit ihrer Tante hier gewesen war. Offenbar hatte er nichts dagegen, selbst zu putzen. Auch die Essenszubereitung empfinde er als willkommene Abwechslung, hatte er gesagt. Doch für ihn allein war es praktisch unmöglich, das große

Haus ausreichend sauber zu halten. Also hatte er notgedrungen professionelle Kräfte angeheuert. Wenn sie kamen, verbrachte er die Hälfte des Tages außer Haus. Welcher Tag war das nur gewesen? An ihm ergäbe sich bestimmt die Gelegenheit zu entkommen. Vermutlich würden mehrere Personen in einem Wagen mit Putzutensilien auf das Anwesen fahren, und dabei würde das Tor geöffnet und geschlossen. Und Menshiki wäre eine Zeit lang außer Haus. Es wäre dann nicht schwierig für sie, das Anwesen zu verlassen. Wahrscheinlich hätte sie keine andere Chance, hier herauszukommen.

Aber der Reinigungsdienst ließ sich nicht blicken. Der Montag verging ebenso ereignislos wie der Sonntag. Dank seiner Übungen spielte Menshiki Mozart nun immer akkurater und fließender. Er war wirklich ein gewissenhafter und ausdauernder Mensch. Hatte er sich einmal ein Ziel gesetzt, arbeitete er unaufhaltsam darauf zu. Sie konnte ihn nur bewundern. Doch während Marie der Musik aus dem oberen Stockwerk lauschte, fragte sie sich, wie viel musikalisches Vergnügen ihm diese Sonate bereitete, selbst wenn er sie nun fehlerlos spielen konnte.

Zwischenzeitlich ernährte sie sich von Kräckern, Schokolade und Mineralwasser, aß auch mal einen Energieriegel mit Nüssen und etwas Thunfisch aus der Dose. Da es nirgends eine Zahnbürste gab, putzte sie sich die Zähne so gut wie möglich mit den Fingern und Mineralwasser. Sie hatte nun alle *National-Geographic*-Ausgaben aus dem Fitnessraum von vorne bis hinten durchgelesen und sich dabei umfassendes Wissen über menschenfressende Tiger in Bengalen, seltene Affen auf Madagaskar, Gebietsveränderungen am Grand Canyon, die Erdgasgewinnung in Sibirien, die Lebenserwartung der Pinguine am Südpol, das Leben von Nomaden auf den Hochebenen von Afghanistan und die grausamen Initiationsrituale, die junge Männer in Neuguinea absolvieren mussten, sowie Grundkenntnisse über AIDS und Ebola angeeignet. Vielleicht würden ihr diese mannigfaltigen Informationen eines Tages dienlich sein. Oder vielleicht hatten sie auch gar keinen Nutzen. Aber eine andere Lektüre hatte sie eben nicht zur Hand. Also verschlang sie weiterhin die alten japanischen Ausgaben von *National Geographic.*

Und hin und wieder schob sie ihre Hand unter ihr T-Shirt, um ihre Brüste zu betasten. Aber sie wollten einfach nicht größer werden. Sie kamen ihr sogar kleiner vor. Dann dachte sie an ihre Periode. Ihren Berechnungen nach waren es noch ungefähr zehn Tage bis zu ihrer nächsten Regel. Da es hier nirgends Binden oder so etwas gab (zum Erdbebenvorrat gehörte zwar Toilettenpapier, aber Binden oder Tampons hatte sie nicht gefunden – vermutlich nahmen Frauen keinen großen Raum in der Vorstellung des Hausherrn ein), wäre es ziemlich unangenehm, hier in diesem Versteck die Periode zu bekommen. Doch bis dahin würde sie wahrscheinlich fort sein. *Wahrscheinlich.* Sie konnte ja nicht noch zehn Tage hierbleiben.

Am Dienstagmorgen kurz vor zehn kam endlich der Wagen von der Reinigungsfirma. Sie hörte die lebhaften Stimmen der Frauen, die ihre Utensilien aus dem Wagen luden. An diesem Morgen wusch Menshiki keine Wäsche und trainierte auch nicht. Er kam überhaupt nicht ins Untergeschoss. Es geschah, wie Marie es sich erhofft hatte (wenn Menshiki seine täglichen Gewohnheiten änderte, musste es einen guten Grund dafür geben), und alles verlief erwartungsgemäß. Als die Reinigungskräfte eintrafen, schien Menshiki bereits mit seinem Jaguar weggefahren zu sein, vielleicht, um ihnen nicht zu begegnen.

Hastig räumte sie das Zimmer auf und warf die Wasserflaschen, das Papier von den Kräckern und sonstigen Abfall in eine Mülltüte und stellte sie an eine auffällige Stelle, wo die Leute vom Reinigungsservice sie gleich finden und mitnehmen würden. Decke und Steppdecke legte sie ordentlich zusammengefaltet wieder in den Schrank. Umsichtig beseitigte sie restlos alle Spuren von ihrem mehrtägigen Aufenthalt. Dann hängte sie sich ihre Schultertasche um und schlich die Treppe hinauf. Sie passte einen geeigneten Zeitpunkt ab und huschte leise durch den Flur, um nicht von den Putzfrauen gesehen zu werden. Als sie an *jenes Zimmer* dachte, bekam sie Herzklopfen und sehnte sich nach den Kleidungsstücken im Schrank dort. Sie hätte sie gern noch einmal in Ruhe betrachtet. Sie berührt. Doch dazu hatte sie keine Zeit. Sie musste sich beeilen.

Leise stahl sie sich aus der Tür und rannte die geschwungene Auffahrt hinauf. Wie erwartet, hatten die Reinigungsleute das Tor offen gelassen, weil sie es nicht jedes Mal, wenn sie hindurchgingen, öffnen oder schließen wollten. Mit unbeteiligter Miene verließ sie das Anwesen.

Als sie durch das Tor hinausging, fragte sie sich auf einmal, ob sie wirklich einfach so hinaus in die Freiheit spazieren konnte. Hätte das nicht mit viel größerer Härte verbunden sein müssen? Wie zum Beispiel bei den in der *National Geographic* beschriebenen Initiationsriten in Neuguinea, bei denen die jungen Männer so heftige Schmerzen zu erdulden hatten? Brauchte man so etwas nicht als *Zeichen*? Aber dieser Gedanke blitzte nur einen Moment lang in ihr auf, so sehr überwog ihre Erleichterung.

Der Himmel war dunkel, und die dichten, tief hängenden Wolken kündigten erneut kalten Regen an. Doch als Marie zu ihnen hinaufsah und tief einatmete, durchströmte sie ein unendliches Glücksgefühl.

Wie damals am Strand von Waikiki, als sie zu den sich im Wind wiegenden Palmen hinaufgeblickt hatte. Sie war frei. Sie konnte auf ihren Beinen gehen, wohin sie wollte, und musste nicht mehr zitternd im Dunkeln kauern. Sie war glücklich und dankbar, einfach nur am Leben zu sein. Nach den vergangenen vier Tagen erschien ihr die lang entbehrte freie Natur frisch und strahlend, jede einzelne Pflanze voller Lebenskraft. Der Duft des Windes ließ ihr Herz klopfen.

Aber sie konnte es sich nicht leisten, ewig hier herumzutrödeln. Vielleicht fiel Menshiki ein, dass er etwas vergessen hatte, und er kam zurück. Sie musste schnell weg hier. Sie strich ihre zerknitterte Uniform glatt, damit sich niemand wunderte (schließlich hatte sie mehrere Tage lang in Decken eingewickelt darin geschlafen), ordnete mit den Händen notdürftig ihr Haar und lief mit raschen Schritten und gelassener Miene, als wäre überhaupt nichts, den Berg hinunter.

Sie lief hinab ins Tal und von dort die Straße auf der anderen Seite wieder hinauf. Doch statt sofort nach Hause zu gehen, kam sie als Erstes bei mir vorbei. Denn sie hatte einen Plan. Aber es war niemand zu Hause. Auch nach mehrmaligem Klingeln rührte sich nichts.

Marie gab auf und marschierte hinter dem Haus durch das Wäldchen zu der Grube am Schrein. Doch diese war sorgfältig mit einer blauen, fest mit Heringen und Schnüren verankerten Plastikplane abgedeckt, die es vorher dort nicht gegeben hatte. Zusätzlich hatte man deren Ränder mit großen Steinen beschwert, sodass man nicht einmal in die Grube hineinspähen konnte. Jemand – wer auch immer – hatte sie ganz und gar unzugänglich gemacht. Vielleicht war es zu gefährlich gewesen, sie offen zu lassen. Marie lauschte. Aber aus dem Inneren war kein Laut zu hören. (Nun wieder eine Anmerkung von mir: Da sie die Glöckchen nicht hörte, war ich zu dem Zeitpunkt entweder noch nicht wieder in der Grube angekommen oder schlief zufällig gerade.)

Kalte Regentropfen begannen zu fallen. Sie musste nach Hause. Ihre Tante und ihr Vater waren bestimmt außer sich vor Sorge. Aber wie sollte sie erklären, wo sie die ganzen vier Tage gewesen war? Sie konnte ihnen doch nicht anvertrauen, dass sie sich in Menshikis Haus geschlichen und dort versteckt gehalten hatte. Das gäbe einen Riesenaufruhr. Vielleicht hatten sie sie sogar schon bei der Polizei als vermisst gemeldet. Wenn die erfuhr, dass sie widerrechtlich in Menshikis Villa eingedrungen war, blühte ihr womöglich eine Anzeige.

Sie überlegte, ob sie sagen könnte, sie sei aus Versehen in die Grube gestürzt und habe sich vier Tage lang nicht befreien können. Der Maler – also *ich* – habe sie zufällig entdeckt und ihr herausgeholfen. Sie hatte gehofft, ich würde sie bei diesem Szenario unterstützen, aber ich war nun nicht zu Hause und die Grube war so gründlich mit der Plastikplane abgedeckt, dass dort niemand hinein- oder hinauskäme. Damit war das beschriebene Szenario hinfällig. (Hätte sie ihren Plan verfolgen können, dann hätte ich der Polizei erklären müssen, warum ich die Grube überhaupt hatte freilegen lassen, und dann auch noch mit einem Bagger, was mich wahrscheinlich in eine ziemlich unangenehme Situation gebracht hätte.)

Als einzige weitere Möglichkeit fiel ihr ein, einen Gedächtnisverlust vorzutäuschen. Zu sagen, sie habe keine Erinnerung daran, was ihr in den vergangenen vier Tagen zugestoßen sei. Ihr Kopf sei wie leer gefegt. Sie konnte nur behaupten, sich auf einmal allein im Wald wiedergefunden zu haben. Etwas Ähnliches hatte sie einmal in einem Melodram im Fernsehen gesehen. Ob man ihr diese Ausrede abnehmen würde? Vermutlich würden ihre Familie und die Polizei sie mit Fragen löchern. Vielleicht würde man sie sogar zu einem Psychologen bringen. Aber sie hatte keine andere Wahl, als zu behaupten, sie erinnere sich an nichts. Sie musste ihr Haar zerzausen, sich Arme und Beine mit Erde beschmieren und sich hier und da ein paar Kratzer beibringen, damit es so aussah, als wäre sie die ganze Zeit im Wald gewesen.

Also setzte sie ihren Plan in die Tat um. Es wurde nicht gerade ein sehr gelungener Auftritt, aber es war ihr keine andere Wahl geblieben.

Das war es, was Marie Akikawa mir anvertraute. Kaum hatte sie mir alle Einzelheiten ihrer Geschichte geschildert, kam Shoko Akikawa zurück. Wir hörten, wie sie ihren Toyota Prius vor dem Haus abstellte.

»Es ist wirklich das Beste, du behältst für dich, was dir passiert ist. Erzähl es niemand anderem mehr. Es bleibt ein Geheimnis zwischen dir und mir«, sagte ich zu Marie.

»Natürlich erzähle ich niemandem davon. Vielleicht würde mir sowieso niemand glauben.«

»Ich glaube dir.«

»Und ist der Kreis jetzt geschlossen?«

»Ich weiß es nicht«, sagte ich. »Wahrscheinlich noch nicht. Aber mehr können wir wohl nicht tun. Zumindest haben wir den gefährlichsten Teil hinter uns.«

»Den fatalen Teil.«

Ich nickte. »Ja, den fatalen Teil.«

Marie sah mir zehn Sekunden lang ins Gesicht. »Den Commendatore gibt es wirklich«, sagte sie mit leiser Stimme.

»Ja«, pflichtete ich ihr bei. Und ich hatte ihn mit meinen eigenen Händen erstochen. *Wirklich.* Aber das sagte ich natürlich nicht.

Marie nickte nachdrücklich. Sie würde unser Geheimnis für immer bewahren. Es war ein großes Geheimnis nur zwischen ihr und mir.

Ich hätte Marie so gern erzählt, dass das Kleid in dem Schrank, welches sie vor diesem *Etwas* beschützt hatte, tatsächlich ihrer verstorbenen Mutter gehört und diese es getragen hatte, als sie noch nicht verheiratet gewesen war. Aber das konnte ich nicht tun. Ich hatte nicht das Recht dazu. Auch der Commendatore hatte wohl nicht das Recht dazu gehabt. Der Einzige auf der Welt, der dieses Recht hatte, war Menshiki. Doch es war unwahrscheinlich, dass er jemals Gebrauch davon machen würde.

Wir alle leben mit Geheimnissen, die wir nicht preisgeben können.

63 ABER ES IST NICHT SO, WIE DU DENKST

Marie Akikawa und ich teilten also ein großes Geheimnis, das auf der ganzen Welt nur sie und ich kannten. Nachdem sie mir ihre Erlebnisse in Menshikis Villa geschildert hatte, erzählte ich ihr von meinen Abenteuern in der Unterwelt. Außerdem waren wir die Einzigen, die wussten, dass die beiden Bilder – *Die Ermordung des Commendatore* und *Mann mit weißem Subaru Forester* – sorgfältig verpackt auf Tomohiko Amadas Dachboden lagerten. Natürlich wusste auch die Eule davon, aber sie würde nichts verraten. Würde das Geheimnis nur in die Stille aufnehmen.

Danach besuchte Marie mich noch ab und zu (über ihren Geheimpfad, ohne ihrer Tante etwas zu sagen). Dann steckten wir die Köpfe zusammen und erforschten das Geschehene bis in jeden Winkel, um herauszufinden, ob wir nicht irgendeine Gemeinsamkeit zwischen unseren beiden Erlebnissen, die sich zur gleichen Zeit zugetragen hatten, entdecken konnten. Wir fürchteten, Shoko Akikawa könnte Verdacht schöpfen, weil Maries viertägiges Verschwinden und meine dreitägige Abwesenheit sich zeitlich überschnitten, aber so etwas schien ihr gar nicht in den Sinn zu kommen. Und auch die Polizei schenkte diesem Umstand keine Beachtung. Niemand wusste von dem »Geheimpfad«, und das Haus, in dem ich wohnte, lag immerhin »auf der anderen Seite des Bergkamms«. Ich galt nicht als »Nachbar« und wurde nicht einmal befragt. Offenbar hatte Shoko Akikawa der Polizei auch nicht mitgeteilt, dass Marie mir Modell saß. Vielleicht hielt sie es nicht für nötig. Hätte die Polizei jedoch den Zeitraum, in dem Marie verschwunden gewesen war, mit meiner Abwesenheit verglichen, hätte mich das vermutlich in eine heikle Lage gebracht.

Am Ende stellte ich das *Porträt von Marie Akikawa* niemals fertig. Es fehlten eigentlich nur noch einige letzte Handgriffe, aber ich fürchtete, dass ich es abgeben müsste, sobald es fertig wäre. In dem Fall würde Menshiki alles tun, um es in seine Hände zu bekommen. Das konnte ich voraussehen. Doch ihm Maries Porträt zu überlassen war ungefähr das Letzte, was ich wollte. Es kam absolut nicht infrage, dass er es seinem »Schrein« einverleibte. Wer weiß, welche Gefahren das beinhaltet hätte. Also ließ ich das Bild schließlich unvollendet. Marie gefiel es sehr gut (»Es drückt genau aus, was ich jetzt empfinde«), und sie wollte das nicht ganz fertige Porträt, wenn möglich, für sich haben. Ich überließ es ihr mit Freuden (und außerdem die drei Skizzen, so wie ich es versprochen hatte). Sie sagte, ihr gefalle gerade das Unvollendete an dem Bild so gut.

»So ist es, als würde ich selbst für immer unvollendet bleiben. Das ist doch toll«, sagte Marie.

»Es gibt nirgendwo einen Menschen, der ein vollendetes Leben hat. Alle Menschen bleiben stets unvollkommen.«

»Auch Herr Menshiki?«, fragte Marie. »Er kommt mir so vollkommen vor.«

»Wahrscheinlich ist nicht mal er vollkommen«, erwiderte ich.

Ich fand ihn eigentlich recht unvollkommen. Warum sonst verlangte es ihn so sehr danach, abends mit seinem starken Fernrohr auf die andere Seite des Tals hinüberzusehen und Marie zu beobachten? Offenbar konnte er nicht anders. Und durch sein Geheimnis hielt er sich im Gleichgewicht. Es war für ihn, was für einen Seiltänzer die Stange war, die ihm half, die Balance zu halten.

Und Marie wusste, dass er mit seinem Fernglas ihr Haus ausspähte, aber sie sagte niemandem (außer mir) etwas davon. Nicht einmal ihrer Tante vertraute sie sich an. Warum Menshiki das tat, war ihr unklar. Dennoch verspürte sie kein Bedürfnis, dem Grund dafür nachzugehen. Sie hielt nur die verblichenen orangen Vorhänge vor ihrem Fenster stets geschlossen. Und wenn sie sich abends auszog, achtete sie immer darauf, das Licht im Zimmer auszuschalten. Es kümmerte sie jedoch nicht, wenn er die anderen Bereiche des Hauses beobachtete. Das Wissen darum bereitete ihr sogar ein gewisses Vergnügen. Vielleicht bedeutete es ihr etwas, dass *nur sie davon wusste.*

Marie zufolge führte ihre Tante ihre Beziehung zu Menshiki fort. Ein- oder zweimal in der Woche fuhr sie mit dem Wagen zu seiner Villa, wo sie anscheinend mit ihm schlief (Marie drückte sich diesbezüglich sehr umwunden aus). Ihre Tante sagte nicht, wohin sie ging, aber Marie wusste es natürlich, und Shokos Gesicht hatte stets ein wenig mehr Farbe, wenn sie zurückkam. Jedenfalls hatte Marie, auch wenn sie irgendeinen besonderen Platz bei Menshiki einnahm, keine Handhabe, den Umgang ihrer Tante mit Menshiki zu verhindern. Sie konnte die beiden nur den Weg gehen lassen, der ihnen gefiel. Vor allem wollte Marie es vermeiden, in die Beziehung der beiden hineingezogen zu werden. Sie wollte sich vom Strudel dieses Ereignisses fernhalten und ihre Unabhängigkeit bewahren.

Doch ich hielt das für schwierig. Früher oder später würde Marie unversehens in diesen Strudel hineingezogen werden. Von seinem Rand in sein Zentrum. Unweigerlich. Als Menshiki seine Beziehung zu Shoko Akikawa vorantrieb, hatte er dabei bestimmt an Marie gedacht. Ob er das nun von Anfang an geplant hatte oder nicht, er hatte es nicht lassen können. So ein Mensch war er. Und ob er es nun beabsichtigt hatte oder nicht – am Ende war ich es gewesen, der die beiden zusammengebracht hatte. Er und Shoko Akikawa waren sich das erste Mal in diesem Haus begegnet. Menshiki hatte es so gewollt. Und Menshiki war ein Mensch, der es gewohnt war zu bekommen, was er wollte.

Marie hatte keine Ahnung, was Menshiki fortan mit den Kleidern der Größe 32 und den Schuhen in jenem Schrank vorhatte. Aber sie vermutete, dass er die Garderobe seiner verflossenen Geliebten für immer sorgfältig dort – oder an einem anderen Ort – verbergen und aufbewahren würde. Menshiki wäre nicht in der Lage, diese Kleider zu entsorgen oder zu verbrennen, ganz gleich, wie seine Beziehung zu Shoko sich entwickelte. Denn sie waren bereits ein Teil seiner Psyche geworden. Sie gehörten zu den Dingen, die auf ewig seinem »Schrein« geweiht waren.

Ich gab meinen Unterricht an der Malschule in Odawara auf. »Ich bedauere es zwar, aber ich muss mich allmählich wieder ganz auf meine eigene Arbeit konzentrieren«, sagte ich dem Vorsitzenden, der meine Erklärung einigermaßen verständnisvoll akzeptierte.

»Sie haben einen sehr guten Ruf als Lehrer«, sagte er, und ich hatte nicht den Eindruck, dass er mir nur schmeicheln wollte. Ich bedankte mich höflich und erklärte mich bereit, bis zum Ende des Jahres weiter zu unterrichten, bis meine Nachfolgerin – eine ehemalige Kunstlehrerin von einer Oberschule – übernehmen konnte. Sie war eine liebe Dame von Mitte sechzig mit dem gütigen Blick eines Elefanten.

Menshiki rief mich hin und wieder an. Meist gab es keinen besonderen Anlass, und wir plauderten nur ein wenig. Jedes Mal fragte er mich, ob es irgendwelche Veränderungen an der Grube hinter dem Schrein gebe, was ich stets verneinte. Es stimmte, es gab wirklich keine Veränderung. Sie war noch immer mit der blauen Plastikplane bedeckt. Auf meinen Spaziergängen schaute ich gelegentlich dort vorbei, aber es gab nie ein Anzeichen dafür, dass jemand die Plane heruntergenommen hätte. Die Steine beschwerten unverändert ihren Rand. Es geschahen auch keine seltsamen und fragwürdigen Dinge mehr dort. Weder läutete es in der Nacht, noch ließ der Commendatore (oder ein anderes Geschöpf) sich bei mir blicken. Die Grube lag einfach nur still im Wäldchen. Auch das von der Raupe niedergewalzte Pampasgras hatte sich nach und nach kraftvoll wieder aufgerichtet, sodass die Grube ganz von ihm umwuchert und kaum zu sehen war.

Menshiki glaubte, dass ich während der ganzen Zeit meines Verschwindens in der Grube gewesen sei. Allerdings konnte er sich nicht erklären, wie ich hineingekommen war. Doch dass ich mich auf dem Grund der Grube befunden hatte, war eine unumstößliche, nicht zu leugnende Tatsache. Daher brachte er auch mein Verschwinden und das von Marie Akikawa nicht in Zusammenhang und hielt die zeitliche Übereinstimmung der beiden Ereignisse letztendlich für einen Zufall.

Vorsichtig versuchte ich herauszufinden, ob Menshiki in irgendeiner Form gemerkt hatte, dass jemand sich vier Tage lang heimlich in seinem Haus versteckt gehalten hatte. Aber meinem Eindruck nach hatte er nicht das Geringste davon bemerkt. Also konnte es eigentlich nicht Menshiki selbst gewesen sein, der in dem »geheimen Zimmer« vor dem Schrank gestanden hatte. Doch wer war es dann gewesen?

Menshiki rief mich zwar an, ließ sich aber nicht mehr bei mir blicken. Vielleicht empfand er durch seine Beziehung zu Shoko Akikawa nicht mehr das Bedürfnis, die persönliche Bekanntschaft mit mir zu pflegen. Oder er hatte das Interesse an mir als Mensch verloren. Vielleicht war es auch von beidem etwas. Für mich spielte es keine besondere Rolle (auch wenn ich das Auspuffgeräusch des V8-Motors seines Jaguars mitunter ein wenig vermisste).

Dennoch hatte ich bei seinen gelegentlichen Anrufen (immer abends kurz vor acht) den Eindruck, Menshiki halte es für nötig, irgendeine Verbindung zwischen uns aufrechtzuerhalten. Vielleicht lag es ihm ein wenig auf der Seele, mir das Geheimnis, dass Marie Akikawa *möglicherweise* seine leibliche Tochter war, anvertraut zu haben. Ich konnte mir allerdings nicht vorstellen, dass er fürchtete, ich könnte es jemandem – Shoko oder Marie – verraten. Er wusste natürlich, dass ich schweigen würde wie ein Grab. Er hatte ein Auge für Menschen. Doch ganz abgesehen davon sah es ihm so gar nicht ähnlich, einen anderen Menschen in ein so schwerwiegendes persönliches Geheimnis einzuweihen. Vermutlich war es selbst für einen willensstarken Menschen wie ihn zu anstrengend, ein solches Geheimnis auf Dauer für sich zu behalten. Oder er hatte damals einfach dringend meine Unterstützung gebraucht, und ich war ihm verhältnismäßig harmlos erschienen.

Doch ob er mich nun von Anfang an benutzt hatte oder nicht, ich musste Menshiki ewig dankbar sein, denn immerhin hatte er mich aus der Grube gerettet. Hätte er die Plane nicht gelüftet, nicht die Leiter hinuntergelassen und mich heraufgezogen, wäre ich rettungslos in der Grube verfault. So hatten wir uns gegenseitig geholfen und waren nun – vermutlich – gewissermaßen quitt.

Als ich ihm erzählte, ich hätte Marie Akikawa ihr unvollendetes Porträt übergeben, äußerte er keinen Einwand. Zwar hatte er den Anstoß zu dem Bild gegeben, aber vielleicht brauchte er es jetzt gar nicht mehr so sehr. Oder ein unvollendetes Bild bedeutete ihm nichts. Oder er empfand überhaupt etwas ganz anderes.

Einige Tage nach diesem Gespräch rahmte ich *Grube im Wäldchen*, brachte das Bild auf der Ladefläche meines Corollas zu ihm nach Hause und schenkte es ihm (es sollte unsere letzte Begegnung sein).

»Ich möchte mich damit dafür bedanken, dass Sie mir das Leben gerettet haben. Bitte nehmen Sie es an«, sagte ich.

Das Bild schien ihm sehr zu gefallen (ich fand selbst, dass es mir handwerklich nicht schlecht gelungen war). Er wollte es unbedingt bezahlen, aber ich lehnte rundheraus ab. Ich hatte bereits dieses überaus großzügige Honorar von ihm erhalten und wollte auf keinen Fall noch etwas von ihm annehmen und auch keine weiteren Verpflichtungen zwischen ihm und mir schaffen. Von nun an waren wir lediglich Nachbarn, die diesseits und jenseits des schmalen Tals wohnten, und so sollte es möglichst auch bleiben.

Am Samstag nach meiner Rettung aus der Grube tat Tomohiko Amada seinen letzten Atemzug. Sein Herz hörte auf zu schlagen, nachdem er drei Tage lang nicht mehr aufgewacht war. Wie eine Lokomotive, die ihren letzten Bahnhof anläuft, stellte es langsam seine Arbeit ein, ruhig und sehr natürlich. Masahiko war die ganze Zeit über bei ihm gewesen. Als sein Vater gestorben war, rief er mich an.

»Am Ende hatte er einen leichten Tod«, sagte er. »So ruhig möchte ich auch einmal sterben. Es lag sogar ein Lächeln auf seinen Lippen.«

»Ein Lächeln?«, fragte ich.

»Vielleicht war es auch kein richtiges Lächeln. Aber es hatte Ähnlichkeit damit. Zumindest kam es mir so vor.«

Ich suchte nach den passenden Worten. »Es tut mir natürlich leid, dass dein Vater gestorben ist, aber ich bin froh, dass er so friedlich gehen konnte.«

»Bis Mitte der Woche war er noch hin und wieder bei Bewusstsein, aber es schien nicht so, als wollte er noch etwas sagen. Er ist über neunzig geworden, und da er immer so gelebt hat, wie er es wollte, hatte er sicher nichts zu bereuen«, sagte Masahiko.

Doch, er hatte etwas zu bereuen. Etwas sehr Schweres hatte auf seiner Seele gelastet. Doch was das genau gewesen war, hatte nur er gewusst. Und jetzt würde bis in alle Ewigkeit niemand davon erfahren.

»Ich werde jetzt eine Zeit lang ziemlich beschäftigt sein«, sagte Masahiko. »Mein Vater war ein berühmter Mann, und wenn so jemand stirbt, gibt es allerhand zu erledigen. Als sein Sohn und Erbe muss ich mich um diese Dinge kümmern. Wir reden in Ruhe, wenn alles vorbei ist.«

Ich dankte ihm, dass er mich eigens angerufen hatte, um mich persönlich zu benachrichtigen, und legte auf.

Tomohiko Amadas Tod schien eine noch tiefere Stille im Haus hervorzurufen, was bei den vielen Jahren, die er hier gelebt hatte, auch ganz natürlich war. Ich verbrachte mehrere Tage mit dieser Stille. Sie war sehr dicht, aber in keiner Weise unangenehm. Es war eine völlig losgelöste, sozusagen reine Ruhe. Jedenfalls kam es mir vor, als bildete sie den Abschluss einer Reihe von Ereignissen. Es war die Art von Ruhe, die eintritt, nachdem eine große Aufgabe sich als beendet erweist.

Eines Abends, etwa zwei Wochen nach Tomohiko Amadas Tod, besuchte mich Marie Akikawa. Sie schlich sich heimlich ins Haus wie eine scheue Katze, redete mit mir und verschwand wieder. Sie blieb nicht sehr lange. Ihre Familie hielt jetzt ein strenges

Auge auf sie, und sie konnte nicht mehr so einfach aus dem Haus verschwinden wie früher.

»Anscheinend wird mein Busen doch allmählich größer«, sagte sie. »Ich war mit meiner Tante einen BH kaufen. Es gibt sogar BHs für Anfänger. Wussten Sie das?«

Ich hätte es nicht gewusst, sagte ich. Ich sah auf ihre Brust, aber unter dem grünen Shetland-Pullover zeichnete sich keinerlei Rundung ab.

»Ich sehe keinen Unterschied«, sagte ich.

»Weil die Polsterung nur ganz dünn ist. Wenn man gleich am Anfang einen dick gepolsterten nimmt, merkt es ja jeder. Deshalb fängt man mit dem dünnsten an und nimmt dann allmählich dickere. Das soll der Trick dabei sein.«

Marie war ausführlich von einer Polizeibeamtin befragt worden, wo sie in den vier Tagen gewesen sei. Die Beamtin war sehr behutsam vorgegangen, aber ein paarmal war sie streng geworden. Doch Marie war dabei geblieben, dass sie im Wald herumgestromert sei und sich dabei verirrt habe, in ihrem Kopf aber vollständige Leere herrsche. Da sie in ihrer Tasche immer Schokolade und eine Flasche Mineralwasser bei sich trage, habe sie sich wohl davon ernährt. Mehr erzählte sie nicht. Sie blieb verschlossen wie ein feuerfester Tresor. Was ohnehin ihre Spezialität war. Als man sich sicher war, dass keine Entführung vorlag, mit der Lösegeld erpresst werden sollte, brachte man sie als Nächstes in ein von der Polizei bestimmtes Krankenhaus und untersuchte ihre Verletzungen, um festzustellen, ob sie möglicherweise Opfer eines sexuellen Missbrauchs geworden sei. Als es dafür keine Anzeichen gab, verlor die Polizei das Interesse. Für sie war es Routine, wenn ein Mädchen ein paar Tage lang nicht nach Hause kam, weil es sich irgendwo herumtrieb. So etwas kam nicht selten vor.

Marie entsorgte sämtliche Kleidungsstücke, die sie während

der Zeit getragen hatte – den dunkelblauen Blazer, den karierten Rock, die Strickweste, die weiße Bluse, die Slipper, alles –, und kaufte sich eine neue Schuluniform, um ihre Stimmung aufzufrischen. Anschließend führte sie ihr Leben weiter wie bisher, so als wäre nichts gewesen. Aber sie kam nicht mehr zum Malkurs (sie hatte ohnehin nicht das richtige Alter für den auf kleinere Kinder zugeschnittenen Unterricht). Das (unfertige) Porträt, das ich von ihr gemalt hatte, hängte sie in ihrem Zimmer auf.

Es fiel mir schwer, mir die Frau vorzustellen, zu der Marie einmal heranwachsen würde. Mädchen in dem Alter konnten sich innerlich und äußerlich plötzlich und vollständig verändern. Vielleicht würde ich sie in ein paar Jahren nicht mehr wiedererkennen. Daher war ich sehr froh, Marie als Dreizehnjähriger auf meinem Porträt Bestand verliehen zu haben (auch wenn es unvollendet geblieben war). Denn in der Wirklichkeit gibt es keine Form, die Bestand hat.

Ich rief den Agenten in Tokio an, für den ich früher gearbeitet hatte, und sagte ihm, ich wolle wieder berufsmäßig als Porträtmaler arbeiten. Er freute sich über mein Angebot, denn versierte Mitarbeiter konnte er immer gebrauchen.

»Aber Sie sagten doch, Sie würden keine kommerziellen Porträts mehr malen?«

»Ich habe es mir anders überlegt«, sagte ich. Aber ich erzählte ihm nicht, weshalb, und er fragte auch nicht danach.

Von nun an wollte ich eine Zeit lang, ohne viel nachzudenken, mechanisch vor mich hin malen und sozusagen wie am Fließband ein »kommerzielles« Porträt nach dem anderen produzieren, um mich finanziell wieder abzusichern. Wie lange ich dieses Leben führen könnte, wusste ich selbst nicht. In die Zukunft konnte ich nicht sehen. Doch im Moment war es das, was ich wollte: Einfach nur meinem gewohnten Handwerk nachgehen. Keine weiteren fragwürdigen Elemente in mein Inneres locken. Weder mit Ideen noch mit Metaphern etwas zu tun haben. Mich nicht in die komplizierten persönlichen Belange eines rätselhaften reichen Mannes auf der anderen Seite des Tals verwickeln lassen. Keine verborgenen Meisterwerke ans Licht bringen und dafür in einen engen, dunklen unterirdischen Gang gedrängt werden. Mehr wollte ich im Moment nicht.

Yuzu und ich trafen uns in dem Café in der Nähe ihres Büros und redeten, während wir Kaffee und Perrier tranken. Ihr Bauch war so rund, wie ich es mir ausgemalt hatte.

»Du hast also nicht die Absicht, diesen Mann zu heiraten?«, fragte ich als Erstes.

Sie schüttelte den Kopf. »Nein, habe ich nicht.«

»Warum nicht?«

»Ich habe einfach das Gefühl, es wäre besser, es nicht zu tun.«

»Aber das Kind bekommst du doch?«

Sie nickte kurz. »Natürlich. Ich kann nicht mehr zurück.«

»Lebst du mit ihm zusammen?«

»Nein. Seit du weg bist, lebe ich allein.«

»Warum?«

»Wir sind ja noch nicht mal geschieden.«

»Aber ich habe dir doch kürzlich die Scheidungsunterlagen mit Unterschrift und Siegel zurückgeschickt. Also habe ich natürlich angenommen, wir seien geschieden.«

Yuzu schwieg einen Augenblick und überlegte. »Offen gesagt, habe ich die Scheidung jetzt doch nicht eingereicht. Irgendwie war mir nicht danach, und so ist es auch jetzt noch. Juristisch gesehen, sind wir noch ein Ehepaar. Außerdem ist es, ob wir nun geschieden sind oder nicht, in rechtlicher Hinsicht dein Kind. Aber natürlich stelle ich keine Ansprüche an dich.«

Ich verstand nicht genau, was sie mir sagen wollte. »Aber biologisch ist das Kind, das du jetzt zur Welt bringst, doch von ihm.«

Yuzu sah mich mit zusammengepressten Lippen lange an. »So einfach ist die Geschichte nicht«, sagte sie dann.

»In welcher Hinsicht?«

»Wie soll ich sagen? ... Ich bin nicht mehr sicher, ob er wirklich der Vater ist.«

Jetzt war ich an der Reihe, sie anzustarren. »Du weißt nicht, von wem du schwanger bist?«

Sie nickte. *Sie wusste es nicht.*

»Aber es ist nicht so, wie du denkst. Ich habe mit keinem anderen Mann geschlafen als mit ihm. Ich habe immer nur Sex mit einer Person. Das war ja mit dir damals auch so. Weißt du noch?«

Ich nickte.

»Auch wenn es mir schwerfiel.«

Ich nickte noch einmal.

»Ich hatte sehr sorgfältig verhütet, als ich mit ihm schlief. Ich wollte kein Kind. Du weißt doch, dass ich in diesen Dingen sehr vorsichtig bin. Aber auf einmal war ich schwanger.«

»Ganz gleich, wie vorsichtig man ist, ein Unfall kann immer passieren.«

Sie schüttelte den Kopf. »Nein, eine Frau merkt so was irgendwie. Intuitiv. Ein Mann kann das nicht verstehen, glaube ich.«

Natürlich hatte ich keine Ahnung von solchen Dingen.

»Aber auf jeden Fall wolltest du das Kind bekommen«, sagte ich.

Yuzu nickte.

»Obwohl du die ganze Zeit keine Kinder wolltest. Zumindest nicht von mir.«

»Stimmt, ich habe mir nie ein Kind gewünscht. Weder von dir noch von jemand anderem.«

»Aber jetzt wirst du freiwillig ein Kind auf die Welt bringen, bei dem du nicht einmal sicher weißt, wer der Vater ist. Obwohl du zu einem früheren Zeitpunkt eine Abtreibung hättest vornehmen lassen können.«

»Natürlich habe ich auch daran gedacht.«

»Aber du hast es nicht getan.«

»Nein. In letzter Zeit habe ich häufiger über etwas Bestimmtes nachgedacht«, sagte Yuzu. »Natürlich lebe ich mein Leben, aber fast alles, was darin passiert, wird willkürlich an Orten entschieden, die nichts mit mir zu tun haben, und entwickelt sich willkürlich. Das bedeutet, ich besitze zwar angeblich einen freien Willen, aber letztendlich entscheide ich nicht eine Sache von Bedeutung selbst. Und dass ich schwanger wurde, hielt ich für einen Ausdruck dessen.«

Ich hörte ihr wortlos zu.

»Das klingt wahrscheinlich wie eine gängige Schicksalstheorie, aber ich empfinde *wirklich* so. Ganz aufrichtig und sehr deutlich. Also entschied ich mich, das Kind unter allen Umständen zu bekommen und großzuziehen. Um zu sehen, was von nun an geschieht. Das erschien mir ungeheuer wichtig.«

»Ich möchte dich etwas fragen«, sagte ich mutig.

»Was denn?«

»Es ist eine ganz simple Frage, die du einfach mit Ja oder Nein beantworten kannst. Mehr werde ich nicht sagen.«

»Natürlich, frag nur.«

»Kann ich wieder zu dir zurück?«

Yuzu sah mir einen Moment lang stirnrunzelnd ins Gesicht. »Heißt das, du willst, dass wir wieder als Ehepaar zusammenleben?«

»Wenn möglich.«

»Einverstanden«, sagte Yuzu ruhig und ohne groß zu zögern.

»Du bist noch immer mein Mann, und dein Zimmer ist noch genau so, wie du es verlassen hast. Du kannst also jederzeit zurückkommen, wenn du willst.«

»Bist du noch mit deinem Bekannten zusammen?«, fragte ich.

Yuzu schüttelte ruhig den Kopf. »Nein. Ich habe die Beziehung beendet.«

»Warum?«

»Vor allem, weil ich nicht will, dass er das Sorgerecht für das Kind bekommt.«

Ich schwieg.

»Er war ziemlich schockiert, als ich ihm das sagte. Aber das ist ja ganz natürlich«, sagte sie und rieb sich mit beiden Händen die Wangen.

»Heißt das, bei mir würde dir das nichts ausmachen?«

Sie legte beide Hände auf den Tisch und sah mich noch einmal durchdringend an. »Du hast dich ein wenig verändert, nicht? Im Gesicht?«

»Ob man mir das im Gesicht ansieht, weiß ich nicht, aber ich glaube, ich habe einiges gelernt.«

»Vielleicht habe auch ich ein paar Dinge gelernt.«

Ich griff nach meiner Tasse und trank den restlichen Kaffee aus. »Masahiko hat gerade eine Menge zu tun, weil sein Vater gestorben ist, und es wird eine Weile dauern, bis sich alles beruhigt hat, glaube ich. Aber sobald er aus dem Gröbsten raus ist – das wird wahrscheinlich Ende des Jahres sein –, packe ich meine Sachen und ziehe wieder zurück in unsere Wohnung in Hiroo. Wäre dir das recht?«

Sie sah mich lange an. Als würde sie eine Landschaft betrachten, nach der sie sich auf einer weiten Reise gesehnt hatte. Sie streckte die Hände aus und legte sie sanft auf meine.

»Wenn es geht, würde ich es gerne noch einmal mit dir versuchen«, sagte Yuzu. »Eigentlich habe ich mir das die ganze Zeit gewünscht.«

»Ich auch«, sagte ich.

»Aber ich weiß nicht, ob es gut gehen wird.«

»Ich weiß es auch nicht. Aber der Versuch lohnt sich.«

»Ich werde bald ein Kind bekommen und großziehen, das keinen eindeutigen Vater hat. Macht dir das nichts aus?«

»Nein«, sagte ich. »Du hältst mich vielleicht für verrückt, wenn ich das jetzt sage, aber mir ist, als könnte ich der Vater deines Kindes sein. Vielleicht habe ich aus der Ferne ein Kind mit dir gezeugt. In Gedanken, auf einem ganz besonderen Weg.«

»In Gedanken?«

»Das heißt: hypothetisch.«

Yuzu überlegte einen Moment lang. »Ich finde, das ist eine sehr schöne Hypothese.«

»Nichts ist sicher auf dieser Welt«, sagte ich. »Aber zumindest kann man an etwas glauben.«

Sie lächelte. Damit endete unser Gespräch an diesem Tag. Sie fuhr mit der U-Bahn nach Hause, und ich kehrte in meinem staubigen Corolla Kombi in das Haus auf dem Berg zurück.

64 ALS EIN ZEICHEN IHRER GUNST

Einige Jahre nachdem ich zu meiner Frau zurückgekehrt war – wir lebten wieder zusammen –, kam es am 11. März im Osten von Japan zu einer Erdbebenkatastrophe. Ich saß vor dem Fernseher und wurde Zeuge, wie entlang der Küste der Präfekturen von Iwate bis Miyagi eine Stadt nach der anderen vernichtet wurde. Es war das Gebiet, das ich damals so ziellos mit meinem alten Peugeot 205 durchquert hatte. Einer dieser Orte musste jener gewesen sein, in dem ich dem Mann mit dem weißen Subaru Forester begegnet war. Doch nun breiteten sich vor mir auf dem Bildschirm die Ruinen der Städte aus, die der Tsunami wie ein riesiges Ungeheuer in Stücke geschlagen und vollständig zerstört hatte. Ich konnte keine Verbindung *zu der Stadt* entdecken, in der ich gewesen war. Und da ich mich nicht einmal an ihren Namen erinnerte, gab es keine Möglichkeit zu erfahren, inwieweit sie von der Katastrophe betroffen war und welche Schäden sie erlitten hatte. Ohnmächtig starrte ich mehrere Tage lang stumm auf den Bildschirm. Ich konnte mich einfach nicht davon losreißen. Ich hoffte, dort wenigstens etwas zu erkennen, an das ich mich erinnerte. Denn andernfalls hätte ich das Gefühl gehabt, etwas Wertvolles, das ich in mir gesammelt hatte, sei an einen fernen, fremden

Ort transportiert und einfach so gelöscht worden. Am liebsten wäre ich sofort ins Auto gestiegen und hingefahren, um mich mit eigenen Augen zu vergewissern, was dort noch übrig geblieben war. Aber natürlich war das nicht möglich. Die Hauptstraßen waren zerstört, Städte und Dörfer abgeschnitten. Strom-, Gas- und Wasserleitungen, alle nötigen Lebensadern waren vernichtet und verloren. Und im Süden der Präfektur Fukushima (wo ich meinen schrottreifen Peugeot zurückgelassen hatte) war es in mehreren Atomreaktoren entlang der Küste zu einer Kernschmelze gekommen. Keine Situation, in der ich mich dem Gebiet auch nur nähern konnte.

Als ich durch diese Gegend gereist war, war ich überhaupt nicht glücklich gewesen. Nur so unendlich einsam, dass es mich fast zerriss, und ich hatte mich in vielfacher Hinsicht für verloren gehalten. Dennoch hatte ich meine Reise fortgesetzt, mich unter all den fremden Menschen bewegt und ihre verschiedenen Lebensumstände an mir vorüberziehen lassen. Was vielleicht eine weit größere Bedeutung für mich hatte, als ich damals gedacht hätte. Unterwegs hatte ich einige Dinge abgeworfen und mir andere angeeignet – beides meist unbewusst. Nachdem ich diese Orte durchquert hatte, war ich ein anderer Mensch als vorher.

Ich dachte an das auf dem Dachboden des Hauses in Odawara versteckte Bild – *Mann mit weißem Subaru Forester.* Ob der Mann – falls er eine reale Person war – noch in jener Stadt lebte? Und die magere Frau, mit der ich diese seltsame Nacht verbracht hatte, war sie noch dort? Waren sie dem Erdbeben und dem Tsunami entkommen und hatten überlebt? Was war aus dem »Love Hotel« und dem Familienrestaurant geworden?

Gegen fünf Uhr nachmittags holte ich unsere Tochter aus der Kindertagesstätte ab (meine Frau arbeitete wieder in dem Architekturbüro). Die Kita war für einen Erwachsenen von uns aus zu

Fuß in zehn Minuten zu erreichen. Meine Tochter an der Hand, ging ich langsam wieder nach Hause. Wenn es nicht regnete, machten wir unterwegs in einem kleinen Park halt und setzten uns auf eine Bank, um zu beobachten, wie die Hunde aus der Nachbarschaft Gassi geführt wurden. Unsere Tochter wünschte sich unbedingt einen kleinen Hund, aber in unserem Apartmenthaus waren Haustiere nicht erlaubt. Deshalb musste sie sich damit bescheiden, sich die Hunde im Park anzuschauen. Manchmal durfte sie auch einen besonders braven kleinen Hund streicheln.

Unsere Tochter hieß Muro. Yuzu hatte ihr diesen Namen gegeben. Sie hatte ihn kurz vor dem Geburtstermin geträumt. In ihrem Traum befand sie sich allein in einem großen japanischen Zimmer, das auf einen schönen großen Garten hinausging. Auf einem altmodischen Schreibpult in dem Raum lag ein weißes Blatt Papier, auf dem mit schwarzer Tusche groß und deutlich das Zeichen für *Muro* – ein Wort für »Kammer« – stand. Wer es geschrieben hatte, wusste sie nicht, aber das Zeichen war wunderschön. Das war ihr Traum gewesen. Als sie aufwachte, konnte sie sich ganz deutlich an ihn erinnern und bestand darauf, dem Kind diesen Namen zu geben. Natürlich hatte ich keine Einwände. Schließlich war sie es, die das Kind zur Welt brachte. Und ich fragte mich plötzlich, ob vielleicht Tomohiko Amada das Zeichen geschrieben hatte. Doch das war nur ein Gedanke. Denn letzten Endes war es ja nur etwas aus einem Traum.

Ich freute mich sehr, dass das Kind ein Mädchen war. Da ich meine Kindheit mit meiner jüngeren Schwester Komi verbracht hatte, fühlte ich mich in der Gesellschaft kleiner Mädchen wohl. Sie war etwas ganz Natürliches für mich. Außerdem freute es mich, dass das Kind schon bei seiner Geburt einen festen Namen hatte, an dem es keinen Zweifel gab. Denn der Name ist auf jeden Fall etwas sehr Wichtiges.

Wenn ich mit Muro nach Hause kam, sahen wir uns die Nachrichten im Fernsehen an. Dabei achtete ich darauf, dass sie so wenig wie möglich von den Berichten über den Tsunami sah. Solche Reize sind zu stark für kleine Kinder. Sobald Bilder vom Tsunami gezeigt wurden, hielt ich ihr sofort die Augen zu.

»Warum machst du das?«, fragte Muro.

»Es ist besser, wenn du das nicht siehst. Es ist noch zu früh.«

»Aber das passiert doch wirklich, oder?«

»Ja, schon, aber du musst nicht alles sehen, was wirklich passiert.«

Muro dachte über das Gesagte nach. Doch natürlich konnte sie es nicht begreifen. Sie konnte noch nicht wissen, was Tsunami, Erdbeben oder Tod bedeuteten. Jedenfalls hielt ich ihr weiter die Augen zu, damit sie die Bilder vom Tsunami nicht sah. Etwas sehen und etwas verstehen sind zwei sehr verschiedene Dinge.

Einmal erhaschte ich am Rand des Bildschirms einen Blick auf den Mann mit dem weißen Subaru Forester. Oder bildete es mir zumindest ein. Die Kamera filmte ein großes Fischerboot, das der Tsunami auf einen Hügel getragen hatte. Dort war es liegen geblieben, und *der Mann* stand daneben wie ein Mahout, dessen Elefanten seine Aufgabe nicht mehr erfüllen kann. Doch da die Kamera sofort woandershin schwenkte, war ich mir nicht sicher, ob es wirklich der Mann mit dem weißen Subaru Forester gewesen war, obwohl die schwarze Lederjacke, die Golfermütze mit dem Yonex-Logo sowie seine Körpergröße eindeutig dafürsprachen. Aber ich hatte ihn nur für einen kurzen Moment gesehen, und nach dem Schwenk tauchte er nicht mehr auf dem Bildschirm auf.

Während ich die Nachrichten über das Beben verfolgte, malte ich »kommerzielle« Porträts für unseren täglichen Lebensunterhalt. Meine Hände bewegten sich beinahe mechanisch über die

Leinwand. Ich führte das Leben, das ich gewollt hatte. Und das auch die anderen von mir wollten. Meine Arbeit garantierte mir ein sicheres Einkommen, was auch nötig war, denn ich hatte eine Familie zu ernähren.

Zwei Monate nach der Erdbebenkatastrophe in Tohoku fiel das Haus in Odawara einem Brand zum Opfer. Das Haus auf dem Berg, in dem Tomohiko Amada sein halbes Leben verbracht hatte. Masahiko berichtete mir am Telefon davon. Nachdem ich ausgezogen war, hatte es leer gestanden, und Masahiko war deshalb immer in Unruhe gewesen. Seine Sorge erwies sich als sehr begründet, denn im Morgengrauen zum Ende der Feiertagskette im Mai brach ein Brand darin aus. Die Feuerwehr wurde benachrichtigt, aber bevor sie eintraf, war das alte Holzgebäude bereits so gut wie niedergebrannt (die kurvige, steile Straße hatte die Anfahrt der Löschfahrzeuge erschwert). Glücklicherweise hatte es in der Nacht zuvor geregnet, sodass der Brand nicht auf den umliegenden Wald übergriff. Die Brandursache konnte nicht geklärt werden, obwohl die Feuerwehr sie untersuchte. Vielleicht war es ein Kurzschluss oder Brandstiftung gewesen.

Als ich davon hörte, kam mir als Erstes *Die Ermordung des Commendatore* in den Sinn. Das Bild war wohl mit dem Haus verbrannt. Ebenso wie mein *Mann mit weißem Subaru Forester.* Und die große Schallplattensammlung. Ob sich die Eule auf dem Dachboden hatte in Sicherheit bringen können?

Die Ermordung des Commendatore war fraglos eines der größten Meisterwerke Tomohiko Amadas gewesen, und es war gewiss ein schwerer Verlust für die japanische Kunstwelt, dass es einem Brand zum Opfer gefallen war. Allerdings war die Anzahl der Personen, die es gesehen hatten, äußerst begrenzt. (Marie Akikawa und ich gehörten dazu. Und natürlich Tomohiko Amada, sein

Schöpfer. Auch Shoko Akikawa hatte einen Blick darauf erhascht. Aber sonst wohl niemand.) Und dieses kostbare unveröffentlichte Gemälde war nun ein Raub der Flammen geworden und für immer verloren. Dieser Gedanke rief ein gewisses Schuldgefühl in mir hervor. Hätte es nicht als Tomohiko Amadas »verborgenes Meisterwerk« auf der Welt Verbreitung finden sollen? Doch stattdessen hatte ich es verpackt und fest verschnürt auf den Dachboden zurückgestellt. Und nun war dieses herrliche Gemälde zu Asche verbrannt. (Ich hatte zwar die einzelnen Figuren auf dem Bild detailliert in mein Skizzenbuch kopiert, aber das war jetzt alles, was von dem Bild noch übrig war. Bei dem Gedanken an diese spärlichen *Überbleibsel* tat mir das Herz weh.) *Es war ein so herrliches Werk gewesen*. Was ich getan hatte, war Verrat an der Kunst.

Aber zugleich fragte ich mich, ob dieses Bild nicht vielleicht hatte *verschwinden müssen*. So wie ich es sah, war es zu stark, zu tief von Tomohiko Amadas Geist durchdrungen gewesen. Gewiss, es war es ein ausgezeichnetes Bild gewesen, hatte aber gleichzeitig eine *beschwörende Macht* besessen. Man konnte sagen: eine »gefährliche Macht«. Tatsächlich hatte sich dadurch, dass ich das Bild gefunden hatte, ein Kreis geöffnet. Es ans Licht zu bringen und den Augen der Allgemeinheit auszusetzen wäre vermutlich unangebracht gewesen. Zumindest hatte sein Schöpfer Tomohiko Amada es wohl so empfunden. Sonst hätte er sein Bild doch nicht auf den Dachboden verbannt, ohne es je der Öffentlichkeit zu präsentieren? In dem Fall hatte ich Tomohiko Amadas Wunsch respektiert. Aber wie dem auch sei – nun war es in Flammen aufgegangen, und niemand konnte die Zeit zurückdrehen.

Den Verlust von *Mann mit weißem Subaru Forester* empfand ich nicht als besonders bedauerlich. Vielleicht hätte ich mich irgendwann noch einmal der Herausforderung gestellt, dieses Porträt zu vollenden. Aber dazu musste ich mich noch zu einem entschlosseneren Menschen und größeren Maler entwickeln. Sollte ich noch einmal den Drang verspüren, »etwas Eigenes zu malen«, würde ich den Mann mit dem weißen Subaru Forester in völlig anderer Form und Perspektive porträtieren, und vielleicht würde er für mich etwas Ähnliches sein wie *Die Ermordung des Commendatore* für Tomohiko Amada. Wenn das geschähe, wäre ich vielleicht bereit, sein bedeutendes Erbe anzutreten.

Marie Akikawa rief mich sofort nach dem Brand an, und wir sprachen fast eine halbe Stunde lang über das Haus, das nun den Flammen zum Opfer gefallen war. Sie hatte das kleine alte Haus sehr gern gehabt, ebenso wie die Landschaft, in der es gestanden hatte, und die Zeit, als diese Landschaft in ihrem Leben Wurzeln gefasst hatte. Dazu gehörten auch die Tage, in denen Tomohiko Amada noch dort gelebt hatte. Damals hatte sie den alten Maler, stets allein mit seinen Bildern in seinem Atelier, durch das Fenster gesehen. Dass dieser Anblick nun auf immer verloren war, schien Marie zutiefst zu betrüben. Und ich teilte die Trauer, die sie empfand. Denn dieses Haus hatte – auch wenn ich nicht einmal acht Monate darin gelebt hatte – für mich eine tiefreichende Bedeutung.

Am Ende unseres Telefonats erzählte Marie mir, ihre Brüste hätten sich inzwischen etwas vergrößert. Sie war damals in der elften Klasse. Seit ich aus dem Haus ausgezogen war, hatte ich sie nicht ein einziges Mal wiedergesehen, nur hin und wieder am Telefon mit ihr gesprochen. Mir war nicht danach gewesen, das Haus in den Bergen noch einmal zu besuchen, und es hatte auch nie einen bestimmten Grund dafür gegeben. Ich hatte dort nichts mehr zu erledigen. Es war auch immer sie, die mich anrief.

»Sie sind noch immer nicht richtig voll, aber ein ganzes Stück größer geworden«, sagte Marie verschwörerisch, als würde sie mir ein großes Geheimnis anvertrauen. Es dauerte einen Moment, bis ich begriff, dass sie mir von der Größe ihres Busens erzählte. »Wie der Commendatore es prophezeit hat«, fügte sie hinzu.

Da sei ich froh, sagte ich und wollte sie schon fragen, ob sie einen Freund habe, überlegte es mir dann jedoch anders und ließ es bleiben.

Ihre Tante Shoko traf sich noch immer mit Menshiki. Irgendwann hatte sie Marie anvertraut, dass sie mit ihm zusammen sei. Sie hätten eine sehr enge Beziehung und würden möglicherweise bald heiraten.

»Würdest du in dem Fall bei uns leben?«, hatte ihre Tante sie gefragt.

Marie hatte getan, als hätte sie die Frage nicht gehört. Wie so häufig.

»Und? Hast du die Absicht, mit Herrn Menshiki zusammenzuwohnen?«, fragte ich sie ein wenig besorgt.

»Ich glaube nicht«, sagte sie. Und fügte hinzu: »Aber ich weiß es noch nicht genau.«

Sie wusste es nicht?

»Soweit ich weiß, hast du keine besonders guten Erinnerungen an Herrn Menshikis Villa«, sagte ich leicht bestürzt.

»Aber damals war ich noch ein Kind, und es ist schon sehr lange her. Vor allem kann ich mir nicht vorstellen, allein mit meinem Vater zurückzubleiben.«

Sehr lange her?

Ich sagte, mir sei, als wäre das alles erst gestern passiert, worauf Marie sich zu keiner Erwiderung herabließ. Vielleicht wollte sie ihr bizarres Erlebnis in der Villa vergessen. Oder sie hatte es tatsächlich bereits vergessen. Oder mit zunehmendem Alter ein gewisses Interesse an Menshiki entwickelt. Vielleicht spürte sie allmählich, dass er etwas Besonderes an sich hatte und in ihren Adern das gleiche Blut floss.

»Es würde mich sehr interessieren, was es mit den Kleidern in diesem Schrank auf sich hat«, sagte Marie.

»Dieses Zimmer zieht dich an, nicht?«

»Ja, wegen dieser Kleider, die mich beschützt haben«, sagte sie. »Aber ich weiß noch nicht, was ich mache. Wenn ich auf die Uni gehe, wohne ich wahrscheinlich sowieso allein irgendwo anders.«

Das wäre bestimmt gut, sagte ich. »Und was macht die Grube hinter dem Schrein?«, fragte ich.

»Sie ist wie immer«, antwortete Marie. »Sie ist noch immer ganz mit der blauen Plastikplane bedeckt. Inzwischen sind massenhaft Blätter darauf gefallen, und niemand würde ahnen, dass darunter diese Steinkammer liegt.«

Dort unten musste noch der alte Glockenstab liegen. Und die Plastiktaschenlampe, die ich mir aus Tomohiko Amadas Zimmer geliehen hatte.

»Den Commendatore hast du nicht mehr gesehen?«, fragte ich.

»Seit damals nicht mehr. Im Moment kann ich gar nicht mehr richtig glauben, dass er wirklich da war.«

»Den Commendatore gab es wirklich«, sagte ich. »Das solltest du schon glauben.«

Doch nach und nach würde Marie alles vergessen. Das Ende ihrer Teenagerzeit brach an, und ihr Leben würde mit neuen Erlebnissen und neuen Menschen erfüllt sein. Ihr würde gar keine Zeit bleiben, sich um nutzlose Dinge wie Ideen und Metaphern zu kümmern.

Mitunter überlegte ich, was wohl aus dieser Pinguinfigur geworden sein mochte, die ich dem gesichtslosen Fährmann als Bezahlung für die Überfahrt gegeben hatte. Andernfalls wäre es mir nicht gelungen, den reißenden Fluss zu überqueren. Ich konnte nur hoffen, dass der kleine Pinguin – irgendwo zwischen Sein und Nichtsein pendelnd – Marie auch jetzt noch beschützen würde.

Ich wusste noch immer nicht, wessen Kind Muro war. Ein DNS-Test hätte mir Gewissheit gebracht, aber wollte ich es überhaupt wissen? Der Tag, an dem ich erfuhr, wer tatsächlich ihr Vater war, würde ohnehin irgendwann kommen. Aber was bedeuteten schon »Tatsachen«? Muro war nach dem Gesetz offiziell mein Kind, und ich liebte meine kleine Tochter sehr. Ich trug sie auf Händen und genoss jede Minute, die ich mit ihr zusammen war. Wer ihr biologischer Vater war und wer nicht, war mir gleich, war völlig nebensächlich für mich. Selbst wenn ich es wüsste, würde es nichts ändern.

Damals, als ich in Tohoku allein von Ort zu Ort gezogen war, hatte ich geträumt, mit Yuzu Geschlechtsverkehr zu haben, während sie schlief. Ich hatte mich in ihren Traum geschlichen, sie war schwanger geworden und hatte neun Monate später ein Kind geboren – der Gedanke gefiel mir (auch wenn ich ihn am Ende für mich behielt). Ich sah mich als ideellen oder metaphorischen Vater dieses Kindes. Ebenso wie der Commendatore mir erschienen war und Donna Anna mich durch die Finsternis geführt hatte, hatte ich in einer anderen Welt mit Yuzu ein Kind gezeugt.

Ich würde nie wie Menshiki sein. Er balancierte sein Leben zwischen der Möglichkeit aus, dass Marie Akikawa vielleicht seine Tochter war oder vielleicht auch nicht. Er versuchte den Sinn seiner Existenz in einem endlosen Schwanken zu finden, indem er diese beiden Möglichkeiten in die Waagschale warf. Doch ich brauchte keine so anstrengende (und doch ein wenig unnatürliche) Herausforderung, denn aus irgendeinem Grund besaß ich die *Kraft zu glauben*. Ich war in der Lage, aufrichtig darauf zu vertrauen, dass es, ganz gleich, in welcher engen Dunkelheit ich gefangen war, ganz gleich, in welche öde Wildnis es mich verschlagen hatte, immer etwas gab, das mich herausführen würde. Das hatten mich meine ungewöhnlichen Erlebnisse in dem Haus auf dem Berg bei Odawara gelehrt.

Die Ermordung des Commendatore war durch den Brand im Morgengrauen auf immer verloren; dennoch lebte dieses herrliche Kunstwerk in mir weiter. Noch immer sah ich den Commendatore, Donna Anna und Langgesicht klar und deutlich vor mir. So lebendig und plastisch, dass ich nur die Hand auszustrecken brauchte, um sie zu berühren. Der Gedanke an sie gab mir ein unendliches Gefühl von Stille, als würde ich zusehen, wie ein leiser Regen auf die weite Wasserfläche eines Stausees fiel. Unaufhörlich fiel dieser Regen in meinem Herzen.

Wahrscheinlich würde ich von nun an mein Leben mit ihnen leben. Und meine kleine Tochter Muro war ein Geschenk, das sie mir zum Zeichen ihrer besonderen Gunst gewährt hatten. So fühlte es sich an.

»Den Commendatore gibt es wirklich«, sagte ich zu Muro, die fest neben mir schlief. »Daran solltest du glauben.«

Ende von Band 2.

INHALT

HARUKI MURAKAMI

Südlich der Grenze, westlich der Sonne. Roman

Mister Aufziehvogel. Roman

Naokos Lächeln. Roman

Tanz mit dem Schafsmann. Roman

Nach dem Beben. Roman

Kafka am Strand. Roman

Afterdark. Roman

Hard-boiled Wonderland und das Ende der Welt. Roman

Blinde Weide, schlafende Frau. Erzählungen

Untergrundkrieg. Der Anschlag von Tokyo

Wie ich eines Morgens im April das 100%ige Mädchen sah.
Erzählungen

Der Elefant verschwindet. Erzählungen

Wovon ich rede, wenn ich vom Laufen rede

1Q84 (Buch 1&2). Roman

1Q84 (Buch 3). Roman

Die Pilgerjahre des farblosen Herrn Tazaki. Roman

Von Männern, die keine Frauen haben. Erzählungen

Wenn der Wind singt / Pinball 1973. Zwei Romane

Die Ermordung des Commendatore I –
Eine Idee erscheint. Roman

Die Ermordung des Commendatore II –
Eine Metapher wandelt sich. Roman

Erste Person Singular. Erzählungen

btb